O RUMOR
DA LÍNGUA

ROLAND BARTHES

O RUMOR DA LÍNGUA

Prefácio | Leyla Perrone-Moisés
Tradução | Mario Laranjeira
Revisão de tradução | Andréa Stahel M. da Silva

wmf **martinsfontes**

SÃO PAULO 2012

Esta obra foi publicada originalmente em francês com o título
LE BRUISSEMENT DE LA LANGUE por Éditions du Seuil, Paris.
Copyright © Éditions du Seuil, 1984.
Copyright © 2004, Livraria Martins Fontes Editora Ltda.
Copyright © 2012, Editora WMF Martins Fontes Ltda.,
São Paulo, para a presente edição.

1ª edição *1988*
(Editora Brasiliense)
3ª edição *2012*

Tradução
MARIO LARANJEIRA

Revisão da tradução
Andréa Stahel M. da Silva
Acompanhamento editorial
Luzia Aparecida dos Santos
Revisões gráficas
Letícia Braun
Mauro de Barros
Dinarte Zorzanelli da Silva
Produção gráfica
Geraldo Alves
Paginação/Fotolitos
Studio 3 Desenvolvimento Editorial

Dados Internacionais de Catalogação na Publicação (CIP)
(Câmara Brasileira do Livro, SP, Brasil)

Barthes, Roland, 1915-1980.

O rumor da língua / Roland Barthes ; prefácio Leyla Perrone-Moisés ; tradução Mario Laranjeira ; revisão de tradução Andréa Stahel M. da Silva. – 3ª ed. – São Paulo : Editora WMF Martins Fontes, 2012. – (Coleção Roland Barthes)

Título original: Le bruissement de la langue.
Bibliografia.
ISBN 978-85-7827-498-6

1. Análise do discurso – Discursos, ensaios, conferências 2. Filologia – Discursos, ensaios, conferências 3. Semiótica – Discursos, ensaios I. Perrone-Moisés, Leyla. II. Título. III. Série.

11-13326	CDD-401.41

Índices para catálogo sistemático:
1. Filologia : Linguística   401.41

Todos os direitos desta edição reservados à
Editora WMF Martins Fontes Ltda.
Rua Prof. Laerte Ramos de Carvalho, 133 01325.030 São Paulo SP Brasil
Tel. (11) 3293.8150 Fax (11) 3101.1042
e-mail: info@wmfmartinsfontes.com.br http://www.wmfmartinsfontes.com.br

| **Índice** |

Prefácio – Leyla Perrone-Moisés IX
Nota do editor francês XXI

Parte I | DA CIÊNCIA À LITERATURA

Da ciência à literatura 3
Escrever, verbo intransitivo? 13
Escrever a leitura 26
Da leitura 30
Anexo: Reflexões a respeito de um manual 43
Anexo: Concedamos a liberdade de traçar 52

Parte II | DA OBRA AO TEXTO

A morte do autor 57
Da obra ao texto 65
A mitologia hoje 76

Digressões 81
O rumor da língua 93
Anexo: Jovens pesquisadores 98

Parte III | DAS LINGUAGENS E DO ESTILO

A paz cultural 109
A divisão das linguagens 116
A guerra das linguagens 133
A análise retórica 139
O estilo e sua imagem 147

Parte IV | DA HISTÓRIA AO REAL

O discurso da história 163
O efeito de real 181
Anexo: A escrita do acontecimento 191

Parte V | O AMANTE DE SIGNOS

O ofuscamento 201
Um belíssimo presente 204
Por que gosto de Benveniste 207
A estrangeira 214
A volta do poeticista 219
Aprender e ensinar 224

Parte VI | LEITURAS

Leituras I:
A rasura 231
Bloy 243
Três releituras:
Hoje, Michelet 248
Modernidade de Michelet 264

Brecht e o discurso: contribuição para o estudo da discursividade 269
Leituras II:
F.B. 282
A face barroca 294
O que advém ao significante 298
As saídas do texto 300
Leitura de Brillat-Savarin 315
Uma idéia de pesquisa 341
"Durante muito tempo, fui dormir cedo" 348
Prefácio a *Tricks* de Renaud Camus 364
Malogramos sempre ao falar do que amamos 370

Parte VII | ARREDORES DA IMAGEM

Escritores, intelectuais, professores 385
Au séminaire 412
O processo que se move periodicamente 425
Ao sair do cinema 427
A imagem 434
Deliberação 445

| **Prefácio*** |

Oito anos depois de sua morte, o mestre do saber com sabor anda um pouco esquecido. Essa espécie de purgatório ou de limbo a que Barthes foi relegado se deve a uma dupla determinação: a lei do consumo, por um lado, a lei da sobrevivência, por outro.

Pela lei do consumo, o objeto cultural novo é posto na vitrine dos *media*, é admirado, imitado, usado, desgastado e depois jogado fora. Nos anos 60 e 70, os jovens intelectuais atualizados usavam citações de Barthes da mesma forma pela qual ostentavam calças boca-de-sino, casacos afeganes ou tamancos suecos. Por tratar obras literárias ou aspectos da sociedade de massa com uma originalidade, um brilho e um charme particulares, usando os "aparelhos formidáveis da ciência" semiológica, Barthes prestou-se ao consumo e virou batata frita. A metáfora não é minha, é dele. No Colóquio de Cerisy consagrado à sua obra ele tratou desse tema

....
* Prefácio à primeira edição em português, datada de 1988. (N. da Org.)

da imagem pública, que já o preocupara em *Roland Barthes por Roland Barthes*: o horror de se ver capturado como objeto consumível. No texto então apresentado ("A imagem"), ele compara o "sistema linguageiro" ao óleo quente pronto para envolver qualquer coisa que nele caia: "Todas as linguagens são microssistemas de ebulição, frituras (...) A linguagem (dos outros) me transforma em imagem, como a batata bruta é transformada em batata frita."

Pela lei da sobrevivência, os vivos se apressam em enterrar os mortos, sobretudo aqueles que em vida, pela fama obtida, obstruíam o caminho dos que lá desejavam chegar. Aqueles mesmos jovens intelectuais que incensavam Barthes nas duas últimas décadas são agora os que alcançam, pela idade e progressão na carreira, as posições de mestria. É compreensível que eles desejem aí instalar-se sem dívidas, e fora de comparações incômodas. Quanto aos coetâneos do morto, estes têm ainda melhores razões para enterrá-lo: finalmente desapareceu quem lhes fazia sombra. Assim, verifica-se atualmente, na França e alhures, um verdadeiro processo de liquidação, dirigido não apenas contra Barthes mas contra todos aqueles que ocuparam a frente do palco "estruturalista" e que, como ele, fizeram a gentileza de morrer: Foucault, Lacan. Nessas críticas aos que agora são chamados ironicamente de "filósofos dos *sixties*", reaparecem alegremente os velhos mitos tenazes que eles tinham desmontado: o Homem, a Razão, o Bom Senso, a Clareza...

Seria o triunfo do óbvio vivo sobre o obtuso morto, se o óbvio não fosse sempre a letra morta, e o chamado obtuso, freqüentemente, a fórmula nova que empurra o pensamento à vida.

Os ensaios aqui reunidos vêm, oportunamente, repor Barthes em circulação. O estardalhaço da publicidade que acompanhava suas publicações nos anos 70 não se fará ouvir; tanto melhor, poderemos agora ouvir a sua voz e aprender, com ele, a escutar o sutil rumor da linguagem. Estes são artigos publicados postumamente no quarto e último volume da série *Ensaios críticos*. O penúltimo, intitulado *O óbvio e o obtuso* (1982), reunia textos sobre artes plásticas, música, cinema e fotografia. Em *O rumor da língua* (1984), a grande maioria dos ensaios trata de linguagem e literatura e, sendo estes os grandes temas barthesianos, não é necessário insistir sobre sua importância. Eram textos até então dispersos em jornais e revistas de vários países, ou introduções a livros de pequena circulação, por isso de difícil acesso para os leitores, os quais têm agora a possibilidade de os ver reunidos.

Esses ensaios recobrem um período de quinze anos (1964 a 1979), e um deles ("Malogramos sempre ao falar do que amamos") é o último texto escrito por Barthes, poucos dias antes do acidente que o vitimou, em fevereiro de 1980.

Ensaios duplamente passados, portanto. Passados porque pertencentes a uma época já terminada; e irremediavelmente encerrados porque póstumos. Os *Ensaios críticos* que deram origem à série (1964) eram em tudo uma abertura: pela novidade dos temas e da escrita barthesiana, por sua apresentação numa ordem cronológica vetoriada em direção a um futuro – o seu, tanto quanto o dos signos. Estes ensaios de publicação póstuma foram reagrupados segundo uma ordem não cronológica. O tempo de Barthes é agora um espaço limitado, que se percorre em idas e vindas. Os primeiros *Ensaios críticos*, eu os traduzi em 1970, no entusiasmo da descoberta e na expectativa da continuação; estes, eu os apresento, como se os conhecesse definitivamente.

"Toda apresentação", diz ele, "por sua intenção de síntese, é uma maneira de concessão ao discurso passado." Eis-me aqui debruçada sobre o passado de alguém que não tem mais presente nem futuro. A compulsão ao "balanço" é inevitável e, ao mesmo tempo, antipática, por ser fácil a prepotência dos vivos sobre os mortos.

Desagrada-me fazer um balanço da obra de Barthes; por outras palavras, desagrada-me enterrá-lo. Entretanto, como o luto tem de cumprir-se, que esse balanço seja feito como a dispersão de cinzas fecundantes. "O nascimento do leitor deve pagar-se com a morte do autor" ("A morte do autor").

Se considerarmos, para fins didáticos, quatro etapas na vida intelectual de Barthes –, o mitólogo, o "novo-crítico", o semiólogo e o escritor –, diremos que os ensaios aqui reunidos pertencem às duas últimas faces ou fases. A ordenação dos textos, seu agrupamento em sete seções ou capítulos, assim como os títulos desses capítulos, são da responsabilidade do editor François Wahl. Não se sabe se Barthes os apresentaria nesta ordem, nem mesmo se publicaria todos em livro; muitos eram já antigos quando ele morreu, e não tinham sido incluídos nos *Novos ensaios críticos* (1972) nem em qualquer outra obra.

A disposição numa ordem não cronológica embaralha um pouco a visão dos deslocamentos progressivos de Barthes, desde o projeto estruturalista e semiológico dos anos 60, superado no início dos 70 pela teoria da escritura e do prazer do texto, até os últimos textos em que, coerentemente com essas propostas, a prática do escritor absorve cada vez mais a do ensaísta. As partes I, II e IV do presente volume recolhem, numa desordem aparente, essa passagem.

Nos textos mais antigos, dos anos 60, vemos um Barthes ainda preocupado com a busca de sistemas e métodos rigorosos para a análise do texto literário. Mas o que caracteriza o semiólogo Barthes é a desconfiança crescente com relação àquela "ciência da literatura" que ele ajudava a inaugurar. Contrariamente a muitos semiólogos e semióticos, Barthes tinha a nítida consciência de que "o discurso da ciência não é necessariamente a ciência" ("Jovens pesquisadores"), e de que uma ciência da literatura seria sempre duvidosa.

| *Prefácio* |

Seu convívio com as obras literárias e sua prática de escritor levavam-no a ver que a linguagem literária excede sempre qualquer esquema descritivo, escapa sempre às malhas grosseiras de metalinguagem técnica. Ao mesmo tempo que ele buscava contribuir para uma ciência da literatura que se incluísse na ciência geral dos signos, suas análises o conduziam a ver menos o que se encaixava nos modelos do que aquilo que os desmantelava.

Assim, o famoso ensaio "O efeito de real" nasceu da observação de pormenores descritivos que não tinham nenhuma função captável por uma análise estrutural da narrativa, pormenores excedentes que constituíam verdadeiros "escândalos da estrutura". Da mesma forma, estudos posteriores sobre a leitura levaram-no a observar que nesta ocorre "uma *hemorragia* permanente pela qual a estrutura – paciente e utilmente descrita pela análise estrutural – desmoronaria, abrir-se-ia, perder-se-ia... deixando intacto aquilo a que se deve chamar de movimento do sujeito e da história: a leitura seria o lugar onde a estrutura se descontrola" ("Da leitura").

Em sua produção como em sua recepção a obra literária tem estratos mais numerosos e mais imbricados do que os que a metalinguagem estruturalista pode descrever, e o signo verbal tem aí mais funções e mais aberturas de sentido do que aqueles que a semiótica pode nomear. Cada vez que Barthes tomou um texto literário com o objetivo de dominá-lo por uma metalinguagem, foi o indominável que o seduziu e que provocou, em vez de uma simples grade de leitura do texto-objeto, a produção de um novo texto tão complexo e fascinante quanto aquele que lhe servira de pretexto. A metalinguagem verbal revelou-se para ele como uma impossibilidade e um logro. Para ser uma ciência nos moldes clássicos, a ciência da literatura deveria dispor de uma metalinguagem rigorosa, como a da matemática ou da lógica formal; ora, estas são insuficientes para prestar contas de todas as sutilezas da multiplicidade de funções do signo literário.

É de certa forma comovente acompanhar os esforços "científicos" de Barthes. Ele tinha uma cabeça organizadora, com aptidão para o rigor e a exaustividade. Mas, exatamente por isso, percebia a todo instante que o rigor da ciência dos signos nunca era suficiente para constituir um verdadeiro método científico que desse conta do signo literário. Paralelamente, foi-se instalando nele uma *inapetência* (um tédio) por essa ciência que ele ajudava a construir desconstruindo.

A noção de *escritura* e a teoria correspondente vieram tirá-lo desse impasse. A literatura, para ele, torna-se um saber ao qual só tem acesso pela produção de um novo texto: texto mental da leitura, texto concretizado numa nova obra literária. Texto ao qual o sujeito não preexiste como sujeito-que-sabe, mas na produção do qual o sujeito se cria e se recria, numa significância infinitamente aberta.

Seu interesse crescente pela psicanálise lacaniana, nos anos 70, veio arruinar definitivamente aquelas veleidades cientificistas dos anos anteriores. O discurso científico aparece-lhe como o indesejável "discurso da Lei", e a escritura, "discurso do desejo", será sua última opção.

A parte V ("O amante de signos") é uma homenagem aos inspiradores e aos companheiros de sua aventura semiológica: Jakobson, Benveniste, Kristeva, Genette, Metz. Esses artigos são testemunhos de um momento particularmente animado do debate teórico em Paris, quando as pesquisas de vários estudiosos dos signos se comunicavam e se fecundavam umas às outras de maneira estimulante.

A parte VI ("Leituras") é muito desigual. Reunindo introduções, apresentações e conferências de Barthes, essa seção contém desde textos importantes (sobre Proust, Brecht, Michelet, Bataille, Sarduy) até textos de pura circunstância, dedicados à obra do gueto homossexual, e que lhe valeram, na ocasião de sua publicação, violentas críticas. O problema dessas apresentações elogiosas de Barthes não é, evidentemente, aquele que provocava muitas dessas críticas: a obscenidade ou a militância homossexual dos autores recomendados por ele. O problema é a insignificância literária de certos escritores que só a amizade e a solidariedade de Barthes promoviam à categoria de notáveis.

Entretanto, esses textos tão discutíveis por seu objeto ou seu propósito salvam-se em inúmeros momentos pela qualidade da escrita barthesiana. De modo que podemos facilmente esquecer, ou mesmo desconhecer, as obras aí referidas, e saborear as propostas teóricas ou os achados escriturais de Barthes ao comentá-las. A prova disso é que um desses textos ("F.B.") se refere a um jovem escritor que era e permaneceu desconhecido, mas tem o interesse intrínseco de ser uma especulação sobre um novo tipo de romanesco, que o próprio Barthes buscava.

Finalmente a parte VII ("Arredores da imagem") e a parte III ("Das linguagens e do estilo"), a meu ver montadas de um modo um tanto arbitrário e designadas por títulos imprecisos, reúnem o que se poderia chamar de "a lição de Barthes". São os textos essenciais de sua reflexão ética sobre a linguagem, ou melhor, sobre as linguagens, sobre seus usos e abusos, e sobre a responsabilidade dos intelectuais como detentores de um discurso.

Se retomarmos a famosa relação estabelecida por Barthes, no fim de sua Aula Inaugural do Collège de France (1977), entre *saber*, *sabedoria* e *sabor* (palavras ligadas pela etimologia e desligadas no uso), teremos nesses ensaios a confirmação de que sua "lição" se caracteriza sobretudo pelos dois últimos termos.

O *sabor* de Barthes é a sua qualidade de escritor, sua capacidade de introduzir o estranhamento da fórmula artística (surpresa e prazer) no gênero ensaístico que ele pratica e renova: o jogo com os significantes, a polifonia de uma enunciação sutil que trança, em seu texto, várias faixas de onda: inteligência, erudição, ironia, humor, provocação, afeto.

Sua *sabedoria* é o que constitui propriamente sua lição, já que o sabor do escritor pode ser desfrutado mas nunca ensinado. A lição de Barthes não se apresenta de forma assertiva ou programática. Ela se reduz a algumas propostas básicas que atravessam todas as fases de sua obra, variando na formulação, mas mantendo-se firmes como posição assumida diante e dentro da linguagem.

O essencial dessa lição poderia ser assim resumido:

A linguagem não é mero instrumento do homem; é ela que constitui o homem. As línguas carregam uma história, trazem nelas as marcas de usos anteriores, e essa carga de passado entrava a renovação do homem e as mudanças em sua história. Não basta, pois, usar a linguagem com o intuito de comunicar sentidos novos; é preciso trabalhar suas formas, libertá-la do que ela tem de estereotipado, de velho. Nenhuma linguagem é transparente ou inocente, e as que assim se propõem são suspeitas: "toda linguagem que se ignora é de má-fé" ("Da ciência à literatura"). A *escritura* – ou escrita poética – é a prática que melhor permite o autoconhecimento e a autocrítica da linguagem, assim como sua abertura ao ainda não dito.

A libertação da linguagem, na escritura, não se alcança num espontaneísmo. O espontâneo, contrariamente ao que acreditam os defensores da "criatividade solta", é o domínio do estereótipo, "o campo do já-dito" ("Jovens pesquisadores"). A liberdade supõe escolha e crítica, sem o que o próprio conceito de liberdade não faz sentido. Essas considerações de Barthes, reiteradas no presente volume, são oportunas porque justamente aqui no Brasil tem havido uma interpretação abusiva de sua teoria da escritura, assimilada indevidamente ao criativo oba-oba, ao inefável subjetivo, ao prazer numa boa. Ora, não se trata disso: "Ao contestar o discurso do cientista, a escritura não dispensa em nada as regras do trabalho científico" ("Jovens pesquisadores"). A pluralidade de códigos que a escritura põe em jogo exige, do sujeito, um vasto saber. A escritura é desconstrução desse saber, e só se desconstrói o que se conhece como construído. Aqui no Brasil muita gente pensa ser barthesiano desaprender sem nunca ter aprendido, e parte para a desconstrução de um discurso cultural ainda extremamente frágil, no particular e no coletivo. Ora, o prazer da escritura barthesiana se sustenta de um saber (plural, disseminado) e se alcança num *trabalho* de linguagem. A escritura pratica o imaginário "com pleno conhecimento de causa" ("Da ciência à literatura").

O trabalho de linguagem que se efetua na escritura tende para uma utopia: a utopia da isenção do sentido, que levaria à percepção feliz do "rumor da língua": "Em seu estado utópico, a língua seria ampliada, eu diria até *desnaturada*, até formar uma imensa trama sonora em que o aparelho semântico se acharia irrealizado" ("O rumor da língua"). Esse rumor da língua seria um não-sentido que permitiria ouvir, ao longe, um sentido novo "liberto de todas as agressões de que o signo, formado na 'triste e selvagem história dos homens', é a caixa de Pandora" (*idem*).

A empresa utópica de libertação e renovação da linguagem se desenvolve entre dois pólos perigosos: a bobagem e o ilegível. Barthes se sentia constantemente à beira de um desses precipícios. "Ilegível" era um qualificativo que muitos empregavam a seu respeito; "tolo" era o que ele mesmo freqüentemente pensava de seu próprio discurso, ou melhor, dos discursos disponíveis em que ele podia atolar, não fosse sua atenção permanente às armadilhas da linguagem. A percepção da bobagem, a fascinação por esse fantasma que ronda todas as linguagens no que elas carregam de óbvio pontificado, é paradoxalmente uma característica das pessoas superiormente inteligentes. Só um Flaubert ou um Barthes temem perderem-se na bobagem; os verdadeiros tolos nem desconfiam, são imbuídos de grandes certezas.

A tática de Barthes com relação à bobagem, que ameaçava invadir certas áreas de seu próprio discurso, era a de transformar essas áreas discursivas em objetos de análise. Assim, em *Roland Barthes por Roland Barthes*, ele desmontou e esgotou a "bobagem egotista" da auto-imagem; nos *Fragmentos de um discurso amoroso*, tomou como objeto de crítica as falas do apaixonado, condição que era a sua, naquele momento; e, no fim de sua vida, pensava em escrever um *Diário político* com as "bobagens" que os acontecimentos lhe sugeriam, na medida em que o discurso político é um campo fértil em asserções e estereótipos. Esse último projeto o tentava e o intimidava: "Seria preciso uma coragem enorme, mas talvez isso exorcizasse essa mistura de tédio, de medo e de indignação que constitui para mim o Político (ou melhor, a Política)" ("Deliberação").

O progressivo desgosto de Barthes pela política não foi uma deserção, mas uma decorrência de sua ética. Tendo fundamentado essa ética numa prática de linguagem (crítica e escritural), a coerência o levava a rejeitar, como de má-fé, todo discurso que se apresenta como discurso de Verdade: discursos de arrogância, discursos da militância, discursos de autoridade e de certezas.

Nutrido no marxismo e na psicanálise, Barthes acabou desconfiando de ambos, na medida em que os via como discursos totalitários, sistemas fechados que explicam tudo e fecham a boca de qual-

| *Prefácio* |

quer opositor com armas imbatíveis, previstas pelo próprio sistema. Toda objeção ao marxismo pode ser interpretada (calada) com o qualificativo de "argumento de classe". E toda objeção à psicanálise pode ser esmagada na qualidade de "resistência" ao inconsciente.

A ética linguageira de Barthes permitiu-lhe exercer de modo harmonioso sua dupla atividade de escritor e de professor. Barthes foi um mestre no sentido pleno da palavra: não o detentor de um saber mas um exemplo de postura em face do saber, que resultava numa relação pedagógica mais zen do que socrática. Alguns de seus mais belos textos sobre a prática do magistério (ou das utopias que o norteavam) se encontram presentes neste livro: "Escritores, intelectuais, professores" e "Au séminaire". A leitura desses textos é altamente recomendável àqueles que, por profissão, assumem a regência de um discurso. Ciente do poder que representa o fato de "ter a palavra" e extremamente lúcido quanto a todos os imaginários que a relação pedagógica (em particular a universitária) institui, tanto do lado docente como do lado discente, ele trabalhou pela dissolução das imagens, pela real circulação da palavra e pela garantia da pluralidade dos desejos.

Contra o discurso da arrogância e a histeria dos debates, Barthes propõe "a palavra calma": não a calma humanitária, liberal (que também constitui uma imagem de má-fé), mas aquela disponibilidade de ouvido às múltiplas linguagens que se ensaiam nas salas de aula e nos foros de debates, e aquela leveza da enunciação que desbarata os papéis prefixados da comédia discursiva: "que ao escutar, ao falar, ao responder, eu nunca seja o ator de um julgamento, de uma sujeição, de uma intimidação, o procurador de uma Causa" ("Escritores, intelectuais, professores").

O fim de sua existência, cujas ressonâncias intelectuais e afetivas podemos ouvir nas entrelinhas de seus últimos textos, não foi feliz. O último Barthes é, de certa forma, exemplar de um mal-estar do intelectual contemporâneo. Vindo tarde demais para assumir o papel de consciência do mundo e de defensor das boas causas, como um Sartre, mas imbuído desde a adolescência das preocupações éticas da geração existencialista, Barthes viveu a nossa triste época da "morte das ideologias" e da desconfiança dos signos, que as modernas ciências da linguagem nos trouxeram. Contemporâneo, como todos nós, de uma história que não se realiza nunca como se desejava e se esperava, e parece estagnar na repetição farsesca, ele perdera, nos últimos tempos, aquele pique que o levara a demolir os mitos da sociedade moderna e a ressuscitar, numa ótica atual, as obras literárias do passado. A própria literatura parecia-lhe já ter vivido melhores tempos: a forma ensaística já não o tentava mais, e também não era mais possível escrever romances como aqueles que ele admirava, na velha literatura. Foram vãos seus projetos de *Vita Nova*, expressos na Aula Inaugural e na conferência sobre Proust.

O acidente bruto que encerrou sua aventura com os signos não foi a desejada "isenção de sentidos" que permitiria a eclosão de sentidos novos em sua vida pessoal e em sua obra; foi apenas o *non sens*, a brutalidade sem conseqüências que rege nosso cotidiano dito pós-moderno. Ficaram, dele, estes textos, semeados de sugestões e de propostas, frutos de uma inteligência clara e generosa.

As propostas de Barthes podem parecer inócuas; elas não têm a completude reconfortante de um sistema de pensamento, nem a enunciação forte dos que querem convencer e aliciar seguidores. Seu lúcido humor e sua calma impaciência são, entretanto, maneiras elegantes e táticas eficientes para atravessar e subverter os discursos cansados de nosso momento cultural.

LEYLA PERRONE-MOISÉS

| **Nota do editor francês** |

A conta (ele teria achado engraçada a idéia) dos textos escritos por Roland Barthes a partir de 1964 (data da publicação dos *Ensaios críticos*) impressiona: cento e cinqüenta e dois artigos, cinqüenta e cinco prefácios ou contribuições a coletâneas, onze livros. Sempre, como é o caso dos textos já recolhidos nos *Novos ensaios críticos* (1972)[1], *Sollers escritor* (1979) e *Ensaios críticos III* (*O óbvio e o obtuso*, 1982, consagrado à fotografia, ao cinema, à pintura e à música), foi em torno do signo que se desenvolveu o trabalho de R.B.

Pode-se adiantar que ele se inscreve em três planos. A pesquisa do semiólogo, que terá orientado várias gerações: a enunciação, aqui, é a do sujeito da ciência; e certos traços de estilo próprios ao enunciado desses textos os distinguem claramente dos

---
1. *Le degré zéro de l'écriture*, seguido de *Nouveaux essais critiques*, Paris, Ed. du Seuil, col. "Points", 1972. [Trad. bras. *O grau zero da escrita*, São Paulo, Martins Fontes, 2000.]

"ensaios críticos"; eles fazem, em sua riqueza e progressão, história; serão ulteriormente reunidos sob o título *A aventura semiológica*. No extremo oposto, alguns escritos – raros nos dois sentidos da palavra – que já não pertencem ao ensaio, mas ao que R.B. designava como "romanesco": o sujeito escritor não mais interroga textos, mas (segundo o título adotado por R.B. para um desses escritos) *Incidentes* da cotidianidade; os signos que escolhe são aqueles que, em suas mobilidades, o desejo desperta. Daí a escolha, para estas páginas, de um outro, enfim, livro por vir.

Entre esses dois tipos de textualidade, os *Ensaios críticos*. Quase tudo trata, nesta última coletânea que estamos a apresentar, da linguagem e da escritura literária ou, melhor dizendo, do prazer que devemos ao texto. Reconhecer-se-á facilmente, ao correr das páginas, o deslocamento dos conceitos e dos procedimentos de escritura que, ao longo de quinze anos, conduz ao termo texto, e talvez o ultrapasse, por sua vez, pelo acesso ao método do fragmento e a um lugar de enunciação sempre mais assumida, no projeto de ligar a escritura ao corpo: fica claro que, para R.B., o devir ia no sentido de uma proximidade de si cada vez maior.

A publicação dos textos – escolhidos, ainda desta vez, quanto se pôde, segundo o estrito critério que R.B. manifestara para os primeiros *Ensaios críticos* –, na ordem de sua redação, teria dado como resultado um conjunto mal ordenado, quer em função de seu objeto, quer em razão de seu avanço; tentou-se fazer, então, uma série de reagrupamentos a permitir que se orientasse a temática e entonação do trabalho* – de uma invenção – a respeito do

---

* No trabalho de pesquisa que perpassa estes *Ensaios críticos*, trabalho "estrelado", mas necessariamente progressivo, e de que se tentou conservar, ao longo de cada nervura, a cronologia, a terceira e a quinta partes da coletânea marcam uma pausa: numa direção que permanece mais marginal, a terceira; mais técnica, porém (ou: por isso mesmo) essencial, a quinta.

| *Nota do editor francês* |

qual se nota a cada instante que, quanto mais foi aquele, próprio, de R.B., mais nos concerne a todos.

Autorizem-nos aqui a isolar duas frases, atribuindo-lhes o destaque audacioso de uma conclusão, e para que caiba ao próprio R.B. a última palavra: "Coloco-me na posição de quem *faz* alguma coisa, e não mais de quem fala *sobre* alguma coisa." "Talvez seja no 'cume do meu particular' que sou científico sem o saber."

F.W.

| Parte I |

DA CIÊNCIA À LITERATURA

DA CIÊNCIA À LITERATURA

"O homem não pode falar seu pensamento sem pensar sua palavra."

(Bonald)

As faculdades francesas possuem uma lista oficial das ciências sociais e humanas, que constituem o objeto de um ensino reconhecido, obrigando assim a limitar a especialidade dos diplomas que conferem: você pode ser doutor em estética, em psicologia, em sociologia; mas não pode ser em heráldica, em semântica ou em vitimologia. Assim, a instituição determina diretamente a natureza do saber humano, impondo seus modos de divisão e de classificação, exatamente como uma língua, por suas "rubricas obrigatórias" (e não apenas por suas exclusões), obriga a pensar de determinada maneira. Ou por outra, o que define a ciência (por esta palavra entender-se-á doravante, aqui, o conjunto das ciências sociais e humanas) não é nem seu conteúdo (este é muitas vezes mal limitado e lábil), nem seu método (varia de uma ciência para outra: o que há de comum entre a ciência histórica e a psicologia experimental?), nem sua moral (seriedade e rigor não são propriedades exclusivas da ciência), nem seu modo de comunicação (a ciência se imprime em livros, como tudo o mais), mas somente o seu *estatuto*, isto é, a sua determinação social: é objeto de ciência toda matéria que a sociedade julga digna de ser transmitida. Numa palavra, a ciência é o que se ensina.

A literatura tem todos os caracteres secundários da ciência, quer dizer, todos os atributos que não a definem. Seus conteúdos são aqueles mesmos da ciência: não há, por certo, uma única matéria científica que não tenha sido, em algum momento, tratada pela literatura universal: o mundo da obra é um mundo total onde todo o saber (social, psicológico, histórico) tem cabimento, de modo que a literatura tem para nós essa grande unidade cosmogônica de que fruíam os antigos gregos, mas que nos é hoje recusada pelo estado parcelar da nossa ciência. Além disso, como a ciência, a literatura é metódica: tem os seus programas de pesquisa, que variam conforme as escolas e conforme as épocas (como aliás os da ciência), as suas regras de investigação, por vezes mesmo as suas pretensões experimentais. Como a ciência, a literatura tem a sua moral, certa maneira de extrair, da imagem que ela se propõe do seu próprio ser, as regras do seu fazer e de submeter, conseqüentemente, os seus empreendimentos a certo espírito de absoluto. Um último traço une a ciência e a literatura, mas esse traço é também aquele que as separa mais certamente do que qualquer outra diferença: as duas são discursos (o que bem exprimia a idéia do *lógos* antigo), mas a linguagem que a ambas constitui, a ciência e a literatura não a assumem, ou, se preferirem, não a professam da mesma maneira.

Para a ciência, a linguagem não passa de um instrumento, que se quer tornar tão transparente, tão neutro quanto possível, submetido à matéria científica (operações, hipóteses, resultados) que, ao que se diz, existe fora dela e a precede: há por um lado e *pri-*

meiro os conteúdos da mensagem científica, que são tudo; por outro lado e *depois*, a forma verbal encarregada de exprimir esses conteúdos, que não é nada. Não é uma coincidência se, a partir do século XVI, o progresso conjugado do empirismo, do racionalismo e da evidência religiosa (com a Reforma), isto é, do espírito científico (no sentido bem amplo do termo), foi acompanhado por um retrocesso da autonomia da linguagem, doravante relegada à posição de instrumento ou de "belo estilo", quando na Idade Média a cultura humana, sob as espécies do *Septenium*, atribuía-se em repartição quase igualitária os segredos da palavra e os da natureza.

Para a literatura, ao contrário, pelo menos aquela que adveio do classicismo e do humanismo, a linguagem já não pode ser o instrumento cômodo ou o cenário luxuoso de uma "realidade" social, passional ou poética que preexistiria a ela e que, subsidiariamente, teria a incumbência de exprimir, mediante a sua própria submissão a algumas regras de estilo; a linguagem é o ser da literatura, seu próprio mundo: toda a literatura está contida no ato de escrever, e não mais no de "pensar", de "pintar", de "contar", de "sentir". Tecnicamente, pela definição de Roman Jakobson, o "poético" (quer dizer, o literário) designa esse tipo de mensagem que toma a sua própria forma por objeto, e não os seus conteúdos. Eticamente, é tão-somente pela travessia da linguagem que a literatura persegue o abalamento dos conceitos essenciais da nossa cultura, em cuja primeira linha, o de real. Politicamente, é ao professar e ao ilustrar que nenhuma linguagem é inocente, é ao praticar o que se poderia chamar de "linguagem integral" que a literatura é revolucionária. Assim, a literatura se vê hoje sozinha a carregar a responsabilidade inteira da linguagem; pois, se a ciência, indubitavelmente, precisa da linguagem, ela não está, como a literatura, *na* linguagem; uma se ensina, quer dizer que se enuncia e se expõe; a outra se realiza mais do que se transmite (é apenas a sua história que se ensina). A ciência se fala, a literatura se escreve; uma é conduzida pela voz, a outra acompanha a mão; não é o mesmo corpo, e portanto o mesmo desejo, que está por trás de uma e de outra.

A oposição entre a ciência e a literatura, como diz respeito essencialmente a certa maneira de considerar a linguagem, escamoteada aqui, assumida lá, importa muito particularmente ao estruturalismo. Não há dúvida de que esta palavra, o mais das vezes imposta do exterior, cobre hoje os empreendimentos mais diversos, por vezes divergentes, por vezes até inimigos, e ninguém pode se arvorar o direito de falar em seu nome; o autor destas linhas não tem tal pretensão; só toma do "estruturalismo" atual a sua versão mais especial e, por conseqüência, a mais pertinente, entendendo sob essa denominação certo modo de análise das obras culturais, na medida em que esse modo se inspira nos métodos da lingüística atual. Vale dizer que o estruturalismo, ele próprio nascido de um modelo lingüístico, encontra na literatura, obra da linguagem, um objeto mais que afim: homogêneo. Essa coincidência não exclui certo embaraço, até mesmo certo dilaceramento, conforme o estruturalismo entenda manter, com relação ao seu objeto, a distância de uma ciência, ou aceite, pelo contrário, comprometer e perder a análise de que é portador nessa infinitude da linguagem de que a literatura é hoje a passagem, numa palavra, segundo se pretenda ciência ou escritura.

Como ciência, o estruturalismo "encontra-se" ele mesmo, pode-se afirmar, em todos os níveis da obra literária. No nível dos conteúdos em primeiro lugar, ou mais exatamente da forma dos conteúdos, já que procura estabelecer a "língua" das histórias contadas, suas articulações, suas unidades, a lógica que encadeia umas às outras, numa palavra, a mitologia geral de que participa cada obra literária. No nível das formas do discurso em seguida: o estruturalismo, em virtude de seu método, dá especial atenção às classificações, às ordens, aos arranjos; seu objeto essencial é a taxinomia, ou modelo distributivo estabelecido, fatalmente, por toda obra humana, instituição ou livro, pois não há cultura sem classificação; ora, o discurso, ou conjunto de palavras superior à frase, tem as suas formas de organização: também ele é classificação, e classificação significante; sobre esse ponto, o estruturalismo literário tem um ancestral prestigioso, cujo papel histórico é geralmente subestimado ou desacreditado por razões ideológicas: a Retórica, esforço de monta de toda uma cultura para analisar e classificar as formas da palavra, tornar inteligível o mundo da linguagem. No nível das palavras, enfim: a frase não tem apenas um sentido literal ou denotado; é repleta de significações suplementares: por ser de uma só vez referência cultural, modelo retórico, ambigüidade voluntária de enunciação e simples unidade de denotação, a palavra "literária" é profunda como um espaço, e esse espaço é o próprio campo da análise estrutural, cujo projeto é bem mais vasto do que o da antiga estilística, totalmente fundada na idéia errônea da "expressividade". Em todos esses níveis, o do argumento, o do discurso, o das palavras, a obra literária oferece assim ao estruturalismo a imagem de uma estrutura perfeitamente homológica (as pesquisas atuais tendem a prová-lo) à própria estrutura da linguagem; nascido da lingüística, o estruturalismo descobre na literatura um objeto também nascido da linguagem. Compreende-se, então, que o estruturalismo possa querer fundar uma ciência da literatura, ou, mais exatamente, uma lingüística do discurso, cujo objeto é a "língua" das formas literárias, tomadas em níveis múltiplos: projeto bastante novo, já que a literatura só foi, até aqui, abordada "cientificamente" de maneira muito marginal, pela história das obras, ou dos autores, ou das escolas, ou pela dos textos (filologia).

Por mais novo que seja, esse projeto não é, entretanto, satisfatório – ou pelo menos não é suficiente. Deixa inteiro o dilema de que se falou no início, alegoricamente sugerido pela oposição entre ciência e literatura, na medida em que esta assuma a sua própria linguagem – sob o nome de escritura – e que aquela a eluda – fingindo acreditar que é puramente instrumental. Em suma, o estruturalismo nunca passará de uma "ciência" a mais (nascem várias em cada século, algumas passageiras) se não conseguir colocar no centro de seu empreendimento a própria subversão da linguagem científica, isto é, numa palavra, "escrever-se": como não questionaria a própria linguagem que lhe serve para conhecer a linguagem? O prolongamento lógico do estruturalismo outra coisa não pode ser senão alcançar a literatura não como "objeto" de análise, mas como atividade de escritura, abolir a distinção, surgida da lógica, que faz da obra uma linguagem-objeto e da ciência uma metalinguagem, e colocar assim em risco o privilégio ilusório ligado pela ciência à propriedade de uma linguagem escrava.

Resta ao estruturalista transformar-se em "escritor", não para professar ou praticar o "belo estilo" mas para reencontrar os problemas candentes de toda enunciação, desde que não mais se envolva na nuvem benfazeja das ilusões propriamente *realistas*, que fazem da linguagem um simples *medium* do pensamento. Essa transformação – ainda bastante teórica, há que se reconhecer – exige alguns esclarecimentos – ou reconhecimentos. Em primeiríssimo lugar, já não se podem pensar as relações da subjetividade e da objetividade – ou, caso se prefira, o lugar do sujeito em seu trabalho – como nos belos tempos da ciência positivista. A objetividade e o rigor, atributos do cientista, com que estão ainda a nos azucrinar, são qualidades essencialmente preparatórias, necessárias no momento do trabalho e, em função disso, não há razão alguma para suspeitá-las ou abandoná-las; mas essas qualidades não podem ser transferidas para o discurso, senão por uma espécie de passe de mágica, um procedimento puramente metonímico, que confunde a *precaução* e o seu efeito discursivo. Toda enunciação supõe o seu próprio sujeito, quer esse sujeito se exprima de maneira aparentemente direta, dizendo *eu*, quer indireta, designando-se como *ele*, quer nula, recorrendo a formulações impessoais; trata-se de engodos puramente gramaticais, variando apenas o modo como o sujeito se constitui no discurso, ou seja, dá-se, teatral ou fantasisticamente, aos outros; todas designam formas do imaginário. Dessas formas, a mais capciosa é a privativa, aquela precisamente que é ordinariamente praticada no discurso científico, do qual o cientista se exclui por preocupação de objetividade; o que fica excluído sempre é apenas a "pessoa" (psicológica, passional, biográfica), de modo algum o sujeito; ainda mais, esse sujeito se compenetra, por assim dizer, de toda a exclusão que impõe espetacularmente à sua pessoa, de modo que a objetividade, no nível do discurso – nível fatal, não há que esquecer –, é um imaginário como qualquer outro. A bem dizer, só a formalização integral do discurso científico (o das ciências humanas, entenda-se, pois para as demais ciências isso já é largamente admitido) poderia evitar para a ciência os riscos do imaginário – a menos, bem entendido, que ela aceite praticar esse imaginário *com pleno conhecimento de causa*, conhecimento que não se pode atingir senão na escritura: só a escritura tem o condão de abolir a má-fé que se liga a toda linguagem que se ignora.

Só a escritura ainda – e aí está uma primeira abordagem de sua definição – efetua a linguagem na sua totalidade. Recorrer ao discurso científico como a um instrumento do pensamento é postular que existe um estado neutro da linguagem, de que derivariam, como outros tantos desvios e ornamentos, certo número de línguas especiais, tais como a língua literária ou a língua poética; esse estado neutro seria, assim se pensa, o código de referência de todas as linguagens "excêntricas", que dele não seriam mais que subcódigos; ao identificar-se com esse código referencial, fundamento de toda normalidade, o discurso científico arroga-se uma autoridade que a escritura deve precisamente contestar; a noção de escritura implica a idéia de que a linguagem é um vasto sistema em que não se privilegia nenhum código ou, se preferir, nenhum é considerado central e seus departamentos mantêm uma relação de "hierarquia flutuante". O discurso científico acredita ser um código superior; a escritura quer ser um código total que comporte suas próprias forças de destruição. Conseqüentemente, só a escritura pode quebrar a imagem teológica imposta pela ciência, recusar o terror paterno espalhado pela "verdade" abusiva dos conteúdos e dos raciocínios, abrir para a pesquisa o espaço completo da linguagem, com as suas subversões lógicas, o amalgamar-se de seus códigos, com os seus deslizamentos, os seus diálogos, as suas paródias; só a escritura pode opor à segurança do cientista – na medida em que ele "exprime" a sua ciência – aquilo que Lautréamont chamava de "modéstia" do escritor.

Finalmente, da ciência à escritura, há uma terceira margem que a ciência tem de reconquistar: a do prazer. Numa civilização inteiramente orientada pelo monoteísmo para a idéia de Pecado, em que todo valor é produto de um penar, essa palavra soa mal: há algo de leviano, de trivial, de parcial. Coleridge dizia: "*A poem is that species of composition which is opposed to works of science, by purposing, for its immediate object, pleasure, not truth*" — declaração ambígua, pois se assume a natureza de algum modo erótica do poema (da literatura), continua a lhe destinar um cantão reservado e como que vigiado, distinto do território maior da verdade. O "prazer", entretanto — admitimo-lo melhor hoje —, implica uma experiência bem mais vasta, bem mais significante do que a simples satisfação do "gosto". Ora, o prazer da linguagem jamais foi seriamente estimado; a Retórica antiga teve dele, à sua maneira, alguma idéia, fundando um gênero especial de discurso, votado ao espetáculo e à admiração, o gênero epidíctico; mas a arte clássica envolveu o "agradar" de que declaradamente fez a sua lei (Racine: "A primeira regra é agradar...") com todas as restrições do "natural"; só o barroco, experiência literária que nunca foi mais do que tolerada em nossas sociedades, pelo menos na francesa, ousou fazer alguma exploração do que se poderia chamar o Eros da linguagem. O discurso científico está longe disso: se ele aceitasse a idéia, teria de renunciar a todos os privilégios com que a instituição social o cerca e aceitar entrar naquela "vida literária" que Baudelaire nos dizia, falando de Edgar Poe, ser "o único elemento onde possam respirar certos seres desclassificados".

Mutação da consciência, da estrutura e dos fins do discurso científico, eis o que talvez seja preciso pedir hoje, quando entretanto as ciências humanas, constituídas, florescentes, parecem deixar um espaço cada vez mais exíguo para uma literatura comumente acusada de irrealismo e de desumanidade. Mais precisamente: é o papel da literatura *representar* ativamente à instituição científica aquilo que ela recusa, a saber, a soberania da linguagem. E o estruturalismo deveria estar bem colocado para suscitar tal escândalo: consciente, em alto grau, da natureza lingüística das obras humanas, só ele pode hoje relançar o problema do estatuto lingüístico da ciência; por ter como objeto a linguagem – todas as linguagens –, ele veio rapidamente a definir-se como a metalinguagem da nossa cultura. Essa etapa deve, no entanto, ser ultrapassada, pois a oposição entre as linguagens-objetos e suas metalinguagens fica finalmente submetida ao modelo paterno de uma ciência sem linguagem. A tarefa que se oferece ao discurso estrutural consiste em tornar-se inteiramente homogêneo a seu objeto; essa tarefa só pode ser efetivada por duas vias, tão radical uma quanto a outra: ou por uma formalização exaustiva, ou por uma escritura integral. Nessa segunda hipótese (que aqui se defende), a ciência se tornará a literatura, na medida em que a literatura – submetida, aliás, a um constante revolucionamento dos gêneros tradicionais (poema, narrativa, crítica, ensaio) – já é, sempre foi a ciência; pois o que hoje descobrem as ciências humanas, seja qual for a ordem, sociológica, psicológica, psiquiátrica, etc., a literatura sempre soube; a única diferença é que ela não o *disse, escreveu*. Em face dessa verdade inteira da escritura, as "ciências humanas", constituídas tardiamente na esteira do positivismo burguês, aparecem como os álibis técnicos que a nossa sociedade oferece a si mesma para manter a ficção de uma verdade teológica soberbamente – abusivamente – desvencilhada da linguagem.

1967, *Times Litterary Supplement.*

ESCREVER, VERBO INTRANSITIVO?

1. Literatura e lingüística

Durante séculos, a cultura ocidental concebeu a literatura como ainda hoje se faz – não através de uma prática das obras, dos autores, das escolas, mas através de uma verdadeira teoria da linguagem. Essa teoria tinha um nome: a *Retórica*, que imperou no Ocidente, de Górgias à Renascença, isto é, durante cerca de dois milênios. Já ameaçada no século XVI pelo advento do racionalismo moderno, a retórica ficou totalmente arruinada quando esse racionalismo se transformou em positivismo, no fim do século XIX. Nesse momento, entre a literatura e a linguagem, já não há, por assim dizer, nenhuma zona comum de reflexão: a literatura não mais se sente linguagem, a não ser com alguns escritores precursores, como Mallarmé, e a lingüística só se atribui, sobre a literatura, direitos muito limitados, fechados dentro de uma disciplina filológica secundária, de estatuto aliás incerto: a estilística.

Sabe-se que tal situação está mudando e é em parte, parece-me, para constatar isso que aqui estamos reunidos: a literatura e a linguagem estão se reencontrando. Diversos e complexos são os fatores dessa aproximação; citarei os mais manifestos: de um lado, a ação de determinados escritores que, desde Mallarmé, empreenderam uma exploração radical da escritura e fizeram de sua obra a busca do Livro total, tais como Proust e Joyce; de outro, o desenvolvimento da própria lingüística, que doravante inclui no seu campo o *poético*, ou ordem dos efeitos ligados à mensagem e não a seu referente. Existe hoje uma perspectiva nova de reflexão, comum, insisto, à literatura e à lingüística, ao criador e ao crítico, cujas tarefas, até agora absolutamente estanques, começam a se comunicar, talvez mesmo a confundir-se, pelo menos com respeito ao escritor, cuja ação pode cada vez mais definir-se como uma crítica da linguagem. É nessa perspectiva que gostaria de colocar-me, indicando, por algumas observações breves, prospectivas e não conclusivas, como a atividade de escritura pode ser hoje enunciada com a ajuda de certas categorias lingüísticas.

2. A linguagem

Essa nova conjunção da literatura e da lingüística de que acabo de falar poderia chamar-se provisoriamente, na falta de melhor termo, *semiocrítica*, visto implicar que a escritura é um sistema de signos. Ora, a semiocrítica não se pode confundir com a estilística, mesmo que renovada, ou, pelo menos, a estilística está longe de exauri-la. Trata-se de uma perspectiva com amplitude muito maior, cujo objeto não pode constituir-se de simples acidentes de forma, mas sim das próprias relações entre o escritor e a língua. Isso implica que, se nos colocarmos nessa perspectiva, não poderemos nos desinteressar daquilo que é a linguagem, mas, ao contrário, voltaremos continuamente às "verdades", ainda que provisórias, da antropologia lingüística. Algumas dessas verdades têm ainda força de provocação em face de certa idéia corrente a respeito da literatura e da linguagem e, por essa razão, não há que negligenciar lembrá-las.

1) Um dos ensinamentos que nos é dado pela lingüística atual é que não há língua arcaica, ou, pelo menos, não há relação entre a simplicidade e a antiguidade de uma língua: as línguas antigas podem ser tão completas e tão complexas quanto as línguas recentes; não há história progressista da linguagem. Portanto, quando tentamos encontrar na escritura moderna certas categorias fundamentais da linguagem, não pretendemos pôr em evidência certo arcaísmo da *psykhé*; não dizemos que o escritor retorna à origem da linguagem, mas que a linguagem é para ele a origem.

2) Um segundo princípio, particularmente importante no que diz respeito à literatura, é que a linguagem não pode ser considerada um simples instrumento, utilitário ou decorativo, do pensamento. O homem não preexiste à linguagem, nem filogeneticamente nem ontogeneticamente. Jamais atingimos um estado em que o homem estivesse separado da linguagem, que elaboraria então para "exprimir" o que nele se passasse: é a linguagem que ensina a definição do homem, não o contrário.

3) Ainda mais, sob um ponto de vista metodológico, a lingüística nos acostuma a um novo tipo de objetividade. A objetividade que até agora se exigiu das ciências humanas é uma objetividade do dado, que se trata de aceitar integralmente. A lingüística, por um lado, sugere-nos distinguir níveis de análise e descrever os elementos distintivos de cada um desses níveis, em suma, fundamentar a distinção do fato e não o próprio fato; e, por outro lado, convida-nos a reconhecer que, contrariamente aos fatos físicos e biológicos, os fatos de cultura são dúplices, remetem a alguma outra coisa: como observou Benveniste, é a descoberta da "duplicidade" da linguagem que faz todo o valor da reflexão de Saussure.

4) Essas poucas considerações prévias estão contidas numa última proposição que justifica toda pesquisa semiocrítica. A cultura se nos apresenta cada vez mais como um sistema geral de símbolos, regido pelas mesmas operações: há uma unidade do campo simbólico, e a cultura, sob todos os seus aspectos, é uma língua. Pode-se então prever hoje a constituição de uma ciência única da cultura, que se apoiará, por certo, em disciplinas diversas, porém todas aplicadas em analisar, em diferentes níveis de descrição, a cultura como uma língua. A semiocrítica será apenas, evidentemente, uma parte dessa ciência que, aliás, seja como for, permanecerá sempre um discurso sobre a cultura. Para nós, essa unidade do campo simbólico humano autoriza a trabalhar sobre um postulado a que chamarei postulado de homologia: a estrutura da frase, objeto da lingüística, encontra-se homologicamente na estrutura das obras: o discurso não é tão-somente uma adição de frases; ele próprio é, se assim se pode dizer, uma grande frase. É segundo essa hipótese de trabalho que eu gostaria de confrontar certas categorias da língua com a situação do escritor com relação à escritura. Não escondo que esse cotejo não tem uma força demonstrativa e que o seu valor permanece por enquanto essencialmente metafórico: entretanto, talvez, na ordem de objetos que nos ocupa, a metáfora tenha, mais do que se supõe, uma existência metodológica e uma força heurística.

3. A temporalidade

Como se sabe, há um tempo específico da língua, igualmente diferente do tempo físico e daquilo a que Benveniste chama de tempo "crônico", ou tempo dos cômputos e dos calendários. Esse tempo lingüístico recebe um recorte e expressões muito variadas segundo as línguas (não nos esqueçamos de que, por exemplo, certos idiomas como o *chinook* comportam vários passados, entre eles o passado mítico), mas uma coisa parece certa: o tempo lingüístico tem sempre como centro gerador o presente da enunciação. Isso nos leva a indagar se, homológico a esse tempo lingüístico, não há também um tempo específico do discurso. Sobre esse ponto, Benveniste nos propõe um primeiro esclarecimento – em numerosas línguas, principalmente indo-européias, o sistema é duplo: 1) um primeiro sistema, ou sistema do discurso propriamente dito, adaptado à temporalidade do enunciador, cuja enunciação permanece explicitamente o momento gerador; 2) um segundo sistema, ou sistema da história, da narração, apropriado ao relato dos eventos passados, sem intervenção do locutor, desprovido conseqüentemente de presente e de futuro (exceto o perifrástico), e cujo tempo específico é o aoristo (ou os seus equivalentes, como o pretérito francês), precisamente o único tempo que falta ao sistema do discurso. A existência desse sistema apessoal não contradiz a natureza essencialmente logocêntrica do tempo lingüístico, que se acaba de afirmar: o segundo sistema é apenas privado dos caracteres do primeiro; um está ligado ao outro pela própria oposição do marcado/não-marcado: eles participam, por conseguinte, da mesma pertinência.

A distinção dos dois sistemas não corresponde de forma alguma à que tradicionalmente se faz entre discurso objetivo e discurso subjetivo, pois não se pode confundir a relação do enunciador e do referente com a relação desse mesmo enunciador com a enunciação, e é somente esta última relação que determina o sistema temporal do discurso. Esses fatos de linguagem foram pouco perceptíveis enquanto a literatura se propôs como a expressão dócil e como que transparente quer do tempo dito objetivo (ou do tempo crônico), quer da subjetividade psicológica, isto é, enquanto ela se colocou sob uma ideologia totalitária do referente. Hoje, entretanto, a literatura descobre no desdobrar-se do discurso aquilo que eu chamaria de sutilezas fundamentais: por exemplo, o que é contado de maneira aorística não aparece, de forma alguma, imerso no passado, naquilo "que já aconteceu", mas apenas na não-pessoa, que não é nem a história, nem a ciência, nem muito menos o *on** dos escritos ditos impessoais, pois o que prevalece no *on* é o indefinido, não a ausência de pessoa: *on* é marcado, *il*** não o é. No outro termo da experiência do discurso, o escritor atual, parece-me, já não pode se contentar em exprimir o seu próprio presente segundo um projeto lírico: é necessário ensinar-lhe a distinguir o presente do locutor, que fica estabelecido numa plenitude psicológica, do presente da locução, móvel como ela e em que se instaura uma coincidência absoluta do evento e da escritura. A literatura, ao menos em suas pesquisas, segue assim o mesmo caminho que a lingüística quando, com Guillaume, interroga-se a respeito do tempo operativo, ou tempo da própria enunciação.

4. A pessoa

Isso conduz a uma segunda categoria gramatical, tão importante em lingüística quanto em literatura: a da pessoa. Primeiro é

---

* *On*, pronome de terceira pessoa, é *sempre sujeito* indeterminado, e não tem correspondente exato em português. (N. do T.)
** *Il*, também sujeito sempre, pode ser substituto nominal (ele), ou simples marca de pessoa verbal. (N. do T.)

preciso lembrar com os lingüistas que a pessoa (no sentido gramatical do termo) parece ser universal, ligada à antropologia da linguagem. Toda linguagem, como já mostrou Benveniste, organiza a pessoa em duas oposições: uma correlação de personalidade, que opõe a pessoa (*eu* ou *tu*) à não-pessoa (*ele*), signo daquele que está ausente, signo da ausência; e, interior a essa primeira grande oposição, uma correlação de subjetividade opõe duas pessoas, o *eu* e a pessoa *não-eu* (isto é, o *tu*). Para nosso uso, temos de fazer, com Benveniste, três observações. Primeiro, o seguinte: a polaridade das pessoas, condição fundamental da linguagem, é, no entanto, muito particular, pois essa polaridade não comporta nem igualdade nem simetria: *ego* tem sempre uma posição de transcendência com relação a *tu*, *eu* sendo interior ao enunciado e *tu* ficando-lhe exterior; contudo, *eu* e *tu* são inversíveis, *eu* podendo sempre tornar-se *tu*, e reciprocamente; isso não acontece com a não-pessoa (*ele*), que nunca pode inverter-se em pessoa e reciprocamente. Em seguida – é a segunda observação –, o *eu* lingüístico pode e deve definir-se de maneira apsicológica: *eu* nada mais é do que "*a pessoa que enuncia a presente instância de discurso a conter a instância lingüística* eu" (Benveniste). Finalmente, última observação, o *ele*, ou não-pessoa, nunca reflete a instância do discurso, situando-se fora dela; é preciso dar o devido peso à recomendação de Benveniste que diz para não se representar o *ele* como uma pessoa mais ou menos diminuída ou afastada: *ele* é absolutamente a não-pessoa, marcada pela ausência daquilo que faz especificamente (quer dizer, lingüisticamente) *eu* e *tu*.

Desse esclarecimento lingüístico, tiraremos algumas sugestões para uma análise do discurso literário. Pensamos, em primeiro lugar, que, sejam quais forem as marcas variadas e muitas vezes astutas que a pessoa assuma quando se passa da frase ao discurso, como acontece para a temporalidade, o discurso da obra fica submetido a um duplo sistema, o da pessoa e o da não-pessoa. O que causa ilusão é que o discurso clássico (no sentido lato) a que estamos habituados é um discurso misto, que alterna, em cadência freqüentemente muito rápida (por exemplo, no interior de uma mesma frase), a enunciação pessoal e a enunciação apessoal, mediante um jogo complexo de pronomes e de verbos descritivos. Esse regime misto de pessoa e de não-pessoa produz uma consciência ambígua que consegue manter a propriedade pessoal do que enuncia, mas periodicamente rompe a participação do enunciador no enunciado.

Em seguida, voltando à definição lingüística da primeira pessoa (*eu* é aquele que diz *eu* na presente instância do discurso), talvez compreendamos melhor o esforço de certos escritores atuais (penso em *Drame*, de Sollers) quando tentam distinguir, no nível da narrativa, a pessoa psicológica e o autor da escritura: contrariamente à ilusão corrente das autobiografias e dos romances tradicionais, o sujeito da enunciação nunca pode ser o mesmo que agiu ontem: o *eu* do discurso já não pode ser o lugar onde se restitui inocentemente uma pessoa previamente guardada. O recurso absoluto à instância do discurso para determinar a pessoa, a que se poderia chamar com Damourette e Pichon "ninegocentrismo" ["*nynégocentrisme*"] (lembremos o início exemplar do romance de Robbe-Grillet, *Dans le labyrinthe*: "Estou só aqui e agora"), esse recurso, por mais imperfeito que possa ser ainda seu exercício, aparece então como uma arma contra a má-fé geral de um discurso que não faz ou não faria da forma literária mais que a expressão de uma interioridade constituída atrás e fora da linguagem.

Finalmente, lembremos esta precisão da análise lingüística: no processo de comunicação, o trajeto do *eu* não é homogêneo; quando eu libero o signo *eu*, refiro-me a mim mesmo na medida em que eu falo, e trata-se então de um ato sempre novo, mesmo que repetido, cujo "sentido" é sempre inédito; mas, ao chegar ao seu destino, esse *eu* é recebido por meu interlocutor como um signo estável, provindo de um código pleno, cujos conteúdos são recorrentes. Em outros termos, o *eu* de quem escreve *eu* não é o mesmo que o *eu* que é lido por *tu*. Essa dissimetria fundamental da linguagem, esclarecida por Jespersen e Jakobson sob a noção de *shifter* ou de encavalamento da mensagem e do código, começa finalmente a preocupar a literatura mostrando-lhe que a intersubjetividade, ou, talvez melhor dizendo, a interlocução, não pode se efetuar pelo simples efeito de um voto piedoso relativo aos méritos do "diálogo", mas por uma descida profunda, paciente e muitas vezes desviada, no labirinto do sentido.

5. A diátese

Resta falar de uma última noção gramatical que pode, a nosso ver, aclarar a atividade de escritura no seu centro, já que concerne ao próprio verbo *escrever*. Interessante seria saber em que momento as pessoas puseram-se a empregar o verbo *escrever* de maneira intransitiva, passando a ser o escritor não mais aquele que escreve alguma coisa, mas aquele que escreve, absolutamente: essa passagem é certamente o sinal de uma importante mudança de mentalidade. Mas trata-se realmente de intransitividade? Nenhum escritor, pertença ele a que época for, pode ignorar que ele escreve sempre alguma coisa; pode-se até dizer que, paradoxalmente, é no momento mesmo em que *escrever* parece tornar-se intransitivo que o seu objeto, sob o nome de *livro*, ou de *texto*, assume particular importância. Então não é, ou pelo menos não é em primeiro lugar, do lado da intransitividade que se deve buscar a definição do *escrever* moderno. Outra noção lingüística talvez nos dê a chave: a de diátese, ou, como se diz nas gramáticas, de "voz" (ativa, passiva, média). A diátese designa a maneira como o sujeito do verbo é afetado pelo processo; fica bem evidente para o passivo; no entanto, os lingüistas nos ensinam que, em indo-europeu pelo menos, o que a diátese realmente opõe não é o ativo ao passivo, mas, sim, o ativo ao médio. Segundo o exemplo clássico, dado por Meillet e Benveniste, o verbo *sacrificar* (ritualmente) é ativo se é o sacerdote que sacrifica a vítima em meu lugar e por mim, e é médio se, tomando, de certo modo, o cutelo das mãos do sacerdote, eu mesmo faço o sacrifício por minha própria conta; no caso do ativo, o processo realiza-se fora do sujeito, pois, se é verdade que o sacerdote faz o sacrifício, não é afetado por ele; no caso médio, ao contrário, ao agir, o sujeito afeta-se a si mesmo, permanece sempre no interior do processo, mesmo que esse processo comporte um objeto, de maneira que o médio não exclui a transitividade. Assim definida, a voz média corresponde inteiramente ao *escrever* moderno: escrever é hoje fazer-se o centro do processo de palavra, é efetuar a escritura afetando-se a si próprio, é fazer coincidir a ação e o afeto, é deixar o escritor no interior da escritura, não a título de sujeito psicológico (o sacerdote indo-europeu podia muito bem transbordar de subjetividade ao sacrificar ativamente por seu cliente), mas a título de agente da ação. Pode-se até levar mais adiante a análise diatética do verbo *escrever*. Sabe-se que em francês certos verbos têm o sentido ativo na forma simples (*aller, arriver, rentrer, sortir*/ir, chegar, entrar, sair), mas tomam o auxiliar do passivo (*être*/ser) nas formas do passado composto (*je suis allé, je suis arrivé*/fui, cheguei); para explicar essa bifurcação propriamente média, Guillaume distingue justamente entre um passado composto *dirimente* (com o auxiliar *avoir*/ter), que supõe uma interrupção do processo, devida à iniciativa do locutor (*je marche, je m'arrête de marcher, j'ai marché*/ando, paro de andar, andei), e um passado composto *integrante* (com o auxiliar *être*/ser), próprio dos verbos que designam um inteiro semântico, que não se pode debitar tão-somente à iniciativa do sujeito (*je suis sorti, il est mort*/eu sai, ele morreu – não remetem a uma interrupção dirimente da saída ou da morte). *Écrire* (escrever) é tradicionalmente um verbo ativo, cujo passado composto é dirimente: *j'écris un livre, je le termine, je l'ai écrit* (escrevo um livro, termino-o, eu o escrevi); mas, na literatura, o verbo troca de estatuto (senão de forma): *écrire* torna-se um verbo médio, cujo passado é integrante, na medida em que o *écrire* torna-se um inteiro semântico indivisível, de maneira que o verdadeiro passado, o passado direto desse novo verbo, não é *j'ai écrit*, mas *je suis écrit*, da mesma forma que se diz *je suis né, il est mort, elle est éclose* (eu nasci, ele morreu, ela desabrochou), etc., expressões em que não aparece, bem entendido, nenhuma idéia de passivo, a despeito da presença do verbo *être*, pois que não se poderia transformar, sem forçar as coisas, *je suis écrit* (escrevi ou estou escrito) em *on m'a écrit* (escreveram-me).

Assim, no *escrever* médio, a distância entre o escritor e a linguagem diminui assintoticamente. Poder-se-ia até dizer que as escrituras da subjetividade, como a escritura romântica, é que são ativas, pois que nelas o agente não é interior, mas anterior ao processo da escrita: quem escreve não escreve por si mesmo, mas ao termo de uma procuração indevida, por uma pessoa exterior e antecedente (mesmo que ambos tenham o mesmo nome), ao passo que, no *escrever* médio da modernidade, o sujeito constitui-se como imediatamente contemporâneo da escritura, efetuando-se e afetando-se por ela: é o caso exemplar do narrador proustiano, que só existe escrevendo, a despeito da referência a uma pseudolembrança.

6. A instância do discurso

Ficou entendido, essas poucas observações tendem a sugerir que o problema central da escritura moderna coincide exatamente com aquilo que se poderia chamar de problemática do verbo em lingüística: da mesma forma que a temporalidade, a pessoa e a diátese delimitam o campo posicional do sujeito, assim a literatura moderna busca instituir, através das experiências várias, uma posição nova do agente da escritura na própria escritura. O sentido ou, se preferirem, o escopo dessa busca é substituir a instância da realidade (ou instância do referente), álibi mítico que dominou e ainda domina a idéia de literatura, pela própria instância do discurso: o campo do escritor é apenas a própria escritura, não como "forma" pura, como foi concebida por uma estética da arte pela arte, mas de modo muito mais radical como único espaço possível de quem escreve. Temos de lembrar isso àqueles que acusam este gênero de pesquisas de solipsismo, formalismo ou cientismo; voltando às categorias fundamentais da língua, tais como a pessoa, o tempo, a voz, colocamo-nos no âmago de uma problemática da interlocução, pois essas categorias são precisamente aquelas em que se travam as relações do *eu* com aquilo que é privado da marca do *eu*. Na medida em que a pessoa, o tempo e a voz (tão bem denominada!) implicam aqueles notáveis seres lingüísticos chamados *shifters*, obrigam-nos a pensar a língua e o discurso não mais em termos de uma nomenclatura instrumental, e por conseguinte reificada, mas como o exercício mesmo da fala: o pronome, por exemplo, que é sem dúvida o mais vertiginoso dos *shifters*, pertence *estruturalmente* (insisto) à fala; aí está, digamos, o seu escândalo, e sobre esse escândalo é que devemos trabalhar hoje, lingüística e literariamente: buscamos aprofundar o "pacto da fala" que une o escritor e o outro, de maneira que cada momento do discurso seja, a uma só vez, absolutamente novo e absolutamente compreendido. Podemos até, com certa temeridade, dar a essa pesquisa uma dimensão histórica. Sabe-se que o *Septenium* medieval, na classificação grandiosa do universo que ele instituía, impunha ao homem-aprendiz dois grandes lugares de exploração: de uma parte, os segredos da natureza (*quadrivium*); de outra, os segredos da palavra (*trivium: grammatica, rhetorica, dialectica*); essa oposição se perdeu do fim da Idade Média a nossos dias, passando então a linguagem a ser considerada apenas como um instrumento a serviço da razão ou do coração. No entanto, hoje, alguma coisa revive da antiga oposição: à exploração do cosmo corresponde novamente a exploração da linguagem, conduzida pela lingüística, pela psicanálise e pela literatura. Porque a própria literatura, se assim podemos dizer, é ciência não mais do "coração humano", mas da fala humana; a sua investigação, todavia, não mais se dirige para as formas e figuras segundas que eram objeto da retórica, mas para as categorias fundamentais da língua: assim como, na nossa cultura ocidental, a gramática só começou a surgir muito depois da retórica, também só depois de ter caminhado durante séculos através do belo literário é que a literatura pôde levantar para si mesma os problemas fundamentais da linguagem sem a qual ela não existiria.

> 1966, Colóquio Johns Hopkins.
> Publicado em inglês em *The Languages of Criticism and the Sciences of Man: the Structuralist Controversy*,
> © The Johns Hopkins Press,
> Londres e Baltimore, 1970,
> pp. 134-45.

ESCREVER A LEITURA

Nunca lhe aconteceu, ao ler um livro, interromper com freqüência a leitura, não por desinteresse, mas, ao contrário, por afluxo de idéias, excitações, associações? Numa palavra, nunca lhe aconteceu *ler levantando a cabeça*?

É essa leitura, ao mesmo tempo irrespeitosa, pois que corta o texto, e apaixonada, pois que a ele volta e dele se nutre, que tentei escrever. Para escrevê-la, para que a minha leitura se torne por sua vez objeto de uma nova leitura (a dos leitores de *S/Z*), tive evidentemente de sistematizar todos esses momentos em que a gente "levanta a cabeça". Em outras palavras, interrogar a minha própria leitura é tentar captar a *forma* de todas as leituras (a forma: único lugar da ciência), ou ainda: suscitar uma teoria da leitura.

Tomei, pois, um texto curto (isso era necessário à minúcia do empreendimento), o *Sarrasine*, de Balzac, novela pouco conhecida (mas Balzac não se define justamente como o Inesgotável, aquele de quem nunca se leu tudo, a menos que se tenha vocação exegética?), e, esse texto, eu *parei* de lê-lo muitas vezes. A crítica funciona ordinariamente (não é uma censura), quer ao microscópio (esclarecendo com paciência cada pormenor filológico, autobiográfico ou psicológico da obra), quer ao telescópio (perscrutando o grande espaço histórico que envolve o autor). Privei-me desses dois instrumentos: não falei nem de Balzac nem do seu tempo, não fiz nem a psicologia das suas personagens, nem a temática do texto, nem a sociologia do enredo. Reportando-me às primeiras proezas da câmara, capaz de decompor o trote de um cavalo, de certo modo tentei filmar em câmara lenta a leitura de *Sarrasine*: o resultado, creio, não é nem totalmente uma análise (não busquei captar o *segredo* desse texto estranho) nem totalmente uma imagem (não creio me haver projetado em minha leitura; ou, se isso acontece, é a partir de um lugar inconsciente que está muito aquém de "mim mesmo"). O que é então S/Z? Simplesmente um texto, esse texto que escrevemos em nossa cabeça quando a levantamos.

Esse texto, que se deveria chamar com uma só palavra: *texto-leitura*, é muito mal conhecido porque faz séculos que nos interessamos demasiadamente pelo autor e nada pelo leitor; a maioria das teorias críticas procura explicar por que o autor escreveu a sua obra, segundo que pulsões, que injunções, que limites. Esse privilégio exorbitante concedido ao lugar de onde partiu a obra (pessoa ou História), essa censura imposta ao lugar aonde ela vai e se dispersa (a leitura) determinam uma economia muito particular (embora já antiga): o autor é considerado o proprietário eterno de sua obra, e nós, seus leitores, simples usufrutuários; essa economia implica evidentemente um tema de autoridade: o autor tem, assim se pensa, direitos sobre o leitor, constrange-o determinado *sentido* da obra, e esse sentido é, evidentemente, o sentido certo, o verdadeiro; daí uma moral crítica do sentido correto (e da falta dele, o "contra-senso"): procura-se estabelecer *o que o autor quis dizer*, e de modo algum *o que o leitor entende*.

Embora certos autores nos tenham advertido de que éramos livres para ler seu texto como bem entendêssemos e que em suma eles se desinteressavam de nossa escolha (Valéry), percebemos mal, ainda, até que ponto a lógica da leitura é diferente das regras da composição. Estas, herdadas da retórica, sempre passam por referir-se a um modelo dedutivo, ou seja, racional; trata-se, como no silogismo, de constranger o leitor a um sentido ou a uma saída: a composição canaliza; a leitura, pelo contrário (esse texto que escrevemos em nós quando lemos), dispersa, dissemina; ou, pelo menos, diante de uma história (como a do escultor Sarrasine), vemos bem que certa imposição do prosseguimento (do "suspense") luta continuamente em nós com a força explosiva do texto, sua energia digressiva: à lógica da razão (que faz com que esta história seja legível) entremeia-se uma lógica do símbolo. Essa lógica não é dedutiva, mas associativa: associa ao texto material (a cada uma de suas frases) *outras* idéias, *outras* imagens, *outras* significações. "O texto, apenas o texto", dizem-nos, mas, apenas o texto, isso não existe: há *imediatamente* nesta novela, neste romance, neste poema que estou lendo, um suplemento de sentido de que nem o dicionário nem a gramática podem dar conta. É desse suplemento que eu quis traçar o espaço ao escrever a minha leitura do *Sarrasine*, de Balzac.

Não reconstituí um leitor (fosse você ou eu), mas a leitura. Quero dizer que toda leitura deriva de formas transindividuais: as associações geradas pela letra do texto (onde está essa letra?) nunca são, o que quer que se faça, anárquicas; elas sempre são tomadas (extraídas e inseridas) dentro de certos códigos, certas línguas, certas listas de estereótipos. A leitura mais subjetiva que se possa imaginar nunca passa de um jogo conduzido a partir de certas regras. De onde vêm essas regras? Não do autor, por certo, que não faz mais do que aplicá-las à sua moda (que pode ser genial, como em Balzac, por exemplo); visíveis muito aquém dele, essas regras vêm de uma lógica milenar da narrativa, de uma forma simbólica que nos constitui antes de nosso nascimento, em suma, desse imenso espaço cultural de que a nossa pessoa (de autor, de leitor) não é mais do que uma passagem. Abrir o texto, propor o sistema de sua leitura, não é apenas pedir e mostrar que podemos interpretá-lo livremente; é principalmente, e muito mais radicalmente, levar a reconhecer que não há verdade objetiva ou subjetiva da leitura, mas apenas verdade lúdica; e, ainda mais, o jogo não deve ser entendido como uma distração, mas como um trabalho – do qual, entretanto, se houvesse evaporado qualquer padecimento: ler é fazer o nosso corpo trabalhar (sabe-se desde a psicanálise que o corpo excede em muito nossa memória e nossa consciência) ao apelo dos signos do texto, de todas as linguagens que o atravessam e que formam como que a profundeza achamalotada das frases.

Imagino bastante bem a narrativa legível (aquela que podemos ler sem a declarar "ilegível": quem não entende Balzac?) sob os traços de uma dessas figurinhas sutil e elegantemente articuladas de que se servem (ou se serviam) os pintores para aprender a "bosquejar" as diferentes posturas do corpo humano; ao ler, nós também imprimimos certa postura ao texto, e é por isso que ele é vivo; mas essa postura, que é nossa invenção, só é possível porque há entre os elementos do texto uma relação regulada, uma *proporção*: tentei analisar essa proporção, descrever a disposição topológica que dá à leitura do texto clássico, ao mesmo tempo, o seu traçado e a sua liberdade.

1970, *Le Figaro Littéraire.*

DA LEITURA

Quero de início agradecer-lhes a acolhida. Muitas coisas nos unem, a começar por esta pergunta comum que nos fazemos, cada um de seu lugar: *O que é ler? Como ler? Por que ler?* Uma coisa, entretanto, nos separa, e não vou tentar disfarçá-la: já não tenho, há muito tempo, nenhuma prática pedagógica; a escola, o liceu, o colégio de hoje são-me inteiramente desconhecidos; e a minha própria prática docente – que conta muito em minha vida –, na École des Hautes Études, é muito marginal, muito anômica, mesmo dentro do ensino pós-escolar. Ora, por se tratar de um congresso, parece-me preferível que cada um faça ouvir a sua própria voz, a voz da sua prática; não me forçarei alcançar, mimar uma competência pedagógica que não é a minha; ater-me-ei a uma leitura particular (como toda leitura?), a leitura do sujeito que sou, que creio ser.

Estou, com relação à leitura, num grande desamparo doutrinal: doutrina sobre a leitura, não tenho; ao passo que, em contraposição, uma doutrina da escritura se esboça pouco a pouco. Esse desamparo vai às vezes até a dúvida: nem mesmo sei se é preciso ter uma *doutrina* da leitura; não sei se a leitura não é, constitutivamente, um campo plural de práticas dispersas, de efeitos irredutíveis, e se, conseqüentemente, a leitura da leitura, a Metaleitura, não é nada mais do que um estilhaçar-se de idéias, de temores, de desejos, de gozos, de opressões, de que convenha falar à medida que surjam, à imagem do plural de grupos de trabalho que constitui esse congresso.

Não buscarei reduzir esse desamparo (não tenho, aliás, os meios para isso), mas apenas situá-lo, compreender esse transbordamento de que é visivelmente objeto em mim a noção de leitura. Por onde começar? Pois bem, talvez por aquilo que permitiu à lingüística moderna deslanchar: a noção de *pertinência*.

1. Pertinência

A *pertinência* é – ou pelo menos foi –, em lingüística, o ponto de vista sob o qual se escolhe olhar, interrogar, analisar um conjunto tão heteróclito, díspar, quanto a linguagem: foi só quando decidiu encarar a linguagem sob o ponto de vista do sentido, e só desse ponto de vista, que Saussure parou de marcar passo, de se afligir, e pôde fundar uma nova lingüística; foi decidindo considerar os sons tão-somente sob a pertinência do sentido que Troubetskoi e Jakobson permitiram o desenvolvimento da fonologia; foi aceitando, em detrimento de uma infinidade de considerações possíveis, apenas ver, em centenas de contos populares, situações e papéis estáveis, recorrentes, em suma, formas, que Propp fundou a Análise estrutural da narrativa.

Se pudéssemos então decidir por uma *pertinência*, sob a qual interrogaríamos a leitura, poderíamos esperar desenvolver pouco a pouco uma lingüística ou uma semiologia, ou simplesmente (para não nos envolvermos em dívidas) uma Análise da leitura, da *anagnósis*, da anagnose; uma Anagnosologia: por que não?

Infelizmente, a leitura ainda não encontrou o seu Propp ou o seu Saussure; essa pertinência desejada, imagem de um alívio do cientista, nós não a descobrimos – pelo menos ainda não: as antigas pertinências não convêm à leitura, ou então esta as ultrapassa.

1) No campo da leitura não há pertinência de objetos: o verbo *ler*, aparentemente muito mais transitivo do que o verbo *falar*, pode ser saturado, catalisado, com mil objetos diretos: leio textos, imagens, cidades, rostos, gestos, cenas, etc. Esses objetos são tão variados que não posso unificá-los sob nenhuma categoria substancial, nem mesmo formal; apenas posso encontrar neles uma unidade intencional: o objeto que eu leio é fundado apenas pela minha intenção de ler; ele é simplesmente: *para ler, legendum*, pertencendo a uma fenomenologia, não a uma semiologia.

2) No campo da leitura – e isto é mais grave – também não há pertinência de *níveis*, não existe a possibilidade de descrever *níveis* de leitura, porque não há a possibilidade de fechar a lista desses níveis. Por certo que há uma *origem* da leitura gráfica: é o aprendizado das letras, das palavras escritas; mas, por um lado, há leituras sem aprendizagem (as imagens) – pelo menos sem aprendizagem técnica, senão cultural –, e, por outro, adquirida essa *tékhne*), não se sabe onde parar a profundeza e a dispersão da leitura: na captação de um sentido? Que sentido? Denotado? Conotado? Trata-se de artefatos, eu diria *éticos*, já que o sentido denotado tende a passar pelo sentido simples, verdadeiro, e a fundar uma lei (quantos homens morreram por *um* sentido?), ao passo que a conotação permite (aí está a sua vantagem *moral*) colocar um direito ao sentido múltiplo e liberar a leitura: mas até onde? Ao infinito: não há injunção *estrutural* para fechar a leitura; tanto posso recuar ao infinito os limites do legível, decidir que *tudo* finalmente é legível (por mais ilegível que possa parecer), quanto posso, inversamente, decidir que no fundo de todo texto, por mais legível que ele tenha sido concebido, há, permanece algo de ilegível. O *saber-ler* pode ser delimitado, verificado no seu estágio inaugural, mas bem depressa se torna sem fundo, sem regras, sem graus e sem termo.

Essa dificuldade para encontrar uma *pertinência* a partir da qual fundamentar uma Análise coerente da leitura, podemos pensar que somos responsáveis por ela, por falta de gênio. Mas podemos também supor que a *im-pertinência* é de certo modo congênita à leitura: algo, estatutariamente, viria atrapalhar a análise dos objetos e dos níveis de leitura, e poria assim em xeque não só toda busca de uma pertinência na Análise da leitura, mas também, talvez, o próprio conceito de pertinência (pois a mesma aventura parece estar prestes a acontecer à lingüística e à narratologia). Esse algo, creio posso dar-lhe nome (de modo até banal): é o Desejo. É porque toda leitura é penetrada de Desejo (ou de Repulsa) que a Anagnosologia é difícil, talvez impossível – em todo caso, que ela tem possibilidade de efetuar-se onde não a esperamos, ou pelo menos não *exatamente* onde a esperamos: por tradição – recente – nós a esperamos do lado da estrutura; e sem dúvida temos, em parte, razão: toda leitura ocorre no interior de uma estrutura (mesmo que múltipla, aberta) e não no espaço pretensamente livre de uma pretensa espontaneidade: não há leitura "natural", "selvagem": a leitura não *extravasa* da estrutura; fica-lhe submissa; precisa dela, respeita-a; mas perverte-a. A leitura seria o gesto do corpo (é com o corpo, certamente, que se lê) que, com um mesmo movimento, coloca e perverte a sua ordem: um suplemento interior de perversão.

2. Recalque

Não me interrogo, a bem dizer, a respeito das vicissitudes do desejo de leitura; particularmente, não posso responder a esta pergunta irritante: por que os franceses de hoje não desejam ler? Por que, parece, cinqüenta por cento dentre eles não lêem? O que pode nos reter por um instante é a marca de desejo – ou de não-desejo – que há no interior de uma leitura, supondo-se que o querer-ler já tenha sido assumido. E, em primeiro lugar, os *recalques* de leitura. Vêm-me à mente dois deles.

O primeiro resulta de todas as injunções, sociais ou interiorizadas por mil processos de substituição, que fazem da leitura um *dever* em que o próprio ato de ler é determinado por uma lei: o ato de ler, ou melhor, se assim se pode dizer, o ato de *ter lido*, a marca quase ritual de uma iniciação. Não falo das leituras "instrumentais", que são necessárias à aquisição de um saber, de uma técnica e nas quais o gesto de ler desaparece sob o ato de aprender: falo das leituras "livres", que, no entanto, é necessário ter feito: *é preciso ter lido* (*A princesa de Clèves*, *O anti-Édipo*). De onde vem a lei? De instâncias diversas, fundamentada cada uma em valor, em ideologia: para o militante de vanguarda, *é preciso ter lido* Bataille, Artaud. Durante muito tempo, quando a leitura era estreitamente elitista, havia deveres de leitura universal; suponho que a derrocada dos valores humanistas pôs fim a esses deveres de leitura: tomaram-lhes o lugar deveres particulares, ligados ao "papel" que o sujeito reconhece para si na sociedade de hoje; a lei de leitura não mais provém de uma eternidade de cultura, mas de uma instância estranha, ou pelo menos enigmática ainda, situada na fronteira entre a História e a Moda. O que estou querendo dizer é que existem leis de grupo, microleis, de que é preciso ter o direito de se libertar. Ainda mais: a liberdade de leitura, qualquer que seja o preço a pagar, é *também* a liberdade de não ler. Quem sabe se algumas coisas não se transformam, quem sabe se algumas coisas não acontecem (no trabalho, na história do sujeito histórico) não apenas pelo efeito das leituras, mas pelo dos esquecimentos de leitura: por aquilo que se poderia chamar de *desenvolturas* do ler? Ou ainda: na leitura, o Desejo não pode ser destacado, por mais que isso custe às instituições, de sua própria negatividade pulsional.

Um segundo recalque é talvez o da Biblioteca. Não se trata, fique bem entendido, de contestar a instituição bibliotecária nem de desinteressar-se de seu necessário desenvolvimento; trata-se apenas e simplesmente de reconhecer a marca de recalque existente nesse traço fundamental e inevitável da Biblioteca pública (ou simplesmente coletiva): a sua *facticidade*. A facticidade não é em si uma via de recalque (a Natureza nada tem de particularmente libertador); se a facticidade da Biblioteca se opõe ao Desejo de ler é por duas razões.

1) Por estatuto, qualquer que seja a sua dimensão, a Biblioteca é infinita, na medida em que ela sempre está (por mais bem concebida que seja) aquém ou além da demanda: a tendência é nunca estar lá o livro desejado, ao passo que outro livro é proposto: a Biblioteca é o espaço dos substitutos de desejo; em face da aventura do ler, ela é o real, naquilo em que este chama à ordem o Desejo: sempre grande demais e pequena demais, ela é fundamentalmente inadequada ao Desejo; para extrair prazer, plenitude, gozo de uma Biblioteca, o sujeito tem de renunciar à efusão de seu Imaginário; é preciso que tenha feito o seu Édipo – esse Édipo que não se deve fazer apenas aos quatro anos de idade, mas a cada dia da minha vida em que eu desejo. Nesse caso é a profusão mesma dos livros que é a lei, a castração.

2) A Biblioteca é um espaço que se visita, mas não um espaço que se habita. Seria preciso ter em nossa língua, que no entanto dizem ser tão bem feita, duas palavras diferentes: uma para o livro de Biblioteca, outra para o *livro-em-casa* (ponhamos hífens, é um sintagma autônomo que tem por referente um objeto específico); uma para o livro "emprestado" – o mais das vezes através de mediação burocrática ou magistral –, outra para o livro tomado, agarrado, atraído, escolhido, como se já fosse um fetiche; uma para o livro-objeto de uma dívida (é preciso devolvê-lo), outra para o livro-objeto de um desejo ou de uma demanda imediata (sem mediação). O espaço caseiro (e não público) retira do livro qualquer função de *parecer* social, cultural, institucional (menos no caso dos *cosy-corners* carregados de livros-resíduos). Por certo o livro-em-casa não é um pedaço de desejo puro: ele passou (em geral) por uma mediação que não tem nada de particularmente próprio: o dinheiro; foi preciso comprá-lo, daí não comprar os demais; mas sendo as coisas como são, o próprio dinheiro é um desrecalque – o que a Instituição não é: *comprar* pode ser desrecalcante, *tomar emprestado* seguramente não o é; na utopia fourierista os livros quase nada valem, mas passam mesmo assim pela mediação de alguns tostões; são cobertos por um *Dispêndio* e a partir de então o Desejo funciona: algo é desbloqueado.

3. Desejo

Que há de Desejo na leitura? O Desejo não pode nomear-se, nem mesmo (ao contrário da Demanda) dizer-se. É certo, entretanto, que há um erotismo da leitura (na leitura, o desejo está presente junto com o seu objeto, o que é a definição do erotismo).

| *Da ciência à literatura* |

Desse erotismo da leitura, talvez não haja apólogo mais puro do que aquele episódio de *La recherche du temps perdu* [*Em busca do tempo perdido*] em que Proust nos mostra o jovem Narrador se fechando no gabinete sanitário de Combray para ler (para não ver sofrer a avó, a quem dizem, por pilhéria, que o seu marido vai beber conhaque...): "Eu subia para soluçar lá bem no alto da casa, ao lado da sala de estudos, sob o teto, num pequeno cômodo cheirando a íris, e a que também perfumava uma groselheira selvagem nascida lá fora entre as pedras da muralha e que passava um ramo de flores pela janela entreaberta. Destinado a um uso mais especial e mais vulgar, esse cômodo, de onde se via durante o dia até o torreão de Roussainville-le-Pin, por muito tempo serviu de refúgio para mim, sem dúvida por ser o único que me era permitido fechar a chave, para todas aquelas de minhas ocupações que exigiam inviolável solidão: a leitura, o devaneio, as lágrimas e a volúpia."[1]

Assim, a leitura desejante aparece marcada por dois traços fundadores. Ao fechar-se para ler, ao fazer da leitura um estado absolutamente separado, clandestino, no qual o mundo inteiro é abolido, o leitor – o lente – identifica-se com dois outros sujeitos humanos – a bem dizer bem próximos um do outro – cujo estado requer igualmente uma separação violenta: o sujeito apaixonado e o sujeito místico; Teresa de Ávila fazia explicitamente da leitura o substituto da oração mental; e o sujeito apaixonado, nós o sabemos, é marcado por uma retirada da realidade, desinveste-se do mundo exterior. Isso confirma que o sujeito-leitor é um sujeito inteiramente deportado sob o registro do Imaginário; toda a sua economia de prazer consiste em cuidar da sua relação dual com o livro (isto é, com a Imagem), fechando-se a sós com ele, colado a ele,

....
1. Paris, Gallimard, "Bibl. de la Pléiade", I, 12.

bem perto dele, como a criança fica colada à Mãe e o Apaixonado fixado no rosto amado. O gabinete com perfume de íris é a própria clausura do Espelho, lugar onde se produz a coalescência paradisíaca do sujeito com a Imagem – do livro.

O segundo traço de que se constitui a leitura desejante – é o que nos diz explicitamente o episódio do gabinete – é o seguinte: na leitura, todas as emoções do corpo estão presentes, misturadas, enroladas: a fascinação, a vagância, a dor, a volúpia; a leitura produz um corpo transtornado, mas *não despedaçado* (sem o que a leitura não pertenceria ao Imaginário). Algo mais enigmático, entretanto, dá-se a ler, a interpretar, no episódio proustiano: a leitura – a volúpia de ler – teria alguma relação com a analidade; uma mesma metonímia encadearia a leitura, o excremento e – como vimos – o dinheiro.

E agora – sem deixar o gabinete de leitura – esta pergunta: há prazeres diferentes de leitura? Há uma tipologia possível desses prazeres? Parece-me haver, em todo caso e pelo menos, três tipos de prazer de ler ou, para ser mais preciso, três vias pelas quais a Imagem de leitura pode capturar o sujeito-leitor. Segundo o primeiro modo, o leitor tem, com o texto lido, uma relação fetichista: tira prazer das palavras, de certas palavras, de certos arranjos de palavras; no texto, delineiam-se plagas, isolatos, em cuja fascinação o sujeito-leitor se abisma, se perde: esse seria um tipo de leitura metafórica ou poética; para provar esse prazer, haverá necessidade de uma vasta cultura lingüística? Não se tem certeza: mesmo a criancinha, no momento do balbucio, conhece o erotismo da palavra, prática oral e sonora oferecida à pulsão. Conforme o segundo modo, que está no extremo oposto, o leitor é, por assim dizer, puxado para frente ao longo do livro por uma força que é sempre mais ou menos disfarçada, da ordem do suspense: o livro vai se abolindo pouco a pouco, e é nesse desgaste impaciente, arrebatado, que reside o gozo; trata-se, principalmente, do prazer metonímico de toda narração, sem esquecer que o próprio saber ou a idéia podem ser contados, submetidos a um movimento de suspense; e, por estar esse prazer visivelmente ligado à observação do que se desenrola e ao desvendamento do que está escondido, pode-se supor que tem relação com a escuta da cena original; quero *surpreender*, não agüento esperar: pura imagem do gozo, por ele não ser da ordem da satisfação; seria preciso, além disso, interrogar, inversamente, os bloqueios, os tédios de leitura: por que não continuamos um livro? Por que Bouvard, decidindo interessar-se pela Filosofia da História, não pôde "terminar o célebre *Discurso* de Bossuet"[2]? A culpa é de Bouvard ou de Bossuet? Existem mecanismos universais de atração? Existe uma lógica erótica da Narração? A Análise estrutural da narrativa deveria aqui levantar o problema do Prazer: parece-me que ela já tem os meios para isso. Há, finalmente, uma terceira aventura da leitura (chamo de aventura a maneira como o prazer vem ao leitor): é, se assim se pode dizer, a da Escritura; a leitura é condutora do Desejo de escrever (estamos certos agora de que há um gozo da escritura, se bem que ainda nos seja muito enigmático). Não é que necessariamente desejemos escrever *como* o autor cuja leitura nos agrada; o que desejamos é apenas o desejo que o escritor teve de escrever, ou ainda: desejamos o desejo que o autor teve do leitor enquanto escrevia, desejamos o *ame-me* que está em toda escritura. Foi o que disse claramente o escritor Roger Laporte: "Uma pura leitura que não suscite uma outra escritura é para mim algo incompreensível... A leitura de Proust, de Blanchot, de Kafka, de Artaud não me deu vontade de

---

2. Paris, Gallimard, "Bibl. de la Pléiade", p. 819.

escrever a respeito desses autores (tampouco, acrescento, *como eles*), mas de *escrever*." Nessa perspectiva a leitura é verdadeiramente uma produção: não mais de imagens interiores, de projeções, de fantasias, mas, literalmente, de *trabalho*: o produto (consumido) é devolvido em produção, em promessa, em desejo de produção, e a cadeia dos desejos começa a desenrolar-se, cada leitura valendo pela escritura que ela gera, até o infinito. Esse prazer de produção é elitista, reservado apenas aos escritores virtuais? Tudo, na nossa sociedade, sociedade de consumo, e não de produção, sociedade do ler, do ver e do ouvir, e não sociedade do escrever, do olhar e do escutar, tudo é feito para bloquear a resposta: os amantes de escritura ficam dispersos, clandestinos, esmagados por mil restrições, interiores, até.

Isso é um problema de civilização: mas, para mim, tenho a convicção profunda e constante de que nunca será possível libertar a leitura se, com um mesmo movimento, não libertarmos a escritura.

4. Sujeito

Muito se tem discutido, e bem antes do advento da Análise estrutural, a respeito dos diferentes pontos de vista em que o autor pode colocar-se para contar uma história – ou simplesmente enunciar um texto. Uma maneira de ligar o leitor a uma teoria da Narração ou, mais amplamente, a uma Poética, seria considerar ele mesmo como ocupante de um ponto de vista (ou sucessivamente de vários); em outras palavras, tratar o leitor *como uma personagem*, fazer dele uma das personagens (mesmo que não necessariamente privilegiada) da ficção e/ou do Texto. Demonstrou-se isso para a tragédia grega: o leitor é aquela personagem que está no palco (mesmo clandestinamente) e que sozinha ouve o que cada um dos parceiros do diálogo não ouve; sua escuta é dupla (e, portanto, virtualmente múltipla). Em outras palavras, o lugar específico do leitor é o *paragrama*, tal como obsediou Saussure (não se sentia enlouquecer, ele, o sábio, de ser então apenas e plenamente leitor?): uma leitura "verdadeira", uma leitura que assumisse a sua afirmação, seria uma leitura louca, não no que ela inventasse de sentidos improváveis ("contra-sensos"), não no que ela "delirasse", mas por ela captar a multiplicidade simultânea dos sentidos, dos pontos de vista, das estruturas, como um espaço estendido fora das leis que proscrevem a contradição (o "Texto" é a própria postulação desse espaço).

Essa imaginação de um leitor total – quer dizer, totalmente múltiplo, paragramático – tem talvez uma coisa de útil: permite entrever o que se poderia chamar de Paradoxo do leitor; admite-se comumente que ler é decodificar: letras, palavras, sentidos, estruturas, e isso é incontestável; mas acumulando as decodificações, já que a leitura é, de direito, infinita, tirando a trava do sentido, pondo a leitura em roda livre (o que é a sua vocação estrutural), o leitor é tomado por uma inversão dialética: finalmente, ele não decodifica, ele *sobrecodifica*; não decifra, produz, amontoa linguagens, deixa-se infinita e incansavelmente atravessar por elas: ele é essa travessia.

Ora, essa é a própria situação do sujeito humano, pelo menos tal como a epistemologia psicanalítica tenta compreendê-lo: um sujeito que já não é o sujeito pensante da filosofia idealista, mas sim despojado de toda unidade, perdido no duplo desconhecimento do seu inconsciente e da sua ideologia, e só se sustentando por uma sucessão de linguagens. Quero dizer com isso que o leitor é o sujeito inteiro, que o campo da leitura é o da subjetividade absoluta (no sentido materialista que essa velha palavra idealista pode ter doravante): toda leitura procede de um sujeito e desse sujeito se separa apenas por mediações raras e tênues, o aprendizado das letras, alguns protocolos retóricos, para além dos quais é o sujeito que depressa se encontra na sua estrutura própria, individual: ou desejante, ou perversa, ou paranóica, ou imaginária, ou neurótica – e, bem entendido, também em sua estrutura histórica: alienado pela ideologia, por rotinas de códigos.

Isso é para indicar que não se pode razoavelmente esperar uma Ciência da leitura, uma Semiologia da leitura, a menos que se conceba ser um dia possível – contradição nos termos – uma Ciência do Inesgotamento, do Deslocamento infinito: a leitura é *precisamente* aquela energia, aquela ação que vai captar *naquele* texto, *naquele* livro, o "que não se deixa esgotar pelas categorias da Poética"[3]; a leitura seria, em suma, a *hemorragia* permanente por que a estrutura – paciente e utilmente descrita pela Análise estrutural – desmoronaria, abrir-se-ia, perder-se-ia conforme neste ponto a todo sistema lógico que *definitivamente* nada pode fechar – deixando intacto aquilo a que se deve chamar movimento do sujeito e da história: a leitura seria o lugar onde a estrutura se descontrola.

> Escrito para *Writing Conference*
> de Luchon, 1975. Publicada no *Français
> Aujourd'Hui*, 1976.

---

3. Oswald Ducrot e Tzvetan Todorov, *Dictionnaire encyclopédique des sciences du langage*, Paris, Ed. du Seuil, Col. "Points Essais", 1972, p. 107.

| Anexo |

REFLEXÕES A RESPEITO DE UM MANUAL

Gostaria de apresentar algumas observações improvisadas, simples e até simplistas que me foram sugeridas pela leitura ou releitura recente de um manual de história da literatura francesa. Ao reler ou ao ler esse manual, que muito se parecia com aqueles que conheci no tempo em que era estudante secundário, fiz a seguinte pergunta para mim mesmo: será que a literatura pode ser para nós algo que não uma lembrança de infância? Quero dizer: o que é que continua, o que é que persiste, o que é que fala da literatura depois do colégio?

Se nos ativéssemos a um inventário objetivo, responderíamos que o que continua da literatura na vida adulta, corrente, é: um pouco de palavras cruzadas, jogos televisionados, cartazes de centenários de nascimento ou de morte de escritores, alguns títulos de livros de bolso, algumas alusões críticas no jornal que lemos por razões bem outras, para encontrar coisa bem diferente dessas alusões à literatura. Creio que isso está ligado ao fato de que nós, franceses, sempre estivemos habituados a assimilar a literatura à história da literatura. A história da literatura é um objeto essencialmente escolar, que precisamente só existe por seu ensino; de maneira que o título deste colóquio, *O ensino da literatura*, é para mim quase tautológico. A literatura é aquilo que se ensina, e ponto final. É um objeto de ensino. Vocês concordarão que, pelo menos na França, não produzimos nenhuma grande síntese, digamos de tipo hegeliano, sobre a história da nossa literatura. Se essa literatura francesa é uma lembrança de infância – assim a considero –, eu quisera ver – isso será objeto de um inventário muito reduzido e muito banal – de que componentes é feita essa lembrança.

Essa lembrança é feita primeiro de objetos que se repetem, que voltam o tempo todo, a que se poderia quase chamar monemas da língua metaliterária ou da língua da história da literatura; tais objetos são, certamente, os autores, as escolas, os movimentos, os gêneros e os séculos. E depois, sobre esses objetos, há certo número, aliás bastante reduzido na realidade, de traços ou de predicados que vêm se fixar e evidentemente combinar-se. Se se lessem os manuais de história da literatura, não se teria nenhuma dificuldade em estabelecer desses traços a paradigmática, a lista oposicional, a estrutura elementar, pois tais traços são pouco numerosos e me parecem obedecer perfeitamente a uma espécie de estrutura por pares oposicionais com, vez por outra, um termo misto; é uma estrutura extremamente simples. Há, por exemplo, o paradigma arquetípico de toda a nossa literatura, que é *romantismo-classicismo* (embora o romantismo francês, no plano internacional, pareça relativamente pobre), por vezes ligeiramente complicado em *romantismo-realismo-simbolismo* para o século XIX. Vocês sabem que a própria lei da combinatória permite dar, com muito poucos elementos, uma espécie de proliferação aparente: aplicando-se alguns desses traços a alguns dos objetos de que falei, já se produzem certas individualidades, ou certos indivíduos literários. É assim que, nos manuais, os próprios séculos acabam por apresentar-se sempre de maneira paradigmática. A bem dizer, já é algo bastante estranho que um século possa ter uma espécie de existência individual, mas estamos precisamente, pelas lembranças de infância, habituados a fazer dos séculos como que indivíduos. Os quatro grandes séculos da nossa literatura estão fortemente individuados por toda a nossa história literária: o XVI é a vida transbordante, o XVII é a unidade, o XVIII é o movimento e o XIX é a complexidade.

Outros traços vêm acrescentar-se aos mencionados e estes também podem opor-se, paradigmatizar-se. Dou aqui, a granel, algumas dessas oposições, desses predicados que se fixam a objetos literários: há "extravasante" oposto a "contido", há a "arte altiva", a "obscuridade voluntária" oposta à "abundância", a "frieza retórica" à "sensibilidade" – o que cobre o paradigma romântico do frio e do quente –, ou então a oposição entre as "fontes" e a "originalidade", entre o "trabalho" e a "inspiração"; isso é simplesmente uma deixa para um pequeno programa de exploração dessa mitologia da nossa história da literatura, e essa exploração começaria então por estabelecer essas espécies de paradigmas míticos de que efetivamente os livros didáticos franceses sempre foram tão ávidos porque era um procedimento de memorização ou talvez, ao contrário, porque a estrutura mental funcionando por contrários tem uma boa rentabilidade ideológica (seria necessária uma análise ideológica que no-lo dissesse); é essa mesma oposição que encontramos, por exemplo, entre *Condé* e *Turenne*, que seriam as grandes figuras arquetípicas de dois temperamentos franceses: se os colocarmos juntos num mesmo escritor (sabe-se, desde Jakobson, que o ato poético consiste em projetar um paradigma em sintagma), produziremos autores que conciliariam, por exemplo, "a arte formal com a extrema sensibilidade" ou que manifestariam "o gosto pelas pilhérias para dissimular uma profunda angústia" (como Villon). O que estou dizendo é simplesmente a amostra do que se poderia imaginar como uma espécie de pequena *gramática* da nossa literatura, gramática que produziria umas espécies de individuações estereotipadas: os autores, os movimentos, as escolas.

Segundo componente dessa lembrança: a história literária francesa é feita de censuras que seria preciso inventariar. Existe – sabe-se, já foi dito – toda uma outra história da nossa literatura por escrever, uma contra-história, um avesso dessa história, que seria precisamente a história dessas censuras. O que são essas censuras? Em primeiro lugar, as classes sociais; a estrutura social que está sob essa literatura raramente se encontra nos manuais de história literária, é preciso já passar a livros de crítica mais emancipados, mais evoluídos, para encontrá-la; quando se lêem os manuais, referências a disposições de classes sociais existem por vezes, mas unicamente de passagem e a título de oposições estéticas. O que o manual opõe, basicamente, são atmosferas de classe, não realidades: quando o espírito aristocrático é contraposto ao espírito burguês e popular, ao menos no que diz respeito aos séculos passados, é a distinção do refinado oposto ao bom humor e ao realismo. Encontram-se ainda, mesmo em manuais recentes, frases do seguinte tipo: "Plebeu, Diderot carece de tato e de delicadeza; comete enganos de gosto que traduzem vulgaridade nos próprios sentimentos..." Logo, a classe existe, mas a título de atmosfera estética ou ética; em nível de instrumentos do saber, há nesses manuais ausência flagrante de uma economia e de uma sociologia da nossa literatura. A segunda censura seria evidentemente a da sexualidade, mas não falo dela porque entra numa censura muito mais geral que toda a sociedade impõe ao sexo. Uma terceira censura seria – eu, por mim, considero que é uma censura – a do próprio conceito de literatura, que jamais é definido como conceito, sendo a literatura, nesses manuais, um objeto que, no fundo, se impõe por evidência e que nunca é questionado para defini-lhe, se não o ser, pelo menos as funções sociais, simbólicas ou antropológicas; quando de fato se poderia inverter essa ausência e dizer – em todo caso, pessoalmente, eu o diria de bom grado – que a história da literatura deveria ser concebida como uma história da idéia de literatura, e essa história não me parece existir por enquanto. Enfim, uma quarta censura, que não é a menos importante, diz respeito à linguagem, como sempre. A linguagem é um objeto de censura muito mais importante, talvez, do que todos os outros. Quero dizer, com isso, uma censura manifesta, aquela que os manuais assestam contra os estados de língua afastados da norma clássica. É sabido, há imensa censura contra o preciosismo. O preciosismo, no século XVII particularmente, é descrito como uma espécie de inferno clássico: todos os franceses têm, através do ensinamento escolar, o mesmo julgamento e o mesmo olhar sobre o preciosismo que Boileau, Molière ou La Bruyère; é um processo em sentido único, repetido durante séculos – e isso talvez apesar de que uma verdadeira história da literatura teria muita facilidade em tornar patente o enorme e persistente sucesso de que o preciosismo desfrutou durante todo o século XVII, já que, mesmo em 1663, uma coletânea de poesias galantes da condessa de Suze tivera quinze reimpressões de tomos múltiplos. Então existe aí um ponto a esclarecer, um ponto de censura. Há também o caso do francês do século XVI, o chamado francês médio que é refugado pela língua sob pretexto de que é constituído de novidades caducas, italianismos, jargões, ousadias barrocas, etc., sem que nunca se coloque o problema de saber o que perdemos, na condição de franceses de hoje, com o grande traumatismo da pureza clássica. Não perdemos apenas meios de expressão, como se diz, mas também certamente uma estrutura mental, pois a língua é uma estrutura mental; lembrarei, a título de exemplo significativo, que, segundo Lacan, uma expressão francesa como "ce suis-je"* corresponde a uma estrutura de tipo psicanalítico, portanto, em certo sentido, mais verdadeira, e era uma estrutura possível na língua do século XVI. Aqui também há, talvez, um processo a ser aberto. Esse processo deveria evidentemente partir de uma condenação daquilo que se deve chamar de clássico-centrismo, que, a meu ver, marca ainda hoje toda nossa literatura, particularmente no que concerne à língua. Uma vez mais, é preciso incluir esses problemas de língua entre os problemas de literatura; é preciso levantar as grandes questões: quando começa uma língua? O que quer dizer, para uma língua, *começar*? Quando começa um gênero? Quando nos falam do primeiro romance francês, por exemplo, o que é que isso quer dizer? Na verdade, vê-se que sempre há, por trás da idéia clássica de língua, uma idéia política: o ser da língua, quer dizer, a sua perfeição e até o seu nome, está ligado a uma culminância do poder: o clássico latino é o poder latino ou romano; o clássico francês é o poder monárquico. É por isso que é preciso dizer que, no nosso ensino, cultiva-se, ou se promove, aquilo a que eu chamaria língua paterna, e não a língua materna – visto que, diga-se de passagem, o francês falado, não se sabe o que é; sabe-se o que é o francês escrito porque há gramáticas normativas, mas o francês falado, ninguém sabe o que é; para ficar sabendo, seria preciso começar por escapar ao clássico-centrismo.

Terceiro elemento dessa lembrança de infância: essa lembrança é centrada, e seu centro é – acabo de dizer – o classicismo.

----

* Em francês moderno: *C'est moi* (Sou eu). (N. do T.)

Esse clássico-centrismo parece-nos anacrônico; no entanto, convivemos ainda com ele. Ainda agora, defendem-se teses de doutoramento na sala Louis-Liard, na Sorbonne, e é preciso fazer o inventário dos retratos que estão nessa sala; são as divindades que presidem ao saber francês em seu conjunto: Corneille, Molière, Pascal, Bossuet, Descartes, Racine sob a proteção – isso é uma confissão – de Richelieu. O clássico-centrismo vai longe, pois que identifica sempre, e isso acontece até no texto de apresentação dos manuais, a literatura com o rei. A literatura é a monarquia, e invencivelmente constrói-se a imagem escolar da literatura em torno do nome de certos reis: Luís XIV, por certo, mas também Francisco I, São Luís, de modo que, no fundo, apresentam-nos uma espécie de imagem lisa onde o rei e a literatura refletem-se um no outro. Há também, nessa estrutura centrada de nossa história da literatura, uma identificação nacional: tais manuais de história põem em destaque, perpetuamente, aquilo que se chama de valores tipicamente franceses ou temperamentos tipicamente franceses; dizem-nos, por exemplo, que Joinville é tipicamente francês; o que é francês – o general De Gaulle deu uma definição – é o que é "*regular, normal, nacional*". É evidentemente o leque das normas e dos valores da nossa literatura. Desde que essa história da nossa literatura tem um centro, é evidente que ela se constrói em relação a esse centro; aquilo que vem antes ou depois no conjunto é dado então sob a forma de anúncio ou de abandono. O que está antes do classicismo anuncia o classicismo – Montaigne é um precursor dos clássicos; o que vem depois o recupera ou o abandona.

Última observação: a lembrança de infância de que falo toma a sua estruturação permanente, ao longo de todos esses séculos, de um critério que não é mais em nosso ensino o critério retórico, abandonado em meados do século XIX (como mostrou Genette em precioso artigo sobre o problema); é agora um critério psicológico. Todos os julgamentos escolares repousam na concepção da forma como "expressão" do sujeito. A personalidade se traduz no estilo, esse postulado alimenta todos os julgamentos e todas as análises que se fazem dos autores; daí finalmente o valor-chave, aquele que é utilizado com maior freqüência para julgar os autores, que é a sinceridade. Du Bellay será louvado por ter emitido gritos sinceros e pessoais; Ronsard tinha uma sincera e profunda fé católica; Villon, o brado do coração, etc.

Essas poucas observações são simplistas e não sei se poderão prestar-se a discussão, mas gostaria de concluir com uma última observação. No meu entender, há uma antinomia profunda e irredutível entre a literatura como prática e a literatura como ensino. Essa antinomia é grave porque se prende ao problema que é talvez o mais candente hoje, e que é o problema da transmissão do saber; aí está, sem dúvida, agora, o problema fundamental da alienação, pois, se as grandes estruturas da alienação econômica foram mais ou menos desvendadas, as estruturas da alienação do saber não o foram; creio que, nesse plano, um aparelho conceitual político não bastaria e que seria necessário precisamente um aparelho de análise psicanalítica. Então é isso que é preciso trabalhar, e que terá depois repercussões na literatura e no que se possa fazer dela em termos de ensino, supondo-se que a literatura possa subsistir num ensino, que ela seja compatível com o ensino.

Entrementes, o que se pode frisar são os pontos de acerto provisórios; no interior de um sistema de ensino que mantém a literatura no programa, será que se podem imaginar provisoriamente, antes que tudo seja questionado, pontos de acerto? Vejo três pontos imediatos de acerto. O primeiro seria inverter o clássico-centrismo e fazer história da literatura de frente para trás: em vez de tomar a literatura de um ponto de vista pseudogenético, seria necessário fazer de nós mesmos o centro dessa história e remontar, se realmente se quer fazer história da literatura, a partir da grande ruptura moderna, e organizar essa história a partir dessa ruptura; assim, a literatura passada seria falada a partir de uma linguagem atual, e até mesmo a partir da língua atual: já não se veriam infelizes estudantes obrigados a trabalhar em primeiro lugar o século XVI, cuja língua mal entendem, a pretexto de que ele vem *antes* do século XVII, também este todo ocupado com querelas religiosas, sem qualquer relação com a situação atual deles. Segundo princípio: substituir pelo texto o autor, a escola, o movimento. O texto, nos colégios, é tratado como objeto de explicação, mas a própria explicação de texto é sempre ligada a uma história da literatura; seria preciso tratar o texto não como um objeto sagrado (objeto de filologia), mas essencialmente como um espaço de linguagem, como a passagem de uma espécie de infinidade de digressões possível, e então fazer irradiar, a partir de certo número de textos, certo número de códigos de saber que neles estão investidos. Enfim, terceiro princípio: a toda vez e a todo instante desenvolver a leitura polissêmica do texto, reconhecer enfim os direitos da polissemia, edificar na prática uma espécie de crítica polissêmica, abrir o texto ao simbolismo. Isso já seria, creio eu, uma descompressão bem grande no ensino de nossa literatura – não, repito, tal como é praticado, isso depende dos professores, mas tal como ele me parece ainda codificado.

>   Conferência pronunciada no colóquio
>   *O ensino da literatura*,
>   realizado no Centro Cultural Internacional
>   de Cerisy-la-Salle, em 1969,
>   e extraída das "Atas" publicadas sob o
>   mesmo título nas edições De Boek-Duculot.

| Anexo |

CONCEDAMOS A LIBERDADE DE TRAÇAR

Falta ao último romance de Flaubert um capítulo sobre a ortografia. Veríamos Bouvard e Pécuchet encomendarem a Dumouchel toda uma pequena biblioteca de manuais ortográficos, começarem por ficar encantados, depois espantarem-se com o caráter cominatório e contraditório das regras prescritas, excitarem-se enfim um ao outro e argumentarem a perder de vista: por que esta grafia, *précisément*? Por que escrever *Caen, Paon, Lampe, Vent, Rang*, já que se trata do mesmo som? Por que *Quatre* e *Caille*, se essas duas palavras têm originariamente a mesma inicial? Depois disso Pécuchet não deixaria de concluir, abaixando a cabeça: "A ortografia poderia ser uma piada!"

Essa piada, como se sabe, não é inocente. Certamente, para um historiador da língua, os acidentes da ortografia francesa são explicáveis: cada um tem sua razão, analógica, etimológica ou funcional; mas o conjunto dessas razões é irracional, e quando essa irracionalidade é imposta, por via de educação, a todo um povo, ela se torna culpável. Não é o caráter arbitrário da nossa ortografia que é chocante, é que essa arbitrariedade é legal. Desde 1835 a ortografia oficial da Academia tem valor de lei aos próprios olhos do Estado; desde os primeiros estudos da criança francesa, o "erro de ortografia" é sancionado: quantas vidas estragadas por alguns erros de ortografia!

O primeiro efeito da ortografia é discriminatório; mas tem também efeitos secundários, de ordem psicológica. Se a ortografia fosse livre – livre para ser simplificada ou não segundo a vontade do sujeito –, ela poderia constituir uma prática muito positiva de expressão; a fisionomia escrita da palavra poderia adquirir um valor propriamente poético, na medida em que ela surgisse da fantasística do escriptor, e não de uma lei uniforme e redutora; pense-se naquela espécie de embriaguez, de júbilo barroco que explode através das "aberrações" ortográficas dos antigos manuscritos, dos textos infantis, das cartas de estrangeiros: não se diria que nessas eflorescências o sujeito busca a sua liberdade de traçar, de sonhar, de lembrar, de ouvir? Não nos acontece encontrar erros de ortografia particularmente "felizes", como se o escriptor escrevesse então não sob o ditado de uma lei escolar, mas de um comando misterioso que lhe vem de sua própria história – talvez mesmo de seu corpo?

Inversamente, já que a ortografia é uniformizada, legalizada, sancionada por via do Estado, na sua complicação e irracionalidade mesmas, é a neurose obsessiva que se instala: o erro de ortografia torna-se o Erro. Acabei de colocar no correio uma carta candidatando-me a um emprego que pode mudar a minha vida. Mas será que eu coloquei um "s" naquele plural? Coloquei mesmo dois "p" e só um "l" em *appeler*? Fico em dúvida, angustio-me, tal como quem sai de férias e não se lembra se fechou o gás e a água de sua residência e se daí não vai advir um incêndio ou uma inundação. E, da mesma maneira que tal dúvida impede o nosso turista de aproveitar suas férias, a ortografia legalizada impede o escriptor de gozar de sua escrita, esse gesto feliz que permite colocar no traçado de uma palavra *um pouco mais* do que a simples intenção de comunicar.

Reformar a ortografia? Quiseram fazer isso várias vezes, periodicamente ainda querem. Mas de que serve refazer um código, mesmo que seja para melhorá-lo, se de novo é para impor, legalizar, fazer dele um instrumento de seleção visivelmente arbitrário? Não é a ortografia que tem de ser reformada, é a lei que prescreve as suas minúcias. O que pode ser pedido é apenas o seguinte: certo "laxismo" da instituição. Se me apraz escrever "corretamente", quer dizer, "de conformidade", fico livre para isso, como encontrar prazer em ler hoje Racine ou Gide: a ortografia legal tem seus encantos, pois ela tem sua perversidade; mas que não mais sejam penalizadas as "ignorâncias" e as "distrações"; que deixem de ser encaradas como aberrações ou debilidades; que a sociedade enfim aceite (ou aceite de novo) desvincular a escrita do aparelho de Estado de que hoje faz parte; em suma, que se pare de excluir por motivo de ortografia.

1976, *Le Monde de l'Éducation*.

| Parte II |

DA OBRA AO TEXTO

A MORTE DO AUTOR

Na novela *Sarrasine*, falando de um castrado disfarçado em mulher, Balzac escreve esta frase: "Era a mulher, com seus medos repentinos, seus caprichos sem razão, suas perturbações instintivas, suas audácias sem causa, suas bravatas e sua deliciosa finura de sentimentos". Quem fala assim? É o herói da novela, interessado em ignorar o castrado que se esconde sob a mulher? É o indivíduo Balzac, dotado, por sua experiência pessoal, de uma filosofia da mulher? É o autor Balzac, professando idéias "literárias" sobre a feminilidade? É a sabedoria universal? A psicologia romântica? Jamais será possível saber, pela simples razão que a escritura é a destruição de toda voz, de toda origem. A escritura é esse neutro, esse composto, esse oblíquo pelo qual foge o nosso sujeito, o branco-e-preto em que vem se perder toda identidade, a começar pela do corpo que escreve.

* * *

Sem dúvida sempre foi assim: desde que um fato é *contado*, para fins intransitivos, e não para agir diretamente sobre o real, isto é, finalmente, fora de qualquer função que não seja o exercício do símbolo, produz-se esse desligamento, a voz perde a sua origem, o autor entra na sua própria morte, a escritura começa. Entretanto, o sentimento desse fenômeno tem sido variável; nas sociedades etnográficas, a narrativa nunca é assumida por uma pessoa, mas por um mediador, xamã ou recitante, de quem, a rigor, se pode admirar a *performance* (isto é, o domínio do código narrativo), mas nunca o "gênio". O *autor* é uma personagem moderna, produzida sem dúvida por nossa sociedade na medida em que, ao sair da Idade Média, com o empirismo inglês, o racionalismo francês e a fé pessoal da Reforma, ela descobriu o prestígio do indivíduo ou, como se diz mais nobremente, da "pessoa humana". Então é lógico que, em matéria de literatura, seja o positivismo, resumo e ponto de chegada da ideologia capitalista, que tenha concedido a maior importância à "pessoa" do autor. O *autor* ainda reina nos manuais de história literária, nas biografias de escritores, nas entrevistas dos periódicos e na própria consciência dos literatos, ciosos por juntar, graças ao seu diário íntimo, a pessoa e a obra; a imagem da literatura que se pode encontrar na cultura corrente está tiranicamente centralizada no autor, sua pessoa, sua história, seus gostos, suas paixões; a crítica consiste ainda, o mais das vezes, em dizer que a obra de Baudelaire é o fracasso do homem Baudelaire, a de Van Gogh é a loucura, a de Tchaikovski é o seu vício: a *explicação* da obra é sempre buscada do lado de quem a produziu, como se, através da alegoria mais ou menos transparente da ficção, fosse sempre afinal a voz de uma só e mesma pessoa, o *autor*, a revelar a sua "confidência".

* * *

| *Da obra ao texto* |

Apesar de o império do Autor ser ainda muito poderoso (a nova crítica muitas vezes não fez mais do que consolidá-lo), é sabido que há muito certos escritores vêm tentando abalá-lo. Na França, Mallarmé, sem dúvida o primeiro, viu e previu em toda a sua amplitude a necessidade de colocar a própria linguagem no lugar daquele que era até então considerado seu proprietário; para ele, como para nós, é a linguagem que fala, não o autor; escrever é, através de uma impessoalidade prévia – que não se deve em momento algum confundir com a objetividade castradora do romancista realista –, atingir esse ponto em que só a linguagem age, "performa", e não "eu": toda a poética de Mallarmé consiste em suprimir o autor em proveito da escritura (o que vem a ser, como se verá, devolver ao leitor o seu lugar). Valéry, todo embaraçado numa psicologia do Eu, muito edulcorou a teoria mallarmeana, mas, reportando-se, por gosto do classicismo, à retórica, não cessou de colocar em dúvida e em derrisão o Autor, acentuou a natureza lingüística e como que "arriscada" da sua atividade, e reivindicou ao longo de todos os seus livros em prosa a favor da condição essencialmente verbal da literatura, em face da qual todo recurso à interioridade do escritor lhe parecia pura superstição. O próprio Proust, a despeito do caráter aparentemente psicológico do que chamamos suas *análises*, deu-se visivelmente ao trabalho de emaranhar inexoravelmente, por uma subutilização extrema, a relação do escritor com as suas personagens: ao fazer do narrador não aquele que viu ou que sentiu, nem mesmo aquele que escreve, mas aquele que *vai escrever* (o jovem do romance – mas, a propósito, que idade tem e *quem* é ele? – quer escrever, mas não pode, e o romance acaba quando finalmente a escritura se torna possível). Proust deu à escritura moderna a sua epopéia: mediante uma inversão radical, em lugar de colocar a sua vida no seu romance, como tão freqüentemente se diz, ele fez da sua própria vida uma obra de que o livro foi como o modelo, de maneira que nos ficasse bem evidente que não é Charlus quem imita Montesquiou, mas que Montesquiou, na sua realidade anedótica, histórica, não é mais que um fragmento secundário, derivado, de Charlus. O Surrealismo, finalmente, para nos atermos a essa pré-história da modernidade, não podia, sem dúvida, atribuir à linguagem um lugar soberano, na medida em que a linguagem é sistema, e aquilo que se tinha em mira nesse movimento era, romanticamente, uma subversão direta dos códigos – aliás ilusória, pois um código não pode se destruir, pode-se apenas "jogar" com ele; mas, recomendando sempre frustrar bruscamente os sentidos esperados (era a famosa "sacudida" surrealista), confiando à mão o cuidado de escrever tão depressa quanto possível aquilo que a cabeça mesma ignora (era a escritura automática), aceitando o princípio e a experiência de uma escritura coletiva, o Surrealismo contribuiu para dessacralizar a figura do Autor. Finalmente, fora da própria literatura (a bem dizer tais distinções se tornam superadas), a lingüística acaba de fornecer para a destruição do Autor um instrumento analítico precioso, mostrando que a enunciação em seu todo é um processo vazio que funciona perfeitamente sem que seja necessário preenchê-lo com a pessoa dos interlocutores: lingüisticamente, o autor nunca é mais do que aquele que escreve, assim como "eu" outra coisa não é senão aquele que diz "eu": a linguagem conhece um "sujeito", não uma "pessoa", e esse sujeito, vazio fora da enunciação que o define, basta para "sustentar" a linguagem, isto é, para exauri-la.

* * *

O afastamento do Autor (com Brecht, poder-se-ia falar aqui de um verdadeiro "distanciamento", o Autor diminuindo como uma figurinha bem no fundo do palco literário) não é apenas um fato histórico ou um ato de escritura: ele transforma radicalmente o texto moderno (ou – o que dá na mesma – o texto é, doravante, feito e lido de tal forma que nele, em todos os níveis, ausenta-se o autor). O tempo, primeiro, já não é o mesmo. O Autor, quando se crê nele, é sempre concebido como o passado de seu livro: o livro e o autor colocam-se por si mesmos numa mesma linha, distribuída como um *antes* e um *depois*: considera-se que o Autor *nutre* o livro, quer dizer que existe antes dele, pensa, sofre, vive por ele; está para a sua obra na mesma relação de antecedência que um pai para com o filho. Pelo contrário, o escriptor moderno nasce ao mesmo tempo que seu texto; não é, de forma alguma, dotado de um ser que precedesse ou excedesse a sua escritura, não é em nada o sujeito de que o seu livro fosse o predicado; outro tempo não há senão o da enunciação, e todo texto é escrito eternamente *aqui* e *agora*. É porque (ou segue-se que) *escrever* já não pode designar uma operação de registro, de verificação, de representação, de "pintura" (como diziam os Clássicos), mas sim aquilo que os lingüistas, em seguida à filosofia oxfordiana, chamam de performativo, forma verbal rara (usada exclusivamente na primeira pessoa e no presente), na qual a enunciação não tem outro conteúdo (outro enunciado) que não seja o ato pelo qual ela se profere: algo como o *Eu declaro* dos reis ou o *Eu canto* dos poetas muito antigos; o escriptor moderno, tendo enterrado o Autor, já não pode acreditar, segundo a visão patética dos seus predecessores, que tem a mão demasiado lenta para o seu pensamento ou para sua paixão, e que, conseqüentemente, fazendo da necessidade lei, deve acentuar esse atraso e "trabalhar" indefinidamente a sua forma; para ele, ao contrário, a mão, dissociada de qualquer voz, levada por um puro gesto de inscrição (e não de expressão), traça um campo sem origem – ou que, pelo menos, outra origem não tem senão a própria linguagem, isto é, aquilo mesmo que continuamente questiona toda origem.

* * *

Sabemos agora que um texto não é feito de uma linha de palavras a produzir um sentido único, de certa maneira teológico (que seria a "mensagem" do Autor-Deus), mas um espaço de dimensões múltiplas, onde se casam e se contestam escrituras variadas, das quais nenhuma é original: o texto é um tecido de citações, oriundas dos mil focos da cultura. À semelhança de Bouvard e Pécuchet, esses eternos copistas, a uma só vez sublimes e cômicos, e cujo profundo ridículo designa *precisamente* a verdade da escritura, o escritor pode apenas imitar um gesto sempre anterior, jamais original; seu único poder está em mesclar as escrituras, em fazê-las contrariar-se umas pelas outras, de modo que nunca se apoie em apenas uma delas; quisera ele *exprimir-se*, pelo menos deveria saber que a "coisa" interior que tem a pretensão de "traduzir" não é senão um dicionário todo composto, cujas palavras só se podem explicar através de outras palavras, e isto indefinidamente: aventura que adveio exemplarmente ao jovem Thomas de Quincey, tão versado em grego que, para traduzir nesta língua morta idéias e imagens absolutamente modernas, diz-nos Baudelaire, "havia criado para si um dicionário sempre pronto, muito mais complexo e extenso do que o que resulta da vulgar paciência das versões puramente literárias" (*Os paraísos artificiais*); sucedendo ao Autor, o escriptor já não possui em si paixões, humores, sentimentos, impressões, mas esse imenso dicionário de onde retira uma escritura que não pode ter parada: a vida nunca faz outra coisa senão imitar o livro, e esse mesmo livro não é mais que um tecido de signos, imitação perdida, infinitamente recuada.

| *Da obra ao texto* |

* * *

Uma vez afastado o Autor, a pretensão de "decifrar" um texto se torna totalmente inútil. Dar ao texto um Autor é impor-lhe um travão, é provê-lo de um significado último, é fechar a escritura. Essa concepção convém muito à crítica, que quer dar-se então como tarefa importante descobrir o Autor (ou as suas hipóstases: a sociedade, a história, a psiquê, a liberdade) sob a obra: encontrado o Autor, o texto está "explicado", o crítico venceu; não é de admirar, portanto, que, historicamente, o reinado do Autor tenha sido também o do Crítico, nem tampouco que a crítica (mesmo a nova) esteja hoje abalada ao mesmo tempo que o Autor. Na escritura múltipla, com efeito, tudo está para ser *deslindado*, mas nada para ser *decifrado*; a estrutura pode ser seguida, "desfiada" (como se diz uma malha de meia que escapa) em todas as suas retomadas e em todos os seus estágios, mas não há fundo; o espaço da escritura deve ser percorrido, e não penetrado; a escritura propõe sentido sem parar, mas é sempre para evaporá-lo: ela procede a uma isenção sistemática do sentido. Por isso mesmo, a literatura (seria melhor passar a dizer a *escritura*), recusando designar ao texto (e ao mundo como texto) um "segredo", isto é, um sentido último, libera uma atividade a que se poderia chamar contrateológica, propriamente revolucionária, pois a recusa de deter o sentido é finalmente recusar Deus e suas hipóstases, a razão, a ciência, a lei.

* * *

Voltemos à frase de Balzac. Ninguém (isto é, nenhuma "pessoa") a diz: sua fonte, sua voz não é o verdadeiro lugar da escritura; é a leitura. Outro exemplo bem preciso pode fazer-nos entender isso:

pesquisas recentes (J.-P. Vernant) tornaram patente a natureza constitutivamente ambígua da tragédia grega; o texto é tecido de palavras de duplo sentido que cada personagem compreende unilateralmente (esse perpétuo mal-entendido é precisamente o "trágico"); há, entretanto, alguém que ouve cada palavra na sua duplicidade, e ouve mais, pode-se dizer, a própria surdez das personagens que falam diante dele: esse alguém é precisamente o leitor (ou, no caso, o ouvinte). Assim se desvenda o ser total da escritura: um texto é feito de escrituras múltiplas, oriundas de várias culturas e que entram umas com as outras em diálogo, em paródia, em contestação; mas há um lugar onde essa multiplicidade se reúne, e esse lugar não é o autor, como se disse até o presente, é o leitor: o leitor é o espaço mesmo onde se inscrevem, sem que nenhuma se perca, todas as citações de que é feita uma escritura; a unidade do texto não está em sua origem, mas no seu destino, mas esse destino já não pode ser pessoal: o leitor é um homem sem história, sem biografia, sem psicologia; ele é apenas esse *alguém* que mantém reunidos em um mesmo campo todos os traços de que é constituído o escrito. É por isso que é derrisório ouvir condenar a nova escritura em nome de um humanismo que hipocritamente se arvora em campeão dos direitos do leitor. O leitor, jamais a crítica clássica se ocupou dele; para ela não há outro homem na literatura a não ser o que escreve. Estamos começando a não mais nos deixar engodar por essas espécies de antífrases com as quais a boa sociedade retruca soberbamente a favor daquilo que ela precisamente afasta, ignora, sufoca ou destrói; sabemos que, para devolver à escritura o seu futuro, é preciso inverter o mito: o nascimento do leitor deve pagar-se com a morte do Autor.

1968, *Manteia*.

DA OBRA AO TEXTO

É fato que, há alguns anos, operou-se (ou está se operando) certa mudança na idéia que temos da linguagem e, conseqüentemente, da obra (literária) que deve a essa mesma linguagem pelo menos a sua existência fenomênica. Essa mudança está evidentemente ligada ao desenvolvimento atual (entre outras disciplinas) da lingüística, da antropologia, do marxismo, da psicanálise (a palavra "ligação" é empregada aqui de uma maneira voluntariamente neutra: não se decide de uma determinação, mesmo que múltipla e dialética). A novidade que tem incidência sobre a noção de obra não provém necessariamente da renovação interior de cada uma dessas disciplinas, mas antes de seu encontro no nível de um objeto que por tradição não se vincula a nenhuma delas. Dir-se-ia, com efeito, que a *interdisciplinaridade*, de que hoje se faz um valor forte da pesquisa, não se pode efetivar por simples confronto de saberes especiais; a interdisciplinaridade não é fácil: começa *efetivamente* (e não pela simples formulação de um voto piedoso) quando a solidariedade das antigas disciplinas se desfaz, talvez até violentamente, mediante as sacudidas da moda, em proveito de um objeto novo, de uma linguagem nova, que não estão, nem um nem outro, no campo das ciências que se tencionava tranqüilamente confrontar; é precisamente esse embaraço de classificação que permite diagnosticar uma determinada mutação. A mutação que parece tomar a idéia de obra não deve, entretanto, ser supervalorizada; ela participa de um deslizamento epistemológico, mais do que de uma verdadeira ruptura; esta, como muitas vezes se disse, teria intervindo no século passado, quando da aparição do marxismo e do freudismo; nenhuma nova ruptura se teria produzido desde então e pode-se dizer que, de certo modo, há cem anos que estamos na repetição. O que a História, a nossa História, nos permite hoje é apenas deslizar, variar, ultrapassar, repudiar. Assim como a ciência einsteiniana obriga a incluir no objeto estudado a *relatividade dos pontos de referência*, também a ação conjugada do marxismo, do freudismo e do estruturalismo obriga, em literatura, a relativizar as relações do escriptor, do leitor e do observador (do crítico). Diante da *obra* – noção tradicional, concebida durante muito tempo, e ainda hoje, de maneira por assim dizer newtoniana –, produz-se a exigência de um objeto novo, obtido por deslizamento ou inversão das categorias anteriores. Esse objeto é o *Texto*. Sei que esta palavra está na moda (eu mesmo sou levado a usá-la com freqüência), portanto é suspeita para alguns; mas é precisamente por isso que gostaria, de alguma maneira, de lembrar a mim mesmo as principais proposições em cujo cruzamento se encontra, a meus olhos, o Texto; a palavra "proposição" deve aqui ser entendida mais num sentido gramatical do que lógico: são enunciações, não argumentos, "toques", se quiserem, abordagens que aceitam permanecer metafóricas. Aqui estão essas

| *Da obra ao texto* |

proposições: dizem respeito ao método, aos gêneros, ao signo, ao plural, à filiação, à leitura, ao prazer.

* * *

1. O Texto não deve ser entendido como um objeto computável. Seria vão tentar separar materialmente as obras dos textos. Em particular, não se deve ser levado a dizer: a obra é clássica, o texto é de vanguarda; não se trata de estabelecer, em nome da modernidade, um quadro de honra grosseiro e declarar certas produções literárias *in* e outras *out* em razão de sua situação cronológica: pode haver "Texto" numa obra muito antiga, e muitos produtos da literatura contemporânea não são em nada textos. A diferença é a seguinte: a obra é um fragmento de substância, ocupa alguma porção do espaço dos livros (por exemplo, numa biblioteca). Já o Texto é um campo metodológico. A oposição poderia lembrar (mas de modo algum reproduzir termo a termo) a distinção proposta por Lacan: a "realidade" se mostra, o "real" se demonstra; da mesma forma, a obra se vê (nas livrarias, nos fichários, nos programas de exame), o texto se demonstra, se fala segundo certas regras (ou contra certas regras); a obra segura-se na mão, o texto mantém-se na linguagem: ele só existe tomado num discurso (ou melhor, é Texto pelo fato mesmo de o saber); o Texto não é a decomposição da obra, é a obra que é a cauda imaginária do Texto. Ou ainda: *só se prova o Texto num trabalho, numa produção*. A conseqüência é que o Texto não pode parar (por exemplo, numa prateleira de biblioteca); o seu movimento constitutivo é a *travessia* (ele pode especialmente atravessar a obra, várias obras).

* * *

2. Da mesma maneira, o Texto não pára na (boa) literatura; não pode ser abrangido numa hierarquia, nem mesmo numa simples divisão de gêneros. O que o constitui é, ao contrário (ou precisamente), a sua força de subversão com relação às antigas classificações. Como classificar Georges Bataille? Este escritor é um romancista, um poeta, um ensaísta, um economista, um filósofo, um místico? A resposta é tão difícil que, em geral, se prefere esquecer Bataille nos manuais de literatura; de fato, Bataille escreveu textos, ou até, talvez, um só e mesmo texto. Se o Texto suscita problemas de classificação (aliás, é uma de suas funções "sociais"), é porque sempre implica certa experiência do limite (para retomar uma expressão de Philippe Sollers). Thibaudet já falava (embora em sentido bastante restrito) de obras limites (como a *Vie de Rancé*, de Chateaubriand, que efetivamente, hoje, se nos mostra como um "texto"): o Texto é o que se coloca nos limites das regras da enunciação (racionalidade, legibilidade, etc.). Essa idéia não é retórica, não se recorre a ela para ser "heróico": o Texto tenta colocar-se exatamente *atrás* do limite da *dóxa* (a opinião corrente, constitutiva das nossas sociedades democráticas, poderosamente auxiliada pelas comunicações de massa, acaso não se define por seus limites, sua energia de exclusão, sua *censura*?); tomando-se a palavra ao pé da letra, poder-se-ia dizer que o Texto é sempre *paradoxal*.

* * *

3. O Texto aborda-se, prova-se com relação ao signo. A obra se fecha sobre o significado. Pode-se atribuir a esse significado dois modos de significação: ou ele é tomado como aparente, e a obra então é objeto de uma ciência da letra, que é a filologia; ou, então, esse significado é reputado secreto, último, é preciso procurá-lo, e a obra depende, nesse caso, de uma hermenêutica, de uma interpretação (marxista, psicanalítica, temática, etc.); em suma, a obra funciona como um signo geral, e é normal que ela figure uma categoria institucional da civilização do Signo. O Texto, pelo contrário, pratica o recuo infinito do significado, o Texto é dilatório; o seu campo é o do significante; o significante não deve ser imaginado como "a primeira parte do sentido", seu vestíbulo material, mas, sim, ao contrário, como o seu *depois*; da mesma forma, o *infinito* do significante não remete a alguma idéia de inefável (de significado inominável), mas à de *jogo*; a geração do significante perpétuo (à maneira de um calendário de mesmo nome) no campo do Texto (ou antes, de que o Texto é o campo) não se faz segundo uma via orgânica de maturação, ou segundo uma via hermenêutica de aprofundamento, mas antes segundo um movimento serial de desligamentos, de encavalamentos, de variações; a lógica que regula o Texto não é compreensiva (definir "o que quer dizer" a obra), mas metonímica; o trabalho das associações, das contigüidades, das remissões, coincide com uma libertação de energia simbólica (se ela lhe faltasse, o homem morreria). A obra (no melhor dos casos) é *mediocremente* simbólica (sua simbólica não consegue ir longe, isto é, pára); o Texto é *radicalmente* simbólico: *uma obra de que se concebe, percebe e recebe a natureza integralmente simbólica é um texto*. O Texto é assim restituído à linguagem; como esta, ele é estruturado, mas descentralizado, sem fechamento (notemos, para responder à suspeita desdenhosa de "moda" que se levanta às vezes contra o estruturalismo, que o privilégio epistemológico reconhecido atualmente à linguagem deve-se precisamente ao fato de termos nele descoberto uma idéia paradoxal de estrutura: um sistema sem fim nem centro).

* * *

4. O Texto é plural. Isso não significa apenas que tem vários sentidos, mas que realiza o próprio plural do sentido: um plural *irredutível* (e não apenas aceitável). O Texto não é coexistência de sentidos, mas passagem, travessia; não pode, pois, depender de uma interpretação, ainda que liberal, mas de uma explosão, de uma disseminação. O plural do Texto deve-se, efetivamente, não à ambigüidade de seus conteúdos, mas ao que se poderia chamar de *pluralidade estereográfica* dos significantes que o tecem (etimologicamente, o texto é um tecido): o leitor do Texto poderia ser comparado a um sujeito desocupado (que tivesse distendido em si todo imaginário); esse sujeito bastante vazio passeia (foi o que aconteceu ao autor destas linhas, e foi aí que ele captou uma idéia viva do Texto) no flanco de um vale em cujo fundo corre um *oued* (o *oued* foi colocado aí para atestar certo estranhamento); o que ele capta é múltiplo, irredutível, proveniente de substâncias e de planos heterogêneos, destacados: luzes, cores, vegetação, calor, ar, explosões tênues de ruídos, gritos agudos de pássaros, vozes de crianças do outro lado do vale, passagens, gestos, trajes de habitantes aqui perto ou lá longe; todos esses incidentes são parcialmente identificáveis; provêm de códigos conhecidos, mas a sua combinatória é única, fundamenta o passeio em diferença que nunca poderá repetir-se senão como diferença. É o que se passa com o Texto: não pode ser ele mesmo senão na sua diferença (o que não quer dizer na sua individualidade); a sua leitura é semelfactiva [*semelfactive*] (o que torna ilusória qualquer ciência indutiva-dedutiva dos textos: não há "gramática" do texto) e, no entanto, inteiramente tecida de citações, de referências, de ecos: linguagens culturais (que linguagem não o seria?), antecedentes ou contemporâneas, que o atravessam de fora a fora numa vasta estereofonia. O intertextual em que é tomado todo texto, pois ele próprio é o entretexto de outro texto, não pode confundir-se com alguma origem do texto: buscar as "fontes", as "influências" de uma obra é satisfazer ao mito da filiação; as citações de que é feito um texto são anônimas, indiscerníveis e, no entanto, *já lidas*: são citações sem aspas. A obra não perturba nenhuma filosofia monista (existem, como se sabe, antagonistas); para essa filosofia, o plural é o Mal. Assim, diante da obra, o Texto poderia tomar por divisa a palavra do homem possuído pelos demônios (Marcos, 5, 9): "O meu nome é legião, pois nós somos muitos." A textura plural ou demoníaca que opõe o Texto à obra pode acarretar remanejamentos profundos de leitura, exatamente naquilo em que o monologismo parece ser a Lei: certos "textos" da Sagrada Escritura, assumidos tradicionalmente pelo monismo teológico (histórico ou anagógico), oferecer-se-ão talvez a uma difração dos sentidos (isto é, finalmente a uma leitura materialista), enquanto a interpretação marxista da obra, até aqui resolutamente monista, poderá, pluralizando-se, materializar-se mais (se, todavia, as "instituições" marxistas o permitirem).

* * *

5. A obra é tomada num processo de filiação. Postula-se uma *determinação* do mundo (da raça, da História) sobre a obra, *correlação* das obras entre si e uma *apropriação* da obra ao seu autor. O autor é reputado pai e proprietário da obra; a ciência literária ensina então a *respeitar* o manuscrito e as intenções declaradas do autor, e a sociedade postula uma legalidade da relação do autor com a obra (são os "direitos autorais", a bem dizer recentes, já que só foram legalizados pela Revolução Francesa). Quanto ao Texto, lê-se

sem a inscrição do Pai. A metáfora do Texto ainda aqui se dissocia da metáfora da obra; esta remete à imagem de um *organismo* que cresce por expansão vital, por "desenvolvimento" (palavra significativamente ambígua: biológica e retórica); o Texto tem a metáfora da *rede*; se o Texto se estende, é sob o efeito de uma combinatória, de uma sistemática (imagem, aliás, próxima da visão da biologia atual sobre o ser vivo); nenhum "respeito" vital é, pois, devido ao Texto: ele pode ser *quebrado* (é o que fazia a Idade Média com dois textos, aliás, autoritários: as Escrituras e Aristóteles); o Texto pode ser lido sem a garantia de seu pai; a restituição do intertexto vem abolir paradoxalmente a herança. Não é que o Autor não possa "voltar" no Texto, no seu texto; mas será, então, por assim dizer, a título de convidado; se for romancista, inscreve-se nele como uma das personagens, desenhada no tapete; a sua inscrição já não é privilegiada, paterna, alética, mas lúdica: ele torna-se, por assim dizer, um autor de papel; a sua vida já não é a origem das suas fábulas, mas uma fábula concorrente com a obra; há uma reversão da obra sobre a vida (e não mais o contrário); é a obra de Proust, de Genet, que permite ler a vida deles como um texto: a palavra "bio-grafia" readquire um sentido forte, etimológico; e, ao mesmo tempo, a sinceridade da enunciação, verdadeira "cruz" da moral literária, torna-se um falso problema: também o *eu* que escreve o texto nunca é mais do que um *eu* de papel.

* * *

6. A obra é geralmente o objeto de um consumo; não estou aqui fazendo nenhuma demagogia ao referir-me à chamada cultura de consumo, mas é preciso reconhecer que hoje é a "qualidade" da obra (o que supõe finalmente uma apreciação do "gosto"), e não

a operação mesma da leitura, que pode estabelecer diferenças entre os livros: a leitura "erudita" não difere estruturalmente da leitura de trem (nos trens). O Texto (mesmo que fosse apenas por sua freqüente "ilegibilidade") decanta a obra (se ela permitir) do seu consumo e a recolhe como jogo, trabalho, produção, prática. Isso significa que o Texto pede que se tente abolir (ou pelo menos diminuir) a distância entre a escritura e a leitura, não pela intensificação da projeção do leitor sobre a obra, mas ligando-os a ambos numa só e mesma prática significante. A distância que separa a leitura da escritura é histórica. No tempo da mais forte divisão social (antes da instauração das culturas democráticas), ler e escrever eram igualmente privilégios de classe: a Retórica, grande código literário daqueles tempos, ensinava a escrever (mesmo que aquilo que era então escrito fossem discursos e não textos); é significativo que o advento da democracia tenha subvertido a palavra de ordem: a Escola (secundária) se gloria de ensinar a *ler* (bem) e não mais a escrever (o sentimento dessa carência volta hoje à moda: reclama-se do mestre que ensine ao secundarista a "exprimir-se", o que é um pouco substituir uma censura por um contra-senso).

Realmente, *ler*, no sentido de *consumir*, não é *jogar* com o texto. "Jogar" deve ser tomado aqui no sentido polissêmico do termo: o próprio texto *joga* (como uma porta, como um aparelho em que há "jogo"); e o leitor, ele joga duas vezes: *joga com* o Texto (sentido lúdico), busca uma prática que o re-produza; mas, para que essa prática não se reduza a uma *mímesis* passiva, interior (o Texto é justamente aquilo que resiste a essa redução), ele *joga* o jogo de representar o Texto; não se pode esquecer de que *jouer* (além de ter um sentido lúdico: jogar, brincar; e um sentido cênico: representar) é também um termo musical (tocar); a história da música (como prática, não como arte) é, aliás, paralela à do Texto; houve época em que, sendo numerosos os amadores ativos (pelo menos no interior de certa classe), "tocar" (*jouer*) e "ouvir" constituíam atividades pouco diferenciadas; depois apareceram sucessivamente duas funções: primeiro, a de *intérprete*, a quem o público burguês (embora ainda soubesse tocar um pouco: é toda a história do piano) delegava o seu jogo; depois, a função de amador (passivo), que ouve música sem saber tocar (ao piano sucedeu efetivamente o disco); sabe-se que hoje a música pós-serial subverteu o papel do "intérprete", a quem se pede que seja uma espécie de coautor da partitura que ele completa mais do que "exprime". O Texto é mais ou menos uma partitura desse novo gênero: solicita do leitor uma colaboração prática. Grande inovação, pois a obra, quem a executa? (Mallarmé levantou a questão: quer que o auditório *produza* o livro.) Hoje apenas o crítico executa a obra (admito o jogo de palavras). A redução da leitura a simples consumo é evidentemente responsável pelo "tédio" que muitos experimentam diante do texto moderno ("ilegível"), do filme ou do quadro de vanguarda: entendiar-se quer dizer que não se pode produzir o texto, jogar com ele, desfazê-lo, *dar-lhe partida*.

* * *

7. Isso leva a colocar (a propor) uma última abordagem do Texto: a do prazer. Não sei se já existiu uma estética hedonista (as filosofias eudemonistas são raras). Por certo que existe um prazer da obra (de certas obras); posso encantar-me lendo e relendo Proust, Flaubert, Balzac e até, por que não, Alexandre Dumas; mas esse prazer, por mais vivo que seja, e mesmo despojado de qualquer preconceito, permanece parcialmente (salvo um esforço crítico excepcional) um prazer de consumo: pois, se posso ler esses

autores, sei também que não posso *re-escrevê-los* (que não se pode hoje escrever "assim"); e esse saber bastante triste basta para me separar da produção dessas obras, no momento em que o afastamento delas funda a minha modernidade (ser moderno não é reconhecer verdadeiramente o que não se pode recomeçar?). O texto está ligado ao gozo, isto é, ao prazer sem separação. Ordem do significante, o Texto participa a seu modo de uma utopia social; antes da História (supondo-se que esta não escolha a barbárie), o Texto cumpre, se não a transparência das relações sociais, pelo menos a das relações de linguagem: ele é o espaço em que nenhuma linguagem leva vantagem sobre outra, em que as linguagens circulam (conservando o sentido circular do termo).

* * *

Essas poucas proposições não constituem forçosamente as articulações de uma Teoria do Texto. Isso não se deve apenas às insuficiências do apresentador (que, por outro lado, em muitos pontos, não fez mais do que retomar o que se busca em torno dele). Deve-se, sim, ao fato de que uma Teoria do texto não pode satisfazer-se com uma exposição metalingüística: a destruição da metalinguagem, ou pelo menos (pois que pode haver necessidade de se recorrer a ela provisoriamente) a sua colocação sob suspeita, faz parte da própria teoria: o próprio discurso sobre o Texto não deveria ser senão texto, pesquisa, trabalho de texto, já que o Texto é esse espaço *social* que não deixa nenhuma linguagem ao abrigo, exterior, nem nenhum sujeito de enunciação em situação de juiz, de mestre, de analista, de confessor, de decifrador: a teoria do Texto só pode coincidir com uma prática da escritura.

1971, *Revue d'Esthétique*.

A MITOLOGIA HOJE

Faz agora quinze anos[1], foi proposta certa idéia do mito contemporâneo. Essa idéia, para dizer a verdade, pouco elaborada de início (a palavra conservava um valor abertamente metafórico), comportava, no entanto, algumas articulações teóricas. 1) O mito, próximo daquilo que a sociologia durkheimiana chama de "representação coletiva", deixa-se ler nos enunciados anônimos da imprensa, da publicidade, do objeto de grande consumo; é um determinado social, um "reflexo". 2) Esse reflexo, entretanto, conforme uma célebre imagem de Marx, é *invertido*: o mito consiste em inverter a cultura em natureza, ou pelo menos o social, o cultural, o ideológico, o histórico em "natural": aquilo que não passa de um produto da divisão de classes e das suas seqüelas morais, culturais,

---

1. Os textos de *Mythologies* foram escritos entre 1954 e 1956; o livro, publicado em 1957, foi reeditado em livro de bolso, Ed. du Seuil, coleção "Points Essais", 1970. [*Mitologias*, Rio de Janeiro, Bertrand Brasil, 1999].

estéticas é apresentado (enunciado) como "óbvio por natureza"; os fundamentos absolutamente contingentes do enunciado tornam-se, sob o efeito da inversão mítica, o Bom Senso, o Direito, a Norma, a Opinião Pública, numa palavra, a *Endoxa* (figura leiga da Origem). 3) O mito contemporâneo é descontínuo: já não se enuncia em grandes narrativas constituídas, mas somente em "discursos"; é no máximo uma *fraseologia*, um *corpus* de frases (de estereótipos); o mito desaparece, mas permanece, tanto mais insidioso, o *mítico*. 4) Como palavra (esse era, afinal de contas, o sentido de *mythos*), o mito contemporâneo se liga a uma semiologia: essa permite "corrigir" a inversão mítica, decompondo a mensagem em dois sistemas semânticos: um sistema conotado, cujo significado é ideológico (e por conseguinte "direito", "não-invertido" ou, para ser mais claro, assumindo o risco de falar uma linguagem moral, *cínico*), e um sistema denotado (a literalidade aparente da imagem, do objeto, da frase), cuja função é naturalizar a proposição de classe dando-lhe a caução da mais "inocente" das naturezas: a da linguagem (milenar, materna, escolar, etc.).

Assim se mostrava, assim pelo menos se me mostrava, o mito hoje. Mudou alguma coisa? Não foi a sociedade francesa, pelo menos nesse nível, pois a história mítica tem uma amplidão que não é a da história política; também não foram os mitos, tampouco a análise; continua havendo, abundante, o mítico em nossa sociedade: igualmente anônimo, esquivo, fragmentado, loquaz, exposto de uma só vez a uma crítica ideológica e a uma desmontagem semiológica. Não, o que mudou nesses quinze anos foi a *ciência da leitura*, sob cujo olhar o mito, como um animal, há muito tempo capturado e observado, torna-se, entretanto, um *outro objeto*.

Uma ciência do significante (mesmo que ela ainda esteja se procurando) surgiu, com efeito, no trabalho da época; seu objetivo é menos a análise do signo do que a sua desarticulação. No que diz respeito ao mito, e embora isso seja um trabalho que está por fazer, a nova semiologia – ou a nova mitologia – já não pode ou já não poderá separar tão facilmente o significante do significado, o ideológico do fraseológico. Não que essa distinção seja falsa ou ineficaz, mas ela se tornou de certo modo mítica: não há um estudante que não denuncie o caráter burguês ou pequeno-burguês de uma forma (de vida, de pensamento, de consumo); em outras palavras, criou-se uma *endoxa* mitológica: a denúncia, a desmistificação (ou desmitificação) mesma se tornou discurso, *corpus* de frases, enunciado catequético; em face do que a ciência do significante só pode se locomover e parar (provisoriamente) mais adiante; não mais na dissociação (analítica) do signo, mas em sua própria vacilação: já não são os mitos que é preciso desmascarar (a *endoxa* encarrega-se disso), é o próprio signo que é preciso abalar; não se trata de revelar o sentido (latente) de um enunciado, de um traço, de uma narrativa, mas de fissurar a própria representação do sentido; não se trata de mudar ou purificar os símbolos, mas de contestar o próprio simbólico. Acontece um pouco com a semiologia (mitológica) o que aconteceu com a psicanálise: ela começou, necessariamente, por estabelecer listas de símbolos (um dente que cai é o sujeito castrado, etc.), mas hoje, muito mais do que esse léxico que, sem ser falso, esse já não lhe interessa (embora interesse enormemente os amantes da vulgata psicanalítica), ela interroga a própria dialética do significante; o mesmo se deu com a semiologia: começou por estabelecer um léxico mitológico, mas hoje a tarefa que tem diante de si é de ordem sintática (de que articulações, de que deslocamentos é feito o tecido mítico de uma sociedade de alto consumo?); num primeiro momento, visa-se à destruição do significado (ideológico); num segundo momento, visa-se à destruição do signo: à "mitoclastia" sucede, muito mais ampla e levada a outro nível, uma "semioclastia". Por isso mesmo estendeu-se o campo histórico: já não é a (pequena) sociedade francesa; é, muito além, histórica e geograficamente, toda a civilização ocidental (greco-judeo-islamo-cristã), unificada sob uma mesma teologia (a essência, o monoteísmo) e identificada pelo regime de sentido que pratica, de Platão a *France-Dimanche*.

A ciência do significante traz à mitologia contemporânea uma segunda retificação (ou um segundo alargamento). O mundo, tomado obliquamente pela linguagem, é escrito, de lado a lado; os signos, recuando sempre os seus fundamentos, transformando os seus significados em novos significantes, citando-se uns aos outros infinitamente, não param em parte alguma: a escritura é generalizada. Se a alienação da sociedade ainda obriga a desmistificar as linguagens (e particularmente a dos mitos), o caminho desse combate não é, já não é, a decifração crítica, é a *avaliação*. Em face de todas as escrituras do mundo, no entrelace dos discursos diversos (didáticos, estéticos, informativos, políticos, etc.), trata-se de apreciar níveis de reificação, graus de densidade fraseológica. Chegar-se-á a precisar uma noção que me parece essencial, a de *compacidade* de uma linguagem? As linguagens são mais ou menos *espessas*: algumas, as mais sociais, as mais míticas, apresentam uma homogeneidade inabalável (há uma força do sentido, há uma guerra dos sentidos): tramada de hábitos, de repetições, de estereótipos, de cláusulas obrigatórias e de palavras-chave, cada uma constitui um *idioleto* (noção que há vinte anos eu designava pelo nome de escritura); não mais apenas mitos, hoje são idioletos que é preciso distinguir, descrever; às mitologias sucederia, mais formal, e por isso mesmo, creio, mais penetrante, uma idioletologia, cujos conceitos operacionais já não seriam o signo, o significante, o significado e a conotação, mas a citação, a referência, o estereótipo. Desse modo, as linguagens, espessas (tal como o discurso mítico), poderiam ser tomadas na fieira de uma trans-escritura, de que o "texto" (a que ainda se chama literário), antídoto do mito, ocuparia o pólo, ou melhor, a região arejada, leve, espaçada, aberta, descentrada, nobre e livre, onde a escritura se desfralda contra o idioleto, isto é, no seu limite e combatendo-o. O mito deve ser tomado efetivamente numa teoria geral da linguagem, da escritura, do significante, e essa teoria, apoiada nas formulações da etnologia, da psicanálise, da semiologia e da análise ideológica, deve alargar o seu objeto até a *frase*, ou melhor, até as *frases* (o plural da frase); quero dizer com isso que o mítico está presente em todo lugar onde *se façam frases*, onde *se contem histórias* (em todos os sentidos das duas expressões): da linguagem interior à conversação, do artigo de imprensa ao sermão político, do romance (se ainda existe) à imagem publicitária – toda fala que possa ser coberta pelo conceito de *Imaginário* lacaniano.

Isso não passa de um programa, talvez até apenas um "desejo". Creio no entanto que, mesmo que a nova semiologia, preocupada sobretudo, recentemente, com o texto literário, não mais se tenha aplicado aos mitos do nosso tempo desde o texto final de *Mitologias*, onde eu esboçava uma primeira abordagem semiótica da fala social, está pelo menos consciente de sua tarefa: não mais apenas *inverter* (ou *restabelecer* a mensagem mítica, recolocá-la direito, denotação embaixo e conotação em cima, natureza na superfície e interesse de classe em profundidade, mas mudar o próprio objeto, gerar um novo objeto, ponto de partida de uma nova ciência; passar, guardadas as devidas proporções (espera-se), e para retomar o projeto de Althusser, de Feuerbach a Marx, do jovem Marx ao grande Marx.

1971, *Esprit*.

DIGRESSÕES

1. Formalismo

Não se tem certeza de que a palavra *formalismo* deva ser imediatamente liquidada, pois os seus inimigos são os nossos, a saber: os cientificistas, os causalistas, os espiritualistas, os funcionalistas, os espontaneístas; os ataques ao formalismo se fazem sempre em nome do conteúdo, do sujeito, da Causa (palavra ironicamente ambígua, pois que remete a uma fé e a um determinismo, como se fora a mesma coisa), quer dizer, em nome do significado, em nome do Nome. Com relação ao formalismo, não precisamos tomar distância, mas apenas ficar à vontade (o à vontade, ordem do desejo, é mais subversivo do que a distância, ordem da censura). O formalismo em que penso não consiste em "esquecer", "negligenciar", "reduzir" o conteúdo ("o homem"), mas apenas em *não parar* no limite do conteúdo (fiquemos provisoriamente com esta palavra); o conteúdo é *precisamente* o que interessa ao formalismo, pois a sua tarefa incansável é, a cada ocasião, recuá-lo (até que a noção de origem deixe de ser pertinente), deslocá-lo segundo um jogo de formas sucessivas. Não é o que acontece com a própria ciência física que, desde Newton, não cessa de recuar a matéria, não em proveito do "espírito", mas em proveito do aleatório? (Lembremos Verne citando Poe: "Um acaso deve ser incessantemente matéria de um cálculo rigoroso".) O que é materialista não é a matéria, é o recuo, é a retirada das travas; o que é formalista não é a "forma", é o *tempo* relativo, dilatório, dos conteúdos, a precariedade dos pontos de referência.

Para nos descondicionarmos de todas as filosofias (ou teologias) do significado, isto é, da Parada, já que nós, os "literatos", não dispomos do formalismo soberano, o da matemática, temos necessidade de empregar o maior número possível de metáforas, pois a metáfora é uma via de acesso ao significante; na falta de algoritmo, é ela que pode dispensar o significado, principalmente se se consegue desoriginá-la[1]. Proponho hoje esta: o palco do mundo (o mundo como palco) é ocupado por um jogo de "cenários" (de textos): retire um, outro aparece atrás, e assim por diante. Para apurar, oponhamos dois teatros. Em *Seis personagens*, de Pirandello, a peça se representa sobre o fundo "nu" do teatro: não há cenários, somente as paredes, polias, cordames do poscênio; a personagem (o sujeito) constitui-se pouco a pouco a partir de um "real" definido por seu caráter a) reduzido, b) interior, c) causal; há uma maquinaria, o sujeito é um títere; também, a despeito do

---

1. Chamo metáfora inoriginada a uma cadeia de substituições em que não se procura encontrar o termo primeiro, fundador. A própria língua, às vezes, produz comparações, se não inoriginadas, pelo menos invertidas: *amadou* ("isca") é uma substância que se inflama facilmente e cujo nome (provençal) vem do amante que se inflama: é o "sentimental" que dá nome ao "material".

seu modernismo (representação sem cenários, diretamente na caixa de cena), esse teatro permanece espiritualista: ele opõe a "realidade" das causas, do que está por trás, do fundo, à "ilusão" das telas, das pinturas, dos efeitos. Em *Uma noite na ópera*, dos irmãos Marx, esse mesmo problema é tratado (de maneira burlesca, evidentemente: garantia suplementar de verdade): no final (alucinante), a velha feiticeira do *Trovador*, paródica por si mesma, prossegue imperturbavelmente a sua canção, de costas voltadas para toda uma valsa de cenários: uns sobem, outros descem ligeiros; a velha tem sucessivamente às suas costas "contextos" diferentes, heteróclitos, impertinentes (todas as obras do repertório, armazenadas, fornecem fundos fugidios) de que ela própria ignora a permutação: cada uma dessas frases é um contra-senso. Essa balbúrdia está abarrotada de emblemas: a ausência de fundo substituída pelo plural rolante dos cenários, a codificação dos contextos (oriunda do repertório da ópera) e sua derrisão, a polissemia delirante e, finalmente, a ilusão do sujeito, a cantar o seu imaginário, na medida em que o outro (o espectador) está olhando para ele, e que ele pensa ter às costas um mundo (um cenário) único; toda uma encenação do plural que coloca em derrisão o sujeito: *dissocia*-o.

2. Vazio

A idéia de *descentramento* é certamente muito mais importante do que a de *vazio*. Esta é ambígua: certas experiências religiosas se ajustam muito bem com um *centro vazio* (sugeri essa ambigüidade com relação a Tóquio, relembrando que o centro vazio da cidade era ocupado pelo palácio do imperador). Ainda aqui, é preciso refazer incansavelmente as nossas metáforas. Em primeiro lugar, o que execramos no *pleno* não é apenas a imagem de uma substância última, de uma compacidade indissolúvel; é também e principalmente (pelo menos para mim) uma *má forma*: o pleno é subjetivamente a lembrança (o passado, o Pai), neuroticamente a repetição, socialmente o estereótipo (floresce na cultura dita de massa, nessa civilização endoxal que é a nossa). Opostamente, o *vazio* já não deve ser concebido (figurado) sob a forma de uma ausência (de corpos, de coisas, de sentimentos, de palavras, etc.: o *nada*) – nisso somos vítimas da física antiga; temos uma idéia um pouco química do vazio. O vazio é antes o novo, o retorno do novo (que é o contrário da repetição). Li recentemente numa enciclopédia científica (o meu saber não vai evidentemente além disso) a exposição de uma teoria física (a mais recente, creio eu) que me deu alguma idéia desse famoso vazio em que penso (acredito cada vez mais no valor metafórico da ciência); é a teoria de Chew e Mandelstram (1961), chamada teoria do *bootstrap* (o *bootstrap* é a alça da bota pela qual se pode puxá-la e, idiomaticamente, dá azo a um provérbio: levantar-se puxando as alças das próprias botas); cito: "As partículas existentes no universo não seriam geradas a partir de certas partículas mais elementares do que outras [fica abolido o espectro ancestral da filiação, da determinação], mas representariam o balanço das interações fortes em dado instante [o mundo: um sistema sempre provisório de diferenças]. Em outras palavras, o conjunto das partículas gerar-se-ia a si próprio (*self-consistance*)."[2] O vazio de que falamos seria, em suma, a *self-consistance* do mundo.

---

2. *Encyclopédie Bordas*, "Les lois de la nature".

| *Da obra ao texto* |

3. Legível

Abolido o sentido, tudo fica por fazer, pois que a linguagem continua (a fórmula "tudo fica por fazer" remete evidentemente ao trabalho). Para mim (talvez não o tenha dito bastante) o valor do haicai está paradoxalmente em ser ele *legível*. Aquilo que – pelo menos nesse mundo *pleno* – melhor nos isola do signo, não é o *contrário* do signo, o não-signo, o não-sentido (o *ilegível*, no sentido corrente), pois esse não-sentido é imediatamente recuperado pelo sentido (como sentido do não-sentido); é inútil subverter a língua destruindo, por exemplo, a sintaxe: é efetivamente uma subversão bem fraquinha que, além disso, está longe de ser inocente, pois, como já se disse, "as pequenas subversões fazem os grandes conformismos". Não se pode atacar de frente o sentido pela simples asserção do seu contrário; é preciso trapacear, dissimular, sutilizar (nas duas acepções da palavra: refinar e fazer desaparecer uma propriedade), quer dizer, a rigor, parodiar, mas, melhor ainda, simular. O haicai, mediante toda uma técnica, até mesmo um código métrico, soube evaporar o significado; resta apenas uma tênue névoa de significante; e é nesse momento, parece, que, por uma última torção, ele assume a máscara do legível, copia, tirando-lhes no entanto toda *referência*, os atributos da "boa mensagem" (literária): a clareza, a simplicidade, a elegância, a finura. O trabalho de escritura em que pensamos hoje não consiste nem em melhorar a comunicação, nem em destruí-la, mas em *filigraná*-la: foi o que fez *grosso modo* (parcimoniosamente) a escritura clássica que é, por essa razão, e de qualquer maneira, uma escritura; entretanto, encetada aqui e ali no século passado, começou uma nova etapa em que já não é o sentido que é tornado (liberalmente) plural no interior de um só código (o do "bem escrever"), mas o próprio conjunto da linguagem (como "hierarquia flutuante" de códigos, de lógicas) que é visado, trabalhado; isso deve se fazer mantendo a aparência da comunicação, pois as condições sociais, históricas, de uma libertação da linguagem (no que concerne aos significados, à *propriedade* do discurso) ainda não foram reunidas em lugar algum. Daí a importância atual dos conceitos teóricos (diretores) de paragrama, plágio, intertextualidade, falsa legibilidade.

4. Língua

"*A língua não é uma superestrutura*", diz você. A esse respeito, duas observações restritivas. Primeiro, a proposição não pode ser segura enquanto a noção de "superestrutura" não for esclarecida, e ela está atualmente em pleno remanejamento (pelo menos assim desejo). Depois isto: caso se conceba uma história "monumental", é certamente possível retomar a língua, as línguas, numa totalidade estrutural; há uma "estrutura" do indo-europeu (por oposição, por exemplo, às línguas orientais) que está relacionada com as instituições dessa área de civilização – todos sabem que o grande corte passa *entre* a Índia e a China, o indo-europeu e as línguas asiáticas, a religiosidade búdica e o taoísmo ou o zen (o zen é aparentemente búdico, mas não está do lado do budismo; a clivagem de que falo não é a da história das religiões; é precisamente a das línguas, da linguagem).

Seja como for, mesmo não sendo a língua uma superestrutura, a relação com a língua é política. Isso talvez não seja sensível num país histórica e culturalmente "acomodado" como a França: a língua não é aqui um tema político; bastaria, no entanto, despertar o problema (por qualquer forma de pesquisa: elaboração de uma sociolingüística engajada ou simples número especial de revista) para se ficar sem dúvida estupefato com a sua evidência, sua amplidão, sua acuidade (com relação à sua língua, os franceses estão simplesmente *adormecidos*, cloroformizados por séculos de autoridade clássica); nos países menos favorecidos, a relação com a língua é candente; nos países árabes há pouco colonizados, a língua é um problema de Estado em que se investe toda a política. Não estou certo, aliás, de que estejamos bem preparados para resolvê-lo: falta uma teoria política da linguagem, uma metodologia que permita aclarar os processos de *apropriação* da língua e estudar a "propriedade" dos meios de enunciação, algo como *O capital* da ciência lingüística (eu mesmo penso que tal teoria se elaborará aos poucos a partir dos balbucios atuais da semiologia, de que será em parte o sentido histórico); essa teoria (política) deverá particularmente decidir *onde pára a língua* e se ela pára em algum ponto; prevalece atualmente em certos países ainda embaraçados com a antiga língua colonial (o francês) a idéia *reacionária* de que se pode separar a língua da "literatura", ensinar uma (como língua estrangeira) e recusar a outra (reputada "burguesa"); infelizmente não há limiar para a língua, não se pode parar a língua; pode-se, a rigor, fechar, isolar a gramática (e ensiná-la então canonicamente), mas não o léxico, ainda menos o campo associativo, conotativo; um estrangeiro que aprende o francês encontra-se logo, ou pelo menos deveria encontrar-se, se o ensino fosse bom, diante dos mesmos problemas ideológicos que um francês em face de sua própria língua; a literatura nunca é mais do que o aprofundamento, a extensão da língua, e é devido a isso que ela é o campo ideológico mais vasto, aquele em que se debate o problema estrutural de que falei no início (digo tudo isso em função da minha experiência marroquina).

A língua é infinita (sem fim), e disso é preciso tirar as conseqüências; a língua começa antes da língua; foi o que eu quis dizer a propósito do Japão, exaltando a comunicação que pratiquei lá, fora mesmo de uma língua falada que não conheço, mas no rumor, na respiração emotiva dessa língua desconhecida. Viver num país cuja língua não se conhece, nele viver largamente, fora das áreas turísticas, é a mais perigosa das aventuras (no sentido singelo que a expressão pode ter nos romances para a juventude); é mais arriscado (para o "sujeito") do que enfrentar a selva, pois é necessário *exceder* a língua, manter-se em sua margem suplementar, isto é, no seu infinito sem profundeza. Se eu tivesse de imaginar um novo Robinson, não o colocaria numa ilha deserta, mas numa cidade de doze milhões de habitantes cuja língua e escrita não soubesse decifrar: aí estaria, creio eu, a forma moderna do mito.

5. Sexualidade

A delicadeza do jogo sexual, eis uma idéia importantíssima e inteiramente desconhecida, parece-me, do Ocidente (motivo maior para se interessar por isso). A razão disso é simples. No Ocidente, a sexualidade só se presta, pauperrimamente, a uma linguagem de transgressão; mas fazer da sexualidade um campo de transgressão é mantê-la prisioneira de um binário (pró/contra), de um paradigma, de um sentido. Pensar a sexualidade como um continente negro também é submetê-la ao sentido (branco/preto). A alienação da sexualidade está consubstancialmente ligada à alienação do sentido, pelo sentido. O que é difícil não é libertar a sexualidade segundo um projeto mais ou menos libertário, é desvencilhá-la do sentido, inclusive da transgressão como sentido. Veja ainda os países árabes. Transgridem-se facilmente certas regras da "boa" sexualidade por uma prática bastante fácil da homossexualidade (sob condição de nunca a *nomear*: mas isto é outro problema, o problema imenso da verbalização do sexual, barrada nas civilizações de "vergonha", enquanto essa mesma verbalização é apreciada – confissões, representações pornográficas – pelas civilizações de "culpabilidade"); mas essa transgressão permanece implacavelmente submetida a um regime do sentido estrito: a homossexualidade, prática transgressiva, reproduz então imediatamente em si (por uma espécie de colmatagem defensiva, de reflexo amedrontado) o paradigma mais puro que se possa imaginar, o do ativo/passivo, do possessor/possuído, do papão/papado, do tapeador/tapeado (estas palavras – *niqueur/niqué*, *tapeur/tapé* –, usadas pelos franceses retornados da Argélia, são aqui de circunstância: uma vez mais o valor ideológico da língua). Ora, o paradigma é o sentido; assim, nessas regiões, toda prática que ultrapassa a alternativa a perturba ou simplesmente a retarda (o que alguns chamam lá, desdenhosamente, *fazer amor*), é por um mesmo movimento *interditada* e *ininteligível*. A "delicadeza" sexual opõe-se ao caráter grosseiro dessas práticas não no plano da transgressão, mas no do sentido; pode-se defini-la como uma *perturbação do sentido*, cujas vias de enunciação são ou protocolos de "polidez", ou técnicas sensuais, ou uma nova concepção do "tempo" erótico. Pode-se dizer tudo isso de outro modo: a interdição sexual é suspensa inteiramente não em proveito de uma "liberdade" mítica (conceito que mal pode servir para satisfazer às tímidas fantasias da sociedade dita de massa), mas em proveito de códigos vazios, o que exonera a sexualidade da mentira espontaneísta. Sade viu isso muito bem: as práticas que ele enuncia são submetidas a uma combinatória rigorosa; permanecem, no entanto, marcadas por um elemento mítico especificamente ocidental: uma espécie de eretismo, de transe, aquilo que você chama muito bem de sexualidade *quente*; e é ainda sacralizar o sexo fazendo dele objeto não de um hedonismo, mas de um *entusiasmo* (um deus o anima, vivifica-o).

6. Significante

O significante: temos de decidir abusar ainda muito da palavra (notemos, uma vez por todas, que não nos cabe defini-la, mas empregá-la, quer dizer, metaforizá-la, opô-la – principalmente ao significado, de que se pensava, no início da semiologia, que ele fosse apenas o correlato, mas de que se sabe melhor hoje que ele é o adversário). A tarefa atual é dupla. De uma parte, é preciso chegar a conceber (entendo por essa palavra uma operação mais metafórica do que analítica) como podem enunciar-se contraditoriamente a *profundidade e a leveza do significante* (não esqueçamos que *leve* pode ser uma palavra nietzschiana); pois, por um lado, o significante não é "profundo", não se desenvolve segundo um plano de interioridade e de segredo; mas, por outro, que fazer com esse famoso significante senão algo como imergir nele, mergulhar longe do significado, na matéria, no texto? Como enterrar-se no que é leve? Como estender-se sem se inchar e sem se escavar? A que substância comparar o significante? À água, certamente que não, ainda que ela fosse oceânica, pois os mares têm fundo; antes ao céu, ao espaço cósmico, naquilo precisamente que tem de *impensável*. De outra parte, essa mesma exploração metafórica deveria ser feita sobre a palavra *trabalho* (que, efetivamente, muito mais do que *significado*, é o verdadeiro correlato de *significante*); ela é também uma palavra-*numen* (palavra capaz de armar um discurso); analiso-a da seguinte maneira: associada ao problema do texto, entende-se na acepção que lhe deu Julia Kristeva, de *trabalho pré-sentido*: trabalho fora do sentido, da troca, do cálculo, no dispêndio, no jogo; acho que é essa direção que é preciso explorar; ainda seria necessário prevenir certas conotações: eliminar completamente a idéia de *trabalho-pena*, e talvez privar-se (por rigor e, pelo menos, para começar) da metonímia que dá ao trabalho a caução proletária – o que permite evidentemente fazer o "trabalho" do significante passar para o campo socialista (onde ele é, aliás, diversamente acolhido), mas devia talvez pensar-se de maneira mais lenta, mais paciente, mais dialética. Essa grande questão do "trabalho" está, em suma, num vazio, numa lacuna da nossa cultura; elipticamente, eu diria que essa lacuna é exatamente a mesma que até agora anula a relação entre Marx e Nietzsche, relação das mais resistentes, e para a qual, conseqüentemente, é preciso olhar. Quem se ocupará disso?

7. Armas

Você opõe de maneira muito evidente os *signos* às *armas*, mas segundo um processo ainda substitutivo, e não pode fazer de outro modo; porque os signos e as armas são a mesma coisa; todo combate é semântico, todo sentido é guerreiro; o significado é o nervo da guerra, a guerra é a própria estrutura do sentido; estamos atualmente na guerra não do sentido (uma guerra para abolir o sentido), mas dos sentidos: significados enfrentam-se, munidos de todas as espécies de armas possíveis (militares, econômicas, ideológicas, até mesmo neuróticas); não há atualmente no mundo nenhum lugar institucional de onde o significado esteja banido (hoje só se pode tentar dissolvê-lo trapaceando com as instituições, nos lugares instáveis, fugitivamente ocupados, inabitáveis, contraditórios a ponto de parecerem às vezes reacionários). No que me concerne, o paradigma pelo qual com todo rigor (quer dizer, para além de uma posição política preferencial) tento pautar-me não é *imperialismo/socialismo*, mas *imperialismo/outra coisa*: essa supressão da marca no momento em que o paradigma vai se concluir, essa oposição tornada coxa pela concisão, pelo suplemento ou pelo desvio do *neutro*, esse escancaramento de utopia, tenho de me decidir, é o único lugar onde eu possa atualmente ficar. O imperialismo é o *pleno*; em face dele, há o *resto*, não assinado: um texto sem título.

A partir de um questionário de
Guy Scarpetta, 1971, *Promesses*.

O RUMOR DA LÍNGUA

A palavra falada é irreversível, tal é a sua fatalidade. Não se pode retomar o que foi dito, *a não ser que se aumente*: corrigir é, nesse caso, estranhamente, acrescentar. Ao falar, não posso usar borracha, apagar, anular; tudo que posso fazer é dizer "anulo, apago, retifico", ou seja, falar mais. Essa singularíssima anulação por acréscimo, eu a chamarei de "balbucio". O balbucio é uma mensagem duas vezes malograda: por uma parte, compreende-se mal; mas, por outra, com esforço, chega-se a compreender apesar de tudo; não está verdadeiramente nem na língua nem fora dela: é um ruído de linguagem comparável à seqüência de barulhos pelos quais um motor dá a entender que está mal regulado; tal é precisamente o sentido da *rateação*, sinal sonoro de uma falha que se delineia no funcionamento do objeto. O balbucio (do motor ou do sujeito) é, em suma, um medo: tenho medo de que a marcha venha a parar.

* * *

| *O rumor da língua* |

A morte da máquina: ela pode ser dolorosa para o homem se este a descreve como a de um bicho (ver o romance de Zola). Afinal, por menos simpática que seja a máquina (porque constitui, sob a figura do robô, a mais grave das ameaças: a *perda do corpo*), há entretanto nela a possibilidade de um tema eufórico: o seu *bom funcionamento*; tememos a máquina por ela funcionar sozinha, desfrutamos dela por funcionar bem. Ora, da mesma maneira que as disfunções da linguagem são de certo modo resumidas num signo sonoro, o balbucio, assim também o bom funcionamento da máquina se estampa num ser musical: o *rumor*.

* * *

O rumor é o barulho daquilo que está funcionando bem. Segue-se o paradoxo: o rumor denota um barulho limite, um barulho impossível, o barulho daquilo que, funcionando com perfeição, não tem barulho; rumorejar é fazer ouvir a própria evaporação do barulho: o tênue, o camuflado, o fremente são recebidos como sinais de uma anulação sonora.

São então as máquinas felizes que rumorejam. Quando a máquina erótica, mil vezes imaginada e descrita por Sade, aglomerado "pensado" de corpos cujas regiões amorosas estão cuidadosamente ajustadas umas às outras, quando essa máquina põe-se a funcionar, pelos movimentos convulsivos dos participantes, ela treme e rumoreja levemente; enfim, *ela está funcionando*, e funcionando bem. Quando os japoneses de hoje se entregam em massa ao jogo das máquinas caça-níqueis (chamadas lá de *Pachinko*), em grandes *halls*, estes se enchem de um enorme rumor de bolinhas, e este rumor significa que alguma coisa, coletivamente, funciona: o prazer (enigmático por outras razões) de jogar, de fazer o corpo agir com exatidão. Porque o rumor (vê-se pelo exemplo de Sade e pelo exemplo japonês) implica uma comunidade de corpos: nos ruídos do prazer que "funciona", nenhuma voz se eleva, conduz ou se afasta, nenhuma voz se constitui; o rumor é o próprio ruído do gozo plural – mas de nenhum modo maciço (a massa, pelo contrário, tem uma só voz, terrivelmente forte).

* * *

E a língua, pode rumorejar? Falada, ela permanece, parece, condenada ao balbucio; escrita, ao silêncio e à distinção dos signos: de qualquer modo, fica ainda *demasiado sentido* para que a linguagem realize um gozo que seria próprio à sua matéria. Mas o que é impossível não é inconcebível: o rumor da língua forma uma utopia. Que utopia? A de uma música do sentido; com isso quero dizer que em seu estado utópico a língua seria ampliada, eu diria mesmo *desnaturada*, até formar uma imensa trama sonora em que o aparelho semântico se acharia irrealizado; o significante fônico, métrico, vocal, se desfraldaria em toda a sua suntuosidade, sem que jamais dele se despegasse um signo (viesse *naturalizar* esse puro lençol de gozo), mas também – e aí está o mais difícil – sem que o sentido seja brutalmente dispensado, dogmaticamente excluído, enfim castrado. Rumorejante, confiada ao significante por um movimento inaudito, desconhecido de nossos discursos racionais, nem por isso a língua deixaria um horizonte do sentido: o sentido, indiviso, impenetrável, inominável, seria no entanto posto longe como uma miragem, fazendo do exercício vocal uma paisagem dupla, munida de um "fundo"; mas em lugar de a música dos fonemas ser o "fundo" das nossas mensagens (como acontece na nossa Poesia), o sentido seria aqui o ponto de fuga do gozo. E da mesma forma que, atribuído à máquina, o rumor não é mais que o ruído de uma ausência de ruído, referido à língua, ele seria esse sentido que faz ouvir, uma isenção de sentido, ou – é a mesma coisa – esse não-sentido que faria ouvir ao longe um sentido agora liberto de todas as agressões de que o signo, formado na "triste e selvagem história dos homens", é a caixa de Pandora.

É sem dúvida uma utopia; mas a utopia é que muitas vezes guia as pesquisas de vanguarda. Existem pois, aqui e ali, por instantes, o que se poderia chamar de experiências de rumor: tais são algumas produções da música pós-serial (é muito significativo que essa música dê uma importância extrema à voz: é a voz que ela trabalha, buscando desnaturar nela o sentido, mas não o volume sonoro), certas pesquisas de radiofonia; tais ainda os últimos textos de Pierre Guyotat ou de Philippe Sollers.

* * *

Muito mais, essa pesquisa em torno do rumor, podemos nós mesmos levá-la a efeito, e na vida, nas aventuras da vida; no que a vida nos traz de maneira inopinada. Noutra noite, ao assistir ao filme de Antonioni sobre a China, experimentei de repente, na virada de uma seqüência, o rumor da língua: numa rua de aldeia, algumas crianças, encostadas a um muro, lêem em voz alta, cada um para si, todos juntos, um livro diferente; aquilo rumorava da melhor maneira, como uma máquina que funcionasse bem; o sentido era para mim duplamente impenetrável, por desconhecimento do chinês e pelo emaranhamento dessas leituras simultâneas; mas eu ouvia, numa espécie de percepção alucinada, tão intensamente recebia ela toda a sutileza da cena, eu ouvia a música, o sopro, a tensão, a aplicação, enfim, algo como uma *meta*. Quê! Basta falarem todos juntos para fazer rumorejar a língua, da maneira rara, impregnada de gozo, de que se acabou de falar? De jeito algum, claro; para a cena sonora é preciso uma erótica (no sentido mais amplo do termo), o impulso, ou a descoberta, ou o simples acompanhamento de emoção: o que era trazido justamente pelo rosto dos meninos chineses.

* * *

Fico imaginando hoje, um pouco à moda do grego antigo, tal como o descreve Hegel: interrogava, diz ele, com paixão, sem esmorecimento, o rumor das folhagens, das fontes, dos ventos, enfim, o estremecer da Natureza, para ali captar o desenho de uma inteligência. E eu, é o estremecer do sentido que interrogo escutando o rumor da linguagem – dessa linguagem que é a minha Natureza, homem moderno.

> In *Vers une esthétique sans entraves*
> (Mélanges Mikel Dufrenne)
> © U.G.E., 1975.

| Anexo |

JOVENS PESQUISADORES

Este número de *Communications* tem uma particularidade: não foi concebido para explorar um saber ou ilustrar um tema; a sua unidade, pelo menos a sua unidade original, não está no objeto, mas no grupo de seus autores: são todos estudantes, recentemente engajados na pesquisa; o que foi propositalmente reunido, foram os primeiros trabalhos de jovens pesquisadores, suficientemente livres para terem eles próprios concebido seu projeto de pesquisa, e, entretanto, vinculados ainda a uma instituição, a do doutorado de terceiro ciclo. Nossas indagações aqui dizem respeito, pois, à própria pesquisa, ou pelo menos a uma determinada pesquisa, aquela que ainda está ligada ao domínio tradicional das artes e das letras. É unicamente dessa pesquisa que trataremos.

* * *

No limiar de seu trabalho, o estudante sofre uma série de divisões. Como jovem, ele pertence a uma classe econômica definida por sua improdutividade: não é nem proprietário nem produtor; está fora do intercâmbio, e até, por assim dizer, fora da exploração: socialmente, está excluído de qualquer nomeação. Como intelectual, é levado pela hierarquia dos trabalhos, é visto como participante de um luxo especulativo de que não pode, entretanto, usufruir, pois não possui o domínio deles, quer dizer, a disponibilidade de comunicação. Como pesquisador, está votado à separação dos discursos: de um lado, o discurso da cientificidade (discurso da Lei), e, do outro, o discurso do desejo, ou escritura.

* * *

O trabalho (de pesquisa) deve ser assumido no desejo. Se essa assunção não se dá, o trabalho é moroso, funcional, alienado, movido apenas pela necessidade de prestar um exame, de obter um diploma, de garantir uma promoção na carreira. Para que o desejo se insinue no meu trabalho, é preciso que esse trabalho me seja *pedido* não por uma coletividade que pretende garantir para si o meu labor (a minha pena) e contabilizar a rentabilidade do investimento que faz em mim, mas por uma assembléia viva de leitores em quem se faz ouvir o desejo do Outro (e não o controle da Lei). Ora, em nossa sociedade, em nossas instituições, o que se pede ao estudante, ao jovem pesquisador, ao trabalhador intelectual, nunca é o seu desejo: não se lhe pede para escrever, pede-se-lhe para falar (ao longo de inúmeras exposições) ou para "relatar" (em vista de controles regulares).

Quisemos aqui que o trabalho de pesquisa fosse, *desde o princípio*, objeto de uma solicitação forte, formulada fora da instituição e que só podia ser uma solicitação de escritura. Bem entendido, o que figura neste número é apenas um pedacinho de utopia, pois julgamos que a sociedade não está pronta para conceder com largueza, institucionalmente, ao estudante, e singularmente ao estudante "de letras", essa felicidade: que se tenha necessidade dele; não de sua competência ou de sua função futuras, mas de sua paixão presente.

* * *

Talvez já esteja na hora de abalar uma ficção: a ficção que quer que a pesquisa se exponha, mas não se escreva. O pesquisador seria essencialmente um prospector de materiais e é nesse nível que se levantariam os seus problemas; chegado o momento de comunicar "resultados", tudo estaria resolvido; "dar forma" não passaria de uma vaga operação final, rapidamente levada a efeito graças a algumas técnicas de "expressão" aprendidas no colégio e cuja única norma seria submeter-se ao código do gênero ("clareza", supressão das imagens, respeito às leis do raciocínio). Entretanto, mesmo se limitando a simples tarefas de "expressão", ainda falta muito para que o estudante de ciências sociais esteja suficientemente armado. E, quando o objeto da pesquisa é o Texto (voltaremos a esta palavra), o pesquisador fica acuado num dilema, temível: ou falar do Texto segundo o código convencional da escrevença [*écrivance*], quer dizer, ficar prisioneiro do "imaginário" do cientista, que se quer, ou, o que é pior, que se crê exterior ao objeto de seu estudo e pretende, com toda inocência, com toda segurança, colocar a sua própria linguagem em posição de exterritorialidade; ou então ele próprio entrar no jogo do significante, no infinito da enunciação, numa palavra, "escrever" (o que não quer dizer simplesmente "escrever bem"), retirar o "eu", que ele acredita ser, da sua concha imaginária, desse código científico, que protege mas também engana, numa palavra, lançar o sujeito através do branco da página, não para o "exprimir" (nada a ver com a "subjetividade"), mas para dispersá-lo: o que é então transbordar o discurso regular da pesquisa. É a esse transbordamento, mesmo ligeiro, que, neste número, se permite entrar em cena: transbordamento variável segundo os autores, não se buscou dar primazia a esta ou àquela escritura; o importante é que neste ou naquele nível de seu trabalho (saber, método, enunciação) o pesquisador decide não se deixar ilaquear pela Lei do discurso científico (o discurso da ciência não é necessariamente a ciência: ao contestar o discurso do cientista, a escritura não dispensa em nada as regras do trabalho científico).

* * *

A pesquisa é feita para ser publicada, mas raramente o é, principalmente em seu início, que não é forçosamente menos importante do que o seu fim: o sucesso de uma pesquisa – principalmente textual – não depende de seu "resultado", noção falaciosa, mas da natureza *reflexiva* de sua enunciação; a cada instante do percurso uma pesquisa pode reverter a linguagem sobre si mesma e assim fazer ceder a má fé do cientista: numa palavra, deslocar o autor e o leitor. É sabido, entretanto, que trabalhos de estudantes são pouco publicados: a tese do terceiro ciclo é de fato um discurso recalcado. Ao publicar fragmentos de primeiras pesquisas, esperamos combater esse recalque; gostaríamos, assim, de libertar não apenas o autor do artigo, mas o seu leitor, pois o leitor (principalmente o leitor de revista) também é levado pela divisão das linguagens especializadas. É preciso que a pesquisa já não seja esse trabalho parcimonioso que se joga quer na "consciência" do pesquisador (forma dolorosa, autista, do monólogo), quer no pobre vaivém que faz do "diretor" de uma pesquisa o seu único leitor. É preciso que a pesquisa se integre à circulação anônima da linguagem, à dispersão do Texto.

* * *

Tais estudos são pesquisas na medida em que querem renovar a leitura (dos textos antigos). Renovar a leitura: não se trata de substituir por novas regras científicas as antigas imposições da interpretação, mas antes imaginar que uma leitura *livre* passa a ser finalmente a norma dos "estudos literários". A liberdade de que se trata aqui não é evidentemente uma liberdade qualquer (a liberdade é contraditória com *qualquer coisa*): sob a reivindicação de uma liberdade inocente voltaria a cultura aprendida, estereotipada (o espontâneo é o campo *imediato* do *já-dito*) – seria inevitavelmente a volta do significado. A liberdade posta em cena neste número é a liberdade do significante: volta das palavras, dos jogos de palavras, dos nomes próprios, das citações, das etimologias, das reflexividades do discurso, das paginações, dos claros, das combinações, das recusas de linguagem. Essa liberdade *deve* ser uma virtuosidade: a que enfim permite ler no texto tutor, por mais antigo que seja, a divisa de toda escritura: *está circulando*.

* * *

A interdisciplinaridade, de que tanto se fala, não está em confrontar disciplinas já constituídas (das quais, na realidade, nenhuma consente em *abandonar-se*). Para se fazer interdisciplinaridade, não basta tomar um "assunto" (um tema) e convocar em torno duas ou três ciências. A interdisciplinaridade consiste em criar um objeto novo que não pertença a ninguém. O Texto é, creio eu, um desses objetos.

| *Da obra ao texto* |

* * *

O trabalho semiótico realizado na França desde há uns quinze anos colocou efetivamente em primeiro plano uma noção nova que deve aos poucos substituir a noção de obra: é o Texto. O Texto – que não se pode confinar ao domínio tradicional da "Literatura" – foi fundado teoricamente por certo número de escritos inovadores: o Texto foi primeiro teoria. Os trabalhos (quiséramos poder dizer: os testemunhos) que aqui estão reunidos correspondem a esse momento em que a teoria deve se fragmentar ao sabor de pesquisas particulares. O que se põe aqui em destaque é a passagem da teoria à pesquisa: não há nenhum desses artigos que não trate de um texto particular, contingente, pertencente à cultura histórica, mas também nenhum que não tenha nascido dessa teoria anterior ou dos métodos de análise que a prepararam.

* * *

Em matéria de "letras", a reflexão sobre a pesquisa conduz ao Texto (ou, pelo menos, admitamos hoje que tem a liberdade de conduzir a ele): o Texto é, pois, como a pesquisa, objeto deste número.

O Texto: não nos enganemos nem a respeito do singular nem da maiúscula; quando dizemos *o Texto*, não é para divinizá-lo, fazer dele a deidade de uma nova mística, é para denotar uma massa, um campo, obrigando a uma expressão partitiva e não numerativa: tudo que se pode dizer de uma obra é que nela há *Texto*. Em outras palavras, ao passar do texto ao Texto, é preciso mudar a numeração: por uma parte, o Texto não é um objeto contável, é um campo metodológico onde se perseguem, segundo um movimento mais "einsteiniano" do que "newtoniano", o enunciado e a enunciação, o comentado e o comentante; por outra, não há necessidade de o

Texto ser exclusivamente moderno: pode haver Texto em obras antigas; e é precisamente a presença desse germe inquantificável que obriga a alterar, a ultrapassar as antigas divisões da História literária; uma das tarefas imediatas, evidentes, da pesquisa jovem é proceder a esses *levantamentos de escritura*, determinar o que pode haver de Texto em Diderot, em Chateaubriand, em Flaubert, em Gide: é o que fazem muitos dos autores aqui reunidos; como diz um deles, falando implicitamente em nome de vários colegas seus: "Talvez o nosso trabalho consista apenas em localizar farrapos de escritura presos numa palavra de que o Pai continua sendo o fiador." Não se pode definir melhor o que, na obra antiga, é Literatura e o que é Texto. Ou por outra: como essa obra passada pode *ainda* ser lida? Será creditado a esses jovens pesquisadores levarem o trabalho ao nível de uma tarefa crítica: a avaliação atual de uma cultura passada.

* * *

Todos esses estudos formam um gesto coletivo: é o território mesmo do Texto, que é pouco a pouco traçado, colorido. Acompanhemos por um instante, de artigo a artigo, a mão comum que, longe de escrever a definição do Texto (ela não existe: o Texto não é conceito), *descreve* (de-screve) a prática da escritura.

Primeiro isto, que é necessário para compreender e aceitar o leque de artigos aqui reunidos: o Texto frustra qualquer tipologia cultural – mostrar o caráter *ilimitado* de uma obra é fazer dela um texto; mesmo que a reflexão sobre o Texto comece na literatura (isto é, num objeto constituído pela instituição), o Texto não pára aí forçosamente; em todo lugar onde se ponha em ação uma atividade de significância segundo regras de combinação, de transformação e de deslocamento, há Texto: nas produções escritas, por certo, mas também nos jogos de imagens, de signos, de objetos – nos filmes, nas histórias em quadrinhos, nos objetos rituais.

Mais o seguinte: como desdobramento do significante, o Texto debate muitas vezes dramaticamente com o significado que tende a retornar nele: se sucumbir nesse retorno, se o significado triunfar, o texto deixará de ser Texto, nele o estereótipo passará a ser "verdade", em vez de ser o objeto lúdico de uma combinatória segunda. É lógico então que o Texto comprometa o seu operador naquilo que se pode chamar de drama da escritura (que se verá analisado aqui a propósito de Flaubert), ou o seu leitor numa avaliação crítica prévia (é o caso do discurso do Direito, avaliado, aqui, antes de ser analisado).

Entretanto, a abordagem principal e por assim dizer maciça que se pode fazer do Texto consiste em explorar todos seus manifestos significantes: estruturas propriamente ditas, tais como a lingüística do discurso pode atingir, configurações fônicas (jogos de palavras, nomes próprios), paginações, distribuição em linhas, polissemias, encadeamentos, anúncios, associações, claros, colagens, tudo aquilo que se refere à matéria do livro será aqui encontrado, proposto ao sabor de autores diversos, de Flaubert a Claude Simon.

Finalmente, o Texto é antes de tudo (ou depois de tudo) essa longa operação através da qual um autor (um sujeito enunciador) descobre (ou faz o leitor descobrir) a *inidentificabilidade* de sua palavra e chega à substituição do *eu falo* pelo *isto fala*. Conhecer o imaginário da expressão é esvaziá-lo, já que o imaginário é desconhecimento: vários estudos, aqui mesmo, tentam avaliar o imaginário da escritura (a propósito de Chateaubriand, Gide, Michel Leiris) ou o imaginário do próprio pesquisador (a propósito de uma pesquisa sobre o suspense cinematográfico).

Não se deve pensar que esses "prospectos" diversos contribuem para *delimitar* o Texto; é antes para desdobrá-lo que todo o número trabalha. É preciso, então, resistir à vontade de organizar, de programar esses estudos, cuja escritura permanece muito diversa (foi constrangido que acabei admitindo a necessidade de apresentar este número, correndo assim o risco de dar-lhe uma unidade na qual nem todos os colaboradores se reconheceriam, e de emprestar a cada um deles uma voz que talvez não fosse exatamente a sua: toda apresentação, por sua intenção de síntese, é uma maneira de concessão ao discurso passado). Seria necessário que a cada momento deste número, independentemente do que precede e do que vem a seguir, a pesquisa, essa jovem pesquisa que aqui se enuncia, aparecesse a uma só vez como a manifestação de certas estruturas de enunciação (ainda que fossem analisadas na simples linguagem de uma dissertação) e a própria crítica (autocrítica) de toda enunciação; é aliás no momento em que a pesquisa chega a ligar o seu objeto ao seu discurso e a despropriar [*déproprier*] o nosso saber pela luz que lança sobre objetos mais do que desconhecidos: inesperados, é nesse momento que ela se torna uma verdadeira interlocução, um trabalho para os outros, uma produção social.

1972, *Communications*.

| Parte III |

DAS LINGUAGENS
E DO ESTILO

A PAZ CULTURAL

Dizer que há uma cultura burguesa é falso, porque é toda a nossa cultura que é burguesa (e dizer que a nossa cultura é burguesa é um truísmo cansativo, que subsiste em todas as universidades). Dizer que a cultura se opõe à natureza é incerto, porque não se sabe muito bem onde ficam os limites de uma e de outra: onde está a natureza no homem? Para dizer-se homem, o homem precisa de uma linguagem, isto é, da própria cultura. No biológico? Encontram-se hoje no organismo vivo as mesmas estruturas que no sujeito falante: a própria vida está construída como uma linguagem. Em resumo, tudo é cultura, da roupa ao livro, da comida à imagem, e a cultura está por toda parte, de uma ponta à outra das escalas sociais. Essa cultura, decididamente, é um objeto bem paradoxal: sem contornos, sem termo oposicional, *sem resto*.

Acrescentemos talvez mesmo: sem história – ou pelo menos sem ruptura, submetida a uma repetição incansável. Veja, na televisão, um seriado americano de espionagem: há coquetel a bordo de um iate e os convivas entregam-se a uma espécie de afetação mundana (coquetismos, réplicas de duplo sentido, jogos de interesse); mas *isso já foi visto ou dito*, não apenas em milhares de romances e de filmes populares, mas em obras antigas, que pertenceram àquilo que poderia passar por uma *outra* cultura, em Balzac, por exemplo: dir-se-ia que a princesa de Cadignan simplesmente se *deslocou*, trocou o Faubourg Saint-Germain pelo iate de um armador grego. Assim, a cultura não é apenas o que volta, é também, e principalmente, o que fica, como um cadáver imperecível: é um brinquedo estranho que a *História não quebra jamais*.

Objeto único, pois que não se opõe a nada, objeto eterno, pois que não quebra nunca, objeto pacífico, finalmente, em cujo seio todos se congregam sem conflito aparente: onde está então o *trabalho* da cultura sobre si mesma, onde estão suas contradições, onde está a sua infelicidade?

Para responder, precisamos, a despeito do paradoxo epistemológico do objeto, arriscar uma definição, a mais vaga possível, bem entendido: a cultura é um *campo de dispersão*. De quê? Das linguagens.

Na nossa cultura, na paz cultural, a *Pax culturalis* a que estamos submetidos, há uma guerra inexpiável das linguagens: as nossas linguagens se excluem umas às outras; numa sociedade dividida (pela classe social, pelo dinheiro, pela origem escolar), a própria linguagem divide. Que porção de linguagem eu, intelectual, posso partilhar com um vendedor das Nouvelles Galeries? Sem dúvida, sendo nós dois franceses, a linguagem da *comunicação*; mas essa parte é ínfima: podemos trocar informações e truísmos; mas o resto, isto é, o imenso volume, o jogo todo da linguagem? Como não há sujeito fora da linguagem, como a linguagem é o que constitui o sujeito de lado a lado, a separação das linguagens é um luto perma-

| *Das linguagens e do estilo* |

nente; e esse luto não se produz apenas quando saímos de nosso "meio" (onde todos falam a mesma linguagem), não é somente o contato material de outros homens, oriundos de outros meios, de outras profissões, que nos dilacera, é precisamente essa "cultura" que, em boa democracia, admite-se que todos temos em comum: é no momento em que, sob o efeito de determinações aparentemente técnicas, a cultura parece unificar-se (ilusão reproduzida simploriamente pela expressão "cultura de massa"), é então que a divisão das linguagens culturais é levada ao cúmulo. Fique vendo, uma noite, os programas da televisão (para ficarmos com uma das formas mais comuns da cultura); você vai receber, a despeito dos esforços de nivelamento geral empreendidos pelos produtores, várias linguagens diferentes que não podem, todas, responder não apenas a seu desejo (emprego a palavra no sentido estrito), mas nem mesmo à sua intelecção: há sempre, na cultura, uma porção de linguagem que o outro (portanto eu) não compreende; meu vizinho acha aborrecido esse concerto de Brahms e eu acho vulgar esse esquete de variedades, imbecil essa novela sentimental: o tédio, a vulgaridade, a imbecilidade são nomes diversos da secessão das linguagens. O resultado é que essa secessão não separa apenas os homens entre si, mas cada homem, cada indivíduo está lacerado em si mesmo; em mim, a cada dia, acumulam-se, sem se comunicar, várias linguagens isoladas: estou fracionado, cindido, pulverizado (o que, alhures, seria considerado a própria definição da "loucura"). E, ainda que eu conseguisse falar a mesma linguagem o dia todo, quantas linguagens diferentes sou obrigado a receber! A dos meus colegas, do carteiro, dos meus alunos, do comentarista esportivo do rádio, do autor clássico que leio à noite: é uma ilusão do lingüista considerar em pé de igualdade a língua que se fala e a que se ouve como se fosse a mesma língua; seria preciso retomar aqui a distinção fundamental, proposta por Jakobson, entre a gramática ativa e a gramática passiva: a primeira é monótona, a segunda é heteróclita, eis a verdade da linguagem cultural; numa sociedade dividida, mesmo que consiga unificar a sua linguagem, cada homem se debate contra o *esfacelamento da escuta*: sob o disfarce dessa cultura total que lhe é institucionalmente proposta, é, a cada dia, a divisão esquizofrênica do sujeito que lhe é imposta; a cultura é, de certa maneira, o campo patológico por excelência, onde se inscreve a *alienação* do homem contemporâneo (palavra certa, a uma só vez social e mental).

Assim, parece que o que busca cada classe social não é a posse da cultura (seja querendo conservá-la, seja querendo obtê-la), pois a cultura está aí, por toda parte e para toda gente; é a unidade das linguagens, a coincidência da fala e da escuta. Então, como é que hoje em dia, na nossa sociedade ocidental, dividida em suas linguagens e unificada em sua cultura, como é que as classes sociais, aquelas que o marxismo e a sociologia nos ensinaram a reconhecer, como é que elas *olham para* a linguagem do Outro? Qual é o *jogo de interlocução* (infelizmente tão decepcionante) a que, historicamente, elas estão presas?

A burguesia detém em princípio toda a cultura, mas, já há muito tempo (falo pela França), já não tem voz cultural própria. Desde quando? Desde que os seus intelectuais, os seus escritores a abandonaram; o caso Dreyfus parece ter sido em nosso país o abalo fundador desse desprendimento; é, aliás, o momento em que a palavra "intelectual" aparece: o intelectual é o letrado que tenta romper com a boa consciência de sua classe, se não de origem (um escritor ter saído, individualmente, da classe laboriosa não muda em nada o problema), ao menos de consumo. Aqui, hoje, *nada se inventa*: o burguês (proprietário, patrão, executivo, alto funcionário) já não acede à linguagem da pesquisa intelectual, literária, artística, porque essa linguagem o contesta; ele abdica em favor da cultura de massa; os seus filhos já não lêem Proust, já não ouvem Chopin, mas a rigor Boris Vian, a música *pop*. Entretanto, o intelectual que o ameaça nem por isso é mais triunfante; por mais que ele se coloque como representante, procurador do proletariado, oblato da causa socialista, a sua crítica da cultura burguesa nada mais pode fazer do que reutilizar a antiga linguagem da burguesia, que lhe é transmitida pelo ensino universitário: a própria idéia de *contestação* se torna uma idéia burguesa; o público dos escritores intelectuais pode se ter deslocado (ainda que não seja de modo algum o proletariado que os leia), não a linguagem; é certo que a *intelligentsia* procura *inventar* linguagens novas, mas essas linguagens permanecem *fechadas*: nada é mudado na interlocução social.

O proletariado (os produtores) não tem nenhuma cultura própria; nos países chamados desenvolvidos, a sua linguagem é a da pequena burguesia, porque é a linguagem que lhe é oferecida pelos meios de comunicação de massa (grande imprensa, rádio, televisão): a cultura de massa é pequeno-burguesa. Das três classes típicas, é hoje a classe intermediária, talvez por ser o século da sua promoção histórica, que mais busca elaborar uma cultura original, que seria a *sua* cultura: é incontestável que um trabalho importante se faz no nível da chamada cultura de massa (quer dizer, da cultura pequeno-burguesa) – por isso mesmo seria ridículo se aborrecer com ela. Mas por que vias? Pelas vias *já conhecidas* da cultura burguesa: é tomando e degradando os modelos (os *patterns*) da linguagem burguesa (suas narrativas, tipos de raciocínio, valores psicológicos) que a cultura pequeno-burguesa se faz e se implanta. A idéia de *degradação* pode parecer moral, nascida de um burguês que tem saudade da excelência da cultura passada; dou-lhe, ao contrário, um conteúdo objetivo, estrutural: há degradação porque não há invenção; os modelos são *repetidos* no mesmo lugar, *achatados*, pelo fato de que a cultura pequeno-burguesa (censurada pelo Estado) exclui até a contestação que o intelectual pode apresentar à cultura burguesa: é a imobilidade, a submissão aos estereótipos (a conversão das mensagens em estereótipos) que definem a degradação. Pode-se dizer que, na cultura pequeno-burguesa, na cultura de massa, é a cultura burguesa que volta ao palco da História, *mas como uma farsa* (é conhecida essa imagem de Marx).

Um jogo de passa-anel parece pautar assim a guerra cultural: as linguagens estão bem separadas, como os participantes do jogo, sentados uns ao lado dos outros; mas o que passa, o que foge, é sempre o mesmo anel, a mesma cultura: imobilidade trágica da cultura, separação dramática das linguagens, tal é a dupla alienação da nossa sociedade. Pode-se confiar no socialismo para desfazer essa contradição, para de uma só vez fluidificar, pluralizar a cultura e para pôr fim à guerra dos sentidos, à exclusão das linguagens? É preciso; que outra esperança há? Sem, entretanto, se deixar cegar pela ameaça de um novo inimigo que espreita *todas* as sociedades modernas. Parece, efetivamente, que um novo ser histórico apareceu, se instalou e se desenvolve excessivamente, a complicar (sem fazê-la caducar) a análise marxista (desde que Marx e Lênin a estabeleceram): esta nova figura é o Estado (este era, aliás, o ponto enigmático da ciência marxista); o aparelho estatal é mais coriáceo do que as revoluções – e a cultura de massa é a expressão direta desse estatismo: na França, atualmente, por exemplo, o Estado até aceita largar a Universidade, desinteressar-se dela, concedê-la aos comunistas e aos contestatários, pois ele sabe muito bem que não é aí que se faz a cultura conquistadora; mas por nada deste mundo ele abrirá mão da Televisão, do Rádio; possuindo essas vias de cultura, é a cultura real que ele rege e, regendo-a, faz dela a *sua* cultura: cultura em cujo seio são obrigadas a reunir-se a classe intelectualmente demissionária (a burguesia), a classe promocional (a pequena burguesia) e a classe muda (o proletariado). Assim se compreende que do outro lado, mesmo que o problema do Estado esteja longe de ser resolvido, a China popular tenha chamado precisamente de "revolução cultural" a transformação radical da sociedade que ela operou.

1971, *Times Litterary Supplement*.

A DIVISÃO DAS LINGUAGENS

A nossa cultura está dividida? De maneira nenhuma; todas as pessoas, na nossa França de hoje, podem *compreender* um programa de televisão, um artigo de *France-Soir*, a ordenação de um jantar de gala; muito mais, pode-se dizer que, de parte um pequeno grupo de intelectuais, todos consomem esses produtos culturais: a participação objetiva é total; e, se a cultura de uma sociedade fosse definida pela circulação dos símbolos que nela se cumpre, a nossa cultura se mostraria tão homogênea e cimentada como a de uma pequena sociedade etnográfica. A diferença é que só o *consumo* é geral na nossa cultura, não a *produção*: todos entendemos o que ouvimos em comum, mas nem todos falamos o que ouvimos; os "gostos" estão divididos, por vezes até opostos de maneira inexorável: eu gosto daquele programa de música clássica que é insuportável para o meu vizinho, enquanto não posso suportar as comédias populares que ele adora; cada um de nós liga o aparelho no momento em que o outro desliga. Em outras palavras, essa cultu-

| *Das linguagens e do estilo* |

ra do nosso tempo, que parece tão geral, tão pacífica, tão comunitária, repousa na divisão de duas atividades de linguagem: de um lado a escuta, nacional, ou, se preferirem, os atos de intelecção; do outro, se não a palavra, pelo menos a participação criativa e, para ser ainda mais preciso, a *linguagem do desejo*, que, esta sim, permanece dividida. De um lado, escuto; gosto (ou não gosto) de outro; *compreendo e me entedio*; à unidade da cultura de massa corresponde em nossa sociedade uma divisão não só das linguagens, mas da própria linguagem. Certos lingüistas – embora só lidando, por estatuto, com a língua e não com o discurso – tiveram o pressentimento dessa situação: eles sugeriram – sem que fossem até agora seguidos – que se distingam francamente duas gramáticas: uma gramática *ativa* ou gramática da língua como é falada, emitida, produzida, e uma gramática *passiva* ou gramática da simples escuta. Levada, por uma mutação translingüística, ao nível do discurso, essa divisão daria bem conta do paradoxo da nossa cultura, unitária por seu código de escuta (de consumo), fragmentada por seus códigos de produção, de desejo: a "paz cultural" (nenhum conflito aparente no nível da cultura) remete à divisão (social) das linguagens.

Cientificamente, tal divisão tem sido até agora um pouco censurada. Certamente, os lingüistas sabem que um idioma nacional (o francês, por exemplo) abrange certo número de espécies; mas a especificação estudada foi a especificação geográfica (dialetos, regionalismos, falares), não a especificação social; por certo que a postulam, mas minimizando-a, reduzindo-a a "maneiras" de se exprimir (gírias, jargões, sabires); e, de qualquer modo, pensam, a unidade idiomática se reconstitui no nível do locutor, provido de uma linguagem própria, de uma constante individual de palavra, que se chama *idioleto*: as *espécies* de linguagem não seriam mais do que estados intermediários, flutuantes, "divertidos" (pertencentes a um tipo de folclore social). Essa construção, que tem origem no século XIX, corresponde bem a certa ideologia – de que o próprio Saussure não estava isento – que põe de um lado a sociedade (o idioma, a língua) e de outro o indivíduo (o idioleto, o estilo); entre esses dois pólos, as tensões só podem ser "psicológicas": considera-se que o indivíduo luta para fazer valer a sua linguagem – ou para não ficar completamente sufocado pela linguagem dos outros. Além disso, a sociologia da época não pôde captar o conflito no nível da linguagem: Saussure era mais sociólogo do que Durkheim lingüista. Foi a literatura que pressentiu a divisão das linguagens (mesmo permanecendo psicológica), mais do que a sociologia (não é de espantar: a literatura contém todos os saberes; é verdade que num estado não-científico: é uma *Máthesis*).

O romance, desde que se tornou realista, encontrou fatalmente em seu caminho a cópia das linguagens coletivas; mas, em geral, a imitação das linguagens de grupo (das linguagens socioprofissionais) foi delegada por nossos romancistas a personagens secundárias, a figurantes, encarregados de "fixar" o realismo social, ao passo que o herói continua falando uma linguagem intemporal, cuja "transparência" e neutralidade devem supostamente concordar com a universalidade psicológica da alma humana. Balzac, por exemplo, tem consciência aguda das linguagens sociais; entretanto, quando ele as reproduz, *enquadra-as*, como virtuosismos de linguagem, trechos enfaticamente relatados; marca-as com um índice pitoresco, folclórico; são caricaturas de linguagens: assim é o jargão do sr. de Nucingen, cujo fonetismo é escrupulosamente reproduzido, ou a linguagem-de-comadre da senhora Cibot, porteira do primo Pons; há, entretanto, em Balzac, outra *mímesis* da linguagem, mais interessante, primeiro por ser mais espontânea, depois, por ser mais cultural do que social: é a dos *códigos de opinião corrente*, que Balzac endossa freqüentemente quando incidentalmente comenta a história que está contando; se, por exemplo, Balzac introduz em sua história a silhueta de Brantôme (em *Sur Catherine de Médicis*), Brantôme falará de mulheres, exatamente como a opinião comum (a *dóxa*) espera de Brantôme que honre o seu "papel" cultural de "especialista" em histórias de mulheres – sem que se possa jurar, infelizmente, que Balzac esteja consciente de fato da própria atitude; porque ele pensa estar reproduzindo a linguagem de Brantôme quando de fato apenas copia a cópia (cultural) dessa linguagem. Essa suspeita de ingenuidade (alguns dirão: de vulgaridade), não se pode levantá-la contra Flaubert; este não se deixa levar à reprodução de simples tiques (fonéticos, léxicos, sintáticos); ele tenta pegar, na imitação, valores de linguagem mais sutis e mais difusos, e captar o que se poderia chamar de *figuras de discurso*; e, sobretudo, se nos referimos ao livro mais "profundo" de Flaubert, *Bouvard e Pécuchet*, a *mímesis* é sem fundo, sem arrimo: as linguagens culturais – linguagens das ciências, das técnicas, das classes também: a burguesia – são *citadas* (Flaubert não se deixa iludir por elas), mas, por um mecanismo extremamente sutil e que somente agora começa a ser desmontado, o autor que copia (contrariamente a Balzac) fica de algum modo irreconhecível, na medida em que Flaubert nunca dá a ler de maneira clara se ele próprio se torna *definitivamente exterior* ao discurso que ele "toma emprestado": situação ambígua que torna algo ilusória a análise sartriana ou marxista da "burguesia" de Flaubert; porque, se Flaubert, burguês, fala a linguagem da burguesia, nunca se sabe a partir de que lugar essa enunciação se opera: um lugar crítico? Distante? "Viscoso"? Na verdade, a linguagem de Flaubert é *utópica* e é isso que faz a sua modernidade: acaso não estamos aprendendo (da lingüística, da psicanálise), precisamente, que *a linguagem é um lugar sem exterior*? Depois de Balzac e Flaubert – para ficar só com os maiores –, em face desse problema da divisão das linguagens, pode-se citar Proust, porque se encontra em sua obra uma verdadeira enciclopédia da linguagem; sem voltar ao problema geral dos signos na obra de Proust – que G. Deleuze tratou de maneira notável – e para não ir além da linguagem articulada, encontram-se nesse autor todos os estados da *mímesis* verbal, isto é, pastichos caracterizados (a carta de Gisele, que mima a dissertação escolar, o Diário dos Goncourt), idioletos de personagens, cada interlocutor de *Em busca do tempo perdido* tendo a sua própria linguagem, ao mesmo tempo caracterial e social (o senhor medieval Charlus, o esnobe Legrandin), linguagens de clã (a linguagem dos Guermantes), uma linguagem de classe (Françoise e o "popular", na verdade reproduzida principalmente em razão da sua função passadista), um catálogo de *anomalias* lingüísticas (a linguagem deformante, "meteco", do diretor do Grande Hotel de Balbec), o levantamento cuidadoso de fenômenos de aculturação (Françoise contaminada pela linguagem "moderna" da filha) e de diáspora lingüística (a linguagem Guermantes "propaga-se"), uma teoria das etimologias e do poder fundador do nome como significante; a esse panorama sutil e completo dos tipos de discurso não falta nem mesmo a *ausência* (voluntária) de certas linguagens: o narrador, seus pais, Albertina não têm linguagem própria. Qualquer que seja o avanço da literatura na descrição das linguagens divididas, vêem-se entretanto os limites da *mímesis* literária: por um lado, a linguagem relatada não chega a sair de uma visão folclorista (poderíamos dizer: colonial) das linguagens excepcionais; a linguagem do *outro* é enquadrada, o autor (afora talvez o caso de Flaubert) fala dela em situação de exterritorialidade; a divisão das linguagens é muitas vezes reconhecida com tal perspicácia que a sociolingüística poderia até invejar esses autores "subjetivos", mas ela permanece exterior ao descritor: em outras palavras, contrariamente ao que é ponto pacífico na ciência moderna, relativista, o observador não diz a sua posição na observação; a divisão das linguagens *pára* em quem a descreve (quando não a denuncia); e, por outro lado, a linguagem social reproduzida pela literatura permanece *unívoca* (sempre a divisão das gramáticas denunciada no início): Françoise fala sozinha, nós a entendemos, mas ninguém, no livro, lhe dá a réplica; a linguagem observada é monológica, nunca é tomada numa dialética (no sentido próprio do termo); o resultado é que os pedaços de linguagens são tratados como outros tantos *idioletos* – e não como um sistema total e complexo de *produção* de linguagens.

Voltemo-nos para o tratamento "científico" da questão: como a ciência (sociolingüística) vê a divisão das linguagens?

Evidentemente não é de hoje que se postula uma ligação entre a divisão das classes sociais e a divisão das linguagens: a divisão do trabalho gera uma divisão dos léxicos; pode-se até dizer (Greimas) que um léxico é precisamente o recorte imposto à massa semântica pela prática de determinado trabalho: não há léxico sem um trabalho correspondente (não cabe fazer exceção para o léxico geral, "universal", que não é mais do que o léxico "fora do trabalho"); o levantamento sociolingüístico seria então mais fácil de ser efetuado nas sociedades etnográficas do que em nossas sociedades históricas e desenvolvidas, onde o problema é muito complexo; entre nós, realmente, a divisão social das linguagens parece perturbada simultaneamente pelo peso, pela força unificadora do idioma nacional e pela homogeneidade da cultura dita de massa, como já foi sugerido; uma simples observação fenomenológica basta, entretanto, para atestar a validade das separações lingüísticas: basta sair um instante de seu próprio meio e propor-se como tarefa, mesmo que fosse por uma ou duas horas, não apenas ouvir outras linguagens que não a nossa, mas também participar tão ativamente quanto possível da conversação, para perceber, sempre com embaraço, às vezes com dilaceramento, a enorme estanqueidade das linguagens no interior do idioma francês; se essas linguagens não se comunicam (exceto sobre "o tempo que está fazendo"), não é no nível da língua, compreendida por todos, mas no nível dos discursos (objeto que começa a alcançar a lingüística); noutras palavras, a incomunicação não é, propriamente, de ordem informacional, mas de ordem interlocutória: de uma linguagem para outra, há incuriosidade, indiferença; na nossa sociedade, a linguagem do *mesmo* nos basta, não temos necessidade da linguagem do *outro* para viver: *basta a cada um a sua linguagem*. Fixamo-nos na linguagem do nosso cantão social, profissional, e essa fixação tem valor neurótico: permite-nos uma adaptação sofrível ao despedaçamento da nossa sociedade.

Evidentemente, nos estados históricos da socialidade, a divisão do trabalho não se refrata diretamente, como um simples reflexo, na divisão dos léxicos e na separação das linguagens: há uma *complexização*, superdeterminação ou contrariedade dos fatores. E, mesmo em países relativamente iguais em desenvolvimento, podem persistir diferenças provindas da história; estou persuadido de que, comparada com outros países que não são mais democráticos do que ela, a França é particularmente dividida: há na França, talvez por tradição clássica, uma consciência muito viva das *identidades* e das *propriedades* de linguagem; a linguagem do outro é percebida segundo as arestas mais vivas da sua alteridade: daí as tão freqüentes acusações de "jargão" e uma velha tradição de ironia contra linguagens fechadas que são pura e simplesmente linguagens *outras* (Rabelais, Molière, Proust).

| *Das linguagens e do estilo* |

Em face da divisão das linguagens, dispomos de alguma tentativa de descrição científica? Sim, e é evidentemente a sociolingüística. Sem querer abordar aqui um processo em regra dessa disciplina, temos de assinalar, entretanto, certa decepção: a sociolingüística nunca tratou do problema da linguagem *social* (como linguagem dividida); houve por uma parte aproximações (a bem dizer episódicas e indiretas) entre a macrossociologia e a macrolingüística, pondo-se em relacionamento o fenômeno "sociedade" com o fenômeno "linguagem" ou "língua"; houve por outra parte e, se assim se pode dizer, na outra ponta da escala, algumas tentativas de descrição sociológica de *ilhas de linguagem* (*speech communities*): linguagem das prisões, das paróquias, fórmulas de cortesia, *baby-talks*; a sociolingüística (e sobre esse ponto é que é possível sentir-se decepcionado) remete à separação dos grupos sociais *na medida em que lutam pelo poder*; a divisão das linguagens não é pensada como um fato total, pondo em causa as próprias raízes do regime econômico, da cultura, da civilização, até mesmo da história, mas apenas como o atributo empírico (de modo algum simbólico) de uma disposição meio sociológica, meio psicológica: o desejo de *promoção* – visão no mínimo estreita, que não responde à nossa expectativa.

A lingüística (e não mais a sociologia) teria feito melhor? Raramente ela estabeleceu relação entre linguagens e grupos sociais, mas procedeu a levantamentos históricos sobre vocabulários, léxicos dotados de certa autonomia (de certa figura) social ou institucional: é o caso de Meillet para o vocabulário religioso indo-europeu, de Benveniste, cuja última obra sobre as instituições indo-européias é propriamente admirável; é o caso de Matoré, que tentou fundar, há cerca de vinte anos, uma verdadeira sociologia histórica do vocabulário (ou lexicologia); é, mais recentemente, o caso de

Jean Dubois, que descreveu o vocabulário da Comuna. A tentativa que melhor mostra o interesse e os limites da lingüística sócio-histórica é, talvez, a de Ferdinand Brunot; nos tomos X e XI de sua monumental *Histoire de la langue française des origines à 1900*[1], Brunot estudou, minuciosamente, a linguagem da Revolução Francesa. O interesse é o seguinte: o que é estudado é uma linguagem política, no sentido pleno da palavra; não um conjunto de tiques verbais destinados a "politizar" do exterior a linguagem (como acontece freqüentemente hoje), mas uma linguagem que se elabora no próprio movimento de uma *práxis* política; donde o caráter mais produtivo do que representativo dessa linguagem; as palavras, sejam elas podadas ou promovidas, ficam ligadas quase magicamente a uma eficácia real: ao abolir a palavra, acredita-se abolir o referente; interditando a palavra "nobreza", é a nobreza que se pensa interditar; o estudo dessa linguagem política poderia fornecer um bom parâmetro para uma análise do nosso próprio discurso político (ou *politizado?*): palavras efetivadas, marcadas por um tabu ou um contratabu, palavras queridas (*Nação, Lei, Pátria, Constituição*), palavras execradas (*Tirania, Aristocrata, Conjuração*), poder exorbitante de certos vocábulos, no entanto "pedantes" (*Constituição, Federalismo*), "traduções" terminológicas, criações substitutivas (*clero* → *padralhada, religião* → *fanatismo, objeto religioso* → *bugigangas do fanatismo, soldados inimigos* → *vis satélites dos déspotas, impostos* → *contribuição, empregado doméstico* → *homem de confiança, alcagüete* → *investigador de polícia, atores* → *artistas*, etc.), conotações desenfreadas (*revolucionário* acaba por significar *expedito, acelerado*; diz-se *classificar livros revolucionariamente*). Quanto ao limite, é o seguinte: a análise só atinge o léxico; é bem

....
1. Paris, Armand Colin, 1937.

verdade que a sintaxe do francês foi pouco tocada pelo abalo revolucionário (que na realidade se esforçou por vigiá-la e por manter o uso clássico); mais que isso, talvez, poder-se-ia dizer que a lingüística não dispõe ainda dos meios para analisar essa estrutura fina do discurso que se situa entre a "construção" gramatical, demasiado frouxa, e o vocabulário, por demais estrito, e que corresponde sem dúvida à região dos sintagmas imobilizados (por exemplo: "a pressão das massas revolucionárias"); o lingüista é, então, levado a reduzir a separação das linguagens sociais a fatos de léxico – ou mesmo de moda.

Assim, a mais candente das situações, a saber, a opacidade mesma da relação social, parece escapar à análise científica tradicional. A razão fundamental, parece-me, é de ordem epistemológica; diante do discurso, a lingüística parou, se assim se pode dizer, num estágio newtoniano: ela ainda não operou a sua revolução einsteiniana; não teorizou o lugar do lingüista (da referência observadora) no campo da observação. É essa relativização que é necessário primeiro postular.

* * *

É tempo de dar um nome a essas linguagens sociais recortadas na massa idiomática e cuja estanqueidade, por mais que a tenhamos sentido, de início, como existencial, acompanha, através de todas as trocas, todos os matizes e as complicações que é lícito conceber, a divisão e a oposição das classes; chamemos essas linguagens de grupo de *socioletos* (por oposição evidente a idioleto, ou falar de um só indivíduo). O caráter principal do campo socioletal é que nenhuma linguagem lhe pode ficar exterior; toda palavra é fatalmente incluída em determinado socioleto. Essa injunção tem uma conseqüência importante para o analista: ele próprio é envolvido no jogo dos socioletos. Dirão que, em outros casos, essa situação não impede absolutamente a observação científica: é o caso do lingüista que deve descrever um idioma nacional, isto é, um campo a que nenhuma linguagem escapa (nem mesmo a sua); mas precisamente: o idioma é um campo unificado (só há uma única língua francesa), quem fala dele não é obrigado a nele estar situado. Em contrapartida, o campo socioletal se define por sua divisão, por sua secessão inexpiável, e é *nessa* divisão que deve ocorrer a análise. Disso resulta que a pesquisa socioletal (que ainda não existe) não pode ser começada sem um ato inicial, fundador, de *avaliação* (quiséramos dar a entender essa palavra no sentido crítico que Nietzsche soube lhe dar). Isso significa que não podemos despejar todos os socioletos (todos os falares sociais), quaisquer que sejam, qualquer que seja o seu contexto político, num vago *corpus* indiferenciado, cuja indiferenciação, *igualdade*, seria uma garantia de objetividade, de cientificidade; temos de recusar aqui a *adiaphoría* da ciência tradicional, temos de aceitar – ordem paradoxal aos olhos de muitos – que sejam os *tipos* de socioletos que comandem a análise, e não o inverso: *a tipologia é anterior à definição*. Precisemos ainda que a *avaliação* não pode reduzir-se à *apreciação*: cientistas muito objetivos se atribuíram o direito (legítimo) de *apreciar* os fatos que descreviam (é precisamente o que fez F. Brunot com a Revolução Francesa); *avaliar* é um ato não subseqüente, mas fundador; não é um procedimento "liberal", mas, ao contrário, violento; a avaliação socioletal, desde a origem, vive o conflito dos grupos e das linguagens; ao *colocar* o conceito socioletal, o analista deve dar conta, *imediatamente*, ao mesmo tempo da contradição social e da fratura do sujeito sábio (remeto aqui à análise lacaniana do "sujeito suposto saber").

| *Das linguagens e do estilo* |

Logo, não é possível uma descrição científica das linguagens sociais (dos socioletos) sem uma avaliação *política* fundadora. Assim como Aristóteles, na *Retórica*, distinguia dois grupos de provas: as provas *interiores à tékhne* (*éntekhnoi*) e as provas *exteriores à tékhne* (*átekhnoi*), sugiro distinguirem-se desde a origem dois grupos de socioletos: os discursos *no poder* (à sombra do poder) e os discursos *fora do poder* (ou sem poder, ou ainda sob a luz do não-poder); recorrendo a neologismos pedantes (mas como fazer de outro modo?), chamemos aos primeiros discursos *encráticos* e aos segundos, discursos *acráticos*.

Certamente, a relação de um discurso com o poder (ou com o fora do poder) é muito raramente direta, imediata: a lei *proíbe*, por certo, mas o seu discurso já é mediatizado por toda uma cultura jurídica, por uma *ratio* que quase todos admitem; e só a fabulosa figura do Tirano poderia produzir uma palavra que colaria instantaneamente ao seu poder ("*o Rei ordenou que...*"). De fato, a linguagem do poder é sempre dotada de estruturas de mediação, de condução, de transformação, de inversão (assim o discurso da ideologia, cujo caráter *invertido* com relação ao poder burguês foi indicado por Marx). Assim também, o discurso *acrático* nem sempre se faz declarativamente *contra* o poder; para tomar um exemplo particular e atual, o discurso psicanalítico não está diretamente ligado (pelo menos na França) a uma crítica do poder, e no entanto podemos alinhá-lo entre os socioletos acráticos. Por quê? Porque a mediação que intervém entre o poder e a linguagem não é de ordem política, mas de ordem cultural: retomando uma velha noção aristotélica, a de *dóxa* (opinião corrente, geral, "provável", mas não "verdadeira", "científica"), diremos que é a *dóxa* que é a mediação cultural (ou discursiva) através da qual o poder (ou o não-poder) fala: o discurso encrático é um discurso conforme à *dóxa*, submisso aos seus códigos, que são, eles próprios, as linhas estruturantes da sua ideologia; e o discurso acrático enuncia-se sempre, em graus diversos, contra a *dóxa* (qualquer que seja, será um discurso *para-doxal*). Essa opinião não exclui os matizes no interior de cada tipo; mas, estruturalmente, a sua simplicidade permanece válida enquanto o poder e o não-poder estão cada um no seu lugar; não pode ser (provisoriamente) perturbada senão nos casos raros em que há mutação de poder (dos lugares do poder); assim acontece com a linguagem política em período revolucionário: a linguagem revolucionária provém da linguagem acrática precedente; ao passar para o poder, conserva o caráter acrático enquanto há luta ativa no seio da Revolução; mas, logo que essa se consolida, que o Estado se instala, a antiga linguagem revolucionária torna-se por sua vez *dóxa*, discurso encrático.

O discurso encrático – já que submetemos sua definição à mediação da *dóxa* – não é apenas o discurso da classe no poder; classes fora do poder ou que tentam conquistá-lo por vias reformistas ou promocionais podem assumi-lo – ou pelo menos recebê-lo com consentimento. A linguagem encrática, sustentada pelo Estado, está por toda parte: é um discurso difuso, disseminado e, por assim dizer, osmótico, que *impregna* as trocas, os ritos sociais, os lazeres, o campo sócio-simbólico (sobretudo, evidentemente, nas sociedades de comunicação de massa). Não só o discurso encrático nunca se dá por sistemático, mas constitui-se sempre como *uma oposição ao sistema*: os álibis de natureza, universalidade, bom senso, clareza, as resistências antiintelectualistas tornam-se as figuras tácitas do sistema encrático. Mais, é um discurso *pleno*: nele *não há lugar* para o outro (donde a sensação de sufocamento, de pegajosidade que pode provocar naqueles que não participam dele). Enfim, se quisermos nos referir ao esquema de Marx ("A ideologia é

| *Das linguagens e do estilo* |

uma imagem *invertida* do real"), o discurso encrático – sendo plenamente ideológico – apresenta o real como a inversão da ideologia. É, em suma, uma linguagem *não marcada*, produtora de uma intimidação amaciada, de maneira que é difícil designar-lhe *traços* morfológicos – a menos que se consiga reconstruir com rigor e precisão (o que é um pouco uma contradição nos termos) *as figuras do amaciamento*. É a própria natureza da *dóxa* (difusa, plena, "natural") que torna difícil uma tipologia interna dos socioletos encráticos; há uma *atipia* dos discursos do poder: esse gênero desconhece espécies.

Os socioletos acráticos são indubitavelmente mais fáceis e mais interessantes de estudar: são todas as linguagens que se elaboram fora da *dóxa* e são por isso mesmo recusadas por ela (ordinariamente sob o nome de *jargões*). Ao analisar o discurso encrático, sabe-se mais ou menos, de antemão, o que se vai encontrar (razão pela qual, *hoje*, a análise da cultura de massa está visivelmente marcando passo); mas o discurso acrático é, em linhas gerais, o nosso (o do pesquisador, do intelectual, do escritor); analisá-lo é analisar-nos a nós mesmos enquanto falamos: operação sempre arriscada e que por isso mesmo será preciso empreender: que pensam o marxismo, ou o freudismo, ou o estruturalismo, ou a ciência (a das ciências ditas humanas) – na medida em que cada uma dessas linguagens de grupo constitui um socioleto acrático (*para-doxal*) –, que pensam eles do seu próprio discurso? Essa interrogação, que jamais é assumida pelo discurso do poder, é evidentemente o ato fundador de toda análise que pretende não se exteriorizar ao seu objeto.

A rentabilidade de um socioleto (afora as vantagens que a posse de uma linguagem dá a todo poder que se busca conservar ou conquistar) é evidentemente a segurança que proporciona: como todo cerco, o da linguagem exalta, garante todos os sujeitos que estão *dentro*, rejeita e ofende os que estão *fora*. Mas como age um socioleto do lado de fora? Sabe-se que hoje já não existe arte da persuasão, já não há retórica (senão envergonhada); note-se a propósito que a retórica aristotélica, fundamentada na opinião da maioria, era, de direito, e, por assim dizer, voluntariamente, declaradamente, uma retórica endoxal, portanto encrática (razão pela qual, por um paradoxo que é apenas aparente, o aristotelismo ainda pode fornecer conceitos muito bons para a sociologia das comunicações de massa); o que está mudado é que, na democracia moderna, a "persuasão" e sua *tékhne* já não são teorizadas, porque o sistemático é censurado e porque, sob o efeito de um mito propriamente moderno, a linguagem é reputada "natural", "instrumental". Pode-se dizer que num único movimento a nossa sociedade recusa a retórica e se "esquece" de teorizar a cultura de massa (esquecimento flagrante na teoria marxista posterior a Marx).

Em verdade, os socioletos não se ligam a uma *tékhne* de persuasão, mas *todos* comportam figuras de intimidação (ainda que o discurso acrático pareça mais brutalmente terrorista): fruto da divisão social, testemunha da guerra do sentido, todo socioleto (encrático ou acrático) visa a impedir o outro de falar (isso também se dá com o socioleto liberal). Assim, a divisão em dois grandes tipos de socioleto não faz mais do que opor tipos de intimidação, ou, se preferirem, modos de pressão: o socioleto encrático age por *opressão* (do excesso endoxal, daquilo a que Flaubert chama de Burrice [*Bêtise*]); o socioleto acrático (estando fora do poder, deve recorrer à violência) age por *sujeição* e põe em bateria figuras ofensivas de discurso, destinadas mais a *constranger* o outro do que a invadi-lo; e o que opõe essas duas intimidações é, ainda uma vez, o papel reconhecido ao sistema: o recurso declarado a um sistema pensado define a violência acrática; a perturbação do sistema, a inversão do pensado em "vivido" (e não-pensado) define a repressão encrática: há uma relação invertida entre os dois sistemas de discursividade: *patente/oculto*.

Um socioleto não tem caráter intimidativo apenas para aqueles que dele estão excluídos (em razão da sua situação cultural, social): coage também aqueles que o compartilham (ou melhor, têm-no em partilha). Isso resulta, estruturalmente, do fato de que o socioleto, no nível do discurso, é uma verdadeira língua; na esteira de Boas, Jakobson deixou bem claro que uma língua se define não pelo que *permite* dizer, mas pelo que *obriga* a dizer; da mesma forma, todo socioleto comporta "rubricas obrigatórias", grandes formas estereotipadas fora das quais a clientela do socioleto não pode falar (não pode pensar). Em outras palavras, como toda língua, o socioleto implica o que Chomsky chama de *competência*, em cujo seio as variações de *performance* tornam-se estruturalmente insignificantes: o socioleto encrático não é afetado pelas diferenças de *vulgaridade* que se estabelecem entre os seus locutores; e, no outro lado, todos sabemos que o socioleto marxista pode ser falado por imbecis: a *língua* societal não se altera ao sabor de acidentes individuais, mas tão-somente se se produz na história uma *mutação de discursividade* (Marx e Freud foram desses mutantes, mas a partir deles a discursividade que fundaram nada mais faz que repetir-se).

* * *

Para concluir essas poucas observações, situadas ambiguamente a meio caminho entre o ensaio e o programa de pesquisa, permita-se ao autor lembrar que, a seus olhos, a divisão das linguagens sociais, a socioletologia, se quiserem, está ligada a um tema aparentemente pouco sociológico, que tem sido até agora domínio reservado dos teóricos da literatura; esse tema é o que hoje se chama de *escritura*. Em nossa sociedade de linguagens divididas, a escritura torna-se um valor digno de instituir um debate e um aprofundamento teórico incessantes, porque ela constitui uma *produção da linguagem indivisa*. Tendo perdido qualquer ilusão, hoje sabemos bem que não se trata, para o escritor, de falar a "linguagem-povo", de que Michelet tinha saudade; não se trata de alinhar a escritura com a linguagem da maioria, pois, numa sociedade alienada, a maioria não é o universal, e falar essa linguagem (o que se faz na cultura de massa, onde se anda na busca estatística do maior número de ouvintes ou de telespectadores) é também falar uma linguagem particular – ainda que seja majoritária. Sabemos que a linguagem não pode reduzir-se à comunicação simples, é todo o sujeito humano que se engaja na palavra e se constitui através dela. Nas tentativas *progressistas* da modernidade, a escritura ocupa um lugar eminente não em função da sua clientela (muito reduzida), mas em função da sua prática: é porque ataca as relações do sujeito (sempre social: haverá outro?) e da linguagem, a distribuição ultrapassada do campo simbólico e o processo do signo, que a escritura aparece como uma prática de *contradivisão* das linguagens: imagem sem dúvida utópica, em todo caso mítica, já que vai em busca do velho sonho da língua inocente, da *lingua adamica* dos primeiros românticos. Mas não procede a história, segundo a bela metáfora de Vico, em espiral? Não devemos retomar (o que não significa repetir) as antigas imagens para dar-lhes conteúdos novos?

> *Une civilisation nouvelle?*
> *Hommage à Georges Friedmann.*
> © 1973, Gallimard.

A GUERRA DAS LINGUAGENS

Na minha região, que é o Sudoeste da França, terra tranqüila de modestos aposentados, estando um dia a passear, pude ler, em algumas centenas de metros, à porta de três casas, três tabuletas diferentes: *Cão bravo. Cão perigoso. Cão de guarda.* Essa região, como se vê, tem um sentido muito aguçado da propriedade. Mas não reside aí o interesse; está no seguinte: essas três expressões constituem uma só e única mensagem: *Não entrem* (caso contrário, serão mordidos). Em outras palavras, a lingüística, que só se ocupa com as mensagens, apenas poderia dizer a respeito algo de muito simples e banal; ela não esgotaria, nem de longe, o sentido dessas expressões, porque *o sentido está na sua diferença*: "*Cão bravo*" é agressivo; "*Cão perigoso*" é filantrópico; "*Cão de guarda*" é aparentemente objetivo. Em outras palavras ainda, através de uma mesma mensagem, lemos três escolhas, três envolvimentos, três mentalidades, ou, se preferirem, três imaginários, três álibis da propriedade; pela linguagem de sua tabuleta – por aquilo que eu chamaria de *discurso*, já que a língua é a mesma nos três casos –, o proprietário da casa abriga-se e sente-se seguro atrás de certa representação, e eu diria quase certo sistema da propriedade: aqui, selvagem (o cão, quer dizer, certamente, o proprietário, é bravo); ali, o protetor (o cão é perigoso, a casa está armada); acolá, legítimo (o cão guarda a propriedade, é um direito legal). Assim, no nível da mensagem mais simples (*Não entrem*), a linguagem (o discurso) explode, fraciona-se, afasta-se: há uma *divisão* das linguagens, que nenhuma ciência simples da comunicação pode tomar a seu encargo; a sociedade, com suas estruturas socioeconômicas e neuróticas, intervém e constrói a linguagem como um espaço de guerra.

Bem entendido, é a possibilidade de dizer uma mesma coisa de várias maneiras, é a sinonímia, que permite à linguagem dividir-se; e a sinonímia é um dado estatutário, estrutural, e de algum modo natural da linguagem; mas a guerra da linguagem, esta não é "natural": ela produz-se no lugar onde a sociedade transforma a diferença em conflito; foi possível adiantar que havia uma convergência de origem entre a divisão das classes sociais, a dissociação simbólica, a divisão das linguagens e a esquize [*schize*] neurótica.

O exemplo que dei, tirei-o propositalmente *a minimo*, da linguagem de uma só e mesma classe, a dos pequenos proprietários, que opõem em seu discurso *matizes* de apropriação. Com maior razão, no nível da sociedade *social*, se assim posso dizer, a linguagem aparece dividida por grandes massas. No entanto, é preciso persuadir-se de três coisas que não são simples: 1) a primeira é que a divisão das linguagens não cobre termo por termo a divisão das classes: de uma classe para outra há deslizamentos, empréstimos, barreiras, trocas; 2) a segunda é que a guerra das linguagens não é a guerra dos sujeitos: são sistemas de linguagem que se defrontam, não individualidades, *socioletos*, não *idioletos*; 3) a terceira é que a divisão das linguagens se marca sobre um fundo aparente de comunicação: o idioma nacional; para ser mais preciso, direi que em escala nacional nos entendemos, não nos comunicamos: no melhor dos casos, temos uma prática *liberal* da linguagem.

Nas sociedades atuais, a divisão mais simples da linguagem diz respeito à sua relação com o Poder. Há linguagens que se enunciam, se desenvolvem, se marcam sob a luz (ou a sombra) do Poder, dos seus múltiplos aparelhos estatais, institucionais, ideológicos; chamá-las-ei de linguagens ou discursos *encráticos*. E, no outro lado, há linguagens que se elaboram, se buscam, se armam fora do Poder e/ou contra ele; chamá-las-ei de linguagens ou discursos *acráticos*.

Essas duas grandes formas de discurso não têm o mesmo caráter. A linguagem *encrática* é vaga, difusa, aparentemente "natural", e conseqüentemente pouco reconhecível: é a linguagem da cultura de massa (grande imprensa, rádio, televisão) e é também, em certo sentido, a linguagem da conversação, da opinião corrente (da *dóxa*); toda essa linguagem encrática é ao mesmo tempo (contradição que lhe dá a força) *clandestina* (não se pode facilmente reconhecê-la) e *triunfante* (não se pode escapar dela): direi que ela é *pegajenta*.

A linguagem *acrática*, esta é separada, cortante, destacada da *dóxa* (é, portanto, *paradoxal*); sua força de ruptura provém de ser ela *sistemática*, é construída sobre um pensamento, não sobre uma ideologia. Os exemplos mais imediatos dessa linguagem acrática seriam hoje: o discurso marxista, o discurso psicanalítico e, permitam-me acrescentar, em menor grau, mas estatutariamente notável, o discurso estruturalista.

Mas o que é talvez mais interessante é que, mesmo na esfera acrática, novamente se produzem divisões, regionalidades e antagonismos de linguagem: o discurso crítico fraciona-se em falares, círculos fechados, sistemas. Eu teria muita tendência a chamar de *Ficções* (é uma palavra de Nietzsche) esses sistemas discursivos; e a ver nos intelectuais, naqueles que formam, sempre segundo Nietzsche, a classe sacerdotal, a casta encarregada de elaborar, como artistas, essas Ficções de linguagem (a classe dos sacerdotes não foi durante muito tempo proprietária e técnica das fórmulas, isto é, da linguagem?).

Daí as relações de força entre os sistemas discursivos. O que é um sistema forte? É um sistema de linguagem que pode funcionar em todas as situações, e cuja energia subsiste, qualquer que seja a mediocridade dos sujeitos que o falam: a estupidez de certos marxistas, de certos psicanalistas ou de certos cristãos não afeta em nada a força dos sistemas, dos discursos correspondentes.

Donde vêm a força de combate, o poder de dominação de um sistema discursivo, de uma Ficção? Desde a antiga Retórica, definitivamente estranha ao nosso mundo de linguagem, nenhuma análise *aplicada* conseguiu ainda trazer à luz as armas do combate linguajeiro: não conhecemos bem nem a física, nem a dialética, nem a estratégia daquilo que chamarei de nossa *logosfera* – embora não se passe um dia sem que cada um de nós seja submetido a intimidações de linguagem. A mim parece que tais armas discursivas são de pelo menos três espécies:

1) Todo sistema forte de discurso é uma *representação* (no sentido teatral: um *show*), uma encenação de argumentos, agressões, réplicas, fórmulas, um mimodrama em que o sujeito pode jogar o seu gozo histérico.

2) Existem certamente *figuras de sistema* (como outrora se falava de figuras de retórica), formas parciais de discurso, montadas com vistas a dar ao socioleto uma consistência absoluta, a fechar o sistema, a protegê-lo e a excluir dele, irremediavelmente, o adversário; por exemplo, quando a psicanálise diz: "A recusa da psicanálise é uma resistência que pertence à própria psicanálise", é uma figura de sistema. De maneira geral, as figuras de sistema visam a incluir o outro no discurso como um simples objeto, para melhor excluí-lo da comunidade dos sujeitos que falam a linguagem forte.

3) Finalmente, pode-se perguntar, indo um pouco mais adiante, se a frase, como estrutura sintática praticamente fechada, não é, já ela própria, uma arma, um operador de intimidação: toda frase terminada, por sua estrutura assertiva, tem algo de imperativo, de cominatório. A desorganização do sujeito, a sua subordinação amedrontada aos donos da linguagem, sempre se traduz por frases incompletas, com contornos, para o ser, indecisos. De fato, na vida corrente, na vida aparentemente livre, não falamos por frases. E, inversamente, há um domínio da frase que está muito próximo do poder: ser forte é primeiramente terminar as suas próprias frases. A própria gramática não descreve a frase em termos de poder, de hierarquia: *sujeito, subordinada, complemento*, recção, etc.?

Já que a guerra das linguagens é geral, que devemos fazer? Digo nós, intelectuais, escritores, práticos do discurso. É evidente que não podemos fugir: por cultura, por escolha política, temos de nos engajar, participar de uma das linguagens particulares a que o nosso mundo, a nossa história nos obrigam. E no entanto não podemos renunciar ao gozo, seja ele utópico, de uma linguagem dessituada, desalienada. Temos, então, de segurar com a mesma mão as duas rédeas do engajamento e do gozo, assumir uma filosofia plural das linguagens. Ora, esse *alhures* que fica, se assim posso dizer, *dentro*, tem nome: é o *Texto*. O Texto, que já não é a *obra*, é uma produção de escritura cujo consumo social não é certamente neutro (o Texto é pouco lido), mas cuja produção é soberanamente livre, na medida em que (mais uma vez Nietzsche) ela não respeita o Todo (a Lei) da linguagem.

Só a escritura, de fato, pode assumir o caráter *ficcional* dos falares mais sérios, até mais violentos, recolocá-los em sua distância teatral; posso, por exemplo, tomar a linguagem psicanalítica na sua riqueza e extensão, mas usar dela *in petto* como de uma linguagem romanesca.

Por outro lado, só a escritura pode *misturar* os falares (o psicanalítico, o marxista, o estruturalista, por exemplo), constituir aquilo a que se chama *heterologia* do saber, dar à linguagem uma dimensão carnavalesca.

Só a escritura, enfim, pode desdobrar-se *sem lugar de origem*; só ela pode frustrar qualquer regra retórica, qualquer lei de gênero, qualquer arrogância de sistema: a escritura é *atópica*; com relação à guerra das linguagens, que não suprime, mas *desloca*, ela antecipa um estado das práticas de leitura e de escrita, no qual é o desejo que circula, não a dominação.

1973, *Le Conferenze dell'Associazione Culturale Italiana.*

A ANÁLISE RETÓRICA

A literatura apresenta-se a nós como *instituição* e como *obra*. Como instituição, reúne todos os usos e todas as práticas que regulam o circuito da coisa escrita em uma dada sociedade: estatuto social e ideológico do escritor, modos de difusão, condições de consumo, sanções da crítica. Como obra, é essencialmente constituída por uma mensagem verbal, escrita, de determinado tipo. É à obra-objeto que gostaria de me ater, sugerindo que nos interessássemos por um campo ainda pouco explorado (embora a palavra seja muito antiga), o da *retórica*.

A obra literária compreende elementos que não são específicos à literatura; citarei pelo menos um, porque o desenvolvimento das comunicações de massa permite hoje encontrá-lo de maneira incontestável nos filmes, nas histórias em quadrinhos e talvez mesmo nas notícias de jornal, isto é, em lugares que não sejam o romance: a narrativa, a história, o argumento, aquilo a que Souriau, a propósito do filme, chamou diegese. Existe uma forma diegética comum a artes diferentes, forma que hoje se começa a analisar segundo novos métodos inspirados de Propp. Entretanto, em face do elemento de fabulação que partilha com outras criações, a literatura possui um elemento que a define especificamente: a sua linguagem; esse elemento específico, a escola formalista russa já havia buscado isolar e tratar sob o nome de *Literaturnost*, de "literariedade"; Jakobson o chama de *poética*; a poética é a análise que permite responder a esta pergunta: o que é que faz de uma mensagem verbal uma obra de arte? É esse elemento específico que, da minha parte, chamarei de *retórica*, de maneira que evite qualquer restrição da poética à poesia e indique bem que se trata de um plano geral da linguagem comum a todos os gêneros, tanto à prosa quanto ao verso. Gostaria de perguntar se um confronto entre a sociedade e a retórica é possível, e em que condições.

Durante séculos, desde a Antiguidade até o século XIX, a retórica recebeu uma definição ao mesmo tempo funcional e técnica: é uma arte, isto é, um conjunto de normas que permite seja persuadir, seja, mais tarde, exprimir bem. Essa finalidade declarada faz da retórica, evidentemente, uma instituição social, e, paradoxalmente, o laço que une as formas de linguagem às sociedades é muito mais imediato do que a relação propriamente ideológica; na Grécia antiga, a retórica nasceu precisamente das demandas de propriedade que decorreram das exações dos Tiranos na Sicília do século V; na sociedade burguesa, a arte de falar segundo certas normas é, ao mesmo tempo, um sinal do poder social e um instrumento desse poder; o fato de a classe que coroa os estudos secundários do jovem burguês chamar-se classe de retórica não é insignificante. Entretanto, não é a essa relação imediata (e rapidamente esgotada, aliás) que vamos nos ater, pois, como sabemos, se a necessidade social gera certas funções, uma vez postas em movimento, ou, como se diz, *determinadas*, essas funções adquirem uma autonomia imprevista e oferecem-se a novas significações. Substituirei então, hoje, a definição funcional da retórica por uma definição imanente, estrutural, ou, para ser mais preciso: *informacional*.

Sabe-se que toda mensagem (e a obra literária é uma delas) compreende pelo menos um plano da expressão, ou plano dos significantes, e um plano do conteúdo, ou plano dos significados; a junção desses dois planos forma o signo (ou o conjunto dos signos). Entretanto, uma mensagem constituída segundo essa ordem elementar pode, por uma operação de desengate ou de amplificação, tornar-se o simples plano de expressão de uma segunda mensagem que lhe é assim extensiva; em suma, o signo da primeira mensagem passa a ser o significante da segunda. Estamos, então, na presença de dois sistemas semióticos imbricados um no outro de modo regular; Hjelmslev deu ao segundo sistema assim constituído o nome de *semiótica conotativa* (por oposição à metalinguagem, em que o signo da primeira mensagem passa a ser o significado e não o significante da segunda mensagem). Ora, como linguagem, a literatura é, com toda a evidência, uma semiótica conotativa; num texto literário, um primeiro sistema de significação, que é a língua (por exemplo, o francês), serve de simples significante para uma segunda mensagem, cujo significado é diferente dos significados da língua; se leio: *Façam avançar as comodidades da conversação*, percebo uma mensagem denotada que é a ordem de se trazerem as poltronas, mas percebo também uma mensagem conotada, cujo significado é aqui o "preciosismo". Em termos informacionais, definir-se-á a literatura como um duplo sistema denotado-conotado; nesse duplo sistema, o plano manifesto e específico, que é o dos significantes do segundo sistema, constituirá a Retórica; os significantes retóricos serão os conotadores.

Definida em termos informacionais, a mensagem literária pode e deve ser submetida a uma exploração sistemática, sem a qual nunca seria possível confrontá-la com a História que a produz, visto que o ser histórico dessa mensagem não é somente aquilo que diz, mas também a maneira como é fabricada. Certamente, a lingüística da conotação, que não se pode confundir com a antiga estilística, pois esta, estudando os meios de expressão, ficava no plano da fala, ao passo que aquela, estudando os códigos, coloca-se no plano da língua, esta lingüística ainda não está constituída; mas certas indicações dos lingüistas contemporâneos permitem propor à análise retórica pelo menos duas direções.

A primeira foi esboçada por Jakobson[1], que distingue em toda mensagem seis fatores: um emissor, um destinatário, um contexto ou referente, um contato, um código e, finalmente, a própria mensagem; a cada um desses fatores corresponde uma função da linguagem; todo discurso mistura a maioria dessas funções, mas recebe a sua marca da dominância dessa ou daquela função sobre as demais; por exemplo, se a ênfase é posta na pessoa emissora, a função expressiva ou emotiva domina; se é posta no destinatário, é a função conativa (exortativa ou suplicativa); se o referente recebe o destaque, o discurso é denotativo (é o caso corrente); se é o contato (entre o emissor e o destinatário), a função fática remete a todos os signos destinados a manter a comunicação entre os interlocutores; a função metalingüística, ou de elucidação, acentua o recurso ao código; finalmente, quando a própria mensagem, a sua configuração, o lado palpável dos seus signos é que são ressaltados, o discurso é poético, no sentido amplo do termo: é evidentemente o caso da literatura; poderíamos dizer que a literatura (obra ou

....
1. *Essais de linguistique générale*, Paris, Ed. de Minuit, 1963, cap. XI.

texto) é especificamente uma mensagem que põe a ênfase sobre si mesma. Essa definição permite, sem dúvida, entender melhor como a função comunicativa não esgota a obra literária, mas esta, resistindo às definições puramente funcionais, apresenta-se sempre de certa maneira como uma tautologia, posto que as funções intramundanas da mensagem acabam ficando submetidas à sua função estrutural. Entretanto, a coesão e a declaração da função poética podem variar com a História; e, por outro lado, sincronicamente, essa mesma função pode ser "comida" por outras funções, fenômeno que diminui de algum modo a taxa de especificidade literária da obra. A definição de Jakobson comporta, pois, uma perspectiva sociológica, já que permite avaliar a uma só vez o devir da linguagem literária e a sua situação em relação às linguagens não-literárias.

Outra exploração da linguagem literária é possível, agora de tipo distribucional. Sabe-se que uma boa parte da lingüística hoje ocupa-se em definir as palavras menos pelo sentido do que pelas associações sintagmáticas em que podem ter lugar; grosseiramente falando, as palavras associam-se entre si segundo determinada escala de probabilidade: *cão* associa-se facilmente com *latir*, mas dificilmente com *miar*, embora sintaticamente nada proíba a associação de um verbo a um sujeito; dá-se às vezes a esse "preenchimento" sintagmático do signo o nome de *catálise*. Ora, a catálise tem relação estreita com a especialidade da linguagem literária; dentro de certos limites, que devem precisamente ser estudados, quanto mais aberrante é a catálise, mais patente é a literatura. Naturalmente, se nos atemos às unidades literais, a literatura não é absolutamente incompatível com uma catálise normal; em: *o céu está azul como uma laranja*, nenhuma associação literal é desviante; mas se nos referimos a um nível superior de unidades, que é precisamente o dos conotadores, encontra-se sem dificuldade a perturbação catalítica, pois é estatisticamente aberrante associar o ser do azul ao ser da laranja. A mensagem literária pode, então, ser definida como um desvio de associação dos signos (P. Guiraud); operacionalmente, por exemplo, diante das tarefas normativas da tradução automática, a literatura poderia definir-se como o conjunto dos casos insolúveis oferecidos à máquina. Diremos, de outro modo, que a literatura é essencialmente um *sistema dispendioso de informação*. No entanto, se a literatura é uniformemente luxuosa, há várias economias de luxo que podem variar com as épocas e as sociedades; na literatura clássica, pelo menos naquela que pertence à geração antipreciosa, as associações sintagmáticas permanecem dentro das margens de normalidade no nível da denotação, e é explicitamente o nível retórico que suporta o custo elevado da informação; ao contrário, na poesia surrealista (para tomar os dois extremos), as associações são aberrantes e a informação dispendiosa em nível mesmo das unidades elementares. Pode-se esperar razoavelmente que, aqui também, a definição distribucional da mensagem literária faça aparecer certas relações entre cada sociedade e a economia de informação que ela designa à literatura.

Assim, a própria forma da mensagem literária está em certa relação com a História e com a sociedade, mas essa relação é particular e não cobre necessariamente a história e a sociologia dos conteúdos. Os conotadores formam os elementos de um código, e a validade desse código pode ser mais ou menos longa; o código clássico (no sentido lato) durou séculos no Ocidente, pois que é a mesma retórica que anima um discurso de Cícero ou um sermão de Bossuet; mas é provável que esse código tenha sofrido profunda mutação na segunda metade do século XIX, embora, ainda hoje, escritas tradicionais lhe estejam submissas. Essa mutação está sem dúvida relacionada com a crise da consciência burguesa; o problema, entretanto, não é saber se uma reflete analogicamente a outra, mas se, diante de certa ordem de fenômenos, a História intervém apenas para, de certo modo, mudar o ritmo de sua diacronia; com efeito, desde que se está lidando com formas (e é, evidentemente, o caso do código retórico), os processos de mudança são mais da ordem da translação do que da evolução; de algum modo há esgotamento sucessivo das mutações possíveis, e a História é chamada a modificar o ritmo dessas mutações, não as próprias formas; talvez haja certo devir endógeno da estrutura da mensagem literária, análogo ao que regula as mudanças de moda.

Há uma outra maneira de apreciar a relação entre a retórica e a sociedade; é, assim se pode dizer, avaliar o grau de "franqueza" do código retórico. É certo que a mensagem literária da época clássica alardeava deliberadamente a sua conotação, visto as figuras constituírem um código transmissível por aprendizado (de onde os numerosos tratados da época) e não se poder formar uma mensagem reconhecida senão valendo-se desse código. Hoje, como se sabe, essa retórica esboroou-se; mas, precisamente mediante o estudo de seus escombros, substitutos ou lacunas, poderíamos sem dúvida dar conta da multiplicidade das escritas e encontrar, para cada uma delas, a significação que detém na nossa sociedade. Poder-se-ia também abordar de maneira precisa o problema da repartição entre a *boa literatura* e as outras literaturas, cuja importância social é considerável, principalmente numa sociedade de massa. Entretanto, ainda aqui, não se deve esperar uma relação analógica entre um grupo de usuários e sua retórica; a tarefa consiste antes em reconstituir um sistema geral de subcódigos, cada um dos quais se define em certo estado de sociedade por suas diferenças, suas distâncias e suas identidades em face de seus vizinhos: literatura de elite e cultura de massa, vanguarda e tradição constituem formalmente códigos diferentes colocados num mesmo momento, segundo a expressão de Merleau-Ponty, em "modulação de coexistência"; é esse conjunto de códigos simultâneos, cuja pluralidade foi reconhecida por Jakobson[2], que é preciso estudar; e como um código não é mais do que determinada maneira de distribuir uma coleção fechada de signos, a análise retórica deveria ligar-se diretamente não à sociologia propriamente dita, mas antes a essa sócio-lógica, ou sociologia das formas de classificação, que Durkheim e Mauss já postulavam.

Tais são, apresentadas rápida e abstratamente, as perspectivas gerais da análise retórica. É uma análise cujo projeto não é novo, mas a que os desenvolvimentos recentes da lingüística estrutural e da teoria da informação dão renovadas possibilidades de exploração; mas, principalmente, ela requer de nós uma atitude metodológica talvez nova, pois a natureza formal do objeto que pretende estudar (a mensagem literária) obriga a descrever de maneira imanente e exaustiva o código retórico (ou os códigos retóricos) antes de pôr em confronto este ou estes códigos com a sociedade e a História que os produzem e os consomem.

> Colóquio Goldmann, 1966.
> Excerto de *Littérature et société*.
> © Ed. do Institut de Sociologie de
> l'Université Libre de Bruxelles, 1967.

---

[2]. *Op. cit.*, p. 213.

O ESTILO E SUA IMAGEM

Peço-lhes que me permitam partir de uma consideração pessoal: há cerca de vinte anos, a minha pesquisa diz respeito à linguagem literária, sem que eu possa me reconhecer plenamente nem no papel do crítico, nem do lingüista. Quisera valer-me dessa situação ambígua para tratar de uma noção impura, que é ao mesmo tempo uma forma metafórica e um conceito teórico. Essa noção é uma *imagem*. Não creio, com efeito, que o trabalho científico possa avançar sem uma *imagem* do seu objeto (é sabido, nada mais resolutamente metafórico do que a linguagem dos matemáticos ou a dos geógrafos); e não creio tampouco que a imagem intelectual, herdeira das antigas cosmogonias pitagóricas, a uma só vez espaciais, musicais e abstratas, seja desprovida de valor teórico, que a preserva da contingência, sem desviá-la exageradamente para a abstração. É pois uma imagem que quero interrogar, ou, mais exatamente, uma *visão*: como é que *vemos* o estilo? Qual a imagem do estilo que me molesta, qual aquela que desejo?

Simplificando muito (é o direito da visão), parece-me que o estilo (deixando à palavra o sentido corrente) sempre foi tomado num sistema binário, ou, caso se preferir, num paradigma mitológico de dois termos; esses termos, bem entendido, mudaram de nome e até de conteúdo segundo as épocas e as escolas. Tomemos duas dessas oposições.

A primeira, mais antiga (ela ainda dura, pelo menos, com freqüência, no ensino da literatura), é aquela entre o *Fundo* e a *Forma*; ela provém, como se sabe, de uma das primeiras classificações da Retórica clássica que opunha *Res* e *Verba*: de *Res* (ou materiais demonstrativos do discurso) dependia a *Inventio*, ou busca do que se podia dizer a respeito de um assunto (*quaestio*); de *Verba* dependia a *Elocutio* (ou transformação desses materiais em forma verbal), que era, em linhas gerais, o nosso estilo. A relação do Fundo com a Forma era uma relação fenomenológica: era reputada a Forma como a aparência ou a vestimenta do Fundo, que dela era a verdade ou o corpo; as metáforas ligadas à Forma (ao estilo) eram, pois, de ordem decorativa: *figuras, cores, nuances*; ou, então, essa relação da Forma com o Fundo era vivida como uma relação expressiva ou alética: tratava-se, para o literato (ou o comentarista), de estabelecer uma relação *justa* entre o fundo (a verdade) e a forma (a aparência), entre a mensagem (como conteúdo) e o seu *medium* (o estilo), e que entre esses dois termos concêntricos (um estando *no* outro) houvesse uma garantia recíproca. Essa garantia constituiu o objeto de um problema histórico: a Forma pode *disfarçar* o Fundo, ou deve subordinar-se a ele (a ponto de já não ser então uma Forma codificada)? É esse debate que opõe durante séculos a retórica aristotélica (depois jesuítica) à retórica platônica (depois pascaliana). Essa visão permanece, apesar da mudança terminológica, quando consideramos o texto como a superposição de um *signi-*

ficado e de um *significante*, sendo então o significado fatalmente vivido (falo aqui de uma visão mais ou menos assumida) como um segredo que se esconde atrás do significante.

A segunda oposição, muito mais recente, de ares científicos, tributária em grande parte do paradigma saussuriano *Língua/Fala* (ou *Código/Mensagem*), é a que se estabelece entre a *Norma* e o *Desvio*. O estilo é visto, então, como a exceção (codificada, entretanto) de uma regra; ele é a aberração (individual e, no entanto, institucional) de um uso corrente, que ora é visado como verbal (se se define a norma pela linguagem falada), ora como prosaico (se se opõe a Poesia a "outra coisa"). Assim como a oposição *Fundo/Forma* implica uma visão fenomenológica, a oposição *Norma/Desvio* implica uma visão finalmente moral (sob a espécie de uma lógica da *endoxa*): há redução do sistemático ao sociológico (o código é aquilo que é garantido estatisticamente pelo maior número de usuários) e do sociológico ao normal, lugar de uma espécie de natureza social; a literatura, espaço do estilo, e porque ela é especificamente esse espaço, assume então uma função xamânica, bem descrita por Lévi-Strauss na *Introdução à obra de M. Mauss*: ela é o lugar da anomalia (verbal), tal qual a sociedade o fixa, reconhece e assume honrando os seus escritores, exatamente como o grupo etnográfico fixa a extranatureza no feiticeiro (à maneira de um abscesso de fixação que limita a doença) para poder recuperá-la num processo de comunicação coletiva.

Gostaria de partir dessas duas visões, menos para destruí-las do que para complicá-las.

* * *

Vejamos primeiro a oposição entre o Fundo e a Forma, entre o Significado e o Significante. Ninguém duvida de que ela comporta uma parte, irredutível, de verdade. A Análise estrutural da narrativa em suas aquisições e suas promessas está inteiramente fundamentada nessa convicção (e na prova prática) de que se pode transformar um texto *dado* em uma versão esquemática, cuja metalinguagem já não é a linguagem integral do texto original, sem que a identidade narrativa do texto seja alterada; para enumerar funções, reconstituir seqüências ou distribuir actantes, pôr às claras, em suma, uma gramática narrativa que já não é a gramática da língua vernacular do texto, é preciso *descolar* a película estilística (ou, mais geralmente, elocutória, enunciadora) de uma camada de sentidos segundos (narrativos), com relação aos quais os traços estilísticos são sem pertinência: fazemo-los variar sem que a estrutura seja alterada. Balzac dizer de um inquietante ancião que "conservava nos lábios azulados um riso fixo e parado, um riso implacável e zombeteiro como o de uma caveira" tem exatamente a mesma função narrativa (ou, mais precisamente, semântica) que se transformamos a frase e enunciamos que o ancião tinha em si algo de fúnebre e fantástico (esse sema é irredutível, visto ser funcionalmente necessário à seqüência da história).

O erro, entretanto, seria – e aqui é que temos de modificar a nossa visão do Fundo e da Forma – parar de certo modo prematuramente a subtração do estilo; o que essa subtração (possível, como se acabou de dizer) desnuda não é um fundo, um significado, mas uma forma, um outro significante, ou, caso se prefira, um vocábulo mais neutro, outro nível, *que jamais é o último* (pois o texto sempre se articula sobre códigos que não esgota); os significados são formas, sabemo-lo desde Hjelmslev, melhor ainda desde as recentes hipóteses dos psicanalistas, dos antropólogos, dos filósofos. Ao analisar, recentemente, uma novela de Balzac, creio que pude pôr em evidência, fora mesmo do plano estilístico, de que não tratei, e ficando no interior do volume significado, um jogo de cinco códigos diferentes: acional, hermenêutico, sêmico, cultural e simbólico; as "citações" que o autor (ou, mais exatamente, o performador do texto) extrai desses códigos estão justapostas, mescladas, superpostas no interior de uma mesma unidade enunciativa (uma única frase, por exemplo, ou, mais geralmente, uma "lexia", ou unidade de leitura), de modo que forme uma trança, um tecido, ou ainda (etimologicamente) um texto. Eis um exemplo: o escultor Sarrasine está enamorado de uma prima-dona que ele ignora ser um castrado; rapta-a e a pretensa cantora se defende: "A italiana estava armada de um punhal. 'Se te aproximares', disse ela, 'serei obrigada a cravar-te esta arma no coração'." Haverá, *por detrás* do enunciado, um significado? De forma alguma; a frase é como o trançado de vários códigos: um código lingüístico (o da língua francesa), um código retórico (antonomásia, incisa do *inquit*, apóstrofe), um código acional (a defesa armada da vítima é um termo da seqüência *Rapto*), um código hermenêutico (o castrado engana sobre seu sexo fingindo defender a sua virtude de mulher) e um código simbólico (a faca é um símbolo castrador).

Então não mais podemos *ver* o texto como a composição binária de um fundo e de uma forma; o texto não é dúplice, mas múltiplo; no texto só há formas, ou, mais exatamente, o texto, em seu conjunto, não é mais do que uma multiplicidade de formas – sem fundo. Dir-se-á metaforicamente que o texto literário é uma estereografia: nem melódica, nem harmônica (ou, pelo menos, não sem mediação), é resolutamente em contraponto; mistura vozes em um volume, e não segundo uma linha, ainda que fosse dupla. Sem dúvida, entre essas vozes (esses códigos, sistemas, formas), algumas estão mais particularmente ligadas à substância verbal, ao *jogo* verbal (a lingüística, a retórica), mas trata-se de uma distinção histórica que só tem valor para a literatura do Significado (que é, em geral, a literatura que estudamos); porque basta pensar em certos textos modernos para ver que, nesses textos, o significado (narrativo, lógico, simbólico, psicológico), sendo ainda mais fugidio, já não há nenhuma possibilidade de opor (mesmo matizando) sistemas de formas a sistemas de conteúdos: o estilo é um conceito histórico (e não universal), que só tem pertinência para as obras históricas. Terá ele, no seio dessa literatura, uma função definida? Creio que sim. O sistema estilístico, que é um sistema como outros, entre outros, tem uma função de naturalização, ou de familiarização, ou de domesticação: as unidades dos códigos de conteúdo são, de fato, submetidas a uma descontinuidade grosseira (as ações são separadas, as notações caracteriais e simbólicas são disseminadas, a marcha da verdade é fragmentada, retardada); a linguagem, sob as espécies elementares da frase, do período, do parágrafo, superpõe a essa descontinuidade semântica, que se fundamenta na escala do discurso, a aparência de uma continuidade; porque, embora a linguagem seja ela própria descontínua, a sua estrutura é tão antiga na experiência de cada homem que ele a vive como verdadeira natureza: não se fala do "fluxo da palavra"? Que há de mais familiar, de mais evidente, de mais natural, do que uma frase lida? O estilo "forra" as articulações semânticas do conteúdo; por via metonímica, ele naturaliza a história contada, inocenta-a.

* * *

Voltemo-nos agora para a segunda oposição, a da Norma ao Desvio, que é, na realidade, a oposição entre o Código e a Mensagem, pois que o estilo (ou efeito literário) nela é vivido como uma mensagem aberrante que "surpreende" o código. Ainda aqui, temos de apurar a nossa visão, partindo da oposição mais do que a destruindo.

Os traços de estilo são inegavelmente tirados de um código, ou pelo menos de um espaço sistemático (essa distinção parece necessária se se quer respeitar a possibilidade de um multicódigo, ou ainda a existência de um significante cujo espaço é regulado e, no entanto, infinito, de um paradigma insaturável): o estilo é uma distância, uma diferença; mas com relação a quê? A referência é, o mais das vezes, implícita ou explicitamente, a língua falada (chamada "corrente", "normal"). Essa proposição me parece ao mesmo tempo excessiva e insuficiente: excessiva porque os códigos de referência (ou de diferença) do estilo são numerosos e porque a língua falada nunca é mais do que um desses códigos (que não há nenhuma razão, aliás, para privilegiar fazendo dela a língua *princeps*, a encarnação do código fundamental, a referência absoluta); insuficiente porque, quando a ela se remete, a oposição entre o falado e o escrito não é explorada em toda a sua profundeza. Uma palavra a respeito deste último ponto.

Sabe-se que o objeto da lingüística, aquele que lhe determina simultaneamente o trabalho e os limites, é a *frase* (sejam quais forem as dificuldades para defini-la): para além da frase, não há lingüística, porque então é o discurso que começa e as regras de combinação das frases são diferentes das dos monemas; mas, aquém, não há tampouco lingüística, pois acredita-se não encontrar então mais do que sintagmas amorfos, incompletos, indignos: só a frase, pensa-se, dá garantia de organização, de estrutura, de unidade. Ora, a linguagem falada, que é também, não esqueçamos, a linguagem interior[1], é essencialmente uma linguagem *subfrásica*;

---

1. Tivemos, aqui, de restabelecer o texto. (Nota do editor francês.)

pode, por certo, comportar frases acabadas, mas esse acabamento não é exigido para o êxito e a rentabilidade da comunicação, isto é, pelo código do gênero: falamos continuamente sem acabar as nossas frases. Ouçam uma conversa: quantas frases cuja estrutura é incompleta ou ambígua, quantas subordinadas sem principal ou cuja ligação é indecifrável, quantos substantivos sem verbos, adversativos sem correlatos, etc.? A ponto de ser abusivo falar ainda de "frases", mesmo para declará-las incompletas ou mal-formadas; seria melhor falar, de maneira mais neutra, de sintagmas cuja congregação está por descrever. Abram, pelo contrário, um livro: não há nenhuma frase que não seja *terminada*, por uma sobredeterminação de operadores, ao mesmo tempo estruturais, rítmicos e pontuacionais.

Donde, de direito, duas lingüísticas autônomas: uma lingüística do sintagma e uma lingüística da frase, uma lingüística da palavra vocal e uma lingüística da marca escrita. Ao restabelecer essa distinção em sua profundidade, nada mais faríamos do que seguir as recomendações da filosofia, que dá hoje à fala e à escrita uma ontologia diferente; é, diz ela, por um abuso paradoxal que a lingüística nunca trata senão da escrita (da linguagem frásica), ao mesmo tempo que pretende que a forma canônica da linguagem seja a fala, de que a escrita não seria mais do que a "transcrição".

Falta-nos, como se sabe, uma gramática da língua falada (mas essa gramática seria possível? Não seria a própria noção de gramática que se apaga nessa divisão da comunicação?), na medida em que dispomos apenas de uma gramática da frase. Essa carência determina uma nova distribuição das linguagens: há as linguagens da frase e as outras. As primeiras são todas marcadas por um caráter injuntivo, uma rubrica obrigatória: o acabamento da frase. O estilo é evidentemente uma dessas linguagens escritas e o seu traço genérico (aquilo que o liga ao gênero do escrito, mas ainda não o distingue de seus vizinhos) é que obriga a fechar as frases: por sua finitude, por sua *"limpeza"*, a frase se declara escrita, a caminho de seu estado literário; a frase é já, em si, um objeto estilístico: a ausência de rebarba, na qual ela se realiza, é, de certo modo, o primeiro critério do estilo; vemos isso por dois valores propriamente estilísticos: a *simplicidade* e o *cunho*; ambos são efeitos de *limpeza*, um litótico, o outro enfático: se tal frase de Claudel ("A noite está tão calma que me parece salgada") é ao mesmo tempo simples e cunhada, é porque realiza a frase em sua plenitude necessária e suficiente. Isso pode ser posto em relação com vários fatos históricos: primeiro, certa hereditariedade gnômica da linguagem escrita (sentenças divinatórias, fórmulas religiosas, cujo fechamento, tipicamente frásico, assegurava a polissemia); em seguida, o mito humanista da frase viva, eflúvio de um modelo orgânico, a uma só vez fechado e gerador (mito que se exprime no tratado *Do sublime*); enfim, as tentativas, a bem dizer pouco eficazes – de tal modo a literatura, mesmo subversiva, está ligada à frase –, levadas a efeito pela modernidade para fazer explodir o fechamento frásico (*Lance de dados*, de Mallarmé, hiperproliferação da frase proustiana, destruição da frase tipográfica na poesia moderna).

A frase, no seu fechamento e limpeza, mostra-se-me, pois, como a determinação fundamental da escrita. A partir do que muitos códigos escritos são possíveis (a bem dizer, mal especificados): escrita erudita, universitária, administrativa, jornalística, etc., cada uma podendo ser descrita em função de sua clientela, de seu léxico e de seus protocolos sintáticos (inversões, figuras, cláusulas, traços que marcam todos a identidade de uma escrita coletiva por sua presença ou por sua censura). Entre todas essas escritas, e antes mesmo de falar de estilo no sentido individual em que comumente se entende a palavra, há a linguagem *literária*, escrita verdadeiramente coletiva de que seria necessário recensear os traços sistemáticos (e não apenas os traços históricos, como até agora se fez): o que, por exemplo, é permitido num texto literário, mas não o é num artigo universitário: inversões, cláusulas, ordem dos complementos, licenças sintáticas, arcaísmos, figuras, léxico? O que primeiro é preciso captar não é o idioleto de um autor, mas o de uma instituição (a literatura).

Não é tudo. A escrita literária não deve ser situada apenas em relação às suas vizinhas mais próximas, mas também aos seus modelos. Entendo por *modelos* não fontes, no sentido filológico do termo (notemos de passagem que o problema das fontes tem sido colocado quase exclusivamente no plano do conteúdo), mas *patterns* sintagmáticos, fragmentos típicos de frases, fórmulas, se quiserem, cuja origem é inidentificável, mas que fazem parte de uma memória coletiva da literatura. *Escrever* é, então, deixar vir a si esses modelos e *transformá-los* (no sentido que essa palavra tomou em lingüística).

Assinalarei livremente a esse respeito três fatos, tomados a uma experiência recente. O primeiro é um testemunho: tendo trabalhado durante bastante tempo uma novela de Balzac, surpreendo-me agora a transpor espontaneamente em circunstâncias da vida fragmentos de frases, formulações saídas espontaneamente do texto de Balzac; não é o caráter memorial (banal) do fenômeno que me interessa; é a evidência de que *escrevo* a vida (é verdade na minha cabeça) através das fórmulas herdadas de uma escrita anterior; ou ainda, mais precisamente, a vida é aquilo mesmo que vem *já* constituído como uma escrita literária: a escrita *nascente* é uma escrita *passada*. O segundo fato é um exemplo de transformação externa; quando Balzac escreve: "Eu estava mergulhado num desses devaneios profundos que atingem a todos, até a um homem frívolo, no meio das festas mais tumultuosas", a frase, se excetuamos a marca pessoal ("*Eu estava mergulhado*"), não passa da transformação de um provérbio: *A festas tumultuosas, devaneios profundos*; em outras palavras, a enunciação literária remete, por transformação, a outra estrutura sintática: o *primeiro* conteúdo da frase é outra forma (aqui, a forma gnômica) e o estilo se estabelece num trabalho de transformação que se exerce não sobre idéias, mas sobre formas; restaria identificar, bem entendido, os estereótipos principais (tal como o provérbio) a partir dos quais a linguagem literária se inventa e se engendra. O terceiro fato é um exemplo de transformação interna (que o autor gera a partir de sua própria fórmula): em dado momento de sua estada em Balbec, o narrador proustiano tenta conversar com o jovem ascensorista do Grande Hotel, mas este não lhe responde, diz Proust, "seja espanto por minhas palavras, atenção a seu trabalho, respeito à etiqueta, problema de audição, respeito pelo lugar, medo do perigo, preguiça da inteligência ou instruções do diretor"; a repetição da mesma fórmula sintática (um substantivo e seu complemento) é evidentemente um jogo, o estilo consiste, então: 1) em transformar uma subordinada virtual em sintagma nominal (*porque não ouvisse bem* torna-se *o problema de audição*); 2) em repetir o mais longamente possível essa mesma fórmula transformacional através de conteúdos diferentes.

Dessas três observações precárias, e como que improvisadas, eu quisera simplesmente tirar uma hipótese de trabalho: considerar os traços estilísticos como *transformações*, derivadas quer de fórmulas coletivas (de origem inidentificável, ora literária, ora pré-literária), que, mediante jogo metafórico, de formas idioletais; nos dois casos, o que deveria dominar o trabalho estilístico é a busca de modelos, de *patterns*; estruturas frásicas, clichês sintagmáticos, inícios e fechamentos de frases; e o que deveria animá-lo é a convicção de que o estilo é essencialmente um procedimento citacional, um corpo de vestígios, uma memória (quase no sentido cibernético do termo), uma herança fundada em cultura e não em expressividade. Isso permite situar a *transformação* a que se alude (e conseqüentemente a estilística transformacional que se pode desejar): ela pode certamente ter alguma afinidade com a gramática transformacional, mas dela difere num ponto fundamental (aquele em que a lingüística, implicando fatalmente determinada *visão* da linguagem, volta a ser ideológica): os "modelos" estilísticos não podem ser assimilados a "estruturas profundas", a formas universais nascidas de uma lógica psicológica; esses modelos são apenas depósitos de cultura (ainda que pareçam muito antigos); são repetições, não fundamentos; citações, não expressões; estereótipos, não arquétipos.

* * *

Para voltar àquela visão do estilo de que falava no início, direi que, para mim, ela deve consistir em *ver* o estilo no plural do texto: plural dos níveis semânticos (códigos), cujo trançado forma o texto, e plural das citações que se depositam num desses códigos a que chamamos "estilo", e a que preferiria chamar, pelo menos como primeiro objeto de estudo, *linguagem literária*. O problema do estilo só pode ser tratado com relação ao que eu chamaria ainda de *folhado* do discurso; e, para continuar com as metáforas alimentares, resumirei essas poucas propostas dizendo que, se até agora se viu o texto sob as espécies de um fruto com caroço (um damasco, por exemplo), a polpa sendo a forma e a amêndoa, o fundo, convém de preferência vê-lo agora sob as espécies de uma cebola, combinação superposta de películas (de níveis, de sistemas), cujo volume não comporta finalmente nenhum miolo, nenhum caroço, nenhum segredo, nenhum princípio irredutível, senão o próprio infinito de seus invólucros – que nada envolvem a não ser o próprio conjunto de suas superfícies.

> Colóquio de Bellagio, 1969.
> Publicação em inglês,
> *Literary Style: a Symposium,*
> Ed. Seymour Chatman.
> © Oxford University Press, 1971.

| Parte IV |

DA HISTÓRIA AO REAL

O DISCURSO DA HISTÓRIA

A descrição formal dos conjuntos de palavras superiores à frase (a que se chamará, por comodidade, *discurso*) não data de hoje: de Górgias ao século XIX, foi objeto próprio da antiga retórica. Os desenvolvimentos recentes da ciência lingüística lhe dão, entretanto, nova atualidade e novos meios: talvez uma lingüística do discurso seja doravante possível; em razão de suas incidências na análise literária (cuja importância no ensino é conhecida), ela constitui mesmo uma das principais tarefas da semiologia.

Essa lingüística segunda, ao mesmo tempo que deve buscar os universais do discurso (se é que existem), sob forma de unidades e de regras gerais de combinação, deve evidentemente decidir se a análise estrutural permite conservar a antiga tipologia dos discursos, se ainda é legítimo opor o discurso poético ao discurso romanesco, a narrativa de ficção à narrativa histórica. A respeito desse último ponto é que se gostaria de propor aqui algumas reflexões: a narração dos acontecimentos passados, submetida comumente, em nossa cultura, desde os gregos, à sanção da "ciência" histórica, colocada sob a caução imperiosa do "real", justificada por princípios de exposição "racional", essa narração difere realmente, por algum traço específico, por uma pertinência indubitável, da narração imaginária, tal como se pode encontrar na epopéia, no romance, no drama? E, se esse traço – ou essa pertinência – existir, em que lugar do sistema discursivo, em que nível da enunciação deverá colocar-se? Para tentar sugerir uma resposta a essa pergunta, observar-se-á aqui, de maneira livre, nada exaustiva, o discurso de alguns grandes historiadores clássicos, tais como Heródoto, Maquiavel, Bossuet e Michelet.

1. Enunciação

Em primeiro lugar, em que condições o historiador clássico é levado – ou autorizado – a designar, ele próprio, no seu discurso, o ato pelo qual o profere? Em outros termos, quais são, no nível do discurso – e não mais da língua –, os *shifters* (no sentido que Jakobson dá ao termo[1]) que permitem a passagem do enunciado à enunciação (ou inversamente)?

Parece que o discurso histórico comporta dois tipos regulares de embreantes. O primeiro tipo reúne o que se poderia chamar de embreantes de *escuta*. Essa categoria foi identificada, em nível de língua, por Jakobson, sob o nome de *testimonial* e sob a fórmula C^eCa^1/Ca^2: além do evento relatado (C^e), o discurso menciona, ao mesmo tempo, o ato do informador (Ca^1) e a palavra do enunciante que a ele se refere (Ca^2). Esse *shifter* designa, então, toda

---

[1] R. Jakobson, *Essais de linguistique générale*, op. cit., cap. IX.

menção das fontes, dos testemunhos, toda referência a uma *escuta* do historiador, recolhendo um *alhures* do seu discurso e dizendo-o. A escuta explícita é uma escolha, pois é possível não se referir a ela; ela aproxima o historiador do etnólogo quando menciona o seu informante; encontra-se, pois, abundantemente esse *shifter* nos historiadores-etnólogos, como Heródoto. Suas formas são variadas: vão das incisas do tipo *como ouvi dizer, pelo que é do nosso conhecimento*, ao presente do historiador, tempo que atesta a intervenção do enunciador, e a toda menção da experiência pessoal do historiador; é o caso de Michelet que "escuta" a História da França a partir de uma iluminação subjetiva (a revolução de julho de 1830) e menciona isso em seu discurso. O *shifter* da escuta não é, evidentemente, pertinente ao discurso histórico: encontramo-lo com freqüência na conversação e em certos artifícios de exposição do romance (casos contados segundo certos informantes fictícios de que se faz menção).

O segundo tipo de *shifters* cobre todos os signos declarados pelos quais o enunciante, no caso o historiador, organiza o seu próprio discurso, retoma-o, modifica-o durante o percurso, enfim, dispõe pontos explícitos de referência. É um *shifter* importante, e os "organizadores" do discurso podem receber expressões variadas; podem reduzir-se todas, entretanto, à indicação de um movimento do discurso com relação à sua matéria, ou, mais exatamente, ao longo dessa matéria, um pouco à moda dos dêiticos temporais ou locativos *eis aqui/eis aí*; teremos então, com relação ao fluxo da enunciação: a imobilidade (*como dissemos acima*), a volta-acima (*altius repetere, replicare da più alto luogo*), a volta-abaixo (*ma ritornando all'ordine nostro, dico come...*), a parada (*sobre ele, nada acrescentaremos*), o anúncio (*eis as outras ações dignas de memória que ele praticou durante o seu reinado*). O *shifter* de organização coloca um problema importante, que não podemos mais do que indicar aqui: o que nasce da coexistência, ou melhor, do atrito de dois tempos – o tempo da enunciação e o tempo da matéria enunciada. Esse atrito dá azo a importantes fatos de discurso; citaremos três. O primeiro remete a todos os fenômenos de aceleração da história; um mesmo número de "páginas" (se tal é a medida grosseira do tempo da enunciação) cobre lapsos de tempo variados (tempo da matéria enunciada): na *História de Florença*, de Maquiavel, a mesma medida (um capítulo) cobre aqui vários séculos e acolá uns vinte anos apenas; quanto mais nos aproximamos do tempo do historiador, mais forte se faz a pressão da enunciação, mais lentamente caminha a história; não há isocronia – o que é atacar implicitamente a linearidade do discurso e o que deixa transparecer um "paragramatismo" possível da palavra histórica[2]. O segundo fato lembra também, à sua maneira, que o discurso, embora materialmente linear, confrontado com o tempo histórico, tem por encargo, parece, aprofundar esse tempo: trata-se do que se poderia chamar de história em ziguezague ou denteada: assim, para cada personagem que aparece nas suas *Histórias*, Heródoto remonta aos ancestrais do recém-chegado, depois volta ao ponto de partida para continuar um pouco mais adiante – e recomeçar. Enfim, um terceiro fato de discurso, considerável, atesta o papel destrutor dos *shifters* de organização com relação ao tempo crônico da história: trata-se das inaugurações do discurso histórico, lugares onde se encontram o começo da matéria enunciada e o exórdio da enunciação[3]. O discurso da história conhe-

---

2. Seguindo J. Kristeva ("Bakhtine, le mot, le dialogue et le roman", *Critique*, n.º 239, abril de 1967, pp. 438-465), designaremos sob o nome de paragramatismo (derivado dos Anagramas de Saussure) as escritas dúplices, que contêm um diálogo do texto com outros textos, e postulam uma nova lógica.

3. O exórdio (de todo discurso) coloca um dos problemas mais interessantes da retórica, na medida em que é codificação das rupturas de silêncio e luta contra a afasia.

ce, em geral, duas formas de inauguração: primeiro, o que se poderia chamar de abertura performativa, pois a palavra aí é verdadeiramente um ato solene de fundação; o seu modelo é poético, é o *eu canto* dos poetas; assim, Joinville começa a sua história com um apelo religioso (*"Em nome de Deus Todo-Poderoso, eu, Jehan, senhor de Joinville, faço escrever a vida de nosso Santo rei Luís"*), e o próprio socialista Louis Blanc não desdenha o *intróito* purificador[4], de tal modo o princípio da fala mantém sempre algo de difícil – digamos de sagrado; em seguida, uma unidade muito mais corrente, o Prefácio, ato caracterizado de enunciação, seja prospectiva quando anuncia o discurso a seguir, seja retrospectiva quando o julga (é o caso do grande Prefácio com que Michelet coroou a sua *Histoire de la France*, uma vez que fora inteiramente terminada e publicada). A retomada dessas poucas unidades visa a sugerir que a entrada da enunciação no enunciado histórico, através dos *shifters* organizadores, tem por finalidade não tanto dar ao historiador possibilidade de exprimir a sua "subjetividade", como geralmente se diz, quanto "complicar" o tempo crônico da história confrontando-o com outro tempo, que é o do próprio discurso, e que se poderia chamar, por condensação, o tempo-papel; em suma, a presença, na narração histórica, de signos explícitos de enunciação visaria a "descronologizar" o "fio" histórico e a reconstituir, mesmo a título de mera reminiscência ou nostalgia, um tempo complexo, paramétrico, de modo algum linear, cujo espaço profundo lembraria o tempo mítico das antigas cosmogonias, também ele ligado por essência à palavra do poeta ou do adivinho; os

....

4. "Antes de tomar da pena, interroguei-me severamente e, como não encontrasse em mim nem afeições interessadas nem ódios implacáveis, pensei que poderia julgar os homens e as coisas sem faltar com a justiça e sem trair a verdade" (L. Blanc, *Histoire de dix ans*, Paris, Pagnerre, 1842, 6 vols.).

shifters de organização atestam, com efeito – mesmo por certas digressões de aparência racional –, a função preditiva do historiador: é na medida em que ele *sabe* o que ainda não foi contado que o historiador, tal qual o agente do mito, tem necessidade de duplicar o escoamento crônico dos acontecimentos por referências ao tempo próprio de sua palavra.

Os signos (ou *shifters*) de que se acabou de falar apenas dizem respeito ao próprio processo de enunciação. Há outros que já não mencionam o ato de enunciação, mas, na terminologia de Jakobson, os seus protagonistas (T²), destinatário ou enunciador. É fato notável e bastante enigmático não comportar o discurso literário, senão muito raramente, signos do "leitor"; pode-se até dizer que aquilo que o especifica é ser – aparentemente – um discurso sem *tu*, embora na realidade toda a estrutura desse discurso implique um "sujeito" da leitura. No discurso histórico, os signos de destinação estão geralmente ausentes: apenas serão encontrados quando a História se dá como uma lição; é o caso da *História universal*, de Bossuet, discurso endereçado nomeadamente pelo preceptor ao príncipe, seu aluno; mesmo assim, esse esquema só é possível, de certo modo, na medida em que o discurso de Bossuet se considera como reproduzindo homologicamente o discurso que o próprio Deus mantém com os homens, precisamente sob forma da História que lhes dá: é porque a História dos homens é a Escritura de Deus que Bossuet, mediador dessa escritura, pode estabelecer uma relação de destinação entre o jovem príncipe e ele.

Os signos do enunciador (ou destinador) são evidentemente muito mais freqüentes; devemos arrolar, nesse caso, todos os fragmentos de discurso em que o historiador, sujeito vazio da enunciação, vai-se pouco a pouco enchendo de predicados variados destinados a fundá-lo como uma *pessoa*, provida de uma plenitude psicológica, ou ainda (o termo é preciosamente repleto de imagens) de uma *continência*. Assinalar-se-á aqui uma forma particular desse "preenchimento", que diz respeito mais diretamente à crítica literária. Trata-se do caso em que o enunciador entende "ausentar-se" do seu discurso e em que há, conseqüentemente, carência sistemática de qualquer signo que remeta ao emissor da mensagem histórica: a história parece contar-se sozinha. Esse acidente tem uma carreira considerável, pois que corresponde de fato ao discurso histórico dito "objetivo" (em que o historiador jamais intervém). Na realidade, nesse caso, o enunciador anula a sua pessoa passional, mas a substitui por outra pessoa, a pessoa "objetiva": o sujeito subsiste em sua plenitude, mas como sujeito objetivo; é o que Fustel de Coulanges chamava significativamente (e com bastante singeleza) de "castidade da História". Em nível de discurso, a objetividade – ou carência dos signos do enunciante – aparece assim como uma forma particular de imaginário, o produto do que se poderia chamar de ilusão referencial, visto que o historiador pretende deixar o referente falar por si só. Essa ilusão não é exclusiva do discurso histórico: quantos romancistas – na época realista – imaginam ser "objetivos" porque suprimem no discurso os signos do *eu*! A lingüística e a psicanálise conjugadas deixam-nos hoje muito mais lúcidos com relação a uma enunciação privativa: sabemos que as carências dos signos são também significantes.

Para terminar rapidamente com a enunciação, temos de mencionar o caso particular – previsto por Jakobson, em nível de língua, na tabela de seus *shifters* – em que o enunciador do discurso é ao mesmo tempo participante do processo enunciado, em que o protagonista do enunciado é o mesmo protagonista da enunciação (T^e/T^a), em que o historiador, ator quando do evento, dele se torna o narrador: é o caso de Xenofonte, participante da retirada dos Dez Mil e dela se tornando depois o historiador. O exemplo mais ilustre dessa conjunção do *eu* enunciado com o *eu* enunciante é, sem dúvida, o *ele* de César. Esse célebre *ele* pertence ao enunciado; quando César se torna explicitamente enunciante, passa ao *nós* (*ut supra demonstravimus*). O *ele* cesariano mostra-se, à primeira vista, mergulhado em meio aos outros participantes do processo enunciado e, por causa disso, viu-se nele o signo supremo da objetividade; parece, entretanto, poder-se diferenciá-lo formalmente. Como? Observando que os seus predicados são constantemente selecionados: o *ele* cesariano só suporta certos sintagmas que poderíamos chamar de sintagmas do chefe (*dar ordens, reunir e presidir assembléias, visitar, mandar fazer, felicitar, explicar, pensar*), muito próximos, de fato, de certos performativos em que a palavra se confunde com o ato. Há outros exemplos deste *ele*, ator passado e narrador presente (particularmente em Clausewitz): mostram que a escolha do pronome apessoal não passa de um álibi retórico e que a verdadeira situação do enunciante se manifesta na escolha dos sintagmas com que cerca os seus atos passados.

2. Enunciado

O enunciado histórico deve prestar-se a um recorte destinado a produzir unidades do conteúdo, que se poderá classificar em seguida. Essas unidades do conteúdo representam aquilo de que fala a história; como significados, não são nem o referente puro nem o discurso completo: o conjunto delas é constituído pelo referente delineado, nomeado, já inteligível, mas ainda não submetido a uma sintaxe. Não se empreenderá aqui a tarefa de aprofundar essas classes de unidades, o trabalho seria prematuro; limitar-nos-emos a algumas observações prévias.

| *Da história ao real* |

O enunciado histórico, assim como o enunciado frásico, comporta "existentes" e "ocorrentes", seres, entidades e seus predicados. Ora, um primeiro exame deixa prever que uns e outros (separadamente) podem constituir listas relativamente fechadas, por conseguinte passíveis de dominar, em suma, *coleções*, cujas unidades acabam por repetir-se mediante combinações evidentemente variáveis; assim, em Heródoto, os existentes reduzem-se a dinastias, príncipes, generais, soldados, povos e lugares; e os ocorrentes, a ações tais como devastar, submeter, aliar-se, fazer uma expedição, reinar, lançar mão de um estratagema, consultar o oráculo, etc. Sendo essas coleções (relativamente) fechadas, devem oferecer-se a certas regras de substituição e de transformação, e deve ser possível estruturá-las – tarefa de maior ou menor dificuldade, evidentemente, conforme os historiadores; as unidades herodotianas, por exemplo, dependem, em linhas gerais, de um único léxico, o da guerra; seria uma questão de saber se, para os historiadores modernos, devem-se esperar associações mais complexas de léxicos diferentes e se, mesmo nesse caso, o discurso histórico não é sempre fundamentado, finalmente, em coleções fortes (é melhor falar de *coleções*, não de *léxicos*, pois ficamos aqui apenas no plano do conteúdo). Maquiavel parece ter tido a intuição dessa estrutura: no início de sua *História de Florença*, ele apresenta a sua "coleção", isto é, a lista dos objetos jurídicos, políticos, étnicos, que serão a seguir mobilizados e combinados na sua narração.

No caso de coleções mais fluidas (em historiadores menos arcaicos do que Heródoto), as unidades do conteúdo podem, todavia, receber uma estruturação forte não do léxico, mas da temática pessoal do autor; tais objetos temáticos (recorrentes) são numerosos num historiador romântico como Michelet; mas podemos perfeitamente encontrá-los em autores tidos como intelectuais:

em Tácito, a *fama* é uma unidade pessoal, e Maquiavel assenta a sua história em uma oposição temática, a do *mantenere* (verbo que remete à energia fundamental do homem de governo) ao *ruinare* (que, ao contrário, implica uma lógica da decadência das coisas)⁵. Escusado dizer que, através dessas unidades temáticas, o mais das vezes prisioneiras de uma palavra, reencontramos unidades do discurso (e não mais apenas do conteúdo); atingimos assim o problema da denominação dos objetos históricos: a palavra pode economizar uma situação ou uma seqüência de ações; ela favorece a estruturação na medida em que, projetada em conteúdo, ela própria é uma pequena estrutura; assim Maquiavel se serve da *conjuração* para economizar a explicação de um dado complexo, designando a única possibilidade de luta que subsiste quando um governo é vitorioso de todas as inimizades declaradas abertamente. A denominação, ao permitir uma articulação forte do discurso, reforça-lhe a estrutura; as histórias fortemente estruturadas são histórias substantivas: Bossuet, para quem a história dos homens é estruturada por Deus, usa abundantemente das seqüências de condensados substantivos⁶.

Essas observações dizem respeito tanto aos ocorrentes quanto aos existentes. Os próprios processos históricos (seja qual for o seu desenvolvimento terminológico) levantam – entre outros – um problema interessante: o de seu estatuto. O estatuto de um processo pode ser assertivo, negativo, interrogativo. Ora, o estatuto do discurso histórico é uniformemente assertivo, constativo; o

---

5. Cf. E. Raimondi, *Opere di Niccolo Macchiavelli*, Milão, Ugo Mursia, 1966.
6. Exemplo: "Nisto se vê, antes de tudo, a inocência e a sabedoria do jovem José...; seus sonhos misteriosos...; seus irmãos enciumados...; a venda desse grande homem...; a fidelidade que ele mantém para com o seu amo...; sua castidade admirável; as perseguições que ela lhe atrai; sua prisão e sua constância..." (Bossuet, *Discours sur l'Histoire universelle*, in *Oeuvres*, Paris, Gallimard, "Bibl. de La Pléiade", 1961, p. 674).

fato histórico está ligado lingüisticamente a um privilégio de ser: conta-se o que foi, não o que não foi ou o que foi duvidoso. Enfim, o discurso histórico desconhece a negação (ou conhece raramente, de maneira excêntrica). Esse fato pode ser curiosamente – mas significativamente – posto em confronto com a disposição que se encontra num enunciante bem diferente do historiador, que é o psicótico, incapaz de aplicar a um enunciado uma transformação negativa[7]; pode-se dizer que, em certo sentido, o discurso "objetivo" (é o caso da história positivista) alcança a situação do discurso esquizofrênico; num caso como no outro, há censura radical da enunciação (cujo sentimento, e só ele, permite a transformação negativa), refluxo maciço do discurso para o enunciado e mesmo (no caso do historiador) para o referente: ninguém está presente para assumir o enunciado.

Para abordar um outro aspecto, essencial, do enunciado histórico, há que se dizer uma palavra sobre as classes de unidade do conteúdo, e sua sucessão. Essas classes são, ao que indica uma primeira sondagem, as mesmas que se acreditou poder descobrir na narrativa de ficção[8]. A primeira classe cobre todos os segmentos do discurso que remetem a um significado implícito, segundo um processo metafórico; assim, Michelet descreve o multicolorido dos trajes, a alteração dos brasões e a mistura dos estilos arquitetônicos, no começo do século XV, como significantes de um significado único: a divisão moral da Idade Média que está terminando; essa classe é, então, a dos índices, ou, mais exatamente, dos signos (é uma classe muito abundante no romance clássico). A se-

---

7. L. Irigaray, "Négation et transformation négative dans le langage des schizophrènes", *Langages,* n.º 5, março de 1967, pp. 84-98.
8. Cf. "Introduction à l'analyse structurarle du récit", *Communications,* n.º 8, novembro de 1966. (Retomado na col. "Points Essais" Ed. du Seuil, 1981.)

gunda classe de unidades é constituída pelos fragmentos do discurso de natureza arrazoadora, silogística, ou, mais exatamente, entimemática, pois que se trata quase sempre de silogismos imperfeitos, aproximativos[9]. Os entimemas não são propriedade do discurso histórico; são freqüentes no romance, onde as bifurcações do entrecho são, em geral, justificadas aos olhos do leitor por pseudo-arrazoados de tipo silogístico. O entimema dispõe no discurso histórico um inteligível não simbólico, e é nisso que é interessante: subsiste ele nas histórias recentes, cujo discurso tenta romper com o modelo clássico, aristotélico? Enfim, uma terceira classe de unidades — e não a menor — recebe aquilo a que se chama, desde Propp, as "funções" da narrativa, ou pontos cardeais de onde o enredo pode tomar um andamento diferente; essas funções agrupam-se sintagmaticamente em segmentos fechados, logicamente saturados, ou seqüências; assim, em Heródoto, encontra-se, repetidas vezes, uma seqüência *Oráculo*, composta de três termos, dos quais cada um é alternativo (consultar ou não, responder ou não, seguir ou não), e que podem ser separados uns dos outros por outras unidades estranhas à seqüência: essas unidades ou são termos de outra seqüência, e o esquema é então de imbricação, ou são expansões menores (informações, índices), e o esquema é então o de uma catálise que preenche os interstícios dos núcleos.

Generalizando — talvez abusivamente — essas poucas observações sobre a estrutura do enunciado, pode-se sugerir que o discurso histórico oscila entre dois pólos, segundo a densidade respectiva de seus índices e funções. Quando as unidades indiciais, num historiador, predominam (remetendo a cada instante a um significa-

---

9. Eis o esquema silogístico de uma passagem de Michelet (*Histoire du Moyen Age*, t. III, liv. VI, cap. II): 1) Para desviar o povo da revolta, é preciso ocupá-lo. 2) Ora, o melhor meio é lançar-lhe um homem. 3) Portanto, os príncipes escolheram o velho Aubriot, etc.

do implícito), a História é levada para uma forma metafórica e se avizinha do lírico e do simbólico: é o caso, por exemplo, de Michelet. Quando, pelo contrário, são as unidades funcionais as predominantes, a História toma uma forma metonímica, aparenta-se à epopéia: poder-se-ia dar como exemplo puro dessa tendência a história narrativa de Augustin Thierry. Existe, para dizer a verdade, uma terceira História: aquela que, pela estrutura do discurso, tenta reproduzir a estrutura das escolhas vividas pelos protagonistas do processo relatado; nela predominam os raciocínios; é uma história reflexiva, a que se pode chamar ainda história estratégica, e Maquiavel seria o seu melhor exemplo.

3. Significação

Para que a História não signifique, é necessário que o discurso se limite a uma pura série inestruturada de anotações: é o caso das cronologias e dos anais (no sentido puro do termo). No discurso histórico constituído ("forrado", poderíamos dizer), os fatos relatados funcionam irresistivelmente quer como índices, quer como núcleos cuja seqüência mesma tem valor indicial; e, mesmo quando os fatos fossem apresentados de maneira anárquica, eles significariam pelo menos a anarquia e remeteriam a certa idéia negativa da história humana.

Os significados do discurso histórico podem ocupar pelo menos dois níveis diferentes. Há primeiro um nível imanente à matéria enunciada; esse nível detém todos os sentidos que o historiador dá voluntariamente aos fatos que relata (o multicolorido dos trajes do século XV para Michelet, a importância de certos conflitos para Tucídides, etc.); dessa espécie podem ser as "lições", ou morais ou políticas, que o narrador tira de certos episódios (Maquiavel, Bossuet). Se a "lição" é contínua, atinge-se um segundo nível, o de um significado que transcende a todo o discurso histórico, transmitido pela temática do historiador, que se tem direito de identificar à forma do significado; assim, a imperfeição mesma da estrutura narrativa em Heródoto (nascida de certas *séries* de fatos sem fechamento) remete finalmente a certa filosofia da História, que é a disponibilidade do mundo dos homens sob a lei dos deuses; assim também, em Michelet, a estruturação fortíssima dos significados particulares, articulados em oposições (antíteses no nível do significante), tem como sentido final uma filosofia maniqueísta da vida e da morte. No discurso histórico da nossa civilização, o processo de significação visa sempre a "preencher" o sentido da História: o historiador é aquele que reúne menos fatos do que significantes e os relata, quer dizer, organiza-os com a finalidade de estabelecer um sentido positivo e de preencher o vazio da série pura.

Como se vê, por sua própria estrutura e sem que haja necessidade de recorrer à substância do conteúdo, o discurso histórico é essencialmente elaboração ideológica, ou, para ser mais preciso, *imaginário*, se é verdade que o imaginário é a linguagem pela qual o enunciante de um discurso (entidade puramente lingüística) "preenche" o sujeito da enunciação (entidade psicológica ou ideológica). Compreende-se daí que a noção de "fato" histórico tenha muitas vezes suscitado, aqui e ali, certa desconfiança. Já dizia Nietzsche: "Não existe fato em si. É sempre preciso começar por introduzir um sentido para que haja um fato." A partir do momento em que a linguagem intervém (e quando não interviria?), o fato só pode ser definido de maneira tautológica: o notado procede do notável, mas o notável não é – desde Heródoto, quando a palavra perdeu a sua acepção mítica – senão aquilo que é digno de memória, isto é, digno de ser notado. Chega-se assim a esse paradoxo que pauta toda a pertinência do discurso histórico (com relação a outros tipos de discurso): o fato nunca tem mais do que uma existência lingüística (como termo de um discurso), e, no entanto, tudo se passa como se essa existência não fosse senão a "cópia" pura e simples de uma outra existência, situada num campo extra-estrutural, o "real". Esse discurso é, sem dúvida, o único em que o referente é visado como exterior ao discurso, sem que nunca seja, entretanto, possível atingi-lo de fora do discurso. Faz-se, pois, necessário indagar com mais precisão qual o lugar do "real" na estrutura discursiva.

O discurso histórico supõe, se assim se pode dizer, uma dupla operação, bastante arrevesada. Num primeiro momento (essa decomposição não é, evidentemente, mais que metafórica), o referente é destacado do discurso, fica-lhe exterior, fundador, é considerado como seu regulador: é o tempo das *res gestae*, e o discurso se dá simplesmente como *história rerum gestarum*; mas, num segundo momento, é o próprio significado que é rechaçado, confundido no referente; o referente entra em relação direta com o significante e o discurso, encarregado apenas de *exprimir* o real, acredita fazer a economia do termo fundamental das estruturas imaginárias, que é o significado. Como todo discurso de pretensão "realista", o da história acredita conhecer apenas um esquema semântico de dois termos, o referente e o significante; a confusão (ilusória) do referente com o significado define, como se sabe, os discursos *sui-referenciais*, como o discurso performativo; pode-se dizer que o discurso histórico é um discurso performativo com trucagem, em que o constativo (o descritivo) aparente não é de fato mais do que o significante do ato de palavra como ato de autoridade[10].

Em outros termos, na história "objetiva", o "real" nunca é mais do que um significado não formulado, abrigado atrás da onipotência aparente do referente. Essa situação define o que se poderia chamar de *efeito do real*. A eliminação do significado para fora do discurso "objetivo", deixando confrontar-se aparentemente o "real" com sua expressão, não deixa de produzir um novo sentido, tanto é verdade, uma vez mais, que, num sistema, toda carência de elemento é ela própria significante. Esse novo sentido – extensivo a todo o discurso histórico e que finalmente define a sua pertinência – é o próprio real, transformado sub-repticiamente em significado vergonhoso: o discurso histórico não acompanha o real, não faz mais do que significá-lo, repetindo continuamente *aconteceu*, sem que essa asserção possa ser jamais outra coisa que não o reverso significado de toda a narração histórica.

O prestígio do *aconteceu* tem uma importância e uma amplitude verdadeiramente históricas. Há um gosto de toda a nossa civilização pelo efeito de real, atestado pelo desenvolvimento de gêneros específicos como o romance realista, o diário íntimo, a literatura de documento, o *fait divers*, o museu histórico, a exposição de objetos antigos, e principalmente o desenvolvimento maciço da fotografia, cujo único traço pertinente (comparada ao desenho) é precisamente significar que o evento representado *real-*

---

10. Thiers exprimiu com muita pureza e singeleza essa ilusão referencial, ou essa confusão do referente com o significado, fixando assim o ideal do historiador: "Ser simplesmente verdadeiro, ser o que são as próprias coisas, não ser nada mais do que elas, nada ser senão por elas, como elas, tanto quanto elas." (Citado por C. Jullian, *Historiens français du XIXe siècle*, Paris, Hachette, s.d., p. LXIII.)

mente se deu[11]. Secularizada, a relíquia nada mais detém de sagrado, a não ser esse sagrado mesmo que está ligado ao enigma daquilo que foi, que já não é e que se dá, no entanto, a ler como signo presente de uma coisa morta. Inversamente, a profanação das relíquias é de fato destruição do próprio real, a partir dessa intuição de que o real nunca é mais do que um sentido, revogável quando a história o exige e pede uma verdadeira subversão dos próprios fundamentos da civilização[12].

Por recusar assumir o real como significado (ou ainda destacar o referente de sua simples asserção), compreende-se que a história tenha chegado, no momento privilegiado em que tentou constituir-se em gênero, isto é, no século XIX, a ver na relação "pura e simples" dos fatos a melhor prova desses fatos, e instituir a narração como significante privilegiado do real. Augustin Thierry fez-se teórico dessa história narrativa, que busca a sua "verdade" no cuidado mesmo com a narração, na arquitetura de suas articulações e na abundância de suas expansões (chamadas, no caso, de "pormenores concretos"[13]. Fecha-se, assim, o círculo paradoxal: a estrutura narrativa, elaborada no cadinho das ficções (através dos mitos e das primeiras epopéias), torna-se, a uma só vez, signo e prova da realidade. Assim, compreende-se que o apagamento (se

....

11. Cf. "La rhétorique de l'image", *Communications*, n.º 4, novembro de 1964. (Retomado em *L'Obvie et l'Obtus*, 1982. Cf. também *La chambre claire*, 1980. [Nota do editor francês.]

12. É o sentido que se deve dar, sem dúvida, além de qualquer subversão propriamente religiosa, ao gesto dos Guardas Vermelhos ao profanarem o templo do lugar onde nasceu Confúcio (janeiro de 1967); lembremos que a expressão "revolução cultural" traduz, muito mal, "destruição dos fundamentos da civilização".

13. "Foi dito que o objetivo do historiador era contar, não provar; não sei, mas estou certo de que em história o melhor gênero de prova, o mais capaz de tocar e de convencer os espíritos, o que permite o menor grau de desconfiança e deixa menos dúvidas, é a narração completa..." (A. Thierry, *Récit des temps mérovingiens*, vol. II, Paris, Furne, 1851, p. 227.)

não o desaparecimento) da narração na ciência histórica atual, que procura falar das estruturas mais do que das cronologias, implica muito mais do que uma simples mudança de escola: uma verdadeira transformação ideológica; a narração histórica morre porque o signo da História é doravante menos o real do que o inteligível.

1967, *Informação sobre as ciências sociais.*

O EFEITO DE REAL

Quando Flaubert, descrevendo a sala onde se encontra a senhora Aubain, patroa de Felicité, diz-nos que "um velho piano suportava, sob um barômetro, um monte piramidal de caixas"[1]; quando Michelet, contando a morte de Charlotte Corday e relatando que, na prisão, antes de o carrasco chegar, recebeu a visita de um pintor que lhe fez o retrato, acaba por dizer que "ao cabo de hora e meia batem suavemente à pequena porta que estava atrás dela"[2]; esses autores (entre muitos outros) produzem notações que a análise estrutural, ocupada em extrair e sistematizar as grandes articulações da narrativa, ordinariamente e até agora, tem deixado de parte, quer por excluir do inventário (não falando deles) todos os pormenores "supérfluos" (com relação à estrutura), quer por tratar esses mesmos pormenores (o próprio autor destas

---

[1]. G. Flaubert, "Un coeur simple", *Trois Contes*, Paris, Charpentier-Fasquelle, 1893, p. 4.
[2]. J. Michelet, *Histoire de France, La Révolution*, t. V, Lausanne, Rencontre, 1967, p. 292.

linhas tentou fazê-lo[3]) como "enchimentos" (catálises), afetados de um valor funcional indireto, na medida em que, somando-se uns aos outros, constituem algum índice de caráter ou de atmosfera, e assim podem finalmente ser recuperados pela estrutura.

Parece, entretanto, que, se a análise se quer exaustiva (e que valor poderia ter um método que não desse conta da integralidade de seu objeto, isto é, no caso presente, de toda a superfície do tecido narrativo?), buscando atingir, para designar-lhe um lugar na estrutura, o detalhe absoluto, a unidade insecável, a transição fugitiva, deve fatalmente encontrar notações que nenhuma função (mesmo a mais indireta que seja) permite justificar: essas notações são escandalosas (do ponto de vista da estrutura), ou, o que é mais inquietante, parecem concessões a uma espécie de *luxo* da narração, pródiga a ponto de dispensar pormenores "inúteis" e elevar assim, em algumas passagens, o custo da informação narrativa. Porque, se na descrição de Flaubert é, a rigor, possível ver na notação do piano um índice do padrão burguês da sua proprietária e, na das caixas, um sinal de desordem e como que de deserança próprias a conotar a atmosfera da casa Aubain, nenhuma finalidade parece justificar a referência ao barômetro, objeto que não é nem descabido nem significativo e não participa, portanto, à primeira vista, da ordem do *notável*; e, na frase de Michelet, mesma dificuldade para dar conta estruturalmente de todos os detalhes: o carrasco sucede ao pintor, só isso é necessário à história; o tempo que durou a pose, a dimensão e a posição da porta são inúteis (mas o tema da porta, a suavidade da morte que bate têm valor simbólico indiscutível). Mesmo que não sejam numerosos, os "por-

---

3. "Introduction à l'analyse structurale du récit", *Communications*, n.º 8, 1966, pp. 1-27. (Retomado na col. "Points Essais", Ed. du Seuil, 1981.)

menores inúteis" parecem pois inevitáveis: toda narrativa, pelo menos toda narrativa ocidental de tipo corrente, possui alguns.

A notação insignificante[4] (tomando-se a palavra no sentido estrito: aparentemente subtraída à estrutura semiótica da narrativa) aparenta-se com a descrição, mesmo que o objeto só pareça denotado por uma única palavra (na realidade, a palavra pura não existe: o barômetro de Flaubert não é citado em si; ele é situado, tomado num sintagma ao mesmo tempo referencial e sintático); assim fica sublinhado o caráter enigmático de qualquer descrição, a respeito da qual é preciso dizer uma palavra. A estrutura geral da narrativa, aquela, pelo menos, que até agora tem sido analisada aqui e ali, aparece como essencialmente *preditiva*; esquematizando ao extremo, e sem levar em conta numerosos desvios, atrasos, reviravoltas e decepções que a narrativa impõe institucionalmente a esse esquema, pode-se dizer que, a cada articulação do sintagma narrativo, alguém diz ao herói (ou ao leitor, pouco importa): se você agir de tal modo, se escolher tal parte da alternativa, eis o que vai obter (o caráter *relatado* dessas predições não lhes altera a natureza prática). Bem diferente é a descrição: não tem qualquer marca preditiva; "analógica", sua estrutura é puramente somatória e não contém esse trajeto de escolhas e alternativas que dá à narração um desenho de vasto *dispatching*, dotado de uma temporalidade referencial (e não mais apenas discursiva). Essa é uma oposição que, antropologicamente, tem a sua importância: quando, sob a influência dos trabalhos de Von Frisch, começou-se a imaginar que as abelhas pudessem ter uma linguagem, impôs-se o fato de que, se esses animais dispunham de um sistema preditivo de danças (para reunir o alimento),

---

4. Nesse breve apanhado, não se darão exemplos de notações "insignificantes", pois o insignificante não pode denunciar-se senão no nível de uma estrutura muito vasta: citada, uma notação não é nem significante nem insignificante; é-lhe necessário um contexto já analisado.

nada aí se aproximava de uma *descrição*⁵. A descrição aparece assim como uma espécie de "próprio" das linguagens ditas superiores, na medida, aparentemente paradoxal, em que ela não se justifica por nenhuma finalidade de ação ou de comunicação. A singularidade da descrição (ou do "pormenor inútil") no tecido narrativo, a sua solidão, designa uma questão da maior importância para a análise estrutural das narrativas. É a seguinte questão: tudo, na narrativa, seria significante, e senão, se subsistem no sintagma narrativo alguns intervalos insignificantes, qual é, definitivamente, se assim se pode dizer, a significação dessa insignificância?

Primeiro é preciso lembrar que a cultura ocidental, numa de suas correntes maiores, não deixou de modo algum a descrição fora do sentido e a dotou de uma finalidade perfeitamente reconhecida pela instituição literária. Tal corrente é a retórica e a finalidade é o "belo": a descrição teve, por muito tempo, uma função estética. A Antiguidade bem cedo juntara aos dois gêneros expressamente funcionais do discurso, o judiciário e o político, um terceiro gênero, o epidítico, discurso de aparato, destinado à admiração do auditório (e não à sua persuasão), que continha em germe – fossem quais fossem as regras rituais de seu emprego: elogio de um herói ou necrologia – a própria idéia de uma finalidade estética da linguagem; na neo-retórica alexandrina (no século II d.C.) houve um gosto pronunciado pela *ekphrasis*, trecho brilhante, destacável (com finalidade em si mesma, portanto, independente de qualquer função de conjunto), com o objetivo de descrever lugares, tempos, pessoas ou obras de arte, tradição que se manteve através da Idade Média. Nessa época (conforme sublinhou Curtius⁶),

....
5. F. Bresson, "La signification", *Problèmes de psycho-linguistique*, Paris, PUF, 1963.
6. E. R. Curtius, *La littérature européene et le Moyen Âge latin*, Paris, PUF, 1956, cap. X.

a descrição não está subordinada a nenhum realismo; pouco importa a sua veracidade (ou mesmo a sua verossimilhança); não há nenhum acanhamento em colocar leões ou oliveiras numa região nórdica; só conta a injunção do gênero descritivo; a verossimilhança aqui não é referencial, mas abertamente discursiva: são as regras genéricas do discurso que fazem a lei.

Se dermos um salto até Flaubert, observa-se que a finalidade estética da descrição é ainda fortíssima. Em *Madame Bovary*, a descrição de Rouen (referente mais real impossível) está submetida às injunções tirânicas do que se deve chamar de verossimilhança estética, como dão prova as correções feitas nesse trecho no decorrer de seis redações sucessivas[7]. Vê-se primeiro que as correções não procedem de modo algum de uma consideração mais acurada do modelo: Rouen, vista por Flaubert, permanece sempre a mesma, ou, mais exatamente, se muda um pouco de uma para outra versão é unicamente por ser necessário ajustar uma imagem ou evitar uma redundância fônica reprovada pelas regras do belo estilo, ou ainda "encaixar" uma contingentíssima expressão feliz[8]; vê-se em seguida que o tecido descritivo, que parece à primeira vista dar uma grande importância (pela dimensão, pelo cuidado com o pormenor) ao objeto *Rouen*, na realidade não passa de um fundo destinado a receber as jóias de algumas metáforas raras, o excipiente neutro, prosaico, que veste a preciosa substância simbólica, como se, em Rouen, só importassem as figuras de retórica a que se presta a vista da cidade, como se Rouen só fosse notável por suas subs-

....

7. As seis versões sucessivas desta descrição são dadas por A. Albalat, *Le travail du style*, Paris, Armand Colin, 1903, pp. 72 ss.
8. Mecanismo bem localizado por Valéry, em *Littérature*, quando comenta o verso de Baudelaire: "La servante au grand coeur..." ("Este verso *veio* a Baudelaire... E Baudelaire continuou. Enterrou a cozinheira num gramado, o que é contra o costume, mas conforme à rima, etc.")

tituições (*os mastros como uma floresta de agulhas, as ilhas como grandes peixes negros parados, as nuvens como vagas aéreas que se quebram em silêncio contra uma falésia*); vê-se enfim que toda a descrição é *construída* com vistas a aparentar Rouen a uma pintura; é uma cena pintada que a linguagem assume ("Assim, vista do alto, a paisagem inteira tinha o aspecto imóvel de uma pintura"); o escritor realiza aqui a definição que Platão dá ao artista, que é um fazedor em terceiro grau, pois que imita o que é já a simulação de uma essência[9]. Desse modo, embora a descrição de Rouen seja perfeitamente "impertinente" com relação à estrutura narrativa de *Madame Bovary* (não se pode ligá-la a nenhuma seqüência funcional nem a nenhum significado caracterial, atmosferial ou sapiencial), ela não é absolutamente escandalosa, apenas se vê justificada pela lógica da obra, ao menos pelas leis da literatura: seu "sentido" existe, ele depende da conformidade, não ao modelo, mas às regras culturais da representação.

Todavia, a finalidade estética da descrição flaubertiana é toda mesclada de imperativos "realistas", como se a exatidão do referente, superior ou indiferente a qualquer outra função, ordenasse e justificasse sozinha, aparentemente, descrevê-lo, ou – no caso das descrições reduzidas a uma palavra – denotá-lo; as injunções estéticas aqui se penetram – ao menos a título de álibi – de injunções referenciais: é provável que, caso se chegasse a Rouen de diligência, a vista que se teria ao descer a encosta que conduz à cidade não seria "objetivamente" diferente do panorama descrito por Flaubert. Essa mistura – esse *chassé-croisé* – de injunções tem dupla vantagem: por uma parte, a função estética, ao dar sentido "ao trecho", pára o que se poderia chamar de vertigem da notação, pois, a par-

....
9. Platão, *República*, X, 599.

tir do momento em que o discurso já não fosse guiado e limitado pelos imperativos estruturais do enredo (funções e índices), nada mais poderia indicar por que parar aqui e não ali os pormenores da descrição; se ela não fosse submetida a uma escolha estética ou retórica, toda "vista" seria inesgotável pelo discurso: sempre haveria um canto, um pormenor, uma inflexão de espaço ou de cor a acrescentar; e, por outra parte, colocando o referente como real, fingindo segui-lo de maneira escrava, a descrição realista evita deixar-se levar por uma atividade fantasística (precaução que se julgava necessária à "objetividade" do relato); a retórica clássica havia de certo modo institucionalizado a fantasia sob o nome de uma figura particular, a hipotipose, encarregada de "pôr as coisas sob os olhos do ouvinte" não de maneira neutra, constativa, mas deixando à representação todo o brilho do desejo (isso fazia parte do discurso fortemente iluminado, de contornos coloridos: a *illustris oratio*); renunciando declaradamente às injunções do código retórico, o realismo tem de procurar uma nova razão para descrever.

Os resíduos irredutíveis da análise funcional têm em comum denotarem o que correntemente se chama de "real concreto" (pequenos gestos, atitudes transitórias, objetos insignificantes, palavras redundantes). A "representação" pura e simples do "real", o relato nu "daquilo que é" (ou foi) aparece assim como uma resistência ao sentido; essa resistência confirma a grande oposição mítica do vivido (do vivo) ao inteligível; basta lembrar que, na ideologia do nosso tempo, a referência obsessiva ao "concreto" (naquilo que se pede retoricamente às ciências humanas, à literatura, aos comportamentos) está sempre armada como uma máquina de guerra contra o sentido, como se, por uma exclusão de direito, o que vive não pudesse significar – e reciprocamente. A resistência do "real" (sob a forma escrita, bem entendido) à estrutura é limitadíssima na narrativa de ficção, construída, por definição, sobre um modelo que, nas grandes linhas, outras injunções não tem senão as do inteligível; mas esse mesmo "real" passa a ser a referência essencial da narrativa histórica, que se supõe que relate "aquilo que se passou realmente": que importa então a infuncionalidade de um pormenor, desde que denote "aquilo que se deu"; o "real concreto" torna-se a justificativa suficiente do dizer. A história (o discurso histórico: *historia rerum gestarum*) é, na verdade, o modelo dessas narrativas que admitem preencher os interstícios de suas funções com notações estruturalmente supérfluas, e é lógico que o realismo literário tenha sido, com algumas décadas de diferença, contemporâneo do reinado da história "objetiva", ao que se deve acrescentar o desenvolvimento atual das técnicas, obras e instituições fundamentadas na incessante necessidade de autenticar o "real": a fotografia (testemunha bruta "do que esteve presente"), a reportagem, as exposições de objetos antigos (o sucesso do *show* Tutancâmon mostra-o bem), o turismo aos monumentos e lugares históricos. Tudo isso diz que ao "real" é reputado bastar-se a si mesmo, que é bastante forte para desmentir qualquer idéia de "função", que sua enunciação não precisa ser integrada numa estrutura e que o *"ter-estado-presente"* das coisas é um princípio suficiente da palavra.

Desde a Antiguidade, o "real" estava ao lado da História; mas era para melhor opor-se à verossimilhança, isto é, à própria ordem da narrativa (da imitação ou "poesia"). Toda a cultura clássica viveu durante séculos com a idéia de que o real não podia em nada contaminar a verossimilhança; primeiro porque a verossimilhança nunca é mais do que o opinável: está inteiramente sujeita à opinião (do público); Nicole dizia: "Não se deve olhar as coisas como são em si mesmas, nem tais como as conhece quem fala ou escreve, mas com relação apenas àquilo que delas sabem os que lêem ou ouvem"[10]; em seguida, porque ela é geral, não particular, o que é a História, acreditava-se (donde a propensão, nos textos clássicos, para funcionalizar todos os pormenores, produzir estruturas fortes e não deixar, parece, nenhuma notação apenas sob a caução do "real"); enfim, porque, na verossimilhança, o contrário nunca é impossível, visto que aí a notação repousa numa opinião majoritária, mas não absoluta. A palavra importante que está subentendida no limiar de todo discurso clássico (submisso à verossimilhança antiga) é: *Esto* (*Seja, Admitamos...*). A notação "real", parcelar, intersticial, poder-se-ia dizer, de que se levanta aqui o caso, renuncia a essa introdução implícita e, desembaraçada de toda segunda intenção postulativa, toma lugar no tecido estrutural. Por esse mesmo fato, há ruptura entre a verossimilhança antiga e o realismo moderno; mas, por isso mesmo também, nasce uma nova verossimilhança, que é precisamente o realismo (entenda-se todo discurso que aceita enunciações só creditadas pelo referente).

Semioticamente, o "pormenor concreto" é constituído pela colusão *direta* de um referente e de um significante: o significado fica expulso do signo e, com ele, evidentemente, a possibilidade de desenvolver uma *forma do significado*, isto é, na realidade, a própria estrutura narrativa (a literatura realista é, por certo, narrativa, mas é porque nela o realismo é apenas parcelar, errático, confinado aos "pormenores", e porque a narrativa mais realista que se possa imaginar desenvolve-se segundo vias irrealistas). É a isso que se poderia chamar *ilusão referencial*[11]. A verdade dessa ilusão é a seguinte: suprimido da enunciação realista a título de

....
10. Citado por R. Bray, *Formation de la doctrine classique*, Paris, Nizet, 1963, p. 208.
11. Ilusão claramente ilustrada pelo programa que Thiers designava ao historiador: "Ser simplesmente verdadeiro, ser o que são as próprias coisas, não ser nada mais do que elas, nada ser senão por elas, como elas, tanto quanto elas." (Ver nota 10, p. 178.)

significado de denotação, o "real" volta a ela a título de significado de conotação; no momento mesmo em que se julga denotarem tais detalhes diretamente o real, nada mais fazem, sem o dizer, do que significá-lo; o barômetro de Flaubert, a pequena porta de Michelet afinal não dizem mais do que o seguinte: *somos o real*; é a categoria do "real" (e não os seus conteúdos contingentes) que é então significada; noutras palavras, a própria carência do significado em proveito só do referente torna-se o significante mesmo do realismo: produz-se um *efeito de real*, fundamento dessa verossimilhança inconfessa que forma a estética de todas as obras correntes da modernidade.

Essa nova verossimilhança é muito diferente da antiga, pois não é nem o respeito das "leis do gênero" nem sequer a sua máscara, mas procede da intenção de alterar a natureza tripartida do signo para fazer da notação o simples encontro de um objeto e de sua expressão. A desintegração do signo – que parece ser a grande causa da modernidade – está certamente presente no empreendimento realista, mas de maneira algo regressiva, pois que se faz em nome de uma plenitude referencial, quando se trata, ao contrário, hoje, de esvaziar o signo e afastar infinitamente o seu objeto até colocar em causa, de maneira radical, a estética secular da "representação".

1968, *Communications*.

| Anexo |

A ESCRITA DO ACONTECIMENTO

Descrever o acontecimento implica que este tenha sido escrito. Como um acontecimento pode ser escrito? O que pode querer dizer "a escrita do acontecimento"?

O acontecimento de Maio de 68 parece ter sido escrito de três maneiras, com três escritas, cuja conjugação poligráfica talvez forme a sua originalidade histórica.

1. A fala

Todo abalo nacional produz uma brusca eflorescência de comentários escritos (imprensa e livros). Não é disso que se quer falar aqui. A fala de Maio de 68 teve aspectos originais que é preciso sublinhar.

1) A fala radiofônica (a das rádios não-estatais, ditas periféricas) ficou colada ao acontecimento à medida que ele ia se produzindo, de maneira ofegante, dramática, a impor a idéia de que o conhecimento da atualidade passa a já não estar a cargo do impresso, mas sim da palavra oral. A história "quente", que está a se fazer, é uma história auditiva[1], a audição volta a ser o que era na Idade Média: não apenas o primeiro dos sentidos (antes do tato e da visão), mas o sentido que fundamenta o conhecimento (como para Lutero ele fundamentava a fé do cristão). Isso não é tudo. A palavra informativa (do repórter) foi tão estreitamente misturada com o acontecimento, com a opacidade mesma do seu presente (basta pensar em certas noites de barricadas), que ela era o seu sentido imediato e consubstancial, a sua maneira de aceder a um inteligível instantâneo; isso quer dizer que, nos termos da cultura ocidental, em que nada privado de sentido pode ser captado, ela era o próprio acontecimento. A distância milenar entre o ato e o discurso, o acontecimento e o testemunho, atenuou-se: uma nova dimensão da história, doravante ligada imediatamente ao seu discurso, apareceu, ao passo que toda a "ciência" histórica, ao contrário, tinha por tarefa reconhecer essa distância a fim de controlá-la. Não apenas a palavra radiofônica informava os participantes sobre o próprio prolongamento da sua ação (a alguns metros deles), de sorte que o transistor se tornava o apêndice corporal, a prótese auditiva, o novo órgão de ficção científica de certos manifestantes, mas também, por compressão do tempo, a repercussão imediata do ato, ela infletia, modificava o acontecimento, escrevia-o: fusão do signo com a sua escuta, reversibilidade da escrita e da leitura que alhures é pedida, por essa revolução da escrita que a modernidade tenta efetivar.

---

1. Há que relembrar aquelas ruas repletas de homens imóveis, nada vendo, não olhando para nada, olhos no chão, mas o ouvido colado ao transistor erguido à altura do rosto, figurando assim uma nova anatomia humana.

2) As relações de força entre os diferentes grupos e partidos engajados na crise foram essencialmente *faladas*, no sentido que o deslocamento tático ou dialético dessas relações ao longo das jornadas de Maio operou-se *através e pelo* (confusão da via e da causa que marca a linguagem) comunicado, pela conferência de imprensa, pela declaração, pelo discurso. Não só a crise teve a sua linguagem, mas também a crise foi linguagem (algo no sentido em que André Glucksmann pôde falar da linguagem da guerra): foi a palavra que, de algum modo, trabalhou a história, fez com que ela existisse como uma rede de marcas, como uma escrita operante, deslocante (é apenas por um preconceito empoeirado que consideramos a palavra uma atividade ilusória, barulhenta e vã, e que a opomos aos atos); a natureza "falada" da crise é aqui ainda mais visível na medida em que não teve, falando propriamente, nenhum efeito assassino, irremediável (a palavra é de fato o que pode ser "retomado"; o seu antônimo rigoroso, a ponto de defini-la, outro não pode ser senão a morte)[2].

3) A palavra estudantil transbordou tão plenamente, jorrando de toda parte, indo e inscrevendo-se por toda parte, que se teria algum direito de definir superficialmente – mas também essencialmente, talvez – a revolta universitária como uma *Tomada da Palavra* (como se diz: *Tomada da Bastilha*). Retrospectivamente parece que o estudante era um ser frustrado de palavra; frustrado mas não privado: por origem de classe, por vaga prática cultural, o estudante dispõe da linguagem; a linguagem não lhe é desconhecida, ele não tem (ou já não tem) medo dela; o problema

---

2. A insistência com que se repetiu (de parte a parte) que, acontecesse o que acontecesse, *depois* nunca mais poderia ser como *antes* traduz sem dúvida, denegativamente, o temor (ou a esperança) de que precisamente *depois* volte a ser *antes*: sendo a palavra, o acontecimento pode, miticamente, anular-se.

era tomar-lhe o poder, o uso ativo. Também, por um paradoxo que é apenas aparente, no momento mesmo em que a palavra estudantil reivindicava em nome só dos conteúdos, comportava de fato um aspecto profundamente lúdico; o estudante começou a manejar a palavra como uma atividade, um trabalho livre, e não, apesar das aparências, como um simples instrumento. Essa atividade tomou formas diferentes, que correspondem, talvez, a fases do movimento estudantil ao longo da crise.

a) Uma palavra "selvagem", fundada na "invenção", por conseguinte encontrando naturalmente os "achados" da forma, os condensados retóricos, as alegrias da fórmula, em resumo, a *felicidade da expressão* ("*É proibido proibir*", etc.); muito próxima da escritura, essa fala (que atingiu fortemente a opinião pública) tomou logicamente a forma da *inscrição*; sua dimensão natural foi o muro, lugar fundamental da escrita coletiva.

b) Uma palavra "missionária", concebida em moldes puramente instrumentais, destinada a transportar para "outra parte" (portas das fábricas, praias, ruas, etc.) os estereótipos da cultura política.

c) Uma palavra "funcionalista", veiculando os projetos de reforma, designando à Universidade uma função social, política aqui, econômica ali, e reencontrando assim certas palavras de ordem da tecnocracia anterior ("adaptação do ensino às necessidades da sociedade", "coletivização da pesquisa", primazia do "resultado", prestígio da "interdisciplinaridade", "autonomia", "participação", etc.)[3].

A fala "selvagem" foi rapidamente eliminada, embalsamada nas dobras inofensivas da "literatura" (surrealista) e nas ilusões da

....
3. Se juntarmos essas palavras de ordem, dispersas em grande número de moções, como pedaços de um quebra-cabeça, vamos notar que a imagem final que formam outra coisa não é senão a da Universidade americana.

"espontaneidade"; como escrita, ela só podia ser inútil (aguardando passar a intolerável) para toda forma de poder, possuído ou reivindicado; as duas outras palavras ficam muitas vezes misturadas: mescla que muito bem reproduz a ambigüidade política do próprio movimento estudantil, ameaçado, em razão da sua situação histórica e social, pelo sonho de uma "socialtecnocracia".

2. O símbolo

Não faltaram símbolos a essa crise, muitas vezes se observou; foram produzidos e consumidos com grande energia; e principalmente, fato notável, eles foram *fomentados* por uma complacência generalizada, compartilhada. O paradigma das três bandeiras (vermelha/preta/tricolor), com associações pertinentes de termos (vermelho e preto contra tricolor, vermelho e tricolor contra preto), foi "falado" (bandeiras içadas, brandidas, tomadas, invocadas, etc.) por toda gente, ou quase: belo acordo senão sobre os símbolos, pelo menos sobre o próprio sistema simbólico (que, *como tal*, deveria ser o alvo final de uma revolução ocidental). Mesmo avatar simbólico para a barricada: símbolo, ela própria, desde antes de a primeira ser construída, de Paris revolucionária, e ela própria lugar de investimento de toda uma rede de outros símbolos. Emblema completo, a barricada permitiu irritar e desmascarar outros símbolos; o da propriedade, por exemplo, doravante residindo, para os franceses, ao que se mostrou, muito mais no carro do que na casa. Outros símbolos foram mobilizados: o monumento (Bolsa, Odéon), a manifestação, a ocupação, a roupa, e, evidentemente, a linguagem, nos seus aspectos mais codificados (quer dizer, simbólicos, rituais⁴). Esse inventário dos símbolos deveria ser feito; não tanto que se deva esperar dele uma lista muito eloqüente (é pouco provável, a despeito ou por causa da "espontaneidade" que presidiu à sua liberação), mas porque o regime simbólico sob o qual um acontecimento funciona está estreitamente ligado ao grau de integração desse acontecimento na sociedade de que é ao mesmo tempo a expressão e o abalo: um campo simbólico não é apenas uma reunião (ou um antagonismo) de símbolos; é também formado por um jogo homogêneo de regras, um recurso com consentimento em comum a essas regras. Uma espécie de adesão quase unânime[5] a um mesmo discurso simbólico parece ter marcado finalmente atores e adversários da contestação: quase todos praticaram o mesmo jogo simbólico.

3. A violência

A violência que, na mitologia moderna, costuma-se ligar, como se isso fosse evidente, à espontaneidade e à efetividade; a violência, simbolizada aqui concretamente, depois verbalmente, pela "rua", lugar da fala desenfreada, do contato livre, espaço contra-institucional, contraparlamentar e contra-intelectual, oposição do imediato às trapaças possíveis de toda mediação; a violência é uma escritura: é (conhece-se esse tema derridiano) a marca em seu

---

4. Por exemplo: léxico do trabalho revolucionário ("comitês", "comissões", "moções", "questões de ordem", etc.), ritual da comunicação (tratamento por "tu", uso do nome – e não do sobrenome –, etc.).
5. O mais importante, nesse inventário, seria basicamente verificar a maneira como cada grupo jogou ou não o jogo simbólico: recusa da bandeira (vermelha ou preta), recusa da barricada, etc.

gesto mais profundo. A própria escritura (se não mais se quer mesmo confundi-la com o estilo ou com a literatura) é violenta. É mesmo o que há de violência na escritura que a separa da fala, revela-lhe a força de inscrição, o peso de uma marca irreversível. A essa escritura da violência (escrita eminentemente coletiva) não falta nem sequer um código; seja qual for a maneira como se decida dar conta dela: tática ou psicanalítica, a violência implica uma linguagem da violência, quer dizer, dos signos (operações e pulsões) repetidos, combinados em figuras (ações ou complexos), numa palavra: um sistema. Aproveitamos para dizer que a presença (ou a postulação) do código não intelectualiza o acontecimento (contrariamente ao que permanentemente se enuncia na mitologia antiintelectualista): o inteligível não é o intelectual.

Tais são, à primeira vista, as orientações que uma descrição das marcas de que se constitui o acontecimento poderia tomar. Entretanto, esse gênero de descrição correria o risco de ser inerte se não a ligássemos, desde o início, a dois postulados, de alcance ainda polêmico.

O primeiro consiste em separar rigorosamente, de acordo com a proposição de Derrida, os conceitos da fala e da escritura. A fala não é somente o que se fala realmente, mas também o que se transcreve (ou melhor, se translitera) da expressão oral, e que pode muito bem imprimir-se (ou policopiar-se); ligada ao corpo, à pessoa, ao querer captar, ela é a própria voz de toda reivindicação, mas não forçosamente da revolução. Já a escritura, esta é integralmente "o que está por inventar", a ruptura vertiginosa com o antigo sistema simbólico, a mutação de todo um flanco da linguagem. Vale dizer, por um lado, que a escritura (no sentido que se lhe dá aqui, que nada tem a ver com o belo estilo ou mesmo com o estilo literário) não é de modo algum um fato burguês (o que essa classe elaborou é antes palavra impressa), e, por outro lado, que o acontecimento atual não pode fornecer mais do que alguns fragmentos marginais de escritura, que vimos não serem necessariamente impressos; ter-se-ão por suspeitas qualquer evicção da escritura, qualquer primazia sistemática da palavra, porque, qualquer que seja o álibi revolucionário, uma e outra tendem a *conservar* o antigo sistema simbólico e recusam ligar a sua revolução à da sociedade.

O segundo postulado consiste em não esperar da descrição escritural um "deciframento". Considerar o acontecimento sob o ângulo das oportunidades de mutação simbólica que ele pode implicar, significa nós mesmos rompermos primeiro, tanto quanto possível (isso não é fácil, demanda um trabalho contínuo, começado, é preciso lembrar, aqui e acolá, há alguns anos), com o sistema de sentido que o acontecimento, se se pretende revolucionário, deve ter o encargo de abalar. A vertente crítica do antigo sistema é a *interpretação*, isto é, a operação pela qual se designa para um jogo de aparências confusas ou até contraditórias uma estrutura unitária, um sentido profundo, uma explicação "verdadeira". A interpretação, pouco a pouco, deve ser substituída por um discurso novo, que tenha por finalidade não o desvendar-se de uma estrutura única e "verdadeira", mas o estabelecer-se de um jogo de estruturas múltiplas: estabelecimento esse *escrito*, isto é, destacado da verdade da fala; ainda mais precisamente, são as relações que amarram essas estruturas concomitantes, submetidas a regras ainda desconhecidas que devem constituir o objeto de uma teoria nova.

1968, *Communications*.

| **Parte V** |

O AMANTE DE SIGNOS

O OFUSCAMENTO

O *Berliner Ensemble** veio à França pela primeira vez em 1954. Alguns dos que o viram então tiveram a revelação de um sistema novo, que cruelmente tornava ultrapassado todo o nosso teatro. Essa novidade nada tinha de provocante e não lançava mão das maneiras habituais da vanguarda. Era o que se poderia denominar uma revolução sutil.

Tal revolução provinha de o dramaturgo (no caso, o próprio Brecht) ter como perfeitamente compatíveis valores que ao nosso teatro sempre havia repugnado reunir. O teatro brechtiano, como se sabe, é um teatro *pensado*, uma prática elaborada a partir de uma teoria explícita, a uma só vez materialista e semântica. Quando se desejou um teatro político iluminado pelo marxismo e uma arte que mantém rigorosa vigilância sobre os seus signos, como não ficar ofuscado pelo trabalho do *Berliner*? Além disso, novo paradoxo,

....
* Grupo de teatro fundado por Brecht em 1949. (N. da R.)

esse trabalho político não recusava a beleza; o menor azul, a matéria mais discreta, uma fivela de cinto, um farrapo cinzento formavam em qualquer ocasião um quadro que nunca copiava a pintura e, no entanto, não seria possível sem um gosto refinadíssimo: esse teatro que se queria engajado não temia ser *distinto* (palavra que seria preciso livrar da sua comum futilidade para dar-lhe um sentido próximo ao do "distanciamento" brechtiano). A junção desses dois valores produzia o que se poderia considerar um fenômeno desconhecido do Ocidente (e talvez Brecht o tenha aprendido precisamente no Oriente): *um teatro sem histeria.*

Enfim, último sabor, esse teatro inteligente, político e de uma ascética suntuosidade, era também, de conformidade, aliás, com um preceito de Brecht, um teatro agradável: nunca uma tirada, nunca uma pregação, nunca, nem mesmo, esse maniqueísmo edificante que comumente opõe, em toda arte política, os bons proletários aos maus burgueses, mas sempre um argumento inesperado, uma crítica social que se opera fora do tédio dos estereótipos e mobiliza a mola mais secreta do prazer, a sutileza. Um teatro ao mesmo tempo revolucionário, significante e voluptuoso, quem poderia dizer melhor?

Essa conjunção surpreendente nada tinha, entretanto, de mágico; não teria sido possível sem um dado material que faltava – e que ainda falta – ao nosso teatro. Durante muito tempo entre nós reinou a convicção cômoda, herdada de uma tradição espiritualista que Copeau tão bem simbolizou, de que se pode fazer excelente teatro sem dinheiro: a pobreza dos meios tornava-se então um valor sublime, convertia os atores em oficiantes. Ora, o teatro brechtiano é um teatro caro, pelo inaudito cuidado com a encenação, pela elaboração dos trajes – cujo tratamento refletido custa infinitamente mais do que o alto luxo das cenas de grande espetáculo –, pelo número de ensaios, pela segurança profissional dos atores, tão necessária para a sua arte. Esse teatro ao mesmo tempo popular e rebuscado é impossível numa economia privada onde não poderia ser sustentado nem pelo público burguês, que faz o dinheiro, nem pelo público pequeno-burguês, que faz o número. Por trás do êxito do *Berliner*, por trás da perfeição do seu trabalho, coisa que toda gente podia verificar, há que se ver toda uma economia, toda uma política.

Não sei qual foi o destino do *Berliner* depois da morte de Brecht, mas sei que o *Berliner* de 1954 me ensinou muita coisa – e muito além do teatro.

1971, *Le Monde*.

UM BELÍSSIMO PRESENTE

Jakobson deu um belíssimo presente à literatura: deu-lhe a lingüística. Certo que a Literatura não esperou por ele para saber que era Linguagem: toda a Retórica clássica, até Valéry, dá testemunho disso; mas desde o momento em que se buscou uma ciência da linguagem (primeiro sob forma de uma lingüística histórica e comparada das línguas), ela estranhamente se desinteressou dos efeitos de sentido, sucumbindo, nesse século positivista (o XIX), ao tabu dos domínios reservados: de um lado, a Ciência, a Razão, o Fato; do outro, a Arte, a Sensibilidade, a Impressão. Jakobson empenhou-se desde jovem no reajustamento dessa situação: porque esse lingüista sempre fez questão de manter-se grande *amante* de poesia, de pintura, de cinema; porque, no seio de sua pesquisa científica, não censurou o seu prazer de homem culto, sentiu que o verdadeiro fato científico da modernidade não era o fato, mas a relação. Na origem da lingüística generalizada que ele traçou houve um gesto decisivo de abertura das classificações, das castas, das disciplinas: tais palavras perderam com ele o seu ranço separatista, penal, racista; não mais existem proprietários (da Literatura, da Lingüística), os cães de guarda foram de novo presos em seus cercados.

Jakobson investiu a literatura de três maneiras. Em primeiro lugar, criou no interior mesmo da lingüística um departamento especial, a Poética; esse setor (e é a novidade do seu trabalho, a sua contribuição histórica), ele não o definiu a partir da Literatura (como se a Poética dependesse sempre do "poético" ou da "poesia"), mas a partir da análise das funções da linguagem: toda enunciação que põe em destaque a forma da mensagem é poética; ele pôde assim, *a partir de uma posição lingüística*, alcançar as formas vitais (e muitas vezes as mais emancipadas) da Literatura: o direito à ambigüidade dos sentidos, o sistema das substituições, o código das figuras (metáfora e metonímia).

Em seguida, mais fortemente ainda do que Saussure, ele reclamou por uma pansemiótica, por uma ciência generalizada (e não somente geral) dos signos; mas, ainda aqui, a sua posição é duplamente vanguardeira; por um lado, nessa ciência, reserva para a linguagem articulada um lugar preeminente (bem sabe ele que a linguagem está *por toda parte*, e não apenas *ao lado*), e, por outro, junta imediatamente à semiótica os domínios da Arte e da Literatura, postulando, assim, ser a semiologia a ciência da significação – e não da simples comunicação (retira assim à lingüística qualquer risco de alvo ou de uso tecnocráticos).

Enfim, a sua lingüística prepara admiravelmente o que hoje podemos pensar do Texto: a saber, o sentido de um signo não é mais do que a sua tradução num outro, o que é definir o sentido não como um significado último, mas como um *outro* nível significante; a saber ainda que a mais corrente das linguagens comporta elevado número de enunciados metalingüísticos, que atesta a necessidade de o homem pensar sua linguagem no momento mesmo em que fala: atividade capital que a Literatura não faz mais do que levar ao seu mais alto grau de incandescência.

O próprio estilo do seu pensamento, brilhante, generoso, irônico, expansivo, cosmopolita, móvel e que se poderia dizer *inteligente como o diabo*, predispunha Jakobson a essa função histórica de abertura, de abolição da propriedade disciplinar. Outro estilo é sem dúvida possível, fundamentado numa cultura mais histórica e numa noção mais filosófica do sujeito falante: estou pensando na obra inesquecível (e, no entanto, um pouco esquecida, parece-me) de Benveniste, que nunca se deve dissociar (e Jakobson estaria de acordo com isso) de qualquer *homenagem* prestada ao papel decisivo da Linguística no nascimento dessa *outra coisa* que trabalha o nosso século. Jakobson, através de todas as proposições novas e irreversíveis com que teceu sua obra cinquentenária, é para nós esse ator histórico que, com um golpe de inteligência, fez cair definitivamente *no passado* coisas muito respeitáveis a que estávamos apegados: converteu o preconceito em anacronismo. Seu trabalho nos lembra que "cada um de nós compreendeu definitivamente que um linguista surdo à função poética, como um especialista da literatura indiferente aos problemas e ignorante dos métodos linguísticos, são desde já flagrantes anacronismos".

1971, *Le Monde*.

POR QUE GOSTO DE BENVENISTE

1

A atual preeminência dos problemas da linguagem irrita certas pessoas que vêem nisso uma moda excessiva. Será preciso, no entanto, que se resignem: é provável que estejamos apenas começando a falar da linguagem; acompanhada pelas ciências que tendem hoje a unir-se a ela, a lingüística está entrando na aurora da sua história; temos de descobrir a linguagem, como estamos descobrindo o espaço; o nosso século será, talvez, marcado por essas duas explorações.

Todo livro de lingüística geral responde hoje a uma necessidade imperiosa da cultura, a uma exigência de saber formulada por todas as ciências cujo objeto é, de perto ou de longe, mesclado de linguagem. Ora, a lingüística é difícil de expor, dividida entre uma especialização necessária e um projeto antropológico que está começando a ter explosiva manifestação. Assim, os livros de lingüística geral são pouco numerosos, pelo menos em francês; há os *Elementos*, de Martinet, e os *Ensaios*, de Jakobson; haverá, logo mais, os *Prolegômenos*, de Hjelmslev. Há hoje a obra de Benveniste.

É uma coletânea de artigos (unidades normais da pesquisa lingüística), alguns dos quais são já célebres (sobre a arbitrariedade do signo, sobre a função da linguagem na descoberta freudiana, sobre os níveis da análise lingüística). Os primeiros textos tratam de uma descrição da lingüística atual: recomendamos aqui o belíssimo artigo que Benveniste consagra a Saussure, que, de fato, nada escreveu na seqüência da sua dissertação sobre as vogais indo-européias, por não poder, pensava ele, realizar de uma só vez essa subversão total da lingüística passada de que necessitava para construir a sua própria lingüística, e cujo "silêncio" tem a grandeza e o alcance de um silêncio de escritor. Os artigos que vêm a seguir ocupam os pontos cardeais do espaço lingüístico: a *comunicação*, ou ainda o signo articulado, situado em relação ao pensamento, à linguagem animal e à linguagem onírica; a *estrutura* (evoquei o texto capital sobre os níveis da análise lingüística: é preciso ainda assinalar o texto, fascinante de clareza, em que Benveniste estabelece o sistema sublógico das preposições em latim; por que não nos explicaram isso quando fazíamos versões latinas: tudo se esclarece pela estrutura); a *significação* (pois é sempre do ponto de vista do sentido que Benveniste interroga a linguagem); a *pessoa*, a meu ver parte decisiva da obra, onde Benveniste analisa essencialmente a organização dos pronomes e dos tempos. A obra termina com alguns estudos do léxico.

Tudo isso forma o balanço de um saber impecável, responde com clareza e força às questões de fato que todos aqueles que têm algum interesse pela linguagem podem propor-se. Mas isso não é tudo. Esse livro não satisfaz apenas a uma demanda atual da cultura: vai à frente, forma-a, dirige-a. Em resumo, não é apenas um livro indispensável; é também um livro importante, inesperado: é um belíssimo livro.

Quando a ciência de que se é especialista vê-se transbordada pela curiosidade de amadores de toda espécie, é muito tentador defender-lhe ciosamente a especialidade. Pelo contrário, Benveniste tem a coragem de colocar deliberadamente a lingüística no ponto de partida de um movimento muito vasto e de já adivinhar o desenvolvimento futuro de uma verdadeira ciência da cultura, na medida em que a cultura é essencialmente linguagem; ele não hesita em notar o nascimento de uma nova objetividade, imposta ao cientista pela natureza simbólica dos fenômenos culturais; longe de abandonar a língua no limiar da sociedade, como se ela não fosse mais do que um utensílio, afirma com esperança que "é a sociedade que começa a reconhecer-se como língua". Ora, é fundamental para todo um conjunto de pesquisas e revoluções que um lingüista tão rigoroso como Benveniste esteja consciente dos poderes de sua disciplina e que, recusando constituir-se proprietário dela, reconheça na mesma o germe de uma nova configuração das ciências humanas.

Essa coragem se reforça com uma visão profunda. Benveniste – e aí está o seu êxito – toma a linguagem nesse nível decisivo em que, sem deixar de ser plenamente linguagem, recolhe tudo aquilo que estávamos habituados a considerar exterior ou anterior a ela. Vejam três contribuições das mais importantes: uma sobre a voz média dos verbos indo-europeus, a segunda sobre a estrutura dos pronomes pessoais, a terceira sobre o sistema dos tempos em francês; as três tratam diversamente de uma noção capital em psicologia: a de pessoa. Ora, Benveniste consegue, magistralmente, *arraigar* essa noção numa descrição puramente lingüística. De modo geral, ao colocar o sujeito (no sentido filosófico do termo) no centro das grandes categorias da linguagem, ao mostrar, ao ensejo de fatos muito diversos, que o sujeito jamais pode distinguir-se de uma "instância do discurso", diferente da instância da realidade, Benveniste fundamenta lingüisticamente, quer dizer, cientificamente, a identidade do sujeito e da linguagem, posição que está no cerne de muitas pesquisas atuais e que interessa tanto à filosofia quanto à literatura; tais análises indicam, talvez, a saída para uma velha antinomia, mal liquidada: a do subjetivo com o objetivo, do indivíduo com a sociedade, da ciência com o discurso.

Os livros de saber, de pesquisa, têm também o seu "estilo". Esse é de grande classe. Há uma beleza, uma experiência do intelecto, que dá à obra de certos cientistas essa espécie de *clareza inesgotável* de que também são feitas as grandes obras literárias. Tudo é claro no livro de Benveniste, tudo nele pode imediatamente ser reconhecido como verdade; e, no entanto, tudo também nele não faz mais do que começar.

1966, *La Quinzaine Littéraire*.
Pela publicação dos
Essais de linguistique générale.

2

O lugar de Benveniste no concerto dos grandes lingüistas que marcam com a sua influência todo o trabalho intelectual da nossa época é totalmente original – a ponto de ser, por vezes, parece-me, subestimado. A sua obra é ainda hoje duas vezes paradoxal: com respeito à tradição e com respeito ao que chamarei de vanguarda fácil, aquela que repete em lugar de pesquisar.

Que nos diz ele? Primeiro isso: que a linguagem nunca se distingue de uma socialidade. Esse puro lingüista, cujos objetos de estudo pertencem aparentemente ao aparelho da lingüística geral, transcendente, não cessa, na realidade, de tomar a linguagem naquilo a que se poderia chamar suas *concomitâncias*: o trabalho, a história, a cultura, as instituições, em suma, tudo que constitui o real do homem. O *Vocabulário das instituições indo-européias*, os estudos sobre os nomes de agente, sobre os prevérbios *prae-* ou *vor-*, são textos que desnaturam a disciplina lingüística, realizam esse movimento subversivo pelo qual a compartimentação disciplinar se esboroa e uma nova ciência, sem nome, aparece; é o momento em que a lingüística cessa de deter uma liderança teatral e se torna verdadeiramente a "sociologia" universal: a ciência da sociedade que fala, que é sociedade *precisamente porque fala*. Nesse nível, o trabalho de Benveniste é sempre crítico; desmistificador, ele se dedica incansavelmente a *derrubar* preconceitos eruditos e a aclarar com luz implacável (pois esse homem de ciência é rigoroso) o fundo social da linguagem. Esse poder, tem-no Benveniste da situação exata – embora hoje rara, menosprezada – de seu trabalho: é um lingüista das *línguas*, e não apenas um lingüista da linguagem.

Na outra ponta da corrente (o hiato só causará espécie aos espíritos leviano que continuam imperturbavelmente a opor história e estrutura), Benveniste deu corpo científico a uma noção que assumiu a maior importância no trabalho de vanguarda: a enunciação. A enunciação não é o enunciado (por certo), e tampouco (proposição mais sutil e mais revolucionária) a simples presença da subjetividade no discurso; ela é o ato, renovado, pelo qual o locutor toma posse da língua (apropria-se dela, diz com justeza Benveniste): o sujeito não é anterior à linguagem; só se torna sujeito na medida em que fala; em suma, não há "sujeitos" (e, portanto, não há "subjetividade"), há apenas locutores; bem mais – e isso é relembrado incessantemente por Benveniste –, só há *interlocutores*.

Sob esse ponto de vista, Benveniste amplia consideravelmente a noção de *shifter*, lançada com brilho por Jakobson; ele funda uma lingüística nova, que não existe em nenhum outro autor (e muito menos em Chomsky): a lingüística da interlocução; a linguagem, e, portanto, o mundo inteiro, articula-se sobre esta forma: *eu/tu*. Compreende-se, a partir daí, a insistência de Benveniste em tratar, ao longo de toda a sua obra, dos pronomes ditos pessoais, da temporalidade, da diátese, da composição (ato privilegiado de apropriação do léxico). Compreende-se também por que, bem cedo, Benveniste soube estabelecer uma ponte entre a lingüística e a psicanálise; por que ainda esse especialista do persa antigo pôde, sem se violentar, compreender – ou pelo menos proibir-se expressamente de censurar – as novas pesquisas da semiologia (Metz, Schefer) e o trabalho da vanguarda sobre a língua. O interesse direto do novo livro de Benveniste está nisto: é o livro da enunciação.

Os dons intelectuais de um sábio (não aquilo que lhe é dado, mas aquilo que ele nos dá) têm a ver, estou persuadido, com uma força que não é apenas a do saber e do rigor, mas também a da escritura, ou, para retomar uma palavra de que agora se conhece a acepção radical, da enunciação. A língua de que se apropria Benveniste (pois que tal é a sua definição de enunciação) não é *exatamente* aquela dos cientistas comuns, e esse ligeiro deslocamento basta para constituir uma escritura. A escritura de Benveniste é difícil de descrever porque é *quase* neutra; só às vezes uma palavra, à força de ser exata, poder-se-ia dizer, de tal modo a exatidão nele parece se acumular, brilha, arrebata como um encanto, levada por uma sintaxe cuja medida, ajustamento e exatidão (qualidades todas de um ebanista) atestam o prazer que esse cientista teve em formar a sua frase. A escritura de Benveniste apresenta assim essa mescla sutil de dispêndio e de reserva que fundamenta o texto, ou, ainda melhor, a música. Benveniste escreve *silenciosamente* (a música não será uma arte do silêncio inteligente?), como tocam os maiores músicos: há algo de Richter em Benveniste.

Ao trabalhar com ele, com os seus textos (que nunca são simples artigos), reconhecemos sempre a generosidade de um homem que parece escutar o leitor e emprestar-lhe alguma coisa de sua inteligência, mesmo nos assuntos mais particulares, mais improváveis. Lemos outros lingüistas (afinal, é preciso), mas gostamos de Benveniste.

1974, *La Quinzaine Littéraire*.
Pela publicação dos
Essais de linguistique générale, II.

A ESTRANGEIRA

Embora recente, a semiologia já tem história. Derivada de uma formulação olímpica de Saussure ("Pode-se conceber uma ciência que estude a vida dos signos no seio da vida social"), ela não cessa de colocar-se à prova, de fracionar-se, de dessituar-se, de entrar nesse grande carnaval das linguagens descrito por Julia Kristeva. O seu papel histórico hoje é ser a intrusa, a terceira, aquela que perturba esses bons casais exemplares, sempre a nós impingidos, que são, ao que parece, a História e a Revolução, o Estruturalismo e a Reação, o determinismo e a ciência, o progressismo e a crítica dos conteúdos. Dessa "perturbação de convivência", pois que convivências há, o trabalho de Julia Kristeva é hoje a orquestração final: ativa-lhe a força e dá-lhe a teoria.

Já muito lhe devendo (e desde o início), acabei de experimentar uma vez mais, e dessa vez em seu conjunto, a força desse trabalho. *Força* quer dizer aqui *deslocamento*. Julia Kristeva muda o lugar das coisas: ela destrói sempre o *último preconceito*, aquele com que a achávamos que podíamos ficar seguros e orgulhosos; o que ela desloca é o *já-dito*, isto é, a insistência do significado, isto é, a burrice; o que ela subverte é a autoridade, aquela da ciência monológica, da filiação. O seu trabalho é inteiramente novo, exato, não por puritanismo científico, mas porque toma todo o espaço do lugar que ocupa, preenche-o *exatamente*, obrigando quem quer que dele se exclua a descobrir-se em posição de resistência ou de censura (é o que chamam, com ares de quem se sente chocado: o terrorismo).

Já que estou falando de um *lugar* da pesquisa, direi que para mim a obra de Julia Kristeva é um aviso: de que andamos sempre devagar demais, de que perdemos tempo a "crer", quer dizer, a repetir-nos e a nos comprazer, de que muitas vezes bastaria um suplementozinho de liberdade num pensamento novo para ganhar anos de trabalho. Em Julia Kristeva esse suplemento é teórico. O que é teoria? Não é nem uma abstração, nem uma generalização, nem uma especulação, é uma reflexividade; é de certo modo o olhar de uma linguagem voltado sobre si mesma (aquilo por que, numa sociedade privada da prática socialista, condenada por isso mesmo a *discorrer*, o discurso teórico é transitoriamente necessário). É nesse sentido que, pela primeira vez, Julia Kristeva propõe a teoria da semiologia: "*Toda semiótica só pode fazer-se como crítica da semiótica.*" Tal proposição não se deve entender como um voto pio e hipócrita ("Critiquemos os semiólogos que nos precedem"), mas como a afirmação de que, no seu próprio discurso, e não em nível de algumas cláusulas, o trabalho da ciência semiótica é tecido de retornos destruidores, de coexistências contrariadas, de desfigurações produtivas.

A ciência das linguagens não pode ser olímpica, positiva (ainda menos positivista), in-diferente, adiafórica, como diz Nietzsche;

é ela própria (porque é linguagem da linguagem) *dialógica* – noção revelada por Julia Kristeva a partir de Bakhtin, que ela nos fez descobrir. O primeiro ato desse dialogismo é, para a semiótica, pensar-se simultânea e contraditoriamente como ciência e como escritura – o que, creio eu, jamais foi feito por nenhuma ciência, exceto, talvez, pela ciência materialista dos pré-socráticos, e que permitiria, talvez, diga-se de passagem, sair do impasse *ciência burguesa* (falada)/*ciência proletária* (escrita, pelo menos postulativamente).

O valor do discurso de Kristeva está em ser esse discurso homogêneo à teoria que enuncia (e essa homogeneidade é a própria teoria): nele a ciência é escritura, o signo é dialógico, o fundamento é destrutor; se ele parece "difícil" para alguns, é precisamente porque é *escrito*. Que quer dizer isso? Primeiro, que afirma e pratica a uma só vez a formalização e o seu deslocamento, a matemática tornando-se, em suma, bastante análoga ao trabalho do sonho (donde muita gritaria). Em seguida, que assume, em nome mesmo da teoria, o deslizamento terminológico das definições ditas científicas. Finalmente, que instala um novo tipo de transmissão do saber (não é o saber que constitui problema, é a sua transmissão): a escritura de Kristeva possui a uma só vez uma discursividade, um "rendimento" (quiséramos dar a esse termo um sentido "esportista" mais do que retórico) e uma formulação, um cunho (marca de apropriação e de inscrição), uma germinação; é um discurso que age menos porque "representa" um pensamento do que porque, imediatamente, sem a mediação da insossa escrevência, ele a produz e a destina. Isso significa que a semanálise, Julia Kristeva é a única a poder fazê-la: o seu discurso não é propedêutico, não prepara a possibilidade de um "ensino"; mas isso quer também dizer, inversamente, que esse discurso nos transforma, nos desloca, nos dá palavras, sentidos, frases que nos permitem trabalhar e desencadeiam em nós o próprio movimento criativo: a permutação.

Em suma, o que Julia Kristeva faz aparecer é uma crítica da *comunicação* (a primeira, creio eu, após a psicanálise). A comunicação, mostra ela, lugar-comum das ciências positivas (como a lingüística), das filosofias e das políticas do "diálogo", da "participação" e do "intercâmbio", a comunicação é uma *mercadoria*. Não estão sempre a nos lembrar que um livro "claro" se vende melhor, que um temperamento comunicativo se coloca mais facilmente? É um trabalho político, então, aquele mesmo que Julia Kristeva faz, empreender a redução teórica da comunicação ao nível mercante da relação humana, e integrá-la como um simples nível flutuante à significância, ao Texto, aparelho extra-sentido, afirmação vitoriosa do Dispêndio sobre a Troca, dos Números sobre a Contabilidade.

Será que tudo isso fará a sua caminhada? Depende da incultura francesa: essa parece hoje marulhar suavemente, aumentar em torno de nós. Por quê? Por razões políticas, sem dúvida; mas essas razões parecem curiosamente impregnar aqueles que melhor deveriam resistir-lhes: há um nacionalismozinho da *intelligentsia* francesa; esse não diz respeito, por certo, às nacionalidades (Ionesco não será, afinal de contas, o Puro e Perfeito Pequeno-Burguês Francês?), mas sim à recusa obstinada da *outra língua*. A outra língua é aquela que se fala num lugar política e ideologicamente inabitável: lugar do interstício, da beirada, da tipóia, do andar coxo: lugar *sobranceiro* pois que atravessa, cavalga, panoramiza e ofende. Aquela a quem devemos um saber novo, vindo do Leste e do Extremo Oriente, e esses novos instrumentos de análise e de engajamento que são o paragrama, o dialogismo, o texto, a produtividade, a intertextualidade, o número e a fórmula, ensinam-nos a trabalhar na diferença, isto é, acima das diferenças em cujo nome interditam-nos fazer germinar juntas a escritura e a ciência, a História e a forma, a ciência dos signos e a destruição do signo: são todas essas belas antíteses, confortáveis, conformistas, obstinadas e suficientes que o trabalho de Julia Kristeva atropela, marcando a nossa jovem ciência semiótica com um traço *estrangeiro* (o que é bem mais difícil do que estranho), conforme a primeira frase de *Sèméiotikè*: "*Fazer da língua um trabalho*, operar na *materialidade* daquilo que, para a sociedade, é um meio de contato e de compreensão, não é fazer-se, de imediato, estrangeiro à língua?"

1970, *La Quinzaine Littéraire*.
Pela publicação de *Sèméiotikè*.

A VOLTA DO POETICISTA

Quando se coloca diante da obra literária, o poeticista não se pergunta: que quer dizer isto? Donde vem isto? A que se liga isto? Mas, mais simplesmente e mais dificilmente: *como é que isto se fez*? Essa pergunta já se fez três vezes em nossa história; a Poética tem três patronos: Aristóteles (que propôs em sua *Poética* a primeira análise estrutural dos níveis e das partes da obra trágica), Valéry (que pediu que se estabelecesse a literatura como um objeto de linguagem), Jakobson (que chama *poética* a toda mensagem que ponha em destaque o seu próprio significante verbal). A Poética é, então, a uma só vez, muito antiga (ligada a toda a cultura retórica da nossa civilização) e muito nova, na medida em que hoje pode aproveitar a importante renovação das ciências da linguagem.

Genette – e isso define a personalidade do seu trabalho – domina simultaneamente o passado e o presente da Poética: num mesmo movimento, é retórico e semiólogo; as *figuras* são para ele formas lógicas, maneiras de discurso, cujo campo não é apenas um pequeno grupo de palavras, mas a estrutura do texto em seu total; é, pois, a justo título que a obra escrita de Genette se chama *Figuras* (I, II, III); porque pertencem à Figura não apenas a imagem poética, mas também, por exemplo, a forma da narrativa, objeto atual da narratologia. O trabalho de Genette mantém-se então num espaço vasto e atual: é um trabalho ao mesmo tempo crítico (aparentado com a crítica literária), teórico (militando com vistas a uma teoria da literatura, objeto tão negligenciado na França), prático (aplicado a obras precisas), epistemológico (propondo, graças ao texto, uma nova dialética do particular e do geral) e pedagógico (levando à renovação do ensino da literatura e dando para isso os meios).

O poeticista: até recentemente, essa personagem poderia ter passado pelo parente pobre do poeta. Mas, justamente, a poética praticada por Genette tem por objeto todo o fazer da linguagem – ou o fazer de toda a linguagem. Não somente a poética inclui no seu campo a narrativa (cuja análise está já bem desenvolvida) e sem dúvida, amanhã, o ensaio, o discurso intelectual – na medida em que ele quiser *escrever-se* –, mas também, voltando-se sobre a sua própria linguagem, consente, obriga-se a considerar a si própria, de certo modo, como objeto de poética. Esse retorno, que é muito mais importante do que um simples alargamento, tende a fazer do poeticista um escritor, a abolir a distância hierárquica entre o "criador" e o "glosador". Em outras palavras, o poeticista aceita o retorno do significante no seu próprio discurso. É pelo menos o caso de Genette. Não julgo aqui a escritura em nome do "estilo" (perfeito, entretanto, em Genette), mas segundo uma espécie de força fantasística que faz com que um escriptor se deixe levar pela tentação de classificar e de nomear, aceite pôr o seu discurso em cena. Essa força, Genette a possui, sob as aparências de uma extrema discrição – ela mesma bastante arrevesada para se tornar *gulosa* (atributo capital do prazer de escrever e de ler).

Genette classifica, rigorosa e vigorosamente (notadamente as figuras da narrativa em Proust, objeto principal do seu último livro): divide e subdivide formas, e é o primeiro ponto em que o poeticista se torna poeta, pois é criar no perfil da obra (aqui, o romance de Proust) um *segundo quadro*, pertencente menos a uma metalinguagem do que, mais simplesmente, a uma segunda linguagem (que não é a última, pois que eu próprio, entre outros, escrevo a respeito de Genette). A descrição que faz Genette dos modos da narrativa proustiana faz-me pensar naquele texto em que Edgar Poe, a um só e mesmo tempo, descreve, desmonta e *cria* o Jogador de xadrez de Maetzel: um homem está escondido dentro do autômato, mas *ele não se vê*; o problema (para Poe, e procurativamente para Genette) não está em descrever o homem (o objeto escondido), nem mesmo, falando propriamente, na maneira como o escondem (pois o interior da máquina está aparentemente sempre visível), mas o deslocamento sutilíssimo dos painéis, portas e janelas, que faz com que o homem *nunca esteja no lugar para onde se olha*; da mesma forma Genette vê Proust no lugar para onde não olhamos; e então, pouco importa que ele esteja ali: não é o ocupante do sentido que determina a obra, é o *seu lugar*; e, também, Proust, o aroma proustiano, volta com força e circula na máquina de Genette; as citações passam por uma nova luz, geram um *vibrato* diferente daquele a que nos havia habituado uma leitura compacta da obra.

Depois Genette *denomina* aquilo que a sua classificação encontra: ele discute acepções já aceitas, cria neologismos, vivifica nomes antigos, constrói uma terminologia, isto é, uma rede de objetos verbais sutis e nítidos; ora, a preocupação (ou a coragem) neológica é o que fundamenta mais diretamente o que chamarei de grande romanesco crítico. Fazer do trabalho de análise uma ficção elaborada é talvez, hoje, um empreendimento de ponta: não contra a verdade e em nome do impressionismo subjetivo, mas, pelo contrário, porque a verdade do discurso crítico não é de ordem referencial, mas de ordem linguageira: outra verdade não há para a linguagem senão confessar-se linguagem; os bons críticos, os cientistas úteis serão aqueles que anunciarão a cor do seu discurso, que lhe aporão claramente a assinatura do significante. Foi o que fez Genette (o seu "póslogo" não deixa nenhuma dúvida sobre o seu projeto de escritura).

Eis agora em que o projeto de Genette nos concerne: o que ele identifica e localiza em Proust, com predileção (ele próprio o sublinha), são os desvios narrativos (aquilo em que a narrativa proustiana contraria a idéia que podemos ter de uma narrativa simples, linear, "lógica"). Ora, os desvios (com relação a um código, a uma gramática, a uma norma) são sempre manifestações de escritura: onde se transgride a norma, aparece a escritura como excesso, já que assume uma linguagem que *não estava prevista*. Em suma, o que interessa a Genette, em Proust, é a escritura, ou, mais precisamente, a diferença que separa o estilo da escritura. O termo *desvio* seria, sem dúvida, embaraçoso caso se entendesse que existe um modelo antropológico da narrativa (do qual "se desviaria" o criador), ou, então, uma ontologia narrativa (de que a obra seria rebento monstruoso); na realidade, o "modelo" narrativo não passa de uma "idéia" (uma ficção), uma lembrança de leitura. Preferia eu dizer que Genette bebe na fonte proustiana e expõe os lugares em que a história "*derrapa*" (essa metáfora visa a respeitar o movimento, a produtividade do texto). Ora, uma teoria da "derrapagem" é necessária *precisamente hoje*. Por quê? Porque estamos neste momento histórico da nossa cultura em que a narrativa ainda não pode abandonar certa legibilidade, certa conformidade com a pseudológica narrativa que a cultura implantou em nós e na qual, por conseguinte, as únicas inovações possíveis consistem não em destruir a história, o enredo, mas em desviá-lo: fazer derrapar o código, muito embora se dê a impressão de respeitá-lo. É esse estado muito frágil da narrativa, a uma só vez conforme e desviante, que Genette soube ver e fazer-nos ver na obra de Proust. O seu trabalho é ao mesmo tempo estrutural e histórico, porque precisa as condições em que a inovação narrativa é possível sem ser suicida.

1972, *La Quinzaine Littéraire*.
Pela publicação de *Figures III*.

APRENDER E ENSINAR

Antes de descortinar o livro, Metz já nos diz a sua "peculiaridade", tudo o que há de inimitável em sua voz. Ouçamos a abertura da sua última obra: "O tomo I desta coletânea, elaborado em 1967 e publicado em 1968 (2.ª ed. 1971) reunia artigos escritos entre 1964 e 1967, publicados entre 1964 e 1968. Este tomo II compõe-se de textos ulteriores (escritos entre 1967 e 1971, publicados entre 1968 e 1972), além de dois inéditos redigidos em 1971 (os textos 8 e 9)."[1]

Essas precisões numéricas são certamente exigidas pelo código científico – ou pelo menos erudito – da exatidão; mas quem não sente que, nessa mistura de insistência e de elegância que marca o enunciado, há algo *a mais*? O quê? Precisamente a voz do sujeito. Em face de qualquer mensagem, Metz, por assim dizer, *acrescenta coisas*; mas o que acrescenta não é ocioso, nem vago, nem digres-

----

1. *Essais sur la signification au cinéma*, t. II, Paris, Klincksieck, 1972. [Trad. bras. *A significação do cinema*, São Paulo, Perspectiva, 1977.]

sivo, nem prolixo: é um suplemento fosco, a pertinácia da idéia em dizer-se completamente. Quem conhece Metz sob o tríplice aspecto de escritor, de professor e de amigo fica sempre impressionado com esse paradoxo, que é apenas aparente: de uma exigência radical de precisão e de clareza nasce um tom livre, como que sonhador, e eu diria quase como que drogado (Baudelaire não fazia do haxixe a fonte de uma *precisão* inaudita?); reina aí uma exatidão *furiosa*. Estamos então no Dispêndio – e não no saber apenas: quando Metz enuncia algarismos, referências, quando resume, quando classifica, quando clarifica, quando inventa, quando propõe (e em todas essas operações o seu labor é ativo, incansável, eficaz), não está apenas comunicando, está *doando*, no sentido pleno do termo; existe verdadeiramente *dom*, de saber, de linguagem, dom do sujeito na medida em que se empenha em enunciar (ele, cujo trabalho vem tão explicitamente da lingüística, não nos diz acaso, à sua maneira, que o erro dessa ciência está em nos fazer crer que as mensagens "se trocam" – sempre a ideologia da Troca – quando o *real* da palavra está precisamente em dar-se ou em se retomar, em suma, em *pedir*?). Há duas maneiras de subverter a legalidade do saber (inscrita na Instituição): ou dispersá-lo, ou *doá-lo*. Metz opta por doar; a maneira como trata um problema de linguagem e/ou de cinema é sempre generosa: não pela invocação de idéias "humanas", mas pela incessante solicitude com que envolve o leitor, prevenindo com paciência o pedido de esclarecimento que ele sabe ser sempre, no fundo, um pedido de amor.

*   *   *

Há, talvez, dois meios de evitar a dominação (não será esse, hoje, o desafio de todo ensino, de toda "função" intelectual?): ou produzir um discurso lacunoso, elíptico, derivante e derrapante; ou, inversamente, carregar o saber com um excesso de clareza. Foi a via escolhida (saboreada?) por Metz. Christian Metz é um didata maravilhoso; quando o lemos, sabemos tudo, como se nós mesmos o tivéssemos aprendido. O segredo dessa eficácia não é difícil de encontrar: quando Metz transmite um saber, uma classificação, uma síntese, quando explicita conceitos novos, manifesta sempre, pela perfeição didática do enunciado, que *ensina a si mesmo* o que é esperado que ensine aos outros. O seu discurso – está aí a sua peculiaridade, a sua virtude idioletal – chega a confundir dois momentos: o da assimilação e o da exposição. Compreende-se, então, como a *transparência* desse discurso não é redutora: a substância (heteróclita) do saber se esclarece sob nossos olhos; o que fica não é nem um esquema nem um tipo, mas antes uma "solução" do problema, por um instante suspensa sob os nossos olhos apenas a fim de que possamos atravessá-la e habitá-la. Metz sabe e inventa muitas coisas e, essas coisas, ele as diz muito bem: não por dominação (Metz jamais se impõe a ninguém), mas por *talento*: nessa palavra antiga é preciso ver não alguma disposição inata, mas a feliz submissão do sábio, do artista, ao efeito que quer produzir, ao encontro que quer suscitar; poder-se-ia dizer: à *transferência*, que ele aceita assim, lucidamente, fora de qualquer imaginário científico, ser o próprio princípio da escritura.

* * *

Uma obra teórica – que está apenas a começar – edifica-se assim a partir de um movimento (mais ou menos como se costuma dizer: movimento de emoção, movimento do coração); Metz quis sacudir a fadiga de um estereótipo: "*O cinema é uma linguagem.*"

E se déssemos uma olhada nisso? Se, de repente, se captasse a metáfora – derrisória à força de repetir-se – à luz implacável da Letra? Dessa aposta, nova e como que inocente (toda volta à letra não o é?), Metz tirou uma obra cujos elos se desenrolam segundo um projeto implacável e maleável: porque, no nosso tempo, como a sensibilidade à linguagem muda rapidamente, Metz lhe segue os desvios e estilhaçamentos; ele não é homem de uma semiologia (de uma tabela), mas de um objeto: o texto do filme, chamalote onde se lêem desenhos diferentes segundo os momentos do nosso discurso intelectual. Tal é, creio eu, o lugar histórico de Metz (não há história pequena): soube dar àquilo que não era (ou corria o risco de não ser) mais do que uma metáfora a plenitude de uma pertinência científica; nisso ele é fundador, conforme atesta o lugar ímpar e reconhecido que ocupa na semiótica geral e na análise do fato cinematográfico; no entanto, tendo fundado, ele se desloca: ei-lo agora a braços com a psicanálise. Talvez seja nisso que a semiologia lhe deve e lhe deverá muito: ter-lhe conquistado, no domínio que escolheu, um direito de mutação. Por seu trabalho, Metz faz-nos compreender que a semiologia não é uma ciência como as outras (o que não lhe impede ser rigorosa), e que ela não pretende absolutamente pôr-se no lugar das grandes *epistemes* que são como a verdade histórica do nosso século, mas antes que ela é a sua serva: serva vigilante que, pela representação das ciladas do Signo, guarda-as para não caírem naquilo que os grandes saberes novos pretendem denunciar – o dogmatismo, a arrogância, a teologia, em suma, este monstro: o Último Significado.

1975, *Ça.*

| **Parte VI** |

LEITURAS

Por razões estilísticas – digamos mais exatamente: metodológicas, e mais exatamente ainda: textuais –, estas leituras *foram repartidas em dois grupos, separados por três* releituras *– de Michelet e de Brecht. (Nota do editor francês.)*

(Está faltando aqui um prefácio da Besta humana, *de Zola, publicado em italiano – Rizzoli, 1976 –, cujo original parece ter-se perdido.)*

| Leituras I |

A RASURA

> *"Nunca terei tempo, se tiver de rasurar indefinidamente o que tenho a dizer."*

Na obra toda de Cayrol *alguém fala a você*, mas nunca se sabe quem. Acaso se trata de narradores particulares, cuja individualidade é renovada de romance para romance, e Gaspard seria diferente de Armand como Fabrice de Julien Sorel? Seria um narrador único cuja voz reaparece de livro em livro? Seria o próprio Cayrol apenas escondido por trás desse outro que fala? A pessoa do narrador, em toda essa obra, fica tecnicamente indecisa; não se encontrará aí nem a duplicidade narrativa do romance clássico, nem a complexidade do *eu* proustiano, nem o *eu* do poeta; em literatura, comumente, a pessoa é uma idéia acabada (mesmo que consiga fazer-se ambígua): nenhum romancista pode começar a escrever se não escolheu a pessoa profunda de sua narrativa; escrever é, em suma, decidir (poder decidir) quem vai falar. Ora, o homem cayroliano mal chega a ser uma personagem; não dispõe de nenhuma certeza pronominal; quer ele fique diretamente muito aquém da identidade (nos primeiros romances), quer estando aparentemente constituído não cesse, entretanto, de desfazer a sua pessoa por uma contínua decepção da lembrança e da narrativa, nunca passa de uma voz (que não se pode nem mesmo chamar de anônima, pois isso seria qualificá-la), e ainda mais essa voz não confia a sua indecisão de origem a nenhuma técnica romanesca: nem coletiva, tampouco nomeada, é a voz de *alguém*.

Continuamente colocada e retirada, a pessoa do narrador não é, de fato, aqui, mais do que o suporte parcimoniosamente emprestado a uma palavra muito móvel, fracamente *amarrada*, passando de lugar para lugar, de objeto para objeto, de lembrança para lembrança, permanecendo, no entanto, sempre uma mera substância articulada. Isso é apenas uma metáfora; há, em Cayrol, substituindo a sensibilidade visual dos escritores e dos poetas, uma verdadeira imaginação da voz. Primeiro, a voz pode surgir, escorrer não se sabe de onde; insituada, ela está presente, em algum lugar, em torno de você, atrás, ao seu lado, mas nunca *diante* de você; a verdadeira dimensão da voz é a indireta, a lateral; ela pega o outro pelo lado, aflora-o e vai-se embora; pode tocar sem dizer a sua origem; é pois o signo mesmo do inominado, o que nasce ou fica do homem caso se lhe tire a materialidade do corpo, a identidade do rosto, a humanidade do olhar; é ao mesmo tempo a substância mais humana e a mais inumana; sem ela, nenhuma comunicação entre os homens; mas com ela, também, o mal-estar de um *dúplice*, insidiosamente provindo de uma supernatureza, ctoniana ou celeste, de um desterramento, enfim; um teste conhecido diz que ninguém suporta ouvir a sua própria voz (num gravador) e muitas vezes nem a reconhece; é porque a voz, quando destacada da sua fonte, sempre funda uma espécie de familiaridade estranha que é, afinal, aquela mesma do mundo cayroliano, mundo que se oferece ao reconhecimento pela precisão e ao mesmo tempo a ele se recusa pelo desarraigamento. A voz é ainda outro signo: o do tempo; voz nenhuma é imóvel, voz nenhuma cessa de *passar*; mais que isso, esse tempo manifestado pela voz não é um tempo sereno; por mais chã e discreta que seja, por mais contínuo que seja o seu fluxo, toda voz é ameaçada; substância simbólica da vida humana, há sempre na sua origem um grito e no seu fim um silêncio; entre esses dois momentos, desdobra-se o tempo frágil de uma palavra; substância fluida e ameaçada, a voz é, pois, a própria vida, e, talvez, pelo fato de um romance de Cayrol ser sempre um romance da voz pura e só, sempre é também um romance da vida frágil.

Diz-se de certas vozes que são acariciantes. A voz de Cayrol dá ao mundo uma carícia derrisória, uma carícia perdida. Como a carícia, a palavra fica aqui na superfície das coisas, a superfície é o seu domínio. Dessa descrição superficial dos objetos fez-se um traço comum a certo número de romancistas contemporâneos; entretanto, ao contrário de um escritor como Robbe-Grillet, em Cayrol a superfície não se faz objeto de uma percepção que lhe esgote a existência; a sua maneira de descrever é muitas vezes *profunda*, dá às coisas uma irradiação metafórica que não rompe com certa escritura romântica; é porque para Cayrol a superfície não é uma qualidade (por exemplo, óptica), mas uma *situação* das coisas. Essa situação superficial dos objetos, das paisagens, das lembranças até, é, se quiserem, *baixa*, como se poderia dizer de um mundo visto de rente ao chão; aqui não se encontrará, da parte do escritor, nenhum sentimento de poder ou de *elevação* para com as coisas descritas; o olhar e a voz que as seguem *rente* ficam prisioneiros (e nós com eles) da sua superfície; todos os objetos (e eles são muitos nos romances de Cayrol) são minuciosamente percorridos, mas essa minuciosidade fica cativa, alguma coisa nela não se pode elevar, e o mundo completíssimo que a escritura acaricia cunha-se de uma espécie de subfamiliaridade; o homem não penetra bem no uso das coisas com que cruza na vida, não porque as sublime (como seria o caso de um romance tradicional, entregue à psicologia), mas, ao contrário, porque não consegue elevar-se para esse uso, porque permanece condenado a certo *aquém* dos objetos que não pode alcançar na exata altitude deles.

Essa *literatura do chão* (o próprio Cayrol, um dia, usou a expressão) poderia ter como animal totem o rato. Porque o rato, como o homem cayroliano, ataca as coisas; deixa pouca coisa por onde passa, interessando-se por tudo que o seu olhar oblíquo, vindo do chão, pode agarrar; anima-o uma obstinação acanhada, jamais triunfante e jamais descoroçoada; ficando rente às coisas, vê-as todas; assim é a descrição cayroliana, que percorre com o seu passo frágil e insistente os inúmeros objetos com que a vida moderna entulha a existência do narrador; esse trotinho do rato, ao mesmo tempo saltado e deslizado, passa a sua ambigüidade para a descrição cayroliana (importante, pois os romances de Cayrol são essencialmente *exteriores*); essa descrição não perdoa nada, escorrega pela superfície de tudo, mas o seu escorregar não tem a euforia do vôo ou do nado, não evoca nenhuma ressonância do lado das substâncias nobres do imaginário poético, o aéreo ou o líquido; é um escorregar terrestre, um escorregar do chão, cujo movimento aparente é feito de sacudidelas, de um descontínuo rápido e pudico: os "buracos" da descrição não chegam a ser silêncios carregados, mas apenas uma impotência humana em ligar os acidentes das coisas: há uma infelicidade cayroliana de não poder recolocar uma lógica familiar, uma ordem razoável entre os fenômenos que o tempo e a viagem fazem desfilar diante do narrador. É aqui que se encontra, sob uma forma derrisória, o tema da carícia: ao acariciante é preciso opor, embora procedente dele mesmo, uma espécie de percepção áspera das coisas, um toque rangente a percorrer o mundo dos objetos (mas a seda também pode ranger, e muitas vezes nada mais suntuoso, na sua modéstia, do que uma descrição cayroliana); daí tantas imagens do áspero, do roído e do ácido, formas derrisórias de uma sensação que nunca chega a alcançar o contínuo feliz da carícia; o *liso*, noutra parte tema miraculoso do "inconsútil", é aqui um elemento que "gira", cobre-se de uma espécie de aspereza superficial: a superfície das coisas põe-se a vibrar, a ranger levemente.

O tema da aspereza, da carícia frustrada, esconde uma imagem mais desesperadora ainda, a de *certo frio*. O arranhão não é mais, em suma, do que o mundo ativo do *friorento*. Em Cayrol, onde abundam as marinas, de Dieppe a Biarritz, o vento é sempre acre; ele fere levemente mas, mais seguramente do que o frio forte, dá arrepios contínuos sem, no entanto, alterar a marcha das coisas, sem *assustá-las*; o mundo continua, familiar, bem perto e, no entanto, se tem frio. Esse frio cayroliano não é aquele das grandes imobilidades, deixa intacta, até ágil, a vida, entretanto a descolore, envelhece; o homem cayroliano, por mais vulnerável que seja, nunca fica transido, paralisado; caminha sempre, mas o seu meio físico o crispa continuamente: o mundo *tem de ser aquecido*. Esse frio retido é, como diz nalgum lugar Cayrol, um vento esquecido. É porque basicamente toda crispação de frio do hábitat cayroliano é a do esquecimento; em Cayrol, nada de ruínas nobres, restos *de pé*, fragmentos sólidos e bem plantados de antigos edifícios suntuosos; nem mesmo – ou poucas – mansões arruinadas, desfeitas; tudo está, pelo contrário, no lugar, mas com um toque de esquecimento aberto que dá arrepios (não é esse um dos temas de *Muriel*?); nada está estragado nesse mundo cayroliano, os objetos funcionam, mas tudo está *deserdado*, como aquele quarto de *Corps étrangers*, que o narrador um dia descobre em sua própria casa, por baixo do papel colado na parede, e onde objetos do passado (talvez até um cadáver?) estão ali imóveis, esquecidos, encantados sem encantamento, vibrando ao vento "agudo" da chaminé.

Talvez seja preciso ir mais longe, abandonar essa última imagem, ainda demasiado poética, do *friorento*, dar a esses temas da vida insistente e frustrada outro nome, ao mesmo tempo mais vulgar e mais terrível, o de *cansaço*. O cansaço é um modo de existência menosprezado; fala-se pouco dele; é uma cor de vida que nem sequer tem o prestígio do atroz ou do maldito: que discurso fazer, com cansaço? Ele é, no entanto, a dimensão do tempo: infinita, ele é o próprio infinito. A percepção superficial do homem cayroliano, essa carícia suspensa, sacudida, logo mudada em crispação, com que tenta acompanhar o mundo, isso talvez outra coisa não seja senão certo contato com o cansaço. ("Por que tudo se complica logo que se toca?", diz nalgum lugar uma personagem cayroliana.) O que esgota é inesgotável, tal é, quem sabe, a verdade dessa consciência aguda, obstinada, que não larga nunca o mundo e, no entanto, nunca pode descansar nele. Cansaço, mas não lassidão: o homem cayroliano não é nem deprimido nem indiferente, não se apaga, não se vai; vigia, combate, participa, ele tem a própria energia do cansaço. "Pareces dolorido", diz alguém em *La gaffe*, "e, no entanto, não conheço ninguém mais duro na dor do que tu... És inatacável quando se toca em tuas reservas secretas." Esse mundo frágil, sensitivo, é um mundo resistente; sob o acre e a agudeza do vento, por trás do esquecimento que descolore as coisas, por trás desse passo atento e crispado, alguma coisa (ou alguém) arde, cuja reserva permanece entretanto secreta, como uma força que jamais conhece o próprio nome.

Essa força é secreta porque está não no herói descrito pelo livro, mas no próprio livro. Pode-se dizer, de maneira abreviada, que é a força do próprio Cayrol, a força que o faz escrever. Durante muito tempo interrogou-se o que passava do autor para a obra; mais ainda do que a sua vida ou o seu tempo, é a própria força do escritor que passa para a sua obra. Em outras palavras, a própria literatura é uma dimensão moral do livro: poder escrever uma história é o sentido último dessa história. Isso explica como, com um mundo extremamente desguarnecido, Cayrol possa transmitir uma potência, uma violência, até (penso em *Muriel*), mas essa potência não é interior a esse mundo, é a potência do escritor Cayrol, a potência da literatura: nunca se pode separar o sentido de um mundo romanesco do sentido mesmo do romance. É vão, pois, perguntar-se em nome de que filosofia, interior ao homem cayroliano, mas pudicamente silenciada, a vacância desse mundo pode ser recobrada, porque basta que a literatura assuma até o extremo "aquilo que não está bem no mundo" (como é o caso aqui) para que o absurdo cesse. Conduzido até a beira do frio e do inútil, o leitor de Cayrol se reencontra *ao mesmo tempo* dotado de um calor e de um sentido de viver que lhe são dados pelo próprio espetáculo de alguém que escreve. Assim, o que se pode pedir a esse leitor é que se entregue à obra não pelo que ela traz de filosofia, mas pelo que ela traz de literatura.

* * *

Assim como as substâncias só se oferecem a uma espécie de carícia frustrada, a uma percepção descontínua e como que saltada, assim também o tempo cayroliano é um tempo *comido*, mordiscado insidiosamente aqui e ali. E, quando o objeto desse tempo é uma vida (como em *Les corps étrangers*), surge algo que faz todo o romance cayroliano (esse tema será sensível aos espectadores de *Muriel*): a má fé da recordação.

Todo romance de Cayrol poderia chamar-se: *Memórias de um amnésico*. Não que o narrador faça muito esforço para se lembrar da vida: ela parece vir-lhe naturalmente à memória, como acontece com as memórias comuns; entretanto, quanto mais se desenvolve a narrativa, mais parece *furada*; episódios que se concatenam mal, alguma coisa que range na distribuição dos atos (dir-se-ia mais exatamente, em se tratando de um romance: o seu *dispatching*); mas principalmente, sem que nunca se possa apanhar o narrador em flagrante delito de preterição (ou de mentira), o conjunto de uma narrativa aparentemente regular remete pouco a pouco à sensação de um esquecimento maior, disposto nalgum lugar da existência, e que irradia inoportunamente sob ela, devora-a, marca-a com um andamento *falso*. Noutras palavras, a narrativa cayroliana está submetida a uma montagem cuja rapidez e dispersão indicam um desarranjo muito particular do tempo, que o próprio Cayrol descreveu antecipadamente em *Lazare* e cuja ilustração encontramos na montagem de *Muriel*. Esse esquecimento em que as personagens se debatem sem terem muita consciência disso, esse esquecimento não é uma censura; o universo cayroliano não está carregado com uma culpa escondida, nunca nomeada; diante desse mundo, nada há para decifrar; o que nele falta não são fragmentos de tempo culpado, mas tão-somente fragmentos de puro tempo, o que para o romancista é necessário não dizer para separar um pouco o homem da sua própria vida e da vida dos outros, para torná-lo ao mesmo tempo mais familiar e mais despegado.

Outra forma desse tempo comido: as lembranças são permutáveis no interior de uma mesma vida, são objeto de uma troca, análoga à do traficante e receptador Gaspard (um queijo camembert por uma câmara de ar): a lembrança é ao mesmo tempo matéria para receptação e tráfico; o herói de *Les corps étrangers* tem assim duas infâncias, que ele intima a comparecer, conforme lhe seja necessário atribuir-se uma origem camponesa ou abandonada; o tempo cayroliano é feito de remendos, peças roubadas, poder-se-ia dizer, e, entre essas peças, há um *jogo* que faz todo o romance. *Les corps étrangers* inicia por uma passada em revista de todos os objetos que podem entrar indevidamente no corpo por negligência ou por desgraça; mas, para o homem cayroliano, o verdadeiro corpo estranho é, afinal, o tempo: esse homem não é talhado com a mesma duração dos outros homens, o tempo é ajustado a ele, ora curto demais quando esquece, ora longo demais quando inventa. Porque esse tempo injusto (desajustado), é preciso lutar contra ele, e todo o romance consiste de certo modo em dizer os esforços de um homem para reencontrar o tempo exato dos outros homens. Assim nasce ao longo do monólogo cayroliano (principalmente em *Les corps étrangers*) uma palavra denegante cuja função não é negar as culpas, mas, de modo mais elementar, menos psicológico, rasurar continuamente o tempo. A rasura cayroliana é, entretanto, segunda: o narrador não busca apagar o que existe, criar o esquecimento sobre o que foi, mas, pelo contrário, pintar o vazio do tempo com algumas cores plenas, passar sobre os furos da memória uma lembrança inventada, destinada muito menos a inocentar (embora o colaborador Gaspard precise muito de um tempo arrumado) do que a fazê-lo alcançar o tempo dos outros, isto é, a *humanizá-lo*.

É essa, então, basicamente, a grande função do romance cayroliano: dizer – com todo esse poder de recuperação da literatura de que se falou – como um homem fica separado dos outros homens, não pela singularidade romântica do seu destino, mas por uma espécie de vício da sua temporalidade. A cor própria desse mundo cayroliano é, com efeito, que os seres nele são, por um só e mesmo movimento, *medíocres e insólitos, naturais e incompreensíveis*. Assim, nunca sabemos se o herói desse mundo é "simpático", se podemos gostar dele até o fim. Toda a nossa literatura tradicional jogou com a positividade do herói romanesco, mas sentimo-nos aqui deslocados diante de um ser cujo mundo conhecemos bem, mas cujo tempo secreto ignoramos: o tempo dele não é o nosso, e no entanto ele nos fala familiarmente de lugares, objetos e histórias que com ele temos em comum – ele é nosso conterrâneo, e no entanto vem de "algum lugar" (mas de onde?). Em face desse herói comum e singular, produz-se então um sentimento de solidão, mas essa solidão não é simples; porque, quando a literatura nos apresenta um herói solitário, é a sua própria solidão que compreendemos, de que gostamos e que, por isso mesmo, fazemos cessar: tanto o herói como o leitor deixam de estar sós, pois que estão sós juntos. A arte de Cayrol vai mais longe: faz-nos ver uma solidão e nos impede entretanto de participar dela; não só a literatura não recupera a solidão cayroliana, mas ainda se empenha em purificá-la de qualquer complacência positiva: não é um homem sozinho que vemos viver (nesse caso já não estaria totalmente só), é um homem que nos impõe, com relação a ele, essa *tenaz insensibilidade* de que se fala em *Lazare*. Assim, por um derradeiro cumprimento da obra, o leitor vive o herói cayroliano exatamente como este vive o mundo: sensível e insensível, instalado nessa simpatia "parasitária" que marca esse mundo onde nunca se pode amar a não ser por procuração.

Sabe-se de onde vem explicitamente essa obra: dos campos de concentração. A prova é que *Lazare parmi nous*, obra que opera a primeira junção entre a experiência dos campos e a reflexão literária, contém em germe, com grande exatidão, toda a obra posterior de Cayrol. *Para um romanesco lazariano* é um programa que se cumpre ainda hoje de maneira mais ou menos literal: o melhor comentário de *Muriel* é *Lazare*. O que é preciso sugerir, se não explicar, é como essa obra, cujo germe está numa história datada, é plenamente, no entanto, literatura de hoje.

A primeira razão é, talvez, que o Concentracionato não morreu; produzem-se no mundo estranhas erupções concentracionárias, insidiosas, deformadas, familiares, desvinculadas de seu modelo histórico, mas difusas à moda de um estilo; os romances de Cayrol são a própria passagem do evento concentracionário ao cotidiano concentracionário: neles reencontramos hoje, vinte anos depois dos Campos, certa forma de mal-estar humano, certa qualidade do atroz, do grotesco ou do absurdo, cujo choque recebemos diante de certos acontecimentos ou, ainda pior, diante de certas imagens de nosso tempo.

A segunda razão é que a obra de Cayrol, desde o início, foi imediatamente moderna; todas as técnicas literárias que hoje creditamos à vanguarda, e singularmente o novo romance, se encontram não só na obra inteira de Cayrol, mas ainda, a título de programa consciente, no *Romanesque lazaréen* (texto que data de 1950): a ausência de enredo, o desaparecimento do herói em proveito de uma personagem anônima reduzida à sua voz ou a seu olhar, a promoção dos objetos, o silêncio afetivo, que não se sabe se é pudor ou insensibilidade, o caráter ulisseu da obra que é sempre longa marcha de um homem num espaço e num tempo labirínticos. Entretanto, se a obra de Cayrol permaneceu fora dos debates teóricos sobre o romance nesses últimos anos, é porque seu autor sempre recusou sistematizá-la, e também porque a comunidade técnica de que acabamos de falar está longe de ser completa; o novo romance (supondo-se que se possa unificá-lo) coloca descrições *foscas*, a insensibilidade da personagem que se comunica às coisas de que fala, de maneira que o mundo do novo romance (que no que me concerne eu reduziria ao mundo de Robbe-Grillet) é um mundo neutro. O mundo de Cayrol, pelo contrário, mesmo que nele o amor seja apenas parasitário (conforme a expressão do autor), é um mundo vibrante de adjetivos, irradiante de metáforas; por certo que os objetos são promovidos a uma posição romanesca nova, mas o homem continua a tocá-los incessantemente com uma linguagem subjetiva, dá-lhes logo não só um nome, mas ainda uma razão, um efeito, uma relação, uma imagem. É esse *comentário* do mundo, que já não é apenas enunciado, mas *enfeitado*, que faz da obra de Cayrol uma comunicação muito particular: privada de qualquer intenção experimental e, entretanto, audaciosa, ao mesmo tempo emancipada e integrada, violenta sem o teatro da violência, concentracionária e atual, é uma obra que *escapa* sempre para frente, empurrada pela própria fidelidade a si mesma, rumo ao *novo* que o nosso tempo reclama.

Posfácio a *Les corps étrangers*,
de Jean Cayrol. © U.G.E., 1964.

BLOY

Ao deixar a Grande Cartuxa, onde acaba de fazer retiro, Marchenoir (aliás, Léon Bloy) recebe do Superior geral uma nota de mil francos. É estranho: em geral, a caridade se faz *em bens* e não *em dinheiro*. Marchenoir não se engana; percebe no gesto do cartuxo um justo escândalo: o que consiste em olhar o dinheiro de frente, como um metal, não como um símbolo.

Bloy sempre considerou o dinheiro, não em suas causas, suas conseqüências, suas transformações e substituições, mas na sua opacidade, como objeto teimoso, submetido ao mais doloroso dos movimentos: a repetição. O *Diário* de Bloy, a bem dizer, só tem um interlocutor: o dinheiro. São incessantes queixas, invectivas, diligências, malogros, correrias atrás de alguns luíses necessários para a calefação, a alimentação, o aluguel; a miséria do homem de letras aqui não é nada simbólica; é uma miséria contábil, cuja descrição incansável está em perfeito acordo com um dos momentos mais duros da sociedade burguesa. O caráter desejável do dinheiro (não da riqueza) é enunciado por Léon Bloy através de um comportamento cuja confissão permanece singular: com segurança, orgulho até, o escritor vive "descolando" algum dinheiro de toda gente, amigos, conhecidos, desconhecidos. É claro que ao "descolador" Léon Bloy corresponde um exército de "amigos-da-onça" que o abandonam ("Eu sou aquele que é preciso abandonar"); imóvel, entalado, o dinheiro se recusa à mais elementar das transformações: a circulação.

Por reiterados pedidos e recusas, Bloy edifica assim uma experiência profunda (porque arcaica) do dinheiro: objeto de um pedido imediato e repetido (a psicanálise certamente não teria grande dificuldade para descobrir aí uma relação materna), o dinheiro, para Bloy, resiste a qualquer razão. Tendo Bourget ousado escrever que "não é a falta de dinheiro que faz pobres aos pobres, mas que foi o próprio caráter deles que os fez assim, e que nada se pode fazer a respeito", Bloy não deixa de ressaltar cruamente essa palavra bastante ignóbil. Para Bloy, a pobreza não pode ser reduzida por nenhum discurso (psicológico, político ou moral), obstina-se em ser apenas ela mesma e se recusa impiedosamente a qualquer sublimação. "A verdadeira pobreza é involuntária e a sua essência é nunca poder ser desejada." Bloy só pode ter tido essa palavra profunda porque o dinheiro foi, fundamentalmente, a grande e única idéia da sua obra: ele sempre voltou ao segredo do metal ("...nunca ninguém exprimiu a sensação de mistério que se desprende desta palavra espantosa"), nunca cessou de tocar-lhe a opacidade, explorando por suas palavras, como todo poeta, à maneira de um homem que desliza as mãos por uma parede, aquilo que não compreendia e que o fascinava.

O dinheiro, na obra de Bloy, tem duas faces: uma face se não positiva (seria sublimá-lo), pelo menos interrogativa, manifestada na Prostituição: "... essa prostituição figurativa do Sexo a que só os falsos beatos têm horror ostensivo e que me obstino a achar misteriosa e inexplicada"; e uma face imbecil: "Notaram a imbecilidade prodigiosa do dinheiro, a infalível burrice, a eterna inconveniência de todos aqueles que o possuem?" Sob essa dupla face, o dinheiro forma o argumento explícito do *Désespéré*, livro-brasão de Bloy, articulado ao mesmo tempo na desfiguração da prostituta (consumada simbolicamente no momento em que ela pára de se prostituir) e na miséria atroz do artista (quando recusa prostituir-se).

Toca-se aqui o veio essencial de todas as obras de Bloy: a separação entre o escritor e a sociedade, que é a burguesia. Todas as crônicas de Bloy pintam uma espécie de pandemônio do escritor que chega ao sucesso, isto é, que se prostitui à burguesia ("... essa burguesia feroz, adiposa e covarde, que se nos mostra como o vômito dos séculos"). Como se sabe, naquele fim de século, a palavra designava um mal estético, uma vulgaridade repugnante, intolerável para o artista; essa visão pareceu, depois, parcial, e toda a literatura (desde Flaubert) ficou comprometida pela cegueira que lhe escondia, no burguês, o capitalista. A literatura, no entanto, acaso pode ser outra coisa senão muito indiretamente lúcida? Para constituir a sua palavra, para inventá-la e desenvolvê-la em sua verdade mesma, o escritor não pode falar senão daquilo que a ele próprio aliena, pois não se pode escrever por procuração; e o que aliena o escritor, no burguês, é a parvoíce; a vulgaridade burguesa não é certamente mais do que o signo de um mal mais profundo, mas o escritor está condenado a trabalhar sobre signos, para variá-los, desabrochá-los, não para deflorá-los: a sua forma é a metáfora, não a definição.

O trabalho de Bloy foi então metaforizar o burguês. Suas repulsas designam sempre de maneira segura o escritor oportunista, tal como a burguesia o recupera e o delega. Basta que seja *reconhecido* pela instituição burguesa (imprensa, salões, Igreja) para ser condenado pela arte. As desmistificações virulentas enunciadas por Bloy visam, pois, indiferentemente todas as ideologias, desde que pareçam *abastadas*, de Veuillot a Richepin, do padre Didon a Renan. Bloy não faz muita diferença entre o populismo de Vallès e as caridades da duquesa de Galliera, unanimemente incensada pela imprensa pela fabulosa doação de milhões, que ela tinha mais é que *restituir*, diz ele. Inversamente, nenhum dos raros escritores que ele elogiou estava do lado do Haver; ou, mais exatamente, o olhar que Bloy lança sobre Barbey d'Aurevilly, sobre Baudelaire ou sobre Verlaine, é como uma maneira de galvanizá-los, de torná-los impróprios para qualquer uso burguês. A palavra de Léon Bloy não é feita de idéias; a sua obra é, no entanto, crítica, na medida em que soube discernir na literatura do seu tempo as resistências à ordem, o poder de irrecuperação, o escândalo permanente que ela pôde constituir com relação às coletividades e às instituições, em resumo, o infinito recuo das questões que levantava, numa palavra: a sua *ironia*. Porque viu sempre na arte um antidinheiro, quase nunca se enganou: os escritores que ele desancou (Dumas filho, Daudet, Bourget, Sarcey) aparecem-nos bem, hoje, como definitivos fantoches; em contrapartida, Bloy foi um dos primeiros a reconhecer Lautréamont e, em Lautréamont, profecia singularmente penetrante, a transgressão sem retorno da própria literatura: "Quanto à forma literária, não há. É lava líquida. É insensato, negro e devorador." Não viu ele em Sade "uma fome furiosa de absoluto", prefigurando assim com uma palavra, única sem dúvida em toda a sua época, toda a teologia invertida de que Sade tem sido objeto desde então?

Quem sabe? Talvez esse estado negativo da palavra literária, o próprio Bloy o procurasse através desse estilo arrebatado e afetado que finalmente outra coisa não diz senão a paixão das palavras. Nesse fim de século burguês, a destruição do estilo talvez não se pudesse fazer senão atrás dos excessos de estilo. A invectiva sistemática, manejada sem nenhum limite (a bofetada surrealista no cadáver de Anatole France é bem tímida perto das profanações de Bloy), constitui de certo modo uma experiência radical da linguagem: a felicidade da invectiva não passa de uma variedade dessa *felicidade de expressão* que Maurice Blanchot justamente transformou em expressão da felicidade. Em face de uma sociedade contabilista, onde só se libera o dinheiro sob o regime da compensação (da prostituição), a palavra do escritor pobre é essencialmente dispendiosa; em Bloy, ela se dá, infinitamente prazerosa, *por um salário nulo*; mostra-se, assim, não como um sacerdócio, uma arte ou mesmo um instrumento, mas como uma atividade, ligada às zonas profundas do desejo e do prazer. É, sem dúvida, essa volúpia invencível da linguagem, atestada por uma extraordinária "riqueza" de expressões, que cunha as escolhas ideológicas de Bloy com uma espécie de irrealismo inconseqüente: que Bloy tenha sido furiosamente católico, que tenha injuriado indiscriminadamente a Igreja conformista e modernista, os protestantes, os franco-maçons, os ingleses e os democratas, que esse incongruente furioso se tenha entusiasmado por Luís XVIII ou Mélanie (a pastora de La Salette), tudo isso nada mais é do que matéria variável, recusável, que não engana nenhum leitor de Bloy; a ilusão são os conteúdos, as idéias, as escolhas, as crenças, as profissões, as causas; a realidade são as palavras, o erótico da linguagem, que esse escritor pobre, *de salário nulo*, praticou com furor e cujo arrebatamento nos faz ainda hoje partilhar.

> 1966, *in Tableau de la littérature française*.
> © Gallimard, 1974.

| Três releituras |

HOJE, MICHELET

Há vinte anos, ao ler Michelet, chamou-me a atenção a insistência temática dessa obra: cada figura volta sempre, vestida dos mesmos qualificativos, nascidos de uma leitura ao mesmo tempo corporal e moral; em suma, são "qualificativos de natureza", que aparentam a História de Michelet à epopéia homérica: Bonaparte é céreo e fantasmagórico, exatamente como Atena é a deusa dos olhos garços. Hoje, sem dúvida porque a minha leitura está impregnada das idéias que modificaram a concepção do texto de vinte anos para cá (chamemos, *grosso modo*, ao conjunto dessas idéias "estruturalismo" ou "semiologia"), é outra coisa que me chama a atenção (a par da evidência temática, que continua igualmente viva); essa coisa é certa perturbação da discursividade. Se nos ativermos à impressão de leitura, Michelet, quando conta uma história (a História), muitas vezes *não é claro* (estou pensando em sua última obra, a *História do século XIX*, que de fato não é mais do que a história do Consulado e do Império); não se entende bem, ao menos à primeira vista, a concatenação dos fatos; desafio qualquer pessoa que não tenha da História da França mais do que o antigo conhecimento escolar a compreender o que quer que seja do enredo do 18 Brumário, tal como o esboça Michelet: quais eram os atores? Onde estavam? Em que ordem se sucederam as operações? Toda a cena é cheia de lacunas: inteligível no nível de cada frase (nada mais claro do que o estilo de Michelet), torna-se enigmática no nível do discurso.

Há três razões para essa perturbação. Primeiro, a discursividade de Michelet é continuamente elíptica; Michelet pratica além da conta o assíndeto, a ruptura, salta ligações, preocupa-se pouco com a distância que se estabelece entre as frases (a isso se chamou seu estilo vertical); trata-se aí – fenômeno estilístico interessantíssimo e pouco estudado, creio eu – de uma estrutura *errática*, que privilegia os enunciados-blocos, sem que o autor se preocupe com a visibilidade dos interstícios, das brechas: cada idéia é apresentada sem esse excipiente anódino com que ordinariamente rejuntamos o nosso discurso; tal estrutura é evidentemente "poética" (encontramo-la na poesia e no aforismo) e concorda plenamente com a estrutura temática de que falei no início; o que a análise temática encontrara, certamente a análise semiológica confirmaria, prolongaria.

Depois, como se sabe, a enunciação é amalgamada de julgamentos; Michelet não coloca primeiro para julgar depois: opera uma confusão imediata; opera um verdadeiro *esmagamento* entre o *notável* e o *condenável* (ou o *louvável*): "Dois homens bem sinceros, Daunou e Dupont de l'Eure..."; "Para finalmente terminar uma comédia ridícula..."; "Sieyès respondeu bravamente..."; etc. A narrativa de Michelet fica abertamente no segundo grau; é uma narração (seria melhor dizer enunciação) que se enxerta numa narrativa subjacente, que se supõe já conhecida; aqui também encontramos uma constante: o que interessa a Michelet é o *predicado*, é o que se acrescenta ao fato (ao "sujeito"); diríamos que para Michelet o discurso só começa estatutariamente no predicativo; o ser da linguagem não é constativo (o tético), mas o apreciativo (o epitético): toda a gramática de Michelet é optativa; bem sabemos que o indicativo, de que o nosso ensino fez um modo simples, um modo fundamental – todos os verbos se conjugam primeiro no indicativo –, é de fato um modo complicado (o grau zero do subjuntivo e do optativo, como se pôde dizer), provavelmente adquirido bem tarde; o "lirismo" de Michelet se prende menos à sua subjetividade do que à estrutura lógica da sua enunciação; ele pensa por atributos – predicados –, não por seres, verificações, e é o que explica nele essas perturbações da racionalidade discursiva; o raciocínio, ou a exposição racional, "clara", consiste em progredir de tese em tese (de verbo em verbo), e não soltar *in loco* o turbilhão dos adjetivos; para Michelet, os predicados, não mais estando presos ao ser do sujeito, podem ser contraditórios: se tal herói "mau" (Bonaparte) executa uma ação "boa", Michelet diz simplesmente que é "inexplicável"; é porque a tirania do predicado acarreta uma espécie de carência do sujeito (no sentido lógico; mas, em se tratando de discurso, o sentido lógico não está longe do sentido psicológico: o discurso puramente predicativo não seria precisamente o do delírio paranóico?).

Finalmente, e talvez seja o mais perturbador, não é apenas a concatenação dos fatos que vacila em Michelet, é o próprio fato. *O que é um fato?* Eis aí um problema de dimensões filosóficas, o o bê-a-bá da epistemologia histórica. Quanto a Michelet, aceita a perturbação da noção. Não que a sua história seja falta de "fatos", e muitas vezes dos mais precisos; mas esses fatos nunca estão no lugar onde os esperamos; ou então é avaliada a sua ressonância moral, *não o seu porte*; o fato de Michelet oscila entre o excesso de precisão e o excesso de evanescência; ele nunca tem a dimensão *exata*: Michelet nos diz que no dia 18 Brumário (10 de novembro) haviam acendido lareiras na grande sala da Orangerie e que diante da porta havia um guarda-vento em tapeçaria: mas a demissão de Barras? Os dois momentos da operação? O papel de Sieyès, de Talleyrand? Nenhuma menção desses fatos, ou, pelo menos, menção que "tire" de um discurso estranho (para os nossos hábitos de leitura histórica) algum elemento francamente narrativo. Em suma, o que Michelet transtorna é a *proporção* dos fatos (será preciso lembrar que a crítica das *relações* é muito mais subversiva do que a das *noções*?). Filosoficamente, no ponto de vista pelo menos, de certa filosofia, é Michelet quem tem razão. Ei-lo, muito paradoxalmente, ao lado de Nietzsche: "Não há fato em si. O que acontece é um grupo de fenômenos, escolhidos e agrupados por um ser que os interpreta... Não há estado de fato em si, é necessário, pelo contrário, introduzir primeiro *um sentido antes mesmo que possa haver um estado de fato*." Michelet é, em suma, o escritor (o historiador) do *antes mesmo*: a sua história é arrebatada, não porque o seu discurso seja rápido, impaciente, não porque o seu autor seja apaixonado, mas porque ela não pára a linguagem no fato, porque, nessa imensa encenação de uma realidade milenar, *a linguagem precede o fato infinitamente*; proposição rude aos olhos de um historiador clássico (mas, a partir do momento em que a História se estruturaliza, não se aproxima da atual filosofia da linguagem?), proposição benfazeja aos olhos do teórico moderno que pensa que, como toda ciência (aí está o problema das "ciências humanas"), a ciência histórica, não sendo algorítmica, encontra fatalmente um discurso e a partir de então tudo começa. Devemos ser gratos a Michelet (entre outras doações que nos fez – doações ignoradas, reprimidas) por nos ter representado, através do *páthos* de sua época, as condições reais do discurso histórico e por nos convidar a ultrapassar a oposição mítica entre a "subjetividade" e a "objetividade" (essa distinção é apenas propedêutica: necessária no nível da pesquisa), para substituí-la pela oposição entre o *enunciado* e a *enunciação*, entre o produto da investigação e a produção do texto.

* * *

A crítica que foi feita de Michelet por numerosos historiadores, mesmo pela opinião corrente – e cujos argumentos Lucien Febvre lembrou ironicamente[1] –, não é somente uma crítica científica (que diga respeito às informações e às interpretações do historiador), mas também uma crítica de escritura: Michelet é para muitos (não para todos: de prova o próprio Lucien Febvre) um mau historiador *porque escreve*, em lugar de simplesmente "redigir". Hoje já não entendemos a escritura como o simples produto de um domínio do estilo. O que torna Michelet escritor (praticante da escritura, operador de texto) não é o seu estilo (que nem sempre é muito bom, às vezes sendo precisamente *apregoação* de estilo), é o que hoje chamaríamos de *excesso do significante*. Esse excesso se lê *nas margens da representação*. Por certo, Michelet é um escritor clássico (legível): conta o que sabe, descreve o que vê, a sua linguagem imita a realidade, ajusta o significante ao referente e produz assim signos *claros* (não há "clareza" sem uma concepção clássica do signo, o significante de um lado, o referente do outro,

---
1. Lucien Febvre, *Michelet*, "Traits", Genebra-Paris, Ed. des Trois Collines, 1946.

o primeiro a serviço do segundo). A legibilidade de Michelet, entretanto, não é segura; é muitas vezes arriscada, comprometida por excessos, interferências, rupturas, vazamentos; entre aquilo que Michelet pretende estar vendo (o referente) e a sua descrição (a trama dos significantes), há freqüentemente um resto – ou um buraco. Viu-se que nele a narratividade é facilmente perturbada por elipses, assíndetos, a indecisão mesma do conceito de "fato". O significante (no sentido semanalítico da palavra: meio semiológico, meio psicanalítico) faz pressão em muitos outros pontos. Pode-se dar por emblema a essa realeza do significante o reinado daquilo a que se poderia chamar tentação etimológica. A etimologia de um nome é, sob o ponto de vista do significante, um objeto privilegiado, porque representa a um só tempo a *letra* e a *origem* (toda uma história da ciência etimológica, da filosofia etimológica, de Crátilo ao Brichot, de Proust, estaria por fazer-se); e, assim como toda uma parte de *Em busca do tempo perdido* sai do nome de *Guermantes*, toda a história micheletista do século XIX sai de um jogo de palavras etimológico: *Buonaparte*, a Boa Parte, a sorte grande; Napoleão é reduzido ao seu nome, esse nome à sua etimologia, e essa etimologia, tal como um signo mágico, enleia o portador do nome numa temática fatal: a da loteria, do acaso sinistro, do jogador, figura fantasmagórica pela qual Michelet substitui, sem rebuço, o herói nacional; vinte anos da nossa História dependem dessa *origem* de Bonaparte; origem (e é o louco excesso do texto) que não é nada histórica, sociológica, política (teria sido uma origem referencial), mas *literal*: são as letras do Nome que embasam a narrativa micheletista; essa narrativa é então verdadeiramente um *sonho*, tal como a psicanálise atual poderia analisar.

Esse peso, ou essa força do significante, se lemos Michelet, não devemos virar contra ele. Talvez saibamos – pelo menos melhor hoje do que ontem – o que é a ciência histórica, mas e o discurso da História? A História, hoje, já não *se conta*, a sua relação com o discurso é diferente. Michelet é condenado em nome de uma discursividade nova, que não podia ser a sua, a do seu tempo; há, em suma, completa heterogeneidade entre essas duas Histórias (e não apenas faltas, falhas da primeira com relação à segunda). Michelet tem razão contra todos os historiadores do seu tempo, e essa razão representa em sua obra a parte que nos parece hoje certa. Michelet não "deformou" a "realidade" (ou fez muito mais do que isso), ele situou o ponto de afloramento entre essa "realidade" e o seu discurso num lugar inesperado; deslocou o nível de percepção da História; em sua obra histórica, abundariam os exemplos (fatos de mentalidade coletiva, costumes, realidades ecológicas, história material, tudo aquilo que desabrochou na História ulterior), mas o exemplo que quero dar dessa "decisão perceptiva", tomo-o em sua história natural (*La mer*). Ao ter de descrever a terrível tempestade de outubro de 1859, por um gesto de audácia que o aparente aos poetas simbolistas, Michelet descreve-a *do interior*; mas naquilo em que ele vai mais longe, é que esse interior não é metafórico, subjetivo, mas literal, espacial: a descrição é conduzida inteiramente do interior do cômodo onde a tempestade o mantém preso; noutras palavras, ele descreve *o que não está vendo*, não *como se estivesse vendo* (seria uma vidência poética bastante banal), mas como se a realidade da tempestade fosse uma matéria inaudita, vinda de outro mundo, perceptível a todos os órgãos, exceto ao da visão. Aí está uma percepção realmente drogada, subvertendo-se a economia dos nossos cinco sentidos. Michelet conhecia, aliás, o desafio *fisiológico* da sua descrição: a tempestade provoca-o a fazer uma experiência *em seu próprio corpo*, tal como qualquer usuário de haxixe ou de mescalina: "Eu persistia no trabalho, curioso por ver se aquela força selvagem conseguiria oprimir, entravar um espírito livre. Mantive o meu pensamento ativo, senhor de si. Eu escrevia e me observava. Só com o passar do tempo, a fadiga e a privação de sono começaram a atingir em mim uma potência, a mais delicada do escritor, creio eu, o sentido do ritmo. Minha frase vinha inarmônica. Essa corda, no meu instrumento, foi a primeira a arrebentar-se." A alucinação não está longe: "(As vagas)... faziam em mim o efeito de um terrível *mob*, de uma horrível população, não de homens, mas de cães a latir, um milhão, um bilhão de dogues aguerridos, ou melhor, loucos... Mas que estou a dizer? Cães, dogues? Não era isso ainda. Eram aparições execráveis e inomináveis, bestas sem olhos nem orelhas, tendo apenas goelas espumantes." Caso se diga que toda a História de Michelet é assim alucinada, não é o senso histórico que se está depreciando nele, é uma linguagem moderna que se está exaltando: essa intuição ou essa coragem que ele teve de fazer *como se* o nosso discurso atravessasse o mundo, de fora a fora, ao infinito, como se as alucinações de ontem fossem as verdades de amanhã, e assim por diante.

* * *

Há dois meios de desmistificar um grande homem: rebaixá-lo como indivíduo, ou dissolvê-lo numa generalidade histórica, fazer dele o produto determinado de uma situação, de um momento, o delegado de uma classe. Michelet não ignorou esse segundo meio, indicou repetidas vezes as ligações de Bonaparte com as altas finanças, procedimento que já entra na linha marxista; mas o fundo – ou a obsessão – de sua demonstração está em depreciar Bonaparte *no seu corpo*. O corpo humano – seria melhor dizer o corpo histórico, tal como o vê Michelet – só existe, como se sabe, na proporção das afeições e aversões que provoca; é ao mesmo tempo um corpo erótico (implicando desejo ou repulsa: pulsão) e um corpo moral (Michelet é *a favor* ou *contra*, segundo princípios morais confessados). É, se quiserem, um corpo que se mantém inteiro no espaço de uma metáfora: por exemplo, a da *náusea*, espasmo físico e rejeição filosófica. Ao reler Michelet depois de muitos anos, fico de novo impressionado pelo caráter *imperioso* dos seus retratos. O retrato é, no entanto, um gênero facilmente enfadonho, pois não basta descrever um corpo para fazê-lo existir (desejar); Balzac, por exemplo, nunca obtém uma relação erótica entre ele (portanto, nós próprios) e as suas personagens; os seus retratos são mortais. Já Michelet não descreve (pelo menos no retrato em que estou pensando agora, o de Bonaparte): no corpo todo (pesadamente percorrido, órgão após órgão, por Balzac), ele aponta rapidamente dois ou três lugares e a eles volta com insistência; em Bonaparte (deveria dizer *sobre* ele), são os cabelos, castanhos, mas tão lustrosos de cosmético que parecem pretos, o rosto amarelo, céreo, *sem cílios e sem sobrancelhas*, olhos cinzentos como uma vidraça, e dentes brancos, muito brancos. ("Mas como é escuro, esse Bonaparte!... Ele é escuro, mas que dentes brancos!") Esse retrato é chamativo, mas o que atesta o poder de Michelet (o excesso de seu texto, sua escapada para longe de qualquer retórica) é que não se chega a dizer muito bem por quê; não que a sua arte seja indizível, misteriosa, refugiada atrás de um "toque jeitoso", um "não sei quê"; trata-se antes de uma arte pulsional, que liga diretamente o corpo (o de Bonaparte *e* o de Michelet) à linguagem, sem passar por nenhuma mediação racional (entenda-se a submissão da descrição a uma tabela, seja anatômica – é a que Balzac observou –, seja retórica – como se sabe, o retrato obedecia tradicionalmente a um código forte, a prosopografia). Ora, das pulsões, nunca é possível falar diretamente; tudo que se pode fazer é adivinhar-lhes o lugar; em Michelet, esse lugar, gradualmente, deixa-se situar: é, no sentido lato – incluindo os estados da matéria, meio visuais e meio tácteis –, a *cor*. As cores de Bonaparte são sinistras (preto, branco, cinza, amarelo); noutra parte – fora da História, na Natureza –, a cor é jubilosa; vejam a descrição dos insetos: "...seres encantadores, seres bizarros, monstros admiráveis, com asas de fogo, couraças de esmeralda, vestidos com esmaltes de cem variedades, armados com aparelhos estranhos, tão brilhantes quanto ameaçadores, uns de aço brunido, lastro de ouro, outros com borlas sedosas, forradas de negro veludo: aqueles com finos pincéis de seda flava sobre um rico fundo de acaju; este em veludo grená salpicado de ouro; depois azuis lustrosos inauditos, realçados com pontos aveludados; alhures listras metálicas, alternando com veludos foscos"; pressão, pulsão da cor múltipla (tal como é percebida por trás da pálpebra fechada), que vai até a transgressão perceptiva: "Sucumbi, fechei os olhos e pedi clemência; porque o meu cérebro se travava, se cegava, se tornava obtuso." E sempre aquela faculdade de *fazer significar* a pulsão sem, entretanto, nunca desarraigá-la do corpo; aqui, o multicolorido remete à profusão inesgotável da natureza geradora de insetos; mas ali, de repente, é o contrário, a redução audaciosa a uma cor obsessiva: a cadeia dos Pireneus, o que é? *O verde*: "Nos Pireneus, os verdes de água tão singulares de suas cascatas, certas campinas de esmeralda... o mármore verde..." Não se deve dizer que Michelet seja "pintor": a cor vai muito além da pintura (remeto aqui às recentes anotações de J.-L. Schefer e de Julia Kristeva); a cor é da ordem da suculência, pertence ao corpo profundo; ela põe no texto de Michelet zonas, faixas que se oferecem a uma leitura que se poderia qualificar de *nutritiva*.

* * *

Sim, o significante é suntuoso, em Michelet. E, no entanto, Michelet não é lido. Talvez o significante seja forte demais (verdadeiro veneno), caso se leia Michelet como historiador ou moralista – papel que representou publicamente até cair no esquecimento. As nossas linguagens são codificadas, não se deve esquecê-lo: a sociedade proíbe, por meios mil, misturá-las, transgredir a sua separação e hierarquia; o discurso da História, o da grande ideologia moral (ou o da filosofia) são mantidos puros de qualquer desejo: não lendo Michelet, é o seu desejo que censuramos. Assim, por perturbar a lei discriminatória dos "gêneros", Michelet não alcança, uma primeira vez, o seu lugar: as pessoas sérias, conformistas, o excluirão de sua leitura. Mas, por um segundo deslocamento, esse príncipe do significante não é reconhecido por vanguarda nenhuma (ou, mais simplesmente: pela "literatura"). Essa segunda exclusão é mais interessante, mais atual também; é preciso dizer uma palavra a respeito, porque é aí que se pode entender não apenas por que Michelet não é lido pelos leitores ativos, produtivos (vale dizer os jovens), mas também, mais generalizadamente, quais são algumas das intolerâncias da leitura contemporânea.

O que não toleramos é o *páthos* (restaria saber se não temos também o nosso). O discurso de Michelet é evidentemente cheio dessas palavras aparentemente vagas e sublimes, dessas frases nobres e comovidas, desses pensamentos enfeitados e conformistas, nos quais nada mais vemos do que objetos distantes, curiosidades bastante indigestas do romantismo francês: todo um *vibrato* que não mexe com mais nada em nós (*Ação, Natureza, Educação, Povo*, etc.); como receber hoje uma frase (colhida a esmo) do tipo: "O Pai é para a criança uma revelação de justiça", etc.? Essa linguagem maiúscula já não é acolhida, por razões diversas ligadas ao mesmo

| *Leituras* |

tempo à História[2] e à linguagem (nada mais importante e menos estudado do que a moda das palavras); e, como já não é acolhida, essa linguagem se acumula no discurso de Michelet e constitui barreira: se o livro não nos cai da mão – pois o significante está ali para relançá-lo –, pelo menos é preciso continuamente decantá-lo, *clivar* Michelet – e, o que é pior de tudo, *descupá-lo*.

Esse resíduo patético é muito forte em Michelet. Pode-se paradoxalmente dizer o seguinte: o que é mais sincero é o que mais depressa envelhece (a razão disso, de ordem psicanalítica, é que a "sinceridade" pertence à ordem do imaginário: lugar onde o inconsciente mais se ignora). Além disso, há que se aceitar o fato, nenhum escritor jamais produz um discurso *puro* (irrepreensível, integralmente incorruptível): a obra se desagrega com o tempo à maneira de um relevo cárstico; sempre há nos maiores, nos mais audaciosos, naqueles de que mais gostamos, lugares de discursos perfeitamente antipáticos. É sabedoria aceitá-los (ou, de maneira mais viva, mais agressiva, é o próprio plural da escritura que nos obriga a isso). Não podemos, no entanto, estar quites com relação a Michelet com esse simples liberalismo, é preciso ir mais longe. Essas palavras, cuja magia para nós está morta, é possível renová-las.

Em primeiro lugar, tais palavras tiveram, em seu tempo, um sentido vivo, por vezes até asperamente combativo. Michelet as empregava com paixão *contra* outras palavras, elas próprias ativas, opressoras (a linguagem caminha sempre numa marcha polêmica). Aqui, a cultura histórica deve ajudar a nossa leitura: precisamos adivinhar o que é que esteve em jogo na linguagem do tempo em

....
2. Se coloco aqui maiúscula em História, não é para divinizá-la; é para distinguir a História, ciência e matéria dessa ciência, da história, narrativa.

que Michelet escrevia. O sentido histórico de uma palavra (não na acepção estreita da filologia, mas naquela, muito mais ampla, da lexicologia: penso na palavra "civilização" estudada por Lucien Febvre), esse sentido sempre deve ser avaliado *dialeticamente*: pois ora a retomada do sentido histórico obstrui e constrange a leitura atual, submete-a a uma igualdade intempestiva, e então é preciso livrar-se dela com a maior desenvoltura; ora, ao contrário, a História serve para revivificar a palavra, e, então, é preciso reencontrar esse sentido histórico como um elemento saboroso, não autoritário, testemunha de uma verdade, mas livre, plural, consumido no prazer mesmo de uma *ficção* (a da nossa leitura). Enfim, tratando-se de um *texto*, temos de usar a referência histórica *com cinismo*: rejeitá-la se reduz e diminui nossa leitura; aceitá-la, ao contrário, se a estende e a torna mais deleitável.

Quanto mais uma palavra tem um uso mágico, mais tem uma função móvel: pode-se empregá-la em tudo. Essa palavra é um pouco palavra-maná, palavra-curinga: ela pode ser vazia, é verdade, mas ocupa também, ao mesmo tempo, *o maior espaço*; e a justificativa da palavra é menos o seu sentido do que o seu lugar, a sua relação com as outras palavras. A palavra só vive em função do seu contexto, e esse contexto deve ser compreendido de maneira ilimitada: é todo o sistema temático e ideológico do escritor, e é também a nossa própria situação de leitor, em toda a sua amplidão e fragilidade. A palavra "Liberdade" está desgastada (à força de ter sido empregada por impostores)? Mas a História pode devolver-lhe a terrível atualidade; sentimos bem hoje que a liberdade, no sentido que a palavra tinha a partir da Revolução Francesa, era uma entidade muito abstrata (muito particular também: liberdade de imprensa, de pensamento) para satisfazer as exigências concretas do trabalhador alienado no seu trabalho e no seu la-

| *Leituras* |

zer; mas uma crise pode conduzir a um retorno à abstração mesma da palavra; essa abstração de novo se tornará uma força, e Michelet voltará a ser legível (nada diz que o crescimento de certos perigos "ecológicos" não revivifique a palavra micheletista "Natureza": isso já está começando). Em suma, as palavras nunca morrem, porque não são "seres", mas funções: sofrem apenas avatares (no sentido próprio), reencarnações (nisso também o texto de Febvre, publicado logo após a ocupação nazista, mostra bem como *então*, em 1946, de novo a obra de Michelet bruscamente fazia eco aos sofrimentos dos franceses oprimidos pela ocupação estrangeira e pelo fascismo).

* * *

O que nos separa de Michelet é, evidente e principalmente, a passagem do marxismo: não apenas o advento de um novo tipo de análise política, mas também um movimento implacável de desmistificações conceituais e verbais. Michelet, sem dúvida, nada teria entendido da racionalidade marxista (duvido que ele tenha tido conhecimento dela, embora tenha morrido em 1874); a sua ideologia, no sentido próprio da palavra, era pequeno-burguesa; mas assumiu abertamente a moral (ainda que a palavra seja desagradável) que está presente, como um *quantum* inevitável, em toda escolha política: a sua obra é efetivamente *política*, não por suas vias de análise, pouco realistas, pouco dialéticas, mas pelo projeto, que era identificar impiedosamente os elementos *intoleráveis* da História e da socialidade. A palavra "Povo", tão importante para ele (era uma palavra da Revolução Francesa), não mais se pode analisar como no seu tempo: já não falamos do Povo, mas dizemos ainda: "as forças, as massas populares"; e Michelet teve com o "popular" um relacionamento vivo, um relacionamento justo, porque soube colocar esse relacionamento no âmago da sua situação de escritor (isto é, do seu ofício). Aduzo como prova aquela que hoje mais me toca: não todos os seus testemunhos sobre a condição operária (que não são, entretanto, negligenciáveis), mas esta palavra grave: "Eu nasci povo, tinha o povo no coração... Mas a sua língua, a sua língua era-me inacessível. Não pude fazê-lo falar." Michelet coloca aí o problema atual, o problema candente da separação social das linguagens. No tempo de Michelet, aquilo a que ele chamava Povo certamente não estava vazio de linguagem (o que seria inconcebível), mas pelo menos essa linguagem do Povo (a propósito, qual era ela?) estava situada, por falta de comunicações de massa, por falta de escolas, fora da pressão dos modelos burgueses e pequeno-burgueses; querer falar "popular" – mesmo que não se conseguisse – era pretender, com verossimilhança, alcançar certa "espontaneidade", um estado extra-ideológico da linguagem (bem sensível em certas deliciosas canções populares); hoje, essa matéria romântica está destruída: a linguagem "popular" outra coisa não é senão a linguagem burguesa abastardada, generalizada, vulgarizada, embalsamada numa espécie de "senso comum" de que a imprensa, a televisão, o rádio são o lugar de difusão, reunidas todas as classes sociais. Para Michelet, a linguagem-povo era uma terra prometida; para nós, é um purgatório que temos de atravessar (donde, para alguns, a recusa *revolucionária* em tomar essa via). Nada há de mais trágico e de mais acabrunhador, para Michelet como para nós – tantas são as dificuldades que anuncia –, do que este texto que encerra um capítulo de um dos livros de Michelet (*Nos fils*, 1869), no entanto cheio de *páthos*: "Depois dos horríveis e tenebrosos acontecimentos do dia 24 de junho de 1848, curvado, abatido de dor, eu disse a Béranger: 'Oh, quem saberá falar ao povo?... Sem isso morreremos.' Aquele homem de espírito firme e frio respondeu: 'Paciência! Eles próprios farão os seus livros.' Dezoito anos são passados. E esses livros, onde estão?"

Talvez esse problema, vindo do velho Michelet, seja o problema de *amanhã*.

1972, *L'Arc*.

MODERNIDADE DE MICHELET

Michelet não está na moda, Michelet não é moderno. O grande historiador caiu, ele próprio, no alçapão da História. Por quê?

É uma questão severa, dramática até, pelo menos para quem, ao mesmo tempo, gosta profundamente da obra de Michelet e quer participar do advento desses novos valores cuja ofensiva forma aquilo a que comodamente se chama vanguarda. Tal sujeito acredita, então, viver na contradição – o que a nossa civilização, desde Sócrates, considera o ferimento mais grave que um sujeito humano possa receber dos outros e de si mesmo. Entretanto, e se não fosse esse sujeito o contraditório, mas a própria Modernidade? A censura evidente que a vanguarda impõe a Michelet se voltaria então contra ela própria a título de uma ilusão, de uma fantasmagoria negativa que é preciso explicar: a História – de que faz parte a Modernidade – pode ser injusta, diria eu, imbecil, às vezes? Foi o próprio Michelet quem no-lo ensinou.

A Modernidade de Michelet — quero dizer a sua modernidade efetiva, escandalosa, e não a sua modernidade humanística, em nome do que o convidaríamos a permanecer sempre jovem na história das letras francesas —, a modernidade de Michelet, vejo-a brilhar em três pontos pelo menos.

O primeiro interessa aos historiadores. Michelet, como se sabe, fundou aquilo a que ainda hoje timidamente chamamos etnologia da França: uma maneira de tomar os homens mortos do passado, não numa cronologia ou numa Razão, mas numa trama de comportamentos carnais, num sistema de alimentos, de vestimentas, de práticas cotidianas, de representações míticas, de atos amorosos. Michelet desvenda aquilo a que se poderia chamar o *sensual* da História: com ele, o corpo se torna o fundamento mesmo do saber e do discurso, do saber como discurso. É a instância do corpo que unifica toda a sua obra, do corpo medieval — esse corpo que tinha o gosto das lágrimas — ao corpo grácil da Feiticeira: a própria Natureza, mar, montanha, animalidade, nunca é mais do que o corpo humano em expansão e, por assim dizer, em contato. A sua obra corresponde a um nível de percepção inédito que ainda permanece largamente ocultado pelas ciências ditas humanas. Essa maneira de desviar o inteligível histórico fica muito singular, pois contradiz a crença que continua a nos dizer que para compreender é preciso abstrair e, de certo modo, descorporizar o conhecimento.

A segunda modernidade de Michelet interessa à epistemologia. Toda a obra de Michelet postula — e muitas vezes realiza — uma ciência verdadeiramente nova, pela qual ainda se combate. Não a chamemos ainda ciência do Inconsciente, nem mesmo mais amplamente *Simbólica*; chamemo-la com uma denominação muito geral que Freud, em seu *Moisés*, lhe deu: a *ciência do deslocamento*

(*Entstellungswissenschaft*). Como poderíamos dizer (sem temer o neologismo)? A *Metabologia*? Pouco importa. Sem dúvida, operações de deslocamento, de substituição, metafórica ou metonímica, marcaram em todos os tempos o *lógos* humano, mesmo quando esse *lógos* se tornou ciência positiva. Mas o que designa a Michelet um lugar já grandioso no novo discurso da Ciência é que, em toda a sua obra – talvez sob a influência de Vico, que, não esqueçamos, muito antes do estruturalismo contemporâneo, deu como códigos da História humana as grandes figuras da Retórica –, a substituição, a equivalência simbólica é uma via sistemática de conhecimento ou, se preferirem, o conhecimento não se separa das vias, da estrutura mesma da linguagem. Quando Michelet nos diz, por exemplo, literalmente, que *"o café é o álibi do sexo"*, formula implicitamente uma lógica nova que hoje desabrocha em todo saber: o freudiano, o estruturalista e, não hesito em dizê-lo, o próprio marxismo, partícipes todos dessa ciência das substituições, deveriam sentir-se à vontade na obra de Michelet.

A terceira modernidade de Michelet é a mais difícil de perceber, talvez mesmo de admitir, pois dá-se sob um nome derrisório: o *parti pris*. Michelet é o homem do *parti pris* – quantos críticos, historiadores, soberbamente instalados no conforto da ciência objetiva, recriminaram-no por isso! Para escrever, se pudermos dizer, ele toma partido: todo o seu discurso é abertamente decorrente de uma escolha, de uma avaliação do mundo, das substâncias, dos corpos; não há fato que não esteja precedido de seu próprio valor: o sentido e o fato são dados ao mesmo tempo, proposição inaudita aos olhos da Ciência. Um filósofo assumiu-a: Nietzsche. Nietzsche e Michelet estão separados pela mais implacável das distâncias, a do estilo. E, no entanto, vejam como Michelet *avalia* o seu século, o século XIX: sob uma figura bem conhecida de Nietzsche, em seguida de

Bataille (leitor avisado de Michelet, não há que esquecê-lo): a do Tédio, do achatamento dos valores. O sobressalto de Michelet em seu século, século que julgava de certo modo "apagado", é ter obstinadamente brandido o Valor como uma espécie de flama apocalíptica, pois a idéia mais moderna – idéia que precisamente ele partilha com Nietzsche e Bataille – é que estamos no fim da História, e isso, que vanguarda ousaria ainda endossar? É queimante, é perigoso.

Entretanto, já foi dito, a modernidade de Michelet não vem à tona. Por quê? Em Michelet, determinada linguagem cria obstáculo, pesa como uma pele morta sobre a sua obra, impede-a de enxamear. No combate da modernidade, a força histórica de um autor se mede pela dispersão das citações que dele se fazem. Ora, Michelet dispersa-se mal, não é citado.

Essa linguagem é o que se pode chamar o *páthos* de Michelet. Esse *páthos* não é constante, pois o estilo de Michelet é, felizmente, heteróclito, até ao barroco (a modernidade teria aí uma razão suplementar para recuperar o texto de Michelet), mas *volta sempre*, prende Michelet na repetição, no malogro. Ora, o que é que se repete numa linguagem? É a assinatura. Certamente Michelet fulgura incessantemente, é incessantemente novo, mas a enorme e contínua potência da sua escritura é também incessantemente assinada com uma marca ideológica, e é essa marca, essa assinatura que a modernidade recusa. Michelet escreve ingenuamente a sua ideologia e é isso que o perde. É naquilo em que Michelet julga ser verdadeiro, sincero, ardente, inspirado, que justamente parece hoje morto, embalsamado: *fora de moda* até à recusa.

A força atual de um escritor passado mede-se pelos *disfarces* que soube impor à ideologia da sua classe. O escritor nunca pode destruir a sua ideologia de origem, pode apenas trapacear com ela. Michelet não soube ou não quis trapacear com a linguagem herdada do Pai: tipógrafo modesto, depois diretor de uma casa de saúde, republicano, voltairiano, numa palavra, pequeno-burguês. Ora, a ideologia pequeno-burguesa, falada a nu, como foi o caso de Michelet, é daquelas que hoje não perdoam, pois é ainda amplamente a nossa, a das nossas instituições, das nossas escolas, e, daí, não pode ser tomada a *contratempo*, como podemos fazer com a ideologia progressista da burguesia do século XVIII. Sob um ponto de vista *moderno*, Diderot é legível, Michelet quase não é mais. Todo o seu *páthos*, Michelet herda de fato da sua ideologia de classe, da idéia, da ficção, poder-se-ia dizer, segundo a qual as instituições republicanas têm por fim não suprimir a divisão entre o capital e a classe assalariada, mas atenuar e de certo modo harmonizar o seu antagonismo. Daí, por um lado, todo um discurso unitário (diríamos hoje um discurso do significado) que só pode alienar de Michelet qualquer leitura psicanalítica, e, por outro lado, um pensamento organicista da História, que só pode lhe fechar a leitura marxista.

Então, que fazer? Nada. Que cada um se arranje com o texto de Michelet segundo o seu bel-prazer. Visivelmente, não estamos ainda maduros para uma leitura *discriminatória*, que aceitasse fragmentar, distribuir, pluralizar, despegar, dissociar o texto de um autor conforme a lei do Prazer. Ainda somos teólogos, não dialéticos. Preferimos jogar a criança com a água da banheira a nos sujar. Ainda não estamos bastante "*educados*" para ler Michelet.

1974, *Revue d'Histoire Littéraire de la France*.

BRECHT E O DISCURSO: CONTRIBUIÇÃO PARA O ESTUDO DA DISCURSIVIDADE

O terceiro discurso

Pobre B.B.: é o título de um poema de Bertolt Brecht, escrito em 1921 (Brecht tem vinte e três anos). Não são as iniciais da glória; é a pessoa reduzida a dois marcos; essas duas letras (e ainda: repetitivas) enquadram um vazio, e esse vazio é o apocalipse da Alemanha weimariana; desse vazio vai surgir (por volta de 1928-1930) o marxismo brechtiano. Existem, então, na obra de Brecht, dois discursos: primeiro, um discurso apocalíptico (anarquizante); trata-se de dizer e de produzir a destruição, sem procurar ver o que vem "*depois*", porque "*depois*" é igualmente indesejável; a esse discurso prendem-se as primeiras peças de Brecht (*Baal, Tambores da noite, Na selva das cidades*); em seguida, um discurso escatológico: edifica-se uma crítica *com vista a* fazer cessar a fatalidade da alienação social (ou a crença nessa fatalidade); o que não está bem no mundo (a guerra, a exploração) é *remediável*: o tempo da cura é concebível; a esse segundo discurso prende-se toda a obra de Brecht posterior à *Ópera dos três vinténs*.

Falta um terceiro discurso: o discurso apologético. Não há em Brecht nenhum catecismo marxista: nenhum estereótipo, nenhum recurso à vulgata. Por certo a forma teatral protegeu-o desse perigo, visto que, no teatro, como em qualquer texto, não se pode identificar a origem da enunciação: impossível a colusão, sádica, do sujeito com o significado (essa colusão produz o discurso fanático), ou aquela, mistificadora, do signo com o referente (que produz o discurso dogmático); mas, mesmo em seus ensaios[1], Brecht nunca se dá a facilidade de *assinar* a origem do seu discurso, de colar nele a estampilha do império marxista: a sua linguagem não é uma moeda. Dentro do próprio marxismo, Brecht é um inventor permanente; reinventa as citações, acede ao intertexto: "Ele pensava com outras cabeças; e, na sua, outros que não ele pensavam. Aí está o verdadeiro pensamento." O verdadeiro pensamento é mais importante do que o pensamento (idealista) da verdade. Em outras palavras, no campo marxista, o discurso de Brecht nunca é um discurso de sacerdote.

O abalo

Tudo aquilo que lemos ou ouvimos cobre-nos como uma camada de forração, cerca-nos e envolve-nos como um meio: é a logosfera. Essa logosfera nos é dada por nossa época, nossa classe, nossa profissão: é um "dado" do nosso sujeito. Ora, deslocar o que

---

1. Penso aqui – e continuamente ao longo de todo este texto – nos *Écrits sur la politique et la société*, Paris, L'Arche, 1970, obra capital que, parece-me, passou mais ou menos despercebida.

| *Leituras* |

é dado só pode ser o resultado de um abalo: precisamos abalar a massa equilibrada das palavras, rasgar o forro, perturbar a ordem das frases, quebrar as estruturas da linguagem (toda estrutura é um edifício de níveis). A obra de Brecht visa a elaborar uma prática do abalo (não da subversão: o abalo é muito mais "realista" do que a subversão); a arte crítica é aquela que abre uma crise: que rasga, que fissura a camada envolvente, fende a crosta das linguagens, desliga e dilui a viscosidade da logosfera; é uma arte *épica*: que quebra a continuidade da trama das palavras, afasta a representação sem anulá-la.

O que é então esse afastamento, essa descontinuidade que provoca o abalo brechtiano? É apenas uma leitura que separa o signo do seu efeito. Você sabe o que é um alfinete japonês? É um alfinete de costureira, cuja cabeça é munida de um guizo minúsculo de maneira que não se possa esquecê-lo na roupa terminada. Brecht refaz a logosfera deixando nela alfinetes com guizos, os signos munidos de seu barulhinho; assim, quando ouvimos uma linguagem, nunca esquecemos de onde vem, como foi feita: o abalo é uma *re-produção*, não uma imitação, mas uma produção despegada, deslocada: *que faz barulho*.

Mais do que uma semiologia, dever-se-ia, então, reter de Brecht uma sismologia. Estruturalmente, o que é um abalo? É um momento de sustentação difícil (e conseqüentemente antipático à própria idéia de "estrutura"); Brecht não quer que se recaia sob a capa de uma outra camada, de outra "natureza" de linguagem; não há herói positivo (o herói positivo é sempre pegajoso), não há prática histérica do abalo: o abalo é nítido, *discreto* (nos dois sentidos da palavra), rápido, repetido quando necessário, mais jamais *instalado* (não é um teatro da subversão: não há grande aparato contestatório). Por exemplo: se existe um campo que esteja enterrado sob a camada da logosfera cotidiana, esse campo é o das relações de classes; ora, Brecht não o subverte (não é o papel que ele atribui à sua dramaturgia: aliás, como é que um *discurso* subverteria essas relações?), imprime-lhe um abalo, finca-lhe um alfinete com guizos: é, por exemplo, a embriaguez de Puntilla, rasgo passageiro e recorrente imposto ao socioleto do grande proprietário; contrariamente a tantas cenas do teatro e do cinema burguês, Brecht não trata nunca da embriaguez em si mesma (tédio pegajoso das cenas de bêbados): ela nada mais é do que um agente que modifica uma relação e, por conseguinte, *ela a dá a ler* (uma relação só pode ser lida *retrospectivamente* quando, nalgum lugar, num ponto qualquer, por mais afastado, por mais tênue que seja, essa relação se modificou). Ao lado de um tratamento tão exato (porque tomado em sua estrita economia), como parecem derrisórios tantos filmes sobre a "droga"! Sob o álibi do *underground*, é sempre a droga em si que é representada, os seus efeitos, os seus danos, os seus êxtases, o seu estilo, em suma, os seus "atributos", não as suas funções: permitiria ela *que se leia* de maneira crítica alguma configuração pretensamente "natural" das relações humanas? Onde está o abalo da leitura?

Repetir suavemente

Em seus *Escritos sobre a política*, Brecht propõe um exercício de leitura: ele lê diante de nós um discurso nazista (de Hess) e sugere as regras para a leitura verídica de tal gênero de escrito[2].

Brecht junta-se, assim, ao grupo de Proponentes de Exercícios, dos "Regulantes"; aqueles que não dão regulamentações, mas meios

---
2. *Op. cit.*, p. 150.

regulamentados para se atingir um fim; da mesma maneira, Sade propôs as regras do prazer (é um verdadeiro exercício que Juliette impõe à bela condessa de Donis); Fourier, as da felicidade; Loyola, as da comunicação divina. As regras ensinadas por Brecht visam a restabelecer a verdade de um escrito; não a sua verdade metafísica (ou filológica), mas a sua verdade histórica, a verdade de um escrito governamental num país fascista, verdade-ação, verdade *produzida*, e não asserida.

O exercício consiste em saturar o escrito mentiroso intercalando entre as suas frases o complemento crítico que desmistifica cada uma delas: "Legitimamente orgulhosos do espírito de sacrifício...", começava pomposamente Hess em nome da "Alemanha"; e Brecht, suavemente, completa: "Orgulhosos da generosidade desses abastados que sacrificaram um pouco daquilo que os não-abastados lhes haviam sacrificado...", etc. Cada frase é devolvida com valor contrário porque é suplementada: a crítica não poda, não suprime, ela acrescenta.

Para produzir o suplemento verídico, Brecht recomenda que *se repita suavemente* o escrito, o exercício. A crítica se produz primeiro numa espécie de clandestinidade: o que se lê é o texto *por si mesmo*, não *em si mesmo*; a voz baixa é *aquela que me concerne*: *voz reflexiva* (e por vezes erótica), produtora de inteligível, voz original da leitura. Repetir o exercício (ler várias vezes o texto) é liberar pouco a pouco os seus "suplementos"; assim o haicai compensa a sua insigne brevidade com a repetição: o minúsculo poema salmodia-se três vezes, em eco; essa prática está tão bem codificada que a amplitude dos suplementos (o "comprimento de ressonância") tem nome: é o *hibiki*; quanto ao infinito das ligações liberadas pela repetição, é o *utsuri*.

O que é de admirar, nos limites suportáveis do paradoxo, é que essa prática requintada, estreitamente ligada a uma erótica do texto, seja aplicada por Brecht à leitura de um escrito detestável. A destruição do discurso monstruoso é levada a efeito aqui através de uma técnica amorosa; mobiliza não as armas redutoras da desmistificação, mas sim as carícias, as amplificações, as sutilezas ancestrais do mandarinato literário, como se não houvesse, de um lado, o rigor vingativo da ciência marxista (aquela que conhece o real dos discursos fascistas), e, de outro, as complacências do literato, mas como se fosse natural, ao contrário, *experimentar prazer na verdade*, como se tivesse o direito muito simples, o direito *imoral* de submeter o escrito burguês a uma crítica formada, ela própria, pelas técnicas de leitura de determinado passado burguês; e, com efeito, de onde viria a crítica do discurso burguês senão desse mesmo discurso burguês? A discursividade fica, até aqui, sem alternativa.

O encadeamento

Pelo fato mesmo de se encadearem, diz Brecht, os erros produzem uma ilusão de verdade; o discurso de Hess pode parecer verdadeiro na medida em que é um discurso *seguido*. Brecht faz a crítica do encadeamento, do discurso encadeado (conservemos o jogo de palavras); toda a pseudológica do discurso – as ligações, as transições, o forrado da elocução, em suma, o contínuo da fala – possui uma espécie de força, gera uma ilusão de segurança: o discurso encadeado é indestrutível, triunfante. O primeiro ataque consiste, então, em quebrar-lhe a continuidade: pôr em pedaços, literalmente, o escrito errôneo é um ato polêmico. "Desvelar" não é tanto retirar o véu como despedaçá-lo; no véu, só se comenta, geralmente, a imagem daquilo que esconde ou subtrai; mas o outro sentido da imagem é igualmente importante: o *forrado*, o *tênue*, o *seguido*; atacar o escrito mentiroso é separar o tecido, reduzir o véu a dobras quebradas.

A crítica do *continuum* (aqui aplicada ao discurso) é constante em Brecht. Uma de suas primeiras peças, *Na selva das cidades*, parece ainda enigmática a muitos comentaristas porque dois parceiros se entregam a um jogo incompreensível, não no nível de cada uma das suas peripécias, mas no nível do conjunto, isto é, *segundo uma leitura contínua*; o teatro de Brecht é, desde então, uma seqüência (não uma conseqüência) de fragmentos cortados, privados daquilo que em música se chama de efeito Zeigarnik (tal efeito provém de a resolução final de uma seqüência musical lhe conferir retroativamente o sentido). O descontínuo do discurso impede o sentido final de "retomar-se": a produção crítica não espera; quer-se instantânea e repetida: é a própria definição do teatro épico segundo Brecht. O épico é aquilo que corta (repica) o véu, desagrega a pez da mistificação (ver o prefácio de *Mahagonny*).

A máxima

O elogio do fragmento (da cena que vem "por si mesma") não é o da máxima. A máxima não é um fragmento; primeiro, porque a máxima é, em geral, o ponto de partida de um raciocínio implícito, o princípio de um contínuo que se desenvolve sub-repticiamente num intertexto de sabedoria que habita o leitor; em seguida, porque o fragmento brechtiano nunca é generalizante, não é "conciso", não "condensa"; ele pode ser bastante frouxo, distendido, nutrido de contingências, de especificações, de dados dialéticos; já a máxima é um enunciado de que se subtrai a História: resta o blefe da "Natureza".

Daí a incessante vigilância exercida por Brecht sobre a máxima. O Herói é condenado, pode-se dizer, porque a máxima é a sua linguagem "natural" ("Em todo lugar onde se encontram grandes virtudes, pode-se ter certeza de que algo anda mal"); o mesmo acontece com o Grande Uso, pois apóia-se em verdades gnômicas: "Quem dá o primeiro passo tem de dar também o segundo": quem diz isso, e sob essa forma? O código cultural, cuja falsa lógica é abusiva, pois quem dá o primeiro passo não tem de dar necessariamente o segundo. Romper o costume é primeiro romper a máxima, o estereótipo: por trás da regra, descubram o abuso; por trás da máxima, descubram o encadeamento; por trás da Natureza, descubram a História.

A metonímia

Em seu discurso, Hess fala continuamente da Alemanha. Mas a Alemanha nada mais é, no caso, do que os possuidores alemães. O Todo é dado, abusivamente, pela parte. A sinédoque é totalitária: é um golpe de força. "O todo pela parte", essa definição da metonímia quer dizer: uma parte *contra* outra parte, os possuidores alemães *contra* o resto da Alemanha. O predicado ("alemães") torna-se o sujeito ("os alemães"): produz-se uma espécie de *putsch* lógico; a metonímia torna-se uma arma de classe.

Como lutar contra a metonímia? Como, *em nível de discurso*, reduzir a soma às suas partes, como desfazer o Nome abusivo? Aí está um problema bem brechtiano. No teatro, a defecção do Nome é fácil, pois nele se representam, forçosamente, só corpos. Para falar do "Povo" no palco (visto que essa palavra pode ser metonímica, gerar abusos), há que se dividir o conceito: em *Lucullus*, o "Povo" é a reunião de um camponês, um escravo, um mestre-escola, uma peixeira, um padeiro, uma cortesã. Diz Brecht nalguma parte que a Razão nunca é mais do que aquilo que o conjunto das pessoas razoáveis pensa: o conceito (sempre abusivo?) é reduzido a uma soma de corpos históricos.

Entretanto, a de-nominação – ou a ex-nominação –, *porque infinitamente subversiva*, é difícil de sustentar. É tentador inocentar uma Causa, desculpar os erros e parvoíces de seus partidários, separando a excelência do Nome da imbecilidade dos sujeitos. Berdiaeff escreveu outrora uma brochura intitulada: *Da dignidade do cristianismo e da indignidade dos cristãos*; ah, caso se pudesse assim purificar o discurso marxista do dogmatismo dos sujeitos marxistas; a Revolução, da histeria dos sujeitos revolucionários; e, de modo geral, a Idéia, da neurose dos seus fanáticos! Mas em vão: o discurso político é fundamentalmente metonímico, pois só pode estabelecer-se com base na força da linguagem, e essa força é a própria metonímia. Volta assim no discurso a figura religiosa maior, a do Contágio, do Pecado, do Terror, quer dizer, em todos esses casos, a sujeição pela violência da parte ao todo, do corpo ao Nome; o discurso religioso é bem o modelo de todo discurso político: nenhuma teologia poderia reconhecer que a Fé outra coisa não é senão o conjunto das pessoas que crêem. Ora, sob o ponto de vista do "costume" marxista, Brecht é, nesse ponto, muito herético: resiste a todas as metonímias; há uma espécie de individualismo brechtiano: o "Povo" é uma coleção de indivíduos reunidos no palco; a "Burguesia" é aqui um proprietário, ali um rico, etc. O teatro obriga a desfazer o Nome. Imagino muito bem algum teórico, conquistado com o tempo pela aversão ao Nome e, entretanto, de modo algum resignado a incidir na recusa de toda linguagem; imagino então esse epígono brechtiano renunciando a seus discursos passados e decidindo doravante só escrever romances.

O signo

Sim, o teatro de Brecht é um teatro do Signo. Mas se se quiser compreender em que essa semiologia pode ser, mais profundamente, uma sismologia, é preciso lembrar-se de que a originalidade do signo brechtiano está em *ser lido duas vezes*: o que Brecht nos dá a ler é, por despegamento, o olhar de um leitor, não diretamente o objeto de sua leitura; porque esse objeto só chega até nós pelo ato de intelecção (ato alienado) de um primeiro leitor que já está no palco. O melhor exemplo desse "artifício", paradoxalmente, não o tomarei em Brecht, mas na minha experiência pessoal (uma cópia é facilmente mais exemplar do que o original; algo "à Brecht" pode ser mais brechtiano do que "Brecht").

Vejam então uma cena de rua de que fui espectador. Na grande praia de Tânger, no verão, a vigilância é intensa; é proibido despir-se, não por pudor, sem dúvida, mas antes para obrigar os banhistas a se servir das cabinas pagas que margeiam o passeio público – quer dizer, para que os "pobres" (tal categoria existe no Marrocos) não possam ter acesso à praia, reservada assim para o burgueses e turistas. No passeio, um adolescente sozinho, triste e miserando (signos *para mim*, concordo, procedentes de uma leitura *simples*, que ainda não é brechtiana), perambula; um policial (quase tão miserável quanto ele) cruza com o rapaz e o percorre com o olhar, *vejo* o olhar, vejo-o chegar e parar nos *sapatos*; o tira então dá ordem ao rapaz para retirar-se imediatamente da praia.

Essa cena comporta dois comentários. O primeiro assumirá a indignação que em nós suscitam o exagero no policiamento das praias, a submissão apática do jovem, a arbitrariedade da polícia, a segregação do dinheiro, o regime marroquino; ora, esse comentário não seria o de Brecht (mas seria, certamente, a sua "reação"). O segundo comentário estabelecerá o jogo especular dos signos; implicará primeiro que, no vestuário do rapaz, há um elemento que é o signo maior da miséria: o calçado; é aí que explode com toda a sua violência o signo social (ainda há pouco havia entre nós, no tempo em que havia "pobres", uma mitologia do calçado cambaio: se o intelectual apodrece pela cabeça, como o peixe, o pobre, esse apodrece pelos pés, razão por que Fourier, querendo inverter a ordem civilizada, imagina uma corporação de sapateiros brilhantes); e, no calçado, o ponto extremo da miséria é o velho tênis de basquete, sem cadarços, com o cano amassado sob os calcanhares, exatamente como o que o nosso garoto estava usando. Mas o que esse segundo comentário anotará principalmente é que esse signo é lido pelo próprio tira: é quando, descendo ao longo do corpo, o seu olhar dá com a mísera sapata, que o policial, num só gesto, por um verdadeiro salto paradigmático, insere o miserável na classe dos expulsos: entendemos que ele entendeu – e por que entendeu. O jogo talvez não pare aí: o próprio tira é quase tão miserável quanto a sua vítima: exceto, precisamente, os calçados! Redondos, luzentes, fortes, fora de moda, como todos os calçados de tiras. Vejam que lemos, então, *duas alienações frente a frente* (situação esboçada numa cena de uma peça desconhecida de Sartre, *Nekrassov*). A nossa exterioridade não é simples: fundamenta uma crítica *dialética* (e não maniqueísta). A "verdade-ação" está em despertar o rapaz, mas está também em despertar o tira.

O prazer

O teatro deve dar prazer, disse-o Brecht mil vezes: as grandes tarefas críticas (liquidação, teorização, condução à crise) não excluem o prazer.

O prazer brechtiano é principalmente um sensualismo; nada tem de orgíaco, é mais oral do que erótico, é o "bom-viver" (mais do que o "bem-viver"), o "comer-bem", não no sentido francês, mas no sentido rural, silvestre, bávaro. Na maioria das peças de Brecht, há comida que passa (notemos que a comida está no cruzamento da Necessidade com o Desejo; é, então, alternativamente um tema realista e um tema utopista); o herói brechtiano mais complexo (não é, pois, de modo algum um "herói"), Galileu, é um homem sensual: tendo abdicado de tudo, sozinho no fundo do palco, come carne de ganso com lentilhas, enquanto diante de nós, fora dele, os seus livros são febrilmente empacotados, vão atravessar as fronteiras e difundir o espírito científico, antiteológico.

O sensualismo brechtiano não se opõe ao intelectualismo; há circulação de um para outro: "Por um pensamento vigoroso, eu daria qualquer mulher, quase qualquer mulher. Há muito menos pensamentos do que mulheres. A política só é boa quando há idéias bastantes (como também aqui são aborrecidos os tempos mortos!)..." A dialética é um gozo. Então, é possível conceber, *revolucionariamente*, uma cultura do prazer; o aprendizado do "gosto" é progressista; Paulo Vlassov, o filho militante da Mãe, é diferente do pai no seguinte (ao que diz a mãe): ele lê livros e é exigente na sopa. Nas *Propostas para a paz* (1954), Brecht esboça o programa de uma Escola de estética: os objetos usuais (os utensílios) devem ser lugares de beleza, é lícito recuperar estilos antigos (nenhuma primazia progressista para o móvel "moderno"). Em outras palavras, a estética se absorve numa arte de viver: "Todas as artes contribuem para a maior de todas: a arte de viver"; trata-se, então, menos de fazer quadros do que de fazer móveis, roupas, talheres que tenham recolhido todo o suco das artes "puras"; o futuro socialista da arte não seria, então, a obra (a não ser a título de ato produtivo), mas o objeto de uso, lugar de um desabrochar *ambíguo* (meio funcional, meio lúdico) do significante. O charuto é um emblema capitalista, que seja; mas e *se dá prazer*? Não se deve mais fumar, entrar na metonímia da Culpa social, recusar comprometer-se no Signo? Seria pouco dialético pensar assim: seria atirar fora o bebê com a água do banho. Uma das tarefas da era crítica é justamente pluralizar o objeto, separar o prazer do signo; é preciso dessemantizar o objeto (o que não quer dizer dessimbolizá-lo), dar uma sacudida no signo: que *caia* o signo, como uma pele ruim. Essa sacudida é o próprio fruto da liberdade dialética: aquela que julga todas as coisas em termos de realidade, e toma os signos, conjuntamente, como operadores de análise e como jogos, nunca como leis.

1975, *L'Autre Scène*.

| Leituras II |

F.B.[1]

1. Estilhaços de linguagem

Os textos de F.B. bem podem ser os sinais precursores de uma grande obra *ligada*, o autor não obriga em nada o seu leitor, e o que cada um desses textos nos diz é a sua realização. O que é realizado, aqui, é a escritura. De todas as matérias da obra, só a escritura, com efeito, pode dividir-se sem deixar de ser total: um fragmento de escritura é sempre uma essência de escritura. Eis por que, quer se queira quer não, todo fragmento é acabado, a partir do

---

1. Inédito, esse texto foi escrito à margem de fragmentos de um jovem escritor que parece não ter prosseguido nesta via, na da literatura em seguida, e nada publicou. Texto, pois, escrito à margem e em intenção daquele cujo procedimento invoca como testemunho. A isso ele deve o tom e a destreza claramente lúdicos. Isso não o impede – pelo contrário – de constituir um sistema de proposições agudas sobre um novo tipo de romanesco – não dissemos: de romance – em que não se pode deixar de reconhecer *in nucleo*, desde 1964, certas características da prática última – as derradeiras e mais novas realizações – de Barthes escritor. (N. do E. Fr.)

momento em que é escrito; eis também por que não se pode comparar uma obra partida a uma obra seguida; eis, enfim, por que ninguém consegue negar a grandeza das obras fragmentárias: não grandeza da ruína ou da promessa, mas grandeza do silêncio que acompanha todo acabamento (só a erudição, que é o contrário da leitura, pode ver nos *Pensamentos*, de Pascal, uma obra inacabada). Porque são escritos, os textos de F.B. não são nem esboços, nem anotações, nem materiais, nem exercícios; não levam a pensar nem na caderneta nem no diário: são *estilhaços de linguagem*. Edgar Poe pretendia que não existe poema longo; ele via no *Paraíso perdido*, por exemplo, "uma seqüência de excitações poéticas cortada *inevitavelmente* por depressões". F.B. faz economia dessas depressões; a sua escritura é de um luxo sem perda, quer dizer, *sem duração*; é a escritura, e não a história, que deixa ela própria de ser, no caso, desigual, portanto enfadonha, portanto periodicamente feia, como acontece com tantas obras belas: tudo é entregue à escritura, mas essa delegação nada tem a ver com o trabalho da forma; o artesanato já não é a condição necessária do estilo; Stendhal zombava já de Chateaubriand e não corrigia praticamente nada. O escritor empenha aqui o seu esforço não na matéria verbal, mas na decisão de escrever: tudo se passa *antes* da redação. O menor texto de F.B. diz essa "transunção" [*transumption*] anterior; o luxo terno e suntuoso de uma escritura *absolutamente livre*, em que não há um único átomo morto, invulnerável de tanta graça, diz a decisão primitiva que faz da linguagem a frágil salvação de *certo* sofrimento.

2. Incidentes

Potência de escritura: esses textos são também, a seu modo, estilhaços de romance. Do romance, os textos de F.B. têm duas marcas indestrutíveis: primeiro, a incerteza da consciência narrativa, que nunca diz francamente *ele* ou *eu*; em seguida, uma maneira cursiva, isto é, uma continuidade que aparenta a escritura às formas ligadas da natureza (água, planta, melodia); não retiramos nada de um romance, "devoramo-lo" (o que quer dizer que o ligado da leitura romanesca não provém do cuidado que se poderia tomar para ler tudo, mas, muito pelo contrário, da corrida veloz que faz você *esquecer* certos pedaços do itinerário: o contínuo da escritura é uma questão de *velocidade*, e essa velocidade talvez seja, em última análise, apenas a da mão). Assim acontece com os textos de F.B.: a eles também "devoramos"; um pequenino espaço de palavras encerra aqui (paradoxo da escritura) uma essência de continuidade. A escritura de F.B., tão logo se encerra (sempre cedo demais), *já* fluiu entretanto: ligeira, profunda, luminescente como o mar de que fala com freqüência, ela nos conduz, dá-nos ao mesmo tempo a idéia da meta e do desvio: nunca é fechada, *frappée* (palavra que se refere ao gelo, à ferida, ao espanto, coisas todas estranhas à escritura de F.B.); fisicamente sutil, ela participa da essência romanesca porque o seu fim (no duplo sentido do termo) nunca é aforístico; a sua brevidade (material) não induz a nenhum gnomismo; situação paradoxal para textos curtos, eles verificam, não julgam: do romance, têm a profunda *amoralidade*; neles reina o tempo fundamental das literaturas livres, a última conquista da linguagem (a se dar fé à sua pré-história): o *indicativo*. Por esse motivo, poder-se-ia chamar os textos de F.B. não de fragmentos, mas de *incidentes*, coisas que *caem*, sem choque, e no entanto com um movimento que não é infinito: contínuo descontínuo do floco de neve. Isso poderia ser dito de outro modo: a brevidade da máxima tem por função instalar em nós certa ambigüidade e reversibilidade do sentido, a sua figura é a elipse; os textos de F.B. estão no extremo oposto desse regime de escrita: eles não são "breves", voltados e revertidos sobre si mesmos; têm o *desenvolvimento* da metáfora infinita (como se diz, o desenvolvimento de uma roda), têm o comprimento e o impulso da linha (essa idéia vestimentar); o autor pode fazê-los parar muito rapidamente, tem *já* o fôlego do tempo: recusando o tempo do romance, é uma escritura que, entretanto, *tem tempo*. O que nela reina não é a ambigüidade, é o mistério.

3. A descrição

As "descrições" do romance são necessárias e por isso mesmo ingratas; são "serviços" ou, melhor ainda, servidões; o enredo obriga o autor a passar certas informações a respeito dos lugares e das personagens; comunicando um estatuto, são como paradas, e muitas vezes chega-se a lê-las com enfado. Ainda renunciando ao romance, F.B. toma, entretanto, as partes mortas do romance e delas faz uma matéria ativa. Assim, num de seus mais belos textos, F.B. descreve um jovem que caminha pelas ruas de Roma; não se sabe, nunca se saberá de onde vem, aonde vai, para que serve esse rapaz, não está ligado a nenhuma lógica narrativa; entretanto, o seu criador dá-lhe um *suspense*; quanto melhor é descrito o rapaz, mais ficamos curiosos a respeito de sua essência, tensos em direção *a algo que devemos compreender*. F.B. substitui, assim, a gramática do enredo por uma nova inteligibilidade: a do desejo. O próprio desejo torna-se história e inteligência, há finalmente coincidência entre a descrição e o suspense. Numa descrição romanesca, se não for muito ruim, a história penetra de longe os pormenores, fazendo-os concorrer para um sentido geral (a pobreza de uma moradia, a austeridade de uma personagem); assim também aqui o desejo torna a descrição "profunda", ou, se preferirem, *alienada*: o desejo torna-se *ratio*, *lógos*: poder que não pode obter da sua satisfação, mas somente da palavra, e toda a literatura está justificada. Da mesma forma que o enredo transborda sempre para determinado sentido, a que muito tempo se chamou *destino*, o desejo contado perde misteriosamente a sua contingência: o mal-estar, a tristeza, a lucidez, o sono, a cidade, o mar tornam-se nomes do desejo. Daí essa nova literatura que joga ao mesmo tempo com a metáfora e com a narrativa, com a variação de ser e com o encadeamento dos atos: algo como os novos *Caracteres*, não os dos costumes, mas os dos corpos.

4. Sublimação

Assim, F.B. não cala apenas a moralidade da narrativa, mas também a sua lógica (talvez seja a mesma coisa); as suas descrições são subversões, não induzem, destacam e "ultrapassam". Como? Cada texto *parte* como um romance, cada texto é um simulacro de romance: há objetos, personagens, uma situação, um narrador, enfim, uma instância realista; mas bem depressa (isto é, simultaneamente, de uma só vez e insensivelmente, como se estivéssemos decolando do chão), toda essa familiaridade do romance põe-se a se mexer *noutra parte*; somos alçados para outro sentido (o que será dado desse sentido nada mais é do que: ele é *outro*; uma alteridade pura, que é a definição suficiente do estranho): uma personagem chega a uma estação; a estação é descrita; depois, de repente, ela *é* o lugar, ou melhor, o triunfo do desejo; ora, essa identidade é imediata: a estação não se torna outra coisa que não ela própria, não há metáfora, arrebatamento da visão; mediante um ilogismo especial, recebemos a sucessão e a coincidência dos dois lugares. Essa montagem muito particular apaga algo de que a literatura só muito dificilmente pode desvencilhar-se: a admiração de suas próprias notações; a escritura de F.B. nunca é, em nenhum grau, cúmplice do efeito que produz; é uma escritura *sem piscar de olhos*. Outro texto começa à maneira de um romance de aventuras: um homem penetra num hangar de aviões e agride o piloto que ali está dormindo; bem depressa, uma descrição "demasiado" amorosa do jovem piloto (tudo está nesse "demasiado") desloca essa partida clássica; a fantasia "pega", e, sem abandonar o quadro da narrativa tradicional, a cena de evasão muda de ser e *redescobre-se* cena erótica. Para F.B. o romance está *à mercê*; ele empresta ao desejo as suas partidas; a narração é como uma rampa de vôo; mas o que se passa no fim já não é da ordem da sucessividade dos acontecimentos, noutras palavras, do suspense, mas da ordem das essências. No romance (o verdadeiro), o desejo é forte por seus atos, seus efeitos, as situações que produz; é sempre tratado segundo uma lógica causal (o que o moraliza a cada passo); nos breves romances simulados de F.B., tudo pára no desejo, tudo o glorifica (teologicamente, a glorificação é a manifestação da essência); o romance se esvai como uma cortina que se abre a fim de mostrar o desejo em sua "glória". Verdade das inversões: o desejo sublima a razão.

5. Eros

O desejo, por certo, anda à espreita em toda literatura desde que a linguagem, tornada soberana, inútil, passou a *dizer* algo a que se chamou *beleza*; mas esse desejo escrito nunca foi até aqui senão o elemento de uma álgebra moral, psicológica, teológica: a literatura servia para compreender o desejo, em nome de um conjunto mais vasto; toda literatura tendia assim para a moral, isto é, para uma economia do bem e do mal, do escuro e do luminoso: Eros contado quer dizer coisa diferente de Eros. Nos textos de F.B., o movimento é inverso: é Eros que "compreende"; aqui nada existe que dele não proceda; o amor dos rapazes forma um círculo puro fora do qual nada mais existe; toda a transcendência fica concentrada; esse círculo é formal, entretanto; o seu fechamento não vem da sociedade, ou então de uma escolha existencial, como noutras obras com o mesmo objeto: é apenas a escritura que o traça; o desejo dos rapazes nunca é, nesse caso, culturalizado, tem a naturalidade daquilo que é sem causa e sem efeito, é ao mesmo tempo sem liberdade e sem fatalidade. Essa naturalidade tem grandes conseqüências na escritura (a menos, ao contrário, que dela saia): o que está escrito não evoca *outra coisa*: suave e rica ao mesmo tempo, a escritura é, entretanto, *fosca*; nisso concordando com as linguagens mais novas de hoje, mas sem a sua frieza, ela se proíbe e nos proíbe qualquer *indução*; por não haver neles nenhuma elipse, nada podemos inferir desses textos. Ora, o preço de uma arte, num mundo atulhado, define-se pelas operações privativas que ela ousa: não para satisfazer a uma estética da restrição (de modelo clássico), mas para submeter plenamente o sentido, tirar-lhe toda saída secundária. Pode-se dizer que, por chegar ao termo de uma tradição pesadíssima, uma literatura do desejo é a coisa mais difícil; a de F.B. não tira a sua essência erótica do realismo das figuras, mas de uma submissão incondicionada a Eros, escolhido como o único deus da obra (Satã é eliminado, e, portanto, Deus). Assegurado esse reinado, nada pareceria mais *deslocado* do que um gestuário erótico. Os textos de F.B. não estão, pois, dentro da tradição erótica (no sentido corrente do termo), na medida mesmo em que Eros não está neles como um ajuntamento e uma nomeação (de "posturas"), mas como um princípio soberano de escritura. É necessário, então, opor às *eróticas* tradicionais um *erotismo* novo; no primeiro caso, o escritor é levado a insistir exageradamente na descrição "do que se passou", até que encontre para Eros uma transcendência – Deus, Satã ou o Inominado –, ao passo que nos "incidentes" escritos por F.B., sendo Eros a inteligência última, não pode conhecer nenhum paroxismo. Outra diferença: toda erótica é pesada, ou crispada; o erotismo é aqui, pelo contrário, leve (a escritura corre pela superfície dos encontros sem realizá-los) e profundo (a escritura é o pensamento das coisas); é um ar, um espaço, poder-se-ia dizer uma geometria, pois que temos agora geometrias que sutilizam o cosmo; ele está ali, sem provocações e sem cumplicidade: não ingênuo, pois Eros tudo sabe, é *sábio*; e talvez esteja aí a nota extrema dessa escritura, ser o desejo uma figura da *sophrosynia*. A graça e a sabedoria: era essa *impossibilidade* que os Antigos davam para a perfeição, representando-a no tão belo mito do *puer senilis*, do adolescente mestre de todas as idades. Já há muito tempo a nossa literatura, no melhor dos casos, empolga, mas não seduz; um *encanto* assim é, portanto, novo.

6. Geral, individual, particular

Estremecimento da *Sehnsucht* romântica, feita de uma confusão sonhadora entre o sensual e o sensível, e, no entanto, profundo silêncio metafísico: F.B. só toma da linguagem, categoria do geral, a extrema borda particular, nunca induzindo a uma sentença, nunca resumindo a descrição nessa palavra lírica ou moral que a antiga retórica havia reconhecido sob o nome de epifonema: na escritura de F.B., nunca vem nada *sobre* o que está escrito: metal sedoso e indúctil. F.B. ocupa no meio das escrituras uma situação *perigosa*. Sendo a linguagem geral (e, portanto, moral), a literatura está condenada ao universal; tudo que acontece em literatura é originalmente cultural: as pulsões só aparecem nela revestidas de uma linguagem anterior; a generalidade que se credita há séculos ao escritor, felicitando-o interminavelmente por fazer com o individual o humano, é na realidade uma terrível servidão: como se louvar por uma restrição imposta pela própria natureza da linguagem? O problema do escritor é, então, ao contrário, reencontrar um particular último a despeito do instrumento geral e moral que lhe é dado. Este problema é que é *tratado* (mas não discutido) nos textos de F.B.; aqui o autor se informa e nos informa que o *particular não é o individual*; é sim, ao contrário, se assim se pode dizer, a parte impessoal e incoletiva do homem; nada se encontrará então nesses textos que se relacione com uma pessoa *formada*, isto é, com uma história, uma vida, um caráter; mas tampouco se encontrará nenhum espelho de humanidade. Noutros termos, a substância dessa escritura não é o "vivido" (o "vivido" é banal e é justamente ele que o escritor deve combater), mas não é tampouco a razão (categoria geral adotada sob diversos artifícios por todas as literaturas fáceis); esse célebre conflito, aparentemente tão irredutível aos olhos de alguns que os impede de escrever, F.B. rejeita-lhe os termos, e é por essa recusa *inocente* que ele fica em posição de realizar a utopia de uma linguagem particular. Essa ação tem uma grande conseqüência crítica: apesar de os textos de F.B. poderem ser descritos como sendo, absolutamente nada pode impedi-los de *devir*: objeto perfeito e, no entanto, por fazer, segundo vias que só pertencem ao autor; atingido na escritura, o particular luta aqui com a *obra* que toda sociedade, moral, exige de quem escreve.

7. Técnica

A literatura tem como matéria a categoria geral da linguagem; para fazer-se, não somente ela tem de matar o que a gerou, mas, ainda, para esse assassinato, não tem outro instrumento à sua disposição que não seja essa mesma linguagem que deve destruir. Essa reviravolta *quase* impossível faz os textos de F.B.: esse *quase é* o espaço estreito onde o autor escreve. Isso não se pode fazer sem uma *técnica*, que não é forçosamente um aprendizado, mas, segundo a definição de Aristóteles, a faculdade de produzir aquilo que pode ser ou não ser. O fim dessa técnica é descrever um mundo escolhido, não como um mundo desejável, mas como o próprio desejável; o desejo não é aqui o atributo de uma criação que a ele preexistiria, é imediatamente uma substância; noutras palavras, ainda, o autor não descobre (sob a ação de uma subjetividade privilegiada) que o mundo é desejável, ele o determina desejável; então, é o tempo do julgamento, o tempo psicológico que aqui é eludido: particular, mas não individual, o autor não narra o que vê, o que sente, não desenrola os preciosos epítetos que tem a felicidade de encontrar, não age como psicólogo que se servisse de uma linguagem feliz para enumerar os atributos originais da sua visão, age imediatamente como escritor; não faz desejáveis os corpos, faz o desejo corporal, intervertendo pelo paradoxo mesmo da escritura a substância e o atributo: tudo é transportado para os objetos, não para dizer o que são (o que são eles?), mas para dizer a essência de desejo que os constitui, exatamente como a luminescência constitui o fósforo; nos textos de F.B., nunca há nenhum objeto *in-desejável*. O autor cria, assim, uma vasta metonímia do desejo: escrita *contagiosa* que faz recair sobre o leitor o desejo mesmo com que formou as coisas.

8. *Signun facere*

A antiga retórica distinguia a *disposição* da *elocução*. Da disposição (*táxis*) dependiam as grandes unidades da obra, sua montagem de conjunto, seu "desenvolvimento"; da elocução (*léxis*), as figuras, as construções, aquilo a que hoje chamaríamos redação, isto é, uma classe (e não uma soma) de "pormenores". Os textos de F.B. são (pelo menos por enquanto) plenamente textos de *elocução*. A unidade de elocução tem um nome muito antigo: é o *canto*. O canto não é uma eufonia ou uma qualidade das imagens, é, segundo o mito órfico, uma maneira de *manter* o mundo sob sua linguagem. O que canta aqui não são diretamente as palavras, é essa redação segunda, essa redação mental que se forma e avança "entre as coisas e as palavras". Trata-se portanto de uma espécie de canto anterior (como se fala de uma vida anterior). Vico fala, em dado momento, dos *universais da imaginação*: aí está o espaço onde F.B. forma uma escritura *particular*, sem tradição e sem provocação; nem drapeada, nem todavia "natural", essa escritura elude todos os modelos sem revestir-se, em momento algum, da pesada sinalética da originalidade. Daí, talvez, a sua amizade nua, cortada de qualquer humanismo. Ler F.B. é a todo momento formar em si adjetivos: fresco, simples, sedoso, leve, sensível, justo, inteligente, desejável, forte, rico (Valéry: "*Afinal de contas, o objetivo do artista, o único objetivo, reduz-se a obter um epíteto*"), mas, para terminar, esses adjetivos se desalojam uns aos outros, a verdade está apenas no conjunto e o conjunto não pode suportar nenhuma definição; a função mesma dessa escritura é dizer aquilo que nunca poderemos dizer dela: se pudéssemos, ela já não teria justificação. F.B. mantém-se no ponto exato de uma dupla postulação: por um lado, a sua escritura *faz sentido*, e nisso não a podemos nomear, pois esse sentido está infinitamente mais longe do que nós; e, por outro, ela *faz signo*. *Signum facere*, tal poderia ser a divisa desses textos: essas frases, esse conjunto de frases flutua na cabeça como uma memória futura, predeterminando a palavra da última modernidade.

1964.

A FACE BARROCA

A cultura francesa sempre privilegiou muito, ao que parece, as "idéias" ou, para falar de modo mais neutro, o conteúdo das mensagens. Ao francês importa o "algo a dizer", aquilo que comumente se designa com uma palavra ambígua, monetária, comercial e literária: o fundo (ou os fundos). Em matéria de significante (esperamos poder doravante empregar essa palavra sem precisar nos desculpar), a cultura francesa conheceu durante séculos apenas o trabalho do estilo, as normas da retórica aristotélico-jesuítica, os valores do "bem-escrever", elas próprias centradas, aliás, por um retorno obstinado, na transparência e na distinção do "fundo". Foi necessário esperar Mallarmé para que a nossa literatura concebesse um significante livre, sobre o qual não mais pesasse a censura do falso significado, e tentasse a experiência de uma escritura finalmente desvencilhada do recalque histórico em que a mantinham os privilégios do "pensamento". Ainda assim o empreendimento mallarmeano, a tal ponto tem sido viva a resistência, só tem podido ter, aqui e ali, "variações", isto é, repetições através de obras raras, todas de combate: sufocada duas vezes em nossa história, no momento da arrancada barroca e no da poética mallarmeana, a escritura francesa está sempre em situação de recalque.

Um livro vem lembrar-nos de que, afora os casos de comunicação transitiva ou moral (*Me passe o queijo* ou *Desejamos sinceramente a paz no Vietnã*), existe um prazer da linguagem, de mesmo estofo, da mesma seda que o prazer erótico, e de que esse prazer da linguagem é a sua verdade. Esse livro vem não de Cuba (não se trata de folclore, mesmo castrista), mas da língua de Cuba, desse texto cubano (cidades, palavras, bebidas, roupas, corpos, cheiros, etc.) que é, ele próprio, inscrição de culturas e épocas diversas. Ora, dá-se o seguinte, que a nós, franceses, muito importa: transportada para a nossa língua, essa língua cubana subverte-lhe a paisagem; é um dos raríssimos casos em que uma tradução consegue deslocar a sua língua de saída, em lugar de, simplesmente, alcançá-la. Se o barroco verbal é espanhol segundo a história, gongoresco ou quevediano, e se essa história está presente no texto de Severo Sarduy, nacional e "materno" como toda língua, esse texto nos desvenda também a face barroca que está no idioma francês, sugerindo-nos, assim, que a escritura pode fazer tudo de uma língua e, em primeiro lugar, devolver-lhe a liberdade.

Esse barroco (palavra provisoriamente útil enquanto permite provocar o classicismo inveterado das letras francesas), na medida em que manifesta a ubiqüidade do significante, presente em todos os níveis do texto, e não, como comumente se diz, na sua superfície apenas, modifica a própria identidade daquilo a que chamamos narrativa, sem que jamais se perca o prazer do conto. *Écrit en dansant* compõe-se de três episódios, de três *gestos* – palavra que retoma aqui o título do primeiro livro de Severo Sarduy, ou *gestas* –, mas nele não encontraremos nenhuma dessas próteses narrativas (personalidade dos protagonistas, situação dos lugares e tempos, piscadelas de quem está contando, e Deus, que vê no coração das personagens) com que se marca ordinariamente o direito abusivo (e, aliás, ilusório) da realidade sobre a linguagem. Severo Sarduy conta de fato "alguma coisa" que nos aspira para o seu fim e se dirige para a morte da escritura, mas essa "alguma coisa" desloca-se livremente, "seduz" por essa *soberania* da linguagem que Platão já entendia dever recusar em Górgias, inaugurando esse recalque da escritura que marca a nossa cultura ocidental. Vemos então manifestar-se em *Écrit en dansant*, texto hedonístico e, por isso mesmo, revolucionário, o grande tema próprio ao significante, o único predicado de essência que possa suportar com toda verdade, e que é a metamorfose: cubanas, chinesas, espanholas, católicas, drogadas, teatrais, pagãs, circulando das caravelas aos *self-services* e de um sexo a outro, as criaturas de Severo Sarduy passam e repassam através da vidraça de um balbucio depurado que elas "impingem" ao autor, demonstrando assim que a vidraça não existe, que não há nada a ver *por trás* da linguagem, e que a palavra, longe de ser o atributo final e o último toque da estátua humana, como diz o mito enganador de Pigmalião, nunca é mais do que a sua extensão irredutível.

Entretanto, tranqüilizem-se os humanistas, pelo menos parcialmente. A vassalagem prestada à escritura por todo sujeito, o que escreve e o que lê, ato que nenhuma relação tem com aquilo que o recalque clássico, por um desconhecimento interessado, chama de "verbalismo", ou mais nobremente de "poesia", não suprime nenhum dos "prazeres" da leitura, desde que se tenha um mínimo de vontade de encontrar-lhe o ritmo certo. O texto de Severo Sarduy merece todos os adjetivos que formam o léxico do valor literário:

é um texto brilhante, lesto, sensível, engraçado, inventivo, inesperado e, no entanto, claro, cultural até, continuamente afetuoso. Temo, entretanto, que, para ser recebido sem dificuldade na boa sociedade das letras, falte-lhe essa nesga de remorso, esse resquício de culpa, essa sombra de significado que transforma a escritura em lição e assim se apropria dela, sob o nome de "bela obra", como uma mercadoria útil à economia do "humano". Talvez esse texto tenha ainda uma coisa a mais, que vai incomodar: a energia de palavra, que ao escritor basta para tranqüilizar-se.

1967, *La Quinzaine Littéraire*.
Pela publicação de *Écrit en dansant*.

O QUE ADVÉM AO SIGNIFICANTE

Éden, Éden, Éden é um texto livre: livre de todo sujeito, de todo objeto, de todo símbolo: escreve-se nesse vazio (nesse abismo ou nessa mancha cega) onde os constituintes tradicionais do discurso (aquele que fala, aquilo que ele conta, a maneira como se exprime) estariam *a mais*. A conseqüência imediata é que a crítica, visto não poder falar nem do autor, nem do assunto, nem do estilo, nada mais pode sobre esse texto: é preciso "entrar" na linguagem de Guyotat; não é acreditar nela, ser cúmplice de uma ilusão, participar de uma fantasia, mas escrever com ele essa linguagem, no lugar dele, assiná-la ao mesmo tempo que ele.

Estar na linguagem (como se diz: estar no lance): isso é possível porque Guyotat não produz um modo, um gênero, um objeto literário, mas um elemento novo (por que não acrescentá-lo aos quatro Elementos da cosmogonia?); esse elemento é uma frase: substância de fala que tem a especialidade de um tecido, de uma comida, frase única que não termina, cuja beleza não vem do seu "reporte" (o real para o qual se supõe que ela remete), mas de seu fôlego, cortado, repetido, como se se tratasse, para o autor, não de representar-nos cenas imaginadas, mas a cena da linguagem, de modo que o modelo dessa nova *mímesis* já não é a aventura de um herói, mas a própria aventura do significante: o que lhe advém.

Éden, Éden, Éden constitui (ou deveria constituir) uma espécie de arrancada, de choque histórico: toda uma ação anterior, aparentemente dúplice, mas de que vemos cada vez melhor a coincidência, de Sade a Genet, de Mallarmé a Artaud, é recolhida, deslocada, purificada de suas circunstâncias de época; já não há Narrativa nem Culpa (é por certo a mesma coisa), restam apenas o desejo e a linguagem, não esta exprimindo aquele, mas colocados ambos numa metonímia recíproca, indissolúvel.

A força dessa metonímia, soberana no texto de Guyotat, deixa prever uma censura forte, que aí encontrará reunidos os seus dois pastos habituais: a linguagem e o sexo; mas também essa censura, que poderá assumir muitas formas, por sua força mesma, será imediatamente desmascarada: condenada a ser excessiva se censura *ao mesmo tempo* o sexo e a linguagem, condenada a ser hipócrita se pretende censurar somente o assunto e não a forma, ou vice-versa – em ambos os casos, condenada a revelar a sua essência de censura.

Entretanto, sejam quais forem as peripécias institucionais, a publicação deste texto é importante: todo o trabalho crítico, teórico, avançará com ele, sem que o texto jamais deixe de ser sedutor: a um só tempo inclassificável e indubitável, novo marco e partida de escritura.

Prefácio a *Éden, Éden, Éden*,
de P. Guyotat. © Gallimard, 1970.

AS SAÍDAS DO TEXTO

Eis um texto de Bataille: *Le gros orteil*[1] (*O dedão do pé*).

Esse texto, não vou explicá-lo. Vou apenas enunciar alguns fragmentos que serão como *saídas* do texto. Esses fragmentos estarão em estado de ruptura mais ou menos acentuada uns com relação aos outros: não tentarei ligar, organizar essas saídas; e para estar mais seguro de frustrar qualquer ligação (qualquer planejamento do comentário), para evitar toda retórica do "desenvolvimento", do assunto desenvolvido, dei um nome a cada um desses fragmentos e dispus esses nomes (esses fragmentos) em ordem alfabética* – que é, como se sabe, ao mesmo tempo uma ordem e uma desordem, uma ordem privada de sentido, o grau zero da ordem. Será uma espécie de dicionário (Bataille coloca um no fim de *Documents*) que tomará de viés o texto tutor.

....

[1]. Georges Bataille, *Documents*, Paris, Mercure de France, 1968, pp. 75-82. (Retomado no t. I das *Oeuvres complètes*, Paris, Gallimard, 1970.)

* Traduzidos para o português, esses "fragmentos" não mantêm a ordem alfabética. (N. do T.)

| *Leituras* |

Achatamento dos valores

Há em Nietzsche e em Bataille um mesmo tema: o da Saudade. Determinada forma do presente é depreciada, determinada forma do passado exaltada; nem esse presente, nem esse passado serão, para dizer a verdade, históricos; ambos se lêem segundo o movimento ambíguo, formal, de uma *decadência*. Assim nasceu a possibilidade de uma saudade não-reacionária, de uma saudade *progressista*. A *decadência* não é lida, contrariamente à conotação corrente da palavra, como um estado sofisticado, hipercultural, mas, ao contrário, como um *achatamento dos valores*: volta da tragédia com vigor (Marx), clandestinidade do dispêndio festivo na sociedade burguesa (Bataille), crítica da Alemanha, doença, esgotamento da Europa, tema do *último homem*, do pulgão "que tudo apouca" (Nietzsche). Poderíamos acrescentar as diatribes de Michelet contra o século XIX – o seu século –, século do Tédio. Em todos, o mesmo enojamento levantado pelo achatamento burguês: o burguês não destrói o valor, *achata-o*, apouca-o, funda um sistema do mesquinho. É um tema ao mesmo tempo histórico e ético; queda do mundo fora do trágico, subida da pequena burguesia, escrita sob a espécie de um *evento*: a revolução (em Marx) e o super-homem (em Nietzsche) são abalos vitais aplicados ao achatamento; toda a heterologia de Bataille é da mesma ordem: elétrica. Nessa história apocalíptica do valor, *Le gros orteil* remete a dois tempos: um tempo etnológico (marcado no texto pelos verbos no presente), o tempo "dos homens", "das pessoas" que, antropologicamente, depreciam o baixo e exaltam o elevado, e um tempo histórico (marcado pelos episódios no passado), que é o tempo da cristandade e da sua quintessência, a Espanha, para quem o baixo é pura e escrupulosamente censurado (o pudor). Tal é a dialética do valor: quando é antropológica, a rejeição, a repulsa ao pé designa o próprio lugar de uma sedução; a sedução está naquilo que se esconde *selvagemente*, o valor está na transgressão selvagem do interdito; mas, quando é histórica, sublimada sob a figura do pudor, a condenação do pé torna-se um valor recalcado, achatado, que provoca o desmentido do *Riso*.

Códigos do saber

No texto de Bataille, há numerosos códigos "poéticos": temático (alto/baixo, nobre/ignóbil, leve/lamacento), anfibológico (a palavra "ereção", por exemplo), metafórico ("o homem é uma árvore"); há também códigos de saber: anatômico, zoológico, etnológico, histórico. É óbvio que o texto *excede* o saber – pelo valor; mas, mesmo no interior do campo do saber, há diferenças de pressão, de "seriedade", e essas diferenças produzem uma heterologia. Bataille põe em cena dois saberes. Um saber endoxal: aquele de Salomão Reinach, e dos Senhores do Comitê de Redação de *Documents* (revista de que se extrai o texto em pauta); saber citacional, referencial, reverencial. E um saber mais distante, produzido por Bataille (por sua cultura pessoal). O código desse saber é etnológico; corresponde bastante ao que antigamente se chamava *Magasin Pittoresque*, coletânea de "curiosidades" – lingüísticas, etnográficas; há nesse discurso do segundo saber uma referência dúplice: a do *estranho* (do *alhures*) e a do *pormenor*; assim se produz um princípio de abalo do saber (de sua lei) pela sua futilização, sua miniaturização; na extremidade desse código está o *espanto* ("arregalar os olhos"); é o saber paradoxal por se espantar, se des-naturalizar, abalar o "isto é óbvio". Essa caça ao fato etnológico fica certamente muito próxima da caça romanesca: o romance é de fato uma *máthesis* trucada, a caminho de um *desviamento* do saber. Esse atrito de códigos de origens diversas, de estilos diversos, é contrário à monologia do saber, que consagra os "especialistas" e desdenha os polígrafos (os amadores). Produz-se, em suma, um saber burlesco, heteróclito (etimologicamente: que pende para um lado e para outro): é já uma operação de escritura (a escrevença, essa impõe a separação dos saberes – como se diz, a separação dos gêneros); vinda da mistura dos saberes, a escritura mantém em xeque "as arrogâncias científicas"[2] e mantém ao mesmo tempo uma legibilidade aparente: discurso dialético que poderia ser o do jornalismo se este não estivesse achatado sob a ideologia das comunicações de massa.

Começo

O "começo" é uma idéia de retóricos: de que maneira começar um discurso? Durante séculos, debateu-se o problema. Bataille levanta a questão do começo num ponto onde nunca havia sido levantada: *onde começa o corpo humano?* O animal começa pela boca: "A boca é o começo, ou, se preferir, a proa dos animais... Mas o homem não tem uma arquitetura tão simples como os bichos, e nem sequer é possível dizer onde ele começa."[3] Isso coloca a questão do sentido do corpo (não esqueçamos que – ambigüidade preciosa – *sentido* quer dizer ao mesmo tempo *significação* e *vetorização*). Demos três estados dessa questão.

1) No corpo animal, um único elemento é marcado, o *começo*, a boca (a goela, o focinho, as mandíbulas, o órgão de predação);

....
2. *Documents*, p. 23.
3. *Ibidem*, p. 171.

sendo o único notável (ou notado), *esse elemento não pode ser um termo* (um *relatum*): não há então paradigma, e portanto não há sentido. O animal é, de certo modo, dotado de um começo mitológico: há, se assim podemos dizer, ontogênese a partir de um ser, o ser da manducação.

2) Quando o corpo humano é tomado pelo discurso psicanalítico, há uma semantização ("sentido"), porque há paradigma, oposição de dois "termos": a boca, o ânus. Esses dois termos permitem dois trajetos, duas "narrativas"; por um lado, o trajeto do alimento, que vai da suculência ao excremento: o sentido nasce aqui de uma temporalidade, a da transformação alimentar (o alimento serve como ponto de referência exterior); por outro lado, o trajeto da gênese libidinal; à oposição (semântica) entre o oral e o anal superpõe-se uma extensão sintagmática: a fase anal segue-se à fase oral; é então uma outra história que dá o seu sentido ao corpo humano, a história filogenética: como espécie, realidade antropológica, o corpo dá-se um sentido desenvolvendo-se.

3) Bataille não exclui a psicanálise, mas ela não é a sua referência; um texto a respeito do pé, como é o nosso texto, evocaria, naturalmente, uma imensa referência ao fetichismo. Ora, aqui há apenas uma rápida alusão ao "fetichismo clássico". Para Bataille, o corpo não começa em lugar algum, é o espaço do *onde quer que seja*; só pode reconhecer nele um sentido à custa de uma operação violenta: *subjetiva-coletiva*; o sentido surge graças à intrusão de um *valor*: o *nobre* e o *ignóbil* (o alto e o baixo, a mão e o pé).

Eludir

O texto de Bataille ensina como devemos conduzir-nos com relação ao saber. Não se deve rejeitá-lo, deve-se mesmo, às vezes, fingir colocá-lo em primeiro plano. Bataille não se sentia absolutamente tolhido pelo fato de ser o comitê de redação de *Documents* composto de professores, cientistas, bibliotecários. É preciso fazer surgir o saber onde não se espera. Já foi dito que este texto, que concerne a uma parte do corpo humano, evita, discreta mas obstinadamente, a psicanálise; o jogo (discursivo) do saber é caprichoso, arrevesado: os "saltos altos" aparecem na cena do texto e, no entanto, Bataille elude o estereótipo esperado do salto-fálus (que os guardas dos museus cortam às mulheres que percutem os belos soalhos encerados!); e, no entanto, ainda, num terceiro lance, Bataille fala logo a seguir da sexualidade, trazendo-a através de uma transição ("além do mais") falsamente ingênua. O saber é esmigalhado, pluralizado, como se o *um* do saber fosse continuamente levado a dividir-se em dois: a síntese fica trucada, eludida; o saber fica presente, não destruído, mas deslocado; o seu novo lugar é – segundo a palavra de Nietzsche – o de uma *ficção*: o sentido precede e predetermina o fato, o valor precede e predetermina o saber. Nietzsche: "Não existe fato em si. O que acontece é um grupo de fenômenos escolhidos e agrupados por um ser que os interpreta... Não existe estado de fato em si; é preciso, ao contrário, introduzir um sentido antes mesmo que possa haver um fato." O saber seria, em suma, uma ficção interpretativa. Assim, Bataille assegura a trucagem do saber por um despedaçamento dos códigos, mas, principalmente, por uma irrupção do valor (o *nobre* e o *ignóbil*, o *sedutor* e o *chão*). O papel do valor não é um papel de destruição, nem mesmo de dialetização, nem mesmo ainda de subjetivação; talvez seja, simplesmente, um papel de *repouso*... "basta-me saber que a verdade possui um *grande poder*. Mas é preciso que ela possa *lutar*, e que tenha oposição, e que se possa de vez em quando *repousar* dela na não-verdade. Caso contrário, tornar-se-ia para nós tediosa, sem gosto e sem força, e ela nos tornaria também assim" (Nietzsche). Em suma, o saber é mantido como poder, mas é combatido como tédio; o valor não é o que despreza, relativiza ou rejeita o saber, mas o que o desentedia, o que descansa dele; não se opõe ao saber segundo uma perspectiva polêmica, mas segundo um sentido estrutural; há alternância do saber com o valor, repouso de um pelo outro, segundo uma espécie de *ritmo amoroso*. E aí está, em suma, o que é a escritura, e singularmente a escritura do ensaio (falamos de Bataille), o ritmo amoroso da ciência e do valor: heterologia, gozo.

Vestir

Entre os antigos chineses, o marido não deve ver os pés da mulher descalços: "As turcas do Volga consideram imoral mostrar os pés nus e até dormem de meias." Seria preciso prolongar o pequeno dossiê etnográfico organizado por Bataille; lembrar as *petting-parties* dos Estados Unidos, o uso de certas populações árabes, nas quais a mulher não se despe para fazer amor; o hábito, relatado por um autor contemporâneo, de certos gigolôs que tiram toda a roupa, menos as meias. Tudo isso levaria a estabelecer a relação entre a roupa e a prática amorosa; não é absolutamente o problema, abundantemente tratado, do *striptease*; pois a nossa sociedade, que se julga "erótica", jamais fala das práticas reais do amor, do corpo em estado de amor: é o que menos conhecemos uns dos outros – não talvez por tabu moral, mas por tabu de futilidade. Seria preciso, afinal – e não seria tão banal quanto parece –, seria preciso repensar a *nudez*. Realmente, para nós, o *nu* é um valor plástico, ou mesmo erótico-plástico: noutras palavras, o *nu* está sempre em posição de *figuração* (é o exemplo mesmo do *striptease*); ligado estreitamente à ideologia da representação, é a figura por excelência, a figura da figura. Repensar o *nu* significaria, por um lado, conceber a nudez como um conceito histórico, cultural, ocidental (grego?), e, por outro, fazê-la passar do *Quadro* dos corpos a uma ordem das *práticas* eróticas. Ora, a partir do momento em que se começa a entrever a cumplicidade do *nu* com a representação, somos levados a suspeitar do seu poder de gozo: o nu seria um objeto cultural (ligado talvez a uma ordem do *prazer*, mas não à da perda, do gozo), e por conseguinte, para terminar, um objeto moral: o nu não é perverso.

Idiomática

Como fazer com que o corpo fale? Pode-se fazer passar para o texto os códigos do saber (desse saber que diz respeito ao corpo); pode-se levar em conta a *dóxa*, a opinião das pessoas sobre o corpo (o que dizem dele). Há um terceiro meio a que Bataille recorre sistematicamente (e que é interessante do ponto de vista do trabalho atual sobre o texto): é articular o corpo, não no discurso (o dos outros, o do saber, ou mesmo o meu próprio), mas na *língua*: deixar intervir os idiotismos, explorá-los, desdobrá-los, representar-lhes a letra (isto é, a significância); *boca* conduzirá para "boca-de-fogo" (expressão canibal de canhão), "boca fechada" ("bonita como um cofre-forte"); *olho* suscitará uma exploração completa de todos os idiotismos em que entra essa palavra; a mesma coisa para *pé* ("pé chato", "estúpido como um pé", etc.)*. Por essa via, o corpo se

....
* O idiomatismo, por definição, não admite tradução literal, salvo em casos de mera coincidência, como *bouche à feu* – "boca-de-fogo". Para alguns dos idiomatismos ocorrentes neste parágrafo, poderíamos propor, à guisa de tradução, idiomatismos em português que se aproximam quanto ao sentido, embora apresentem divergências quanto ao significante:

engendra diretamente na língua: idiomatismo e etimologismo são os dois grandes *recursos* do significante (prova *a contrario*: a escrevença, que não é a escritura, censura geralmente o trabalho daquilo que, na língua, é ao mesmo tempo o seu centro ponderante e o seu excesso; já viram vocês alguma metáfora num estudo sociológico ou num artigo da *Le Monde*?). Trata-se, em Bataille, de um trabalho textual do mesmo tipo, com a mesma energia produtiva que se vê operando, labutando, em cena, em *Lois*, de Philippe Sollers.

Dedo do pé (*Orteil*)

É preciso lembrar, sem mais – pois já é toda uma riqueza –, a lexicografia da palavra. *Orteil* é um dedo do pé, qualquer deles; vem de *articulus*, pequeno membro; isto é, *das Kleines*, a coisinha, o fálus infantil. Na expressão *le gros orteil* (o dedão), a significância é reforçada: por um lado, *gros* é repulsivo (*grand* não o é); e, por outro, o diminutivo (*articulus*) pode sê-lo também (o nanismo perturba): o *orteil* é sedutor-repulsivo; fascinante como uma contradição: a do fálus tumescente e miniaturizado.

Paradigma

Falou-se de *valor*. Essa palavra foi tomada num sentido nietzschiano; o valor é a fatalidade de um paradigma intratável:

---

bouche close – "bico calado"; *pied-plat* – "pé-rapado"; *bête comme un pied* (aliás, a expressão corrente em francês é *bête comme ses pieds*) – "burro como uma porta". Quanto a *belle comme un coffre-fort*, não vejo expressão idiomática em português que ligue a beleza de uma mulher à sua mudez. (N. do T.)

nobre/vil. Ora, no texto de Bataille, o valor – que rege todo o discurso – repousa sobre um paradigma particular, anômico, porque ternário. Há, se assim se pode dizer, três pólos: o *nobre*/o *ignóbil*/o *baixo*. Demos a cunhagem terminológica desses três termos (os exemplos são tomados no nosso texto e no artigo sobre a noção de Dispêndio[4]).

1) Pólo "*Nobre*": "formas sociais grandes e livres"; "generoso, orgíaco, desmedido"; "luz forte demais, esplendor avantajado"; "a generosidade"; "a nobreza".

2) Pólo "*Ignóbil*": "Doença, esgotamento. Vergonha de si mesmo. Hipocrisia mesquinha. Obscuridade. Eructações vergonhosas. Postura apagada. Atrás dos muros. Convenções carregadas de tédio e deprimentes. Aviltar. Rancores fastidiosos. Manhas. Sociedade bolorenta. Exibiçõezinhas. Um industrial sinistro e a sua velha esposa, mais sinistra ainda. Favores inconfessáveis. Casais de merceeiros. O embrutecimento e a baixa idiotia. Puro e superficial. A cozinha poética."

3) Pólo "*Baixo*": "Escarro. Lama. O sangue escorre. A raiva. Jogo dos caprichos e dos medos. As vagas ruidosas das vísceras. Medonhamento cadavérico. Orgulhoso e gritalhão. A discórdia violenta dos órgãos."

A heterologia de Bataille consiste no seguinte: há contradição, paradigma simples, canônico, entre os dois primeiros termos – *nobre* e *ignóbil* ("a divisão fundamental das classes de homens em nobres e ignóbeis"); *mas* o terceiro termo não é regular: *baixo* não é o termo neutro (nem nobre nem ignóbil), tampouco o termo misto (nobre e ignóbil). É um termo independente, pleno, excêntrico, irredutível: o termo da sedução *fora da lei* (estrutural).

---

4. Goerges Bataille, *La part maudite*, Ed. de Minuit, col. "Critique", 1967.

Por dois títulos o *baixo* é efetivamente valor: por um lado, é aquilo que está fora da macaqueação de autoridade[5]; por outro, está preso ao paradigma *alto/baixo*, quer dizer, à simulação de um sentido, de uma forma, e destarte frustra o *em-si* da matéria: "... o materialismo atual, entendo um materialismo que não implique que a matéria é a coisa em si[6]." Em suma, o verdadeiro paradigma é aquele que coloca face a face dois valores positivos (o *nobre*/o *baixo*) no próprio campo do materialismo; e o termo normalmente contraditório (o *ignóbil*) é que se torna o neutro, o medíocre (o valor negativo, cuja negação não é contrariedade, mas achatamento). Ainda Nietzsche: "O que é medíocre no homem médio? Ele não compreende que o *inverso das coisas* é necessário." Noutras palavras, uma vez mais: o aparelho do sentido não é destruído (o balbucio é evitado), mas é *excentrado*, tornado coxo (é o sentido etimológico de "escandaloso"). Esse jogo é assegurado por duas operações; de um lado o sujeito (da escritura) desvia *in extremis* o paradigma: o *pudor*, por exemplo, não é negado em proveito do seu contrário esperado, legal e estrutural (o exibicionismo), e surge um terceiro termo: o *Riso*, que elude o Pudor, o *sentido* do Pudor; de outro, a língua, a própria língua, é audaciosamente distendida: *baixo* é empregado a título de valor positivo, laudatório ("o baixo materialismo da gnose"), mas o seu advérbio correlativo, *baixamente*, que segundo a língua deveria ter o mesmo valor que o ad-

....

5. "Com efeito, trata-se antes de tudo de não se submeter, e consigo a sua razão, ao que quer que seja de mais elevado, ao que quer que seja que possa dar ao ser que sou, à razão que arma este ser, uma autoridade de empréstimo. Este ser e a sua razão não podem submeter-se realmente senão ao que é mais *baixo*, ao que não pode servir em caso algum para macaquear uma autoridade qualquer... A matéria baixa é exterior e estranha às aspirações ideais humanas e recusa deixar-se reduzir às grandes máquinas ontológicas resultantes dessas aspirações." (*Documents*, p. 103.)
6. *Ibidem*, p. 102.

jetivo original, é empregado negativamente, depreciativamente ("a orientação baixamente idealista do Surrealismo"): é o tema do achatamento que separa, como um valor violento, cortante, a palavra-tronco do seu rebento.

Que e quem?

O saber diz de todas as coisas: *"O que é?"* O que é o dedão? O que é este texto? Quem é Bataille? Mas o valor, segundo a palavra de ordem nietzschiana, prolonga a pergunta: *o que é isto para mim?*

O texto de Bataille responde de maneira nietzschiana à pergunta: *o que é o dedão do pé, para mim, Bataille?* E, por deslocamento: o que é este texto, *para mim*, que o leio? (Resposta: é o texto que eu desejaria ter escrito.)

Faz-se, pois, necessário – e talvez urgente – reivindicar abertamente em favor de *certa* subjetividade: a subjetividade do não sujeito oposta ao mesmo tempo à subjetividade do sujeito (impressionismo) e à não-subjetividade do sujeito (objetivismo).

Pode-se conceber essa revisão sob duas formas: primeiro, reivindicar em favor do *para mim* que está em todos os "O que é?", pedir e proteger a intrusão do valor no discurso do saber. A seguir, atacar o *quem*, o sujeito da interpretação; ainda aqui, Nietzsche: "Não se tem direito de perguntar *quem afinal* interpreta? É a própria interpretação, forma da vontade de poder, que existe (não como um "ser", mas como um processo, um devir) como paixão..."; "Não há sujeito, mas uma atividade, uma invenção criadora, nem 'causas' nem 'efeitos'."

Vocábulos

O valor surge diretamente de certas palavras, certos termos, certos *vocábulos* ("vocábulo" é bom, porque, em francês, *vocable* quer dizer ao mesmo tempo: invocação e patrocínio de um santo: ora, trata-se de *palavras-numes*, palavras-signos, palavras-opiniões). Esses vocábulos irrompem no discurso do saber: o vocábulo seria essa marca que distinguiria a escritura da escrevença (é o caso de uma expressão como "a sujeira mais repugnante", que nenhum discurso "científico" toleraria). Seria sem dúvida preciso – será preciso um dia – uma teoria das palavras-valores (dos vocábulos). Pode-se tomar nota, por enquanto: os vocábulos são palavras sensíveis, palavras sutis, palavras amorosas, a denotar seduções ou repulsas (apelos de gozo); outro morfema de valor é, às vezes, o itálico ou as aspas; as aspas servem para enquadrar o código (para desnaturalizar, desmistificar a palavra), o itálico, pelo contrário, é a marca da pressão subjetiva que é imposta à palavra, de uma insistência que substitui a sua consistência semântica (as palavras em itálico são numerosíssimas em Nietzsche). Essa oposição entre as palavras-saber e as palavras-valor (os nomes e os vocábulos), o próprio Bataille parece ter tido dela uma consciência teórica. Mas, na sua exposição[7], há uma permutação terminológica: a "palavra" é o elemento da análise filosófica, do sistema ontológico, "denotando as propriedades que permitem uma ação exterior", ao passo que o "aspecto" (o nosso "vocábulo") é aquilo que "introduz os valores decisivos das coisas", provém "dos movimentos decisivos da natureza".

Existe então no texto (de Bataille e segundo Bataille) todo um tecido do valor (por vocábulos, grafismos), todo "um fasto verbal".

---

7. *Documents*, p. 45.

Que seriam, lingüisticamente, tais vocábulos? (A lingüística, bem entendido, não sabe nem quer saber; ela é adiafórica, indiferente.) Passo a indicar apenas algumas hipóteses.

1) Contrariamente a todo um preconceito modernista que só presta atenção à sintaxe, como se a língua só pudesse se emancipar (entrar na vanguarda) nesse nível, há que reconhecer certo erratismo das palavras: algumas são, na frase, como blocos erráticos; a função da palavra (na escritura) pode ser cortar a frase, por seu brilho, por sua diferença, seu poder de fissura, de separação, por sua situação fetiche. O "estilo" é mais palpável do que se pensa.

2) Bataille dizia: "Um dicionário começaria a partir do momento em que não mais desse o sentido, mas os serviços das palavras."[8] É uma idéia muito lingüística (Bloomfield, Wittgenstein); mas *serviço* vai mais longe (é aliás uma palavra-valor); passamos do *uso*, do *emprego* (noções funcionais) ao trabalho da palavra, ao gozo da palavra: como a palavra "fuça" no intertexto, na conotação, age trabalhando-se a si mesma; é, afinal, o *para-mim* nietzschiano da palavra.

3) O tecido das palavras-valores constitui um *aparelho* terminológico, mais ou menos como se diz "aparelho de poder": há uma força de rapto da palavra; a palavra faz parte de uma guerra das linguagens.

4) Por que não conceber (um dia) uma "lingüística" do valor – não mais no sentido saussuriano (*valendo-por*, elemento de um sistema de troca), mas no sentido quase moral, guerreiro – ou, ainda, erótico? As palavras-valores (os vocábulos) colocam o desejo no texto (no tecido da enunciação) – e fazem-no sair dele: o

....
8. *Documents*, p. 177.

desejo não está no texto pelas palavras que o "representam", que o relatam, mas por palavras suficientemente distintas, suficientemente brilhantes, triunfantes, para se fazerem amar, à maneira de fetiches.

> Colóquio de Cerisy-la-Salle, 1972.
> Excerto de *Bataille*, col. "10/18".
> © U.G.E., 1973.

LEITURA DE BRILLAT-SAVARIN

Graus

Brillat-Savarin (a quem passaremos a chamar B.-S.) verifica que o champanhe é excitante em seus primeiros efeitos e estupefaciente nos que vêm a seguir (não tenho tanta certeza: para mim, diria isso mais do uísque). Aí está colocada, a propósito de um nada (mas o gosto implica uma filosofia do nada), uma das mais importantes categorias formais da modernidade: a do *escalonamento* dos fenômenos. Trata-se de uma forma do tempo, muito menos conhecida do que o ritmo, mas presente num tão grande número de produções humanas que não seria demais um neologismo para designá-la: chamemos a esse "despegamento", a essa escala do champanha, uma "batmologia". A batmologia seria o campo dos discursos submetido a um jogo de *graus*. Certas linguagens são como o champanha: desenvolvem uma significação posterior à sua primeira escuta, e é nesse recuo do sentido que nasce a literatura. O escalonamento dos efeitos do champanhe é grosseiro, totalmente fisiológico, conducente de uma excitação ao entorpecimento; mas é esse mesmo princípio de defasagem depurado, que regula a qualidade do gosto; o gosto é esse mesmo sentido que conhece e pratica apreensões múltiplas e sucessivas: entradas, retornos, superposições, todo um contraponto da sensação. À visão *em patamares* (nos grandes gozos panorâmicos) corresponde o *escalonamento* do gosto. B.-S. decompõe assim *no tempo* (porque não se trata de uma análise simples) a sensação gustativa: 1) *direta* (quando o sabor está ainda impressionando a língua anterior); 2) *completa* (quando o sabor passa ao fundo da boca); 3) *refletida* (no momento final do julgamento). Todo o *luxo* do gosto está nessa escala; a submissão da sensação gustativa ao tempo permite, efetivamente, desenvolvê-la um pouco à maneira de uma narrativa, ou de uma linguagem: temporalizado, o gosto conhece surpresas e sutilezas; são os perfumes e fragrâncias, constituídos anteriormente, se assim podemos dizer, como recordações; nada teria impedido que a *madeleine* de Proust fosse analisada por B.-S.

Necessidade/desejo

Se B.-S. tivesse escrito hoje o seu livro, não teria deixado de colocar no rol das perversões esse gosto da comida que tanto defendia e ilustrava. A perversão é, se assim podemos dizer, o exercício de um desejo que não serve para nada, tal como aquele do corpo que se entrega ao amor sem idéia de procriação. Ora, B.-S. sempre marcou, no plano da alimentação, a distinção entre a necessidade e o desejo: "O prazer de comer exige, se não a fome, pelo menos o apetite; o prazer da mesa é, na maioria das vezes, independente de um e de outro." Numa época em que o burguês não tinha nenhuma culpabilidade social, B.-S. se serve de uma oposição cínica: há, de um lado, o *apetite natural*, que é da ordem da necessidade, e, de outro, o *apetite de luxo*, que é da ordem do desejo. De fato, tudo está aí: a espécie tem *necessidade* da procriação para sobreviver, o indivíduo tem *necessidade* de comer para subsistir; e no entanto a satisfação dessas duas necessidades não basta ao homem; ele precisa pôr em cena, se assim podemos dizer, o *luxo* do desejo, amoroso ou gastronômico: suplemento enigmático, inútil, a comida desejada – aquela que B.-S. descreve – é uma perda incondicional, uma espécie de cerimônia etnográfica pela qual o homem celebra o seu poder, a sua liberdade de queimar as energias "por nada". Nesse sentido, o livro de B.-S. é de ponta a ponta o livro do "propriamente humano", pois é o desejo (porque ele se fala) que distingue o homem. Esse fundo antropológico dá um cunho paradoxal à *Fisiologia do gosto*: porque aquilo que se exprime através das especiosidades do estilo, o tom mundano das histórias e a futilidade graciosa das descrições, é a grande aventura do desejo. A questão toda, entretanto, continua sendo saber por que o sujeito social (pelo menos nas nossas sociedades) deve assumir a perversão sexual num estilo negro, selvagem, maldito, como a mais pura das transgressões, ao passo que a perversão gastronômica, descrita por B.-S. (e no conjunto não se vê como poderia ser descrita diferentemente), implica sempre uma espécie de confissão amável e gentilmente complacente que nunca sai do *bom-tom*.

O corpo do gastrônomo

O alimento provoca um prazer *interno*: interior ao corpo, encerrado nele, nem mesmo sob a pele, mas naquela zona profunda, central, tanto mais original quanto é mole, emaranhada, permeável, e a que se chama, no sentido bem geral, entranhas; embora o gosto seja um dos cinco sentidos reconhecidos, classificados, do homem, e embora esse sentido seja localizado (na língua e, como muito bem descreve B.-S., na boca toda), o gozo gustativo é difuso, estendido a todo o tapete secreto das mucosas; pertence ao que deveríamos considerar como nosso sexto sentido – se B.-S., precisamente, não reservasse esse lugar para o sentido genésico – e que é a *cenestesia*, sensação global do nosso corpo interno. B.-S., por certo, como toda gente, reconhece essa disposição difusa do prazer do alimento: é o *bem-estar* que se segue às boas refeições; mas, curiosamente, essa sensação interna, ele não a analisa, não a pormenoriza, não a "poetiza"; quando quer captar os efeitos voluptuosos do alimento, é no corpo adverso que vai buscá-los; esses efeitos são de algum modo signos, tomados numa interlocução: decifra-se o prazer do outro; às vezes mesmo, caso se trate de uma mulher, nós o espiamos, *surpreendêmo*-lo, como se estivéssemos diante de um pequeno rapto erótico; o convívio, o prazer de comer bem em grupo é, pois, um valor menos inocente do que parece; existe na encenação de uma boa refeição algo além do simples exercício de um código mundano, ainda que este tivesse origem histórica muito antiga; ronda em torno da mesa uma vaga pulsão escópica: olham-se (espreitam-se?) os efeitos da comida sobre o outro, capta-se como o corpo se trabalha a partir de dentro; como esses sádicos que gozam com a subida de uma emoção ao rosto do parceiro, observam-se as mudanças do corpo que se alimenta bem. O índice desse prazer que sobe é, segundo B.-S., uma qualidade temática muito precisa: *o brilho*; a fisionomia esplende, o colorido se eleva, os olhos se iluminam, enquanto o cérebro se refresca e um suave calor penetra o corpo todo. O brilho é, evidentemente, um atributo erótico: remete ao estado de uma matéria ao mesmo tempo incendiada e molhada, o desejo dando ao corpo o seu lampejo; o êxtase, a sua radiância (a palavra é de B.-S.), e o prazer, a sua lubrificação. O corpo do gastrônomo é assim visto como uma pintura levemente radiosa, iluminada *do interior*. Esse sublime comporta, no entanto, um grão sutil de trivialidade; percebe-se muito bem esse suplemento inesperado no quadro da bela glutona ("uma bela glutona em armas", diz B.-S.): ela tem os olhos brilhantes, os lábios lustrosos, e está mordendo a sua asa de perdiz; sob o hedonismo amável, que é o gênero obrigatório das descrições de convívio, deve-se ler, então, no brilho um outro índice: o da agressão carnívora de que a mulher é aqui, paradoxalmente, portadora; a mulher não devora o alimento, ela morde, e a mordida irradia; talvez, nesse lampejo bastante brutal, seja preciso detectar um pensamento antropológico: aos solavancos, o desejo retorna à sua origem e se inverte em necessidade, a gulodice em apetite (transportada para a ordem amorosa, essa inversão reconduziria a humanidade à simples prática do acasalamento). O estranho é que, no quadro excessivamente civilizado que B.-S. apresenta continuamente dos usos gastronômicos, a nota estridente da Natureza – do nosso *fundo* natural – é dada pela mulher. Sabe-se que, na imensa mitologia que os homens elaboraram em torno do ideal feminino, o alimento é sistematicamente esquecido; é comum ver a mulher em estado de amor ou de inocência; nunca é vista comendo: é um corpo glorioso, purificado de qualquer necessidade. Mitologicamente, a alimentação é coisa de homens; a mulher só toma parte nela a título de cozinheira ou de criada; ela é quem prepara ou serve, mas não come.

Com uma nota ligeira, B.-S. subverte dois tabus: o de uma mulher pura de qualquer atividade digestiva e o de uma gastronomia que seria de pura repleção: ele põe o alimento na Mulher, e na Mulher o apetite (os apetites).

A antidroga

Baudelaire censurava B.-S. por não ter falado bem do vinho. Para Baudelaire, o vinho é a lembrança e o esquecimento, a alegria e a melancolia, é o que permite ao sujeito transportar-se para fora de si mesmo, fazer ceder a consistência do seu eu em proveito de estados deslocados, estrangeiros e estranhos; é uma via de desvio; enfim, é uma droga.

Ora, para B.-S., o vinho não é de forma alguma um condutor de êxtase. A razão disso é clara: o vinho faz parte da alimentação, e a alimentação, para B.-S., é essencialmente convival; o vinho não pode, então, fazer parte de um protocolo solitário: bebe-se ao mesmo tempo em que se come, e come-se sempre em grupo; uma estreita sociabilidade vela sobre os prazeres da alimentação; por certo, fumantes de haxixe podem juntar-se em bandos, como fazem os convivas de uma boa refeição; mas é, em princípio, para que cada um possa "partir" melhor no seu sonho singular; ora, separação é vedada ao conviva gastrônomo porque, enquanto come, submete-se a uma prática comunitária rigorosa: a conversação. A conversação (em grupo) é, de certo modo, a lei que preserva o prazer culinário de todo risco psicótico e mantém o gastrônomo numa "sã" racionalidade: ao falar – ao conversar – enquanto come, o conviva confirma o seu eu e se protege de qualquer fuga subjetiva, pelo imaginário do discurso. O vinho, para B.-S., não tem nenhum privilégio particular: como a alimentação, e com ela, ele amplifica ligeiramente o corpo (torna-o "brilhante"), mas não o muda. É uma antidroga.

| *Leituras* |

Cosmogonias

Como incide sobre substâncias transformáveis, a prática culinária conduz muito naturalmente o escritor que dela fala a tratar de uma temática geral da matéria. Assim como as antigas filosofias davam muita importância aos estados fundamentais da matéria (a água, o fogo, o ar, a terra) e desses estados tiravam tipos de atributos genéricos (o aéreo, o líquido, o ardente, etc.) que podiam ter curso em todas as formas de discursos, a começar pelo discurso poético, assim também o alimento, pelo tratamento de suas substâncias, assume uma dimensão cosmogônica. O estado *verdadeiro* do alimento, aquele que determina o futuro *humano* do alimento, pensa B.-S., é o estado líquido: o gosto resulta de uma operação química que se faz sempre por via úmida, e "nada existe de sápido senão o que já está dissolvido ou proximamente solúvel". O alimento, e é normal, alcança aqui o grande tema materno e talássico: a água é nutriz; fundamentalmente, o alimento é um banho interior, e esse banho – precisão em que insiste B.-S. – não é apenas vital, é também feliz, paradisíaco; porque é dele que depende o gosto, isto é, a felicidade de comer.

O líquido é o estado anterior ou posterior do alimento, a sua história total, e portanto a sua verdade. Mas no seu estado sólido, seco, a matéria alimentar sofre diferenças de valor. Tomemos os grãos naturais do café: pode-se socá-los ou moê-los. B.-S. prefere em muito o primeiro método de redução, cujo mérito atribui aos turcos (não pagamos caro por um almofariz ou pelo pilão de madeira que por muito tempo serviram para triturar os grãos?). Da superioridade de uma manipulação sobre a outra, B.-S., bancando o sábio, dá provas experimentais e teóricas. Mas não é difícil adivinhar a "poética" desta diferença: o moído depende de uma mecânica; a mão aplica-se ao moinho como uma força, não como uma arte (prova disso é que o moinho manual converteu-se muito naturalmente em moinho elétrico); o que o moinho assim produz – de certo modo abstratamente – é uma poeira de café, uma substância seca e despersonalizada; ao contrário, o socado vem de um conjunto de gestos corporais (prensar, virar de diversas maneiras), e tais gestos são diretamente transmitidos pela mais nobre, pela mais humana das matérias, a madeira; o que sai do almofariz já não é uma simples poeira, mas um pó, substância de que toda uma mitologia atesta a vocação alquímica, que é aliar-se à água para produzir beberagens mágicas: o pó de café é, se assim podemos dizer, irrigável, mais próximo, portanto, do grande estado da matéria alimentar, que é o líquido. No pequeno conflito que opõe o socado ao moído, há que se ler então um reflexo do grande mito que hoje, mais do que nunca, trabalha a humanidade tecnicista: a excelência do utensílio (oposto à máquina), a preexcelência do artesanal sobre o industrial, numa palavra, a nostalgia do Natural.

A busca da essência

Cientificamente, no fim do século XVIII, o mecanismo da digestão fica mais ou menos elucidado: sabe-se então como a lista mais variada e heteróclita de alimentos que se possa imaginar (todos aqueles que a humanidade, desde a origem da vida, pôde descobrir e ingerir) produz uma mesma substância vital mediante a qual o homem sobrevive. Com uma ligeira defasagem histórica, a partir de 1825, a química descobre os corpos simples. Toda a ideologia culinária de B.-S. se arma com uma noção ao mesmo tempo médica, química e metafísica: a de uma essência simples, que é o *suco* nutritivo (ou gustativo – visto que, para B.-S., só existe de fato alimento *degustado*). O estado acabado do alimento é pois o suco, essência líquida e rarefeita de um pedaço de alimento. A redução à essência, ou quintessência, velho sonho alquimista, impressiona muito B.-S.: ele goza disso como de um espetáculo surpreendente; o cozinheiro do príncipe de Soubise, tal como um mágico das *Mil e uma noites*, não concebera a idéia de encerrar cinqüenta presuntos num frasco de cristal cujo tamanho não ia além da polegada? Equações miraculosas: o ser do presunto está no seu caldo, e este caldo é, ele próprio, redutível a um suco, a uma essência – de que só é digno o cristal. A essência alimentar assim projetada toma uma *aura* divina; a prova disso é que, como o fogo prometéico, fora das leis humanas, pode-se roubá-la: estando uns ingleses a cozer uma perna de carneiro numa estalagem, B.-S. rouba-lhe o suco (para fazer ovos em caldo); incisa a carne que está a girar e retira-lhe a quintessência por efração (além do mais, traço de anglofobia).

Ética

Foi possível desvendar a física do prazer amoroso (tensão/distensão), mas o prazer gustativo, este escapa a qualquer redução, e por conseguinte a qualquer ciência (prova é a natureza heteróclita dos gostos e desgostos através da história e da terra). B.-S. fala como um cientista, e o seu livro é uma fisiologia; mas a sua ciência (acaso ele sabe disso?) não passa de uma ironia de ciência. Todo o gozo gustativo assenta na oposição de dois valores: o *agradável* e o *desagradável*, e esses valores são pura e simplesmente tautológicos: é *agradável* o que agrada e *desagradável* o que desagrada. B.-S.

não pode ir além: o gosto vem de um "poder apreciador", exatamente como, em Molière, o sono vem de uma virtude dormitiva. A ciência do gosto reverte-se então em ética (é o destino habitual de toda ciência). B.-S. associa imediatamente à sua fisiologia (que mais poderia ele fazer se quer continuar a discorrer?) qualidades morais. Há duas principais. A primeira é legal, castradora: é a *exatidão* ("De todas as qualidades do cozinheiro, a mais indispensável é a exatidão"); reencontra-se aqui a regra clássica: não há arte sem injunção, não há prazer sem ordem; a segunda é bem conhecida das morais da Culpa: é o *discernimento*, que permite separar com finura o Bem do Mal; há uma casuística do gosto: o gosto deve estar sempre alerta, exercitar-se na sutileza, na minúcia; B.-S. cita com respeito os gastrônomos de Roma, que sabiam distinguir pelo gosto os peixes pescados entre as pontes da Cidade dos que eram apanhados mais abaixo, ou esses caçadores que chegam a perceber o sabor particular da coxa em que a perdiz se apoiou para dormir.

A língua

Cadmo, que trouxe a escrita para a Grécia, havia sido o cozinheiro do rei de Sidon. Seja dado esse traço mitológico como apólogo à relação que une a linguagem e a gastronomia. Não têm essas duas potências o mesmo órgão? E, mais amplamente, o mesmo aparelho, produtor ou apreciador: as bochechas, o palato, as fossas nasais, cujo papel gustativo é lembrado por B.-S. e que fazem o belo canto? Comer, falar, cantar (será preciso acrescentar: beijar?) são operações que têm como origem o mesmo lugar do corpo: cortou a língua, acabaram-se o gosto e a palavra.

| *Leituras* |

Platão havia aproximado (é verdade que pelo lado negativo) a retórica e a cozinha. B.-S. não aproveita explicitamente esse precedente: nele não há filosofia da linguagem. Como a simbólica não é o seu forte, é em observações empíricas que se há de procurar o interesse desse gastrônomo pela linguagem, ou, mais exatamente, pelas línguas. É muito grande esse interesse. B.-S., ele próprio o lembra, conhece cinco línguas: possui assim um repertório imenso de palavras de todas as librés, que toma para o seu uso, nas diferentes zonas do seu cérebro, sem pejo. Nisso B.-S. é muito moderno: está persuadido de que a língua francesa é pobre e que é lícito tomar por empréstimo ou roubar palavras noutra parte; assim, também, aprecia o encanto das línguas marginais, como a língua popular; transcreve e cita com prazer o dialeto da sua região, Bugey. Enfim, cada vez que tem oportunidade, por mais longe que isso esteja do discurso gastrosófico que é o seu, anota essa ou aquela curiosidade lingüística: "*faire les bras*" [fazer os braços] quer dizer: tocar piano levantando os cotovelos, como se se estivesse sufocado pelo sentimento; "*faire les yeux*" [fazer os olhos] quer dizer: levantá-los para o céu como se se estivesse para desfalecer; "*faire des brioches*" [fazer rosquinhas] (essa metáfora devia ser de seu agrado) quer dizer: falhar num traço, numa entonação. A atenção que presta à linguagem é pois meticulosa, como deve ser a arte do cozinheiro.

É preciso, no entanto, ir além dessas provas contingentes de interesse. B.-S. está certamente ligado à língua – como esteve ao alimento – por uma relação amorosa: ele deseja as palavras, na sua materialidade mesma. Não tem ele essa invenção admirável de classificar os movimentos da língua, quando participa da manducação, mediante palavras estranhamente eruditas? Há, entre outras, a *spication* [espicação] (quando a língua se amolda em espiga) e a *verrition* [verrição] (quando varre). Duplo gozo? B.-S. faz-se lingüista, trata da alimentação como um foneticista faria (e mais tarde fará) com a vocalidade, e, esse discurso erudito, ele o produz num estilo radicalmente – poder-se-ia dizer despudoradamente – neológico. O neologismo (ou a palavra muito rara) abunda na obra de B.-S.; serve-se dele sem freio, e cada uma dessas palavras inesperadas (*irrorateur, garrulice, esculent, gulturation, soporeux, comessation* [irrorador, garrulidade, esculento, gulturação, soporoso, comessação], etc.) é o vestígio de um prazer profundo, que remete ao desejo da língua: B.-S. deseja as palavras, como deseja trufas, uma omelete de atum, uma caldeirada; como todo neologista, tem uma relação fetichista com a palavra só, isolada pela sua própria singularidade. E, como essas palavras fetichizadas ficam presas a uma sintaxe muito pura, que restitui ao prazer neológico o enquadramento de uma arte clássica, feita de injunções, de protocolos, pode-se dizer que a língua de B.-S. é à letra *glutona*: glutona das palavras que maneja e dos pratos a que se refere; fusão ou ambigüidade, que o próprio B.-S. exterioriza claramente quando evoca com simpatia aqueles gastrônomos cuja paixão e competência se reconhecem à simples maneira – glutona – como pronunciam a palavra "bom".

Sabe-se quanta insistência a modernidade tem colocado em desvendar a sexualidade que está encoberta no exercício da linguagem: falar, debaixo de certas censuras ou de certos álibis (entre eles o da pura "comunicação"), é um ato erótico; um conceito novo permitiu essa extensão do sexual ao verbal: o conceito da *oralidade*. B.-S. fornece aqui o que o seu cunhado Fourier teria chamado de *transição*: a do gosto, oral como a linguagem, libidinal como Eros.

Morte

E a Morte? Como aparece no discurso de um autor cujo assunto e estilo designam como o protótipo mesmo do "boa-vida"? Pode-se prever, ela vem de maneira totalmente fútil. Partindo do fato caseiro de que o açúcar preserva os alimentos e permite mantê-los em conserva, B.-S. pergunta por que não se usa açúcar na arte de embalsamar: defunto fino, confeitado, açucarado, em geléia! (Imaginação estranha, que não deixa de lembrar Fourier.)

(Enquanto o gozo do amor é continuamente associado – por quantas mitologias – à morte, nada assim para o gozo da alimentação; metafisicamente – ou antropologicamente – é um gozo fosco.)

A obesidade

Uma revista, esta semana, atiça os seus leitores: um médico acabou de descobrir o segredo de emagrecer, em cima ou embaixo, à vontade. Esse anúncio teria interessado a B.-S., que se descreve, com bom humor, como atingido por uma obesidade troncular, "que se limita ao ventre" e que não existe nas mulheres; é o que B.-S. chama de *gastroforia*; os que dela sofrem são gastróforos (parecem, realmente, levar a barriga à frente de si): "Incluo-me entre eles, diz B.-S., mas, apesar de portador de uma barriga bastante proeminente, tenho ainda a parte inferior da perna seca, e o nervo destacado como um cavalo árabe."

É conhecido o enorme sucesso desse tema na nossa cultura de massa: não passa semana sem que apareça na imprensa um artigo sobre a necessidade e os meios de emagrecer. Essa fúria de ficar esbelto remonta sem dúvida, de etapa em etapa, ao fim do século XVIII; sob a influência de Rousseau e dos médicos suíços Tronchin e Tissot forma-se uma nova idéia da higiene: o princípio dela é a *redução* (e não mais a repleção); a abstinência substitui a universal sangria; a alimentação ideal é feita de leite, de frutas, de água fresca. Quando B.-S. consagra um capítulo de seu livro à obesidade e aos meios de combatê-la, conforma-se, pois, ao sentido dessa História mitológica cuja importância começamos a reconhecer. Todavia, como gastrônomo, B.-S. não pode enfatizar o aspecto naturalista do mito: como poderia ao mesmo tempo defender o natural rural (leite e frutas) e a arte culinária que produz codornas trufadas ao tutano e as pirâmides de suspiro com baunilha e extrato de rosas? O álibi filosófico – de origem rousseauniana – apaga-se em proveito de uma razão propriamente estética: certo que não estamos ainda no momento histórico (o nosso) em que *seria óbvio* que ser esbelto é mais bonito do que ser gordo (proposição cuja relatividade é atestada pela história e pela etnologia); a estética do corpo evocada por B.-S. não é diretamente erótica; é pictural: o principal malefício da obesidade consiste em "encher as cavidades que a natureza havia destinado a fazer sombra", e "tornar mais ou menos insignificantes fisionomias picantes"; o modelo do corpo é, em suma, o desenho de gênero, e a dietética é uma espécie de arte plástica.

Que idéia tem B.-S. sobre o regime de emagrecimento? Mais ou menos a nossa. Conhece muito bem, no essencial, as diferenças do poder calórico dos alimentos; sabe que os peixes, e principalmente os mariscos, as ostras, são pouco calóricos, e que as féculas, os farináceos são-no muito; desaconselha a sopa, as massas doces, a cerveja; recomenda os legumes verdes, a vitela, as aves (mas é bem verdade que também o chocolate!); aconselha que as pessoas se pesem regularmente, comam pouco, durmam pouco, façam muito exercício e corrige eventualmente esse ou aquele preconceito (como o que levou à morte uma jovem por ter acreditado que emagreceria se ingerisse muito vinagre); acrescente-se a isso um cinto antiobêsico e a quinquina.

A participação de B.-S. no mito do emagrecimento, tão poderoso hoje, não é indiferente; esboçou uma síntese muito moderna da dietética e da gastronomia, postulando que se podia conservar para a cozinha o prestígio de uma arte complicada, pensando-a ao mesmo tempo numa perspectiva mais funcional; síntese algo especiosa, pois o regime de emagrecimento continua sendo uma verdadeira ascese (e é a esse preço *psicológico* que se torna eficaz); pelo menos fundou-se uma literatura: a dos livros de culinária elaborados segundo certa *razão* do corpo.

O osmazoma*

Sabe-se que na Idade Média a técnica culinária obrigava sempre a ferver as carnes (porque eram de má qualidade) antes de fritá-las. Essa técnica teria repugnado a B.-S.; primeiro porque ele tem, por assim dizer, uma elevada idéia da fritura, cujo segredo – e portanto o sentido temático – consiste em *surpreender* (por um calor muito forte) o alimento que lhe é submetido: aquilo de que gostamos na pururuca de uma fritura (o *crispy* dos americanos) é de certo modo o rapto de que foi objeto a substância; depois e principalmente porque B.-S. condena o cozido (mas não o caldo): a carne cozida perde efetivamente (segundo a visão da química da época) uma substância preciosa (pela sapidez), ligada naturalmente às carnes vermelhas (ou curtidas). Essa substância é o *osmazoma*.

....

* *Osmazôme*, no original. (N. do T.)

Fiel à sua filosofia da essência, B.-S. atribui ao osmazoma uma espécie de poder espiritual; ele é (pois a palavra é masculina) o próprio absoluto do gosto: uma espécie de álcool da carne, de certo modo; como um princípio universal (demoníaco?) toma aparências variadas e sedutoras; é ele que faz o dourado das carnes, o tostado dos assados, o cheiro das caças; é principalmente ele que faz o suco e o caldo, formas diretas da quintessência (a etimologia da palavra remete à idéia conjunta de odor e de caldo).

Quimicamente, o osmazoma é um princípio da carne; mas a simbólica não respeita a identidade química; por metonímia, o osmazoma empresta o seu valor a tudo que é tostado, caramelizado, grelhado: ao café, por exemplo. A química (mesmo desatualizada) de B.-S. permite entender a atual voga do grelhado; no uso do grelhado, além do álibi funcionalista (é um prato de preparação rápida), há uma razão filosófica: o grelhado reúne dois princípios míticos, o do fogo e o da crueza, ambos transcendidos na figura do *grelhado*, forma sólida do suco vital.

Prazer

Eis o que escreve B.-S. do prazer: "Há apenas alguns meses, senti, enquanto dormia, uma sensação de prazer absolutamente extraordinária. Consistia numa espécie de estremecimento delicioso de todas as partículas que compõem o meu ser. Era uma espécie de formigamento cheio de encantos que, partindo da epiderme desde os pés até a cabeça, agitava-me até a medula dos ossos. Parecia-me ver uma chama violácea que brincava ao redor da minha fronte."

Essa descrição lírica dá bem conta da ambigüidade da noção de prazer. O prazer gastronômico é geralmente descrito por B.-S. como um bem-estar refinado e razoável; por certo, ele dá ao corpo um clarão (um brilho), mas a esse corpo ele não despersonaliza: nem o alimento nem o vinho têm o poder drogante. Em contrapartida, aqui, é uma espécie de limite do prazer que é alegado; o prazer está prestes a descambar em gozo: ele muda o corpo, que se sente em estado de dispersão elétrica. Sem dúvida, esse excesso é atribuído ao sonho; designa, entretanto, algo de muita importância: o caráter incomensurável do prazer. Assim sendo, basta socializar o *desconhecido* do prazer para produzir uma utopia (mais uma vez reencontramos Fourier). B.-S. diz muito bem: "Os limites do prazer ainda não são conhecidos nem estão estabelecidos, e não sabemos até que ponto o nosso corpo pode ficar beatificado." Discurso surpreendente num autor antigo, cujo estilo de pensamento é, em geral, epicurista; introduz nesse pensamento o sentimento de uma espécie de ilimitado histórico da sensação, de plasticidade inaudita do corpo humano, que só se encontra nas filosofias muito marginais: é postular uma espécie de misticismo do prazer.

Perguntas

O objeto visado pelo signo chama-se referente. Cada vez que falo de alimento, emito signos (lingüísticos) que se referem a um alimento ou a uma qualidade alimentar. Essa situação banal tem implicações pouco conhecidas quando o objeto visado pela enunciação é um objeto desejável. É o caso, evidentemente, da *Fisiologia do gosto*. B.-S. fala, e eu desejo aquilo de que ele fala (principalmente se estou em estado de apetite). O enunciado gastronômico, por ser aparentemente simples o desejo que mobiliza, apresenta, em toda a sua ambigüidade, o poder da linguagem: o signo chama as delícias do seu referente no exato momento em que lhe traça a ausência (sabe-se muito bem que toda palavra faz isso desde que Mallarmé o disse da flor, "ausente de todo ramalhete"). A linguagem suscita e exclui. Assim sendo, o estilo gastronômico levanta para nós uma série de questões: o que é representar, figurar, projetar, dizer? O que é desejar? O que é desejar e falar ao mesmo tempo?

A primeira hora

Como todo sujeito hedonista, B.-S. parece ter uma viva experiência do tédio. E, como sempre, o tédio, ligado àquilo que a filosofia e a psicanálise denotaram sob o nome de *repetição*, implica, por via contrária (que é a da oposição de sentido), a excelência da novidade. Tudo que está ligado a uma temporalidade primeira é tomado de uma espécie de encanto mágico; o primeiro momento, a primeira vez, a novidade de um prato, de um rito, em suma, o *começo* remete a uma espécie de estado puro do prazer: lugar onde se mesclam todas as determinações de uma felicidade. Assim acontece com o prazer da mesa: "A mesa", diz B.-S., "é o único lugar onde não nos entediamos durante a primeira hora." Essa primeira hora é marcada aqui pelo aparecimento de novos pratos, pela descoberta de sua originalidade, pelo entusiasmo da conversação, em resumo, com uma palavra que B.-S. aplica à excelência das boas frituras: pela *surpresa*.

O sonho

O apetite tem algo de sonho, porque é ao mesmo tempo memória e alucinação, razão pela qual, aliás, seria melhor dizer, talvez, que se aparenta à fantasia. Quando estou com vontade de um alimento, não me imagino comendo-o? Não haverá, nessa imaginação preditiva, toda uma recordação de nossos prazeres anteriores? Sou realmente o sujeito constituído de uma cena vindoura da qual sou o único ator.

B.-S. reflete então sobre o sonho, "vida à parte, espécie de romance prolongado". Ele captou bem o paradoxo do sonho, que pode ser prazer intenso, isento entretanto de sensualidade real: no sonho, nem cheiro nem gosto. Os sonhos são recordações ou combinações de recordações: "Os sonhos nada mais são do que a memória dos sentidos." Tal como uma língua que se elaborasse somente a partir de certos signos escolhidos, restos isolados de uma outra língua, o sonho é uma narrativa destroçada, feita com as ruínas da memória. B.-S. compara-o a uma reminiscência de melodia de que tocaríamos apenas algumas notas, sem juntar-lhe a harmonia. O descontínuo do sonho opõe-se ao liso do sono, e essa oposição reflete-se na própria organização dos alimentos; alguns são soníferos: o leite, as aves, a alface, a flor de laranjeira, a maçã raineta (comida antes de deitar); outros provocam sonhos: as carnes escuras, a lebre, os aspargos, o aipo, as trufas, a baunilha; são alimentos fortes, perfumados ou afrodisíacos. B.-S. faz do sonho um estado marcado, quase poderíamos dizer: viril.

Ciência

"A sede", diz B.-S., "é o sentimento interior da necessidade de beber." Quem não sabia disso? E o interesse de tais frases não é certamente a informação que trazem (no caso, francamente nula). Por essas tautologias, visivelmente, B.-S. exercita-se na ciência ou, pelo menos, no discurso científico; produz enunciados sem surpresa, que não têm outro *valor* além de apresentar uma imagem pura da proposição científica (definição, postulado, axioma, equação): e acaso existe ciência mais rigorosa do que a que define o mesmo pelo mesmo? Aqui, nenhum risco de erro; B.-S. está ao abrigo deste poder maligno que arruína a ciência: o paradoxo. A sua audácia é de estilo: servir-se de um tom douto para falar de um sentido reputado fútil (porque trivialmente sensual), o gosto.

A ciência é o grande Superego da *Fisiologia*. O livro, dizem, foi redigido sob caução de um biólogo oficial, e B.-S. semeia o seu discurso de solenidades científicas. Imagina assim submeter o desejo de alimentação a medidas experimentais: "Toda vez que for servido um prato de sabor distinto e bem conhecido, deve-se observar atentamente os convivas, e anotar como indignos todos aqueles cuja fisionomia não manifestar arrebatamento." Com suas "provetas gastronômicas", B.-S., por mais estapafúrdia que seja a idéia, leva em conta dois fatores muito sérios e muito modernos: a socialidade e a linguagem; os pratos que apresenta para experiência a seus sujeitos variam segundo a classe social (a renda) desses mesmos sujeitos: uma rodela de perna de vitela com ovos nevados se for pobre, um filé de vaca ou um linguado ao natural se for remediado, codornas trufadas ao tutano, suspiros com essência de rosas se for rico, etc. – o que é levar a crer que o gosto é moldado pela cultura, isto é, pela classe social; e depois, método surpreendente, para *ler* o prazer gustativo (já que esse é o objetivo da experiência), B.-S. sugere interrogar, não a mímica (provavelmente universal), mas a *linguagem*, objeto socializado por excelência: a expressão do assentimento muda de acordo com a classe social do locutor; diante dos seus ovos nevados, o pobre dirá "Puxa!", ao passo que as verdelhas à provençal arrancarão do rico um "Excelência, como o vosso cozinheiro é um homem admirável!".

Estas facécias, a que se mesclam certas intuições verdadeiras, dizem muito bem a maneira como B.-S. tomava a ciência: ao mesmo tempo séria e irônica; o seu projeto de fundar uma ciência do gosto, de retirar do prazer culinário as suas marcas habituais de futilidade, era-lhe, certamente, muito caro; mas executa-o com ênfase, quer dizer, com ironia; é semelhante a um escritor que pusesse aspas nas verdades que enuncia, não por prudência científica, mas por temor de passar uma imagem de ingênuo (e nisso se pode ver que a ironia é sempre tímida).

Sexo

Há cinco sentidos, diz-se. Já na abertura do seu livro, B.-S. postula um sexto sentido: o *genésico*, ou amor físico. Esse sentido não pode reduzir-se ao tato; implica um aparelho completo de sensações. "Atribuamos", diz B.-S., "ao genésico um lugar *sensual* que não lhe podemos recusar, e deixemos para os nossos sobrinhos o cuidado de lhe designar uma posição" (os sobrinhos que somos nós não falharam na tarefa, como se sabe). A intenção de B.-S. é, evidentemente, sugerir uma espécie de permuta metonímica entre a primeira das volúpias (ainda que seja censurada) e o sentido cuja defesa e ilustração ele assume, a saber, o gosto; do ponto de vista da sensualidade, dar ao gosto, como companheiro de lista, o prazer amoroso é significá-lo. B.-S. insiste então, quando pode, na virtude afrodisíaca de certos alimentos: as trufas, por exemplo, ou o peixe, que para seu espanto (ironiazinha anticlerical) alimenta a quaresma dos monges, votados à castidade. Entretanto, por mais que faça, há pouca analogia entre a luxúria e a gastronomia; entre os dois prazeres, uma diferença capital: o orgasmo, isto é, o próprio ritmo da excitação e de sua distensão. O prazer da mesa não comporta nem arrebatamentos, nem transportes, nem êxtases – nem agressões; o gozo, se existe, não é paroxístico: não há ascensão do prazer, não há culminação, não há crise; nada além de uma duração; dir-se-ia que o único elemento crítico da alegria gastronômica é a espera; logo que começa a satisfação, o corpo entra na insignificância da repleção (mesmo que assuma o aspecto de uma compunção glutona).

Socialidade

A etnologia geral não teria por certo dificuldade para mostrar que a ingestão de alimentos é em todos os lugares e em todos os tempos um ato social. Come-se em grupo, tal é a lei universal. Essa socialidade alimentar pode assumir muitas formas, muitos álibis, muitos matizes, conforme as sociedades e as épocas. Para B.-S., a coletividade gastronômica é essencialmente mundana, e a sua figura ritual é a conservação. A mesa é, de certo modo, o lugar geométrico de todos os assuntos de conversa; é como se o prazer alimentar os vivificasse, os fizesse renascer; a celebração de um alimento é laicizada sob a forma de um novo modo de reunião (e de participação): o *convívio*. Aliado à boa mesa, o convívio produz aquilo que Fourier (que sempre encontramos perto de B.-S.) chamava de prazer *composto*. O hedonismo vigilante dos dois cunhados inspirou-lhes esse pensamento de que o prazer deve ser *sobre-determinado*, deve ter várias causas simultâneas, entre as quais não cabe distinguir qual leva o gozo; porque o prazer composto não depende de uma simples contabilidade das excitações: ele figura um espaço complexo em que o sujeito já não sabe de onde vem nem o que quer – a não ser gozar. O convívio – tão importante na ética de

B.-S. – não é pois um fato sociológico apenas; leva a considerar (coisa que as ciências humanas pouco fizeram até agora) a comunicação como um gozo – e não mais como uma função.

Classes sociais

Vimos que no jogo (ou na experiência) das provetas gastronômicas, B.-S. ligava a diferença dos gostos à diferença das rendas. A originalidade não está em reconhecer classes econômicas (medíocre, remediada, rica), mas em conceber que o próprio gosto (isto é, a cultura) é socializado: se existe afinidade entre os ovos nevados e uma renda modesta, não é apenas por ser um prato pouco dispendioso, é também, parece, em razão de uma formação social do gosto, cujos valores se estabelecem não no absoluto, mas num campo determinado. É sempre, então, pela mediação da cultura – e não pela das necessidades – que B.-S. socializa a alimentação. Assim, quando passa dos rendimentos às classes profissionais (ao que se denominava "estados" ou "condições"), estabelecendo que os grandes gastrônomos da sociedade são principalmente os financistas, os médicos, os literatos e os devotos, o que considera é determinado perfil de hábitos, ou seja, uma psicologia social: o gosto gastronômico parece, a seus olhos, ligado por um privilégio quer a um positivismo da profissão (financistas, médicos), quer a uma particular aptidão para deslocar, sublimar ou intimizar o gozo (literatos, devotos).

Nessa sociologia culinária, por mais pudica que seja, o social puro está, entretanto, presente no lugar exatamente onde ele falta no discurso. É no que não diz (no que oculta) que B.-S. aponta com maior segurança a condição social, na sua nudez: e o que é recalcado, impiedosamente, é a alimentação popular. De que é feita, principalmente, essa alimentação? De pão e, no campo, de papas, que a cozinheira preparava com grãos socados por ela própria no "pilão de milho", o que lhe evitava submeter-se ao monopólio dos moinhos e dos fornos banais; não usava açúcar, mas mel. O alimento essencial do pobre era a batata; eram vendidas, cozidas, nas ruas (como ainda se vê no Marrocos), do mesmo modo que as castanhas; esnobadas por muito tempo pelas pessoas "de certa categoria", que lhe relegavam o uso "aos animais e às pessoas muito pobres", a batata nada deve da sua ascensão social a Parmentier, farmacêutico das forças armadas, que queria, sobretudo, que a sua fécula viesse a substituir a farinha para o pão. Já no tempo de B.-S., a batata, embora no começo da sua redenção, ainda permanece marcada pelo desprestígio que socialmente estava ligado a qualquer "papa". Vejam os cardápios da época: unicamente iguarias separadas, puras: o *ligado* só se admite nos molhos.

Tópica

B.-S. entendeu bem que, como assunto de discurso, a alimentação era uma espécie de gabarito (de *tópica*, teria dito a antiga retórica), através do qual se poderia fazer desfilar com sucesso todas as ciências a que hoje chamamos ciências sociais ou humanas. O seu livro tende para a enciclopédia, ainda que não faça mais do que esboçar-lhe o gesto. Noutras palavras, o discurso tem o direito de abordar a alimentação sob diversas pertinências; é em suma um fato social total, acerca do qual podemos convocar metalinguagens variadas: da fisiologia, da química, da geografia, da história, da economia, da sociologia e da política (hoje acrescentaríamos a simbólica). É esse enciclopedismo – esse "humanismo" – que, para B.-S., é coberto pela denominação de *gastronomia*: "A gastronomia é o conhecimento de tudo aquilo que diz respeito ao homem, na medida em que ele se alimenta." Essa abertura científica corresponde bem ao que foi B.-S. na sua vida mesma; foi essencialmente um sujeito polimorfo: jurista, diplomata, músico, mundano, tendo conhecido bem o exterior e a província, a alimentação não foi para ele uma mania, mas antes uma espécie de operador universal do discurso.

Talvez fosse necessário, para terminar, meditar um pouco sobre as datas. B.-S. viveu de 1755 a 1826. Foi com bastante exatidão (por exemplo) um contemporâneo de Goethe (1749-1832). Goethe e Brillat-Savarin: aproximados, esses dois nomes parecem um enigma. Por certo Werther não desdenhava cozer ervilhas na manteiga, no retiro de Wahlheim; mas acaso o vemos interessar-se pelas virtudes afrodisíacas da trufa e pelos lampejos de desejo que atravessam o semblante das belas glutonas? É que o século XIX começa a sua dúplice viagem, positivista e romântica (e talvez *isto* por causa *daquilo*). Por volta de 1825, ano da publicação da *Fisiologia do gosto*, articula-se uma dupla postulação da História, ou ao menos da ideologia, de que não é certo termos já saído: por um lado, uma espécie de reabilitação das alegrias terrestres, um sensualismo, ligado ao sentido progressista da História; e, por outro, uma explosão grandiosa do "mal de viver", ligada, esta, a toda uma nova cultura do símbolo. A humanidade ocidental estabeleceu assim um duplo repertório das suas conquistas, dos seus valores: de um lado, as descobertas químicas (garantias do desenvolvimento da indústria e de uma transformação social); e, de outro, uma grande aventura simbólica: 1825, o ano de B.-S., não é também o ano em que Schubert compõe o quarteto *A morte e a donzela*? B.-S., que nos ensina a concomitância dos prazeres sensuais, representa-nos também, indiretamente, como convém a uma boa testemunha, a importância, ainda subvalorizada, das culturas e das *histórias compostas*.

> In *Physiologie du goût*,
> de Brillat-Savarin. © C. Hermann.
> Ed. des Sciences et des Arts, 1975.

UMA IDÉIA DE PESQUISA

No trenzinho de Balbec, uma senhora solitária está lendo a *Revue des Deux Mondes*; é feia, vulgar; o Narrador toma-a por uma dona-de-casa de tolerância; mas, na viagem seguinte, o pequeno clã que invadira o trem informa ao Narrador que a tal senhora é a princesa de Sherbatoff, mulher de alta estirpe, a pérola do salão Verdurin.

Este desenho, que reúne num mesmo objeto dois estados absolutamente antipáticos e inverte radicalmente uma aparência em seu contrário, é freqüente no *Em busca do tempo perdido*. Aqui estão alguns exemplos tomados no correr da leitura dos primeiros volumes: 1) dos dois primos Guermantes, o mais jovial é, na realidade, o mais desdenhoso (o duque), o mais frio, o mais simples (o príncipe); 2) Odette Swann, mulher superior, de acordo com o julgamento do seu meio, passa por tacanha entre os Verdurin; 3) Norpois, pedante a ponto de intimidar os pais do Narrador e de persuadi-los de que seu filho não tinha nenhum talento, é com uma palavra arrasado por Bergotte ("não passa de um velho tolo"); 4) o mesmo Norpois, aristocrata monarquista, é encarregado de missões diplomáticas extraordinárias por gabinetes radicais "que um simples burguês reacionário teria recusado servir e para os quais o passado do sr. de Norpois, suas ligações e suas opiniões deveriam ter tornado suspeito"; 5) Swann e Odette andam cheios de atençõezinhas para com o Narrador; entretanto, houve tempo em que Swann nem se dignou responder à carta "tão persuasiva e tão completa" que lhe escrevera; o zelador do prédio dos Swann é doravante transformado em benevolente Eumênide; 6) o sr. Verdurin fala de Cottard de duas maneiras: se supõe que o professor é pouco conhecido pelo interlocutor, exalta-o; mas usa o procedimento inverso e toma um ar meio simplório para falar do gênio médico de Cottard, se este é conhecido; 7) tendo acabado de ler no livro de um grande cientista que a transpiração é prejudicial para os rins, o Narrador encontra o doutor E., que lhe declara: "A vantagem destes tempos de calor, em que a transpiração é abundante, é que os rins ficam mais aliviados." E assim por diante.

Essas notações são tão freqüentes, são aplicadas a indivíduos, objetos, situações, linguagens tão diferentes com uma consciência tal que se tem direito de identificar nelas uma forma de discurso cuja obsessão mesma é enigmática. Chamemos a essa forma, pelo menos provisoriamente, *inversão*, e prevejamos (sem poder hoje realizá-lo) fazer o inventário das suas ocorrências, analisar-lhe os modos de enunciação, o móvel que a constrói, e situar as extensões consideráveis que parece dever tomar em níveis muito diferentes da obra de Proust. Assim, teremos lançado uma "idéia de pesquisa" – sem entretanto deixar-nos levar pela menor ambição positivista: *Em busca do tempo perdido* é uma dessas grandes cosmogonias que o século XIX principalmente soube produzir (Balzac,

Wagner, Dickens, Zola), cujo caráter, a uma só vez estatutário e histórico, é precisamente este: serem espaços (galáxias) *infinitamente exploráveis*; o que deporta o trabalho crítico para longe de qualquer ilusão de "resultado" em direção à simples produção de uma escritura suplementar, de que o texto tutor (o romance proustiano), se escrevêssemos a nossa pesquisa, seria apenas o pré-texto.

* * *

Aí estão, portanto, duas identidades de um mesmo corpo: de um lado, a dona de bordel, e, de outro, a princesa Sherbatoff, dama de honra da grande duquesa Eudóxia. Pode-se ser tentado a ver nesse desenho o jogo banal da aparência e da verdade: a princesa russa, florão do salão Verdurin, *não é senão* uma mulher da mais baixa vulgaridade. Essa interpretação seria propriamente *moralista* (a forma sintática *não... senão* é constante em La Rochefoucauld, por exemplo); reconhecer-se-ia então (o que foi feito, aqui e ali) na obra proustiana um projeto alético, uma energia de deciframento, uma busca de essência, cujo primeiro trabalho seria desembaraçar a verdade humana das aparências contrárias que lhe superimprimem a vaidade, a mundanidade, o esnobismo. Entretanto, ao fazer da inversão proustiana uma simples redução, sacrificam-se as eflorescências da forma e corre-se o risco de não atingir o texto. Essas eflorescências (verdade do discurso e não verdade do projeto) são as seguintes: a *temporalidade*, ou, mais exatamente, um efeito de tempo; os dois termos da contradição estão separados por um tempo, uma aventura: não é, literalmente, o mesmo Narrador que lê a dona de bordel e a grande dama russa: dois trens os separam. O *cúmulo*: a inversão se dá segundo uma figura exata, como se um deus – um *fatum* – presidisse com malícia ao trajeto que conduz a princesa a coincidir com o seu contrário absoluto, determinado geometricamente; dir-se-ia uma dessas charadas de que Proust gostava tanto, aliás: qual é o cúmulo para uma dona de bordel? É ser a dama de companhia da grande duquesa Eudóxia – ou vice-versa. A *surpresa*: a inversão das aparências – não mais digamos da aparência em verdade – confere sempre ao narrador um pasmo delicioso: essência de surpresa – voltaremos a isso –, e não essência de verdade, verdadeira jubilação, tão inteira, tão pura, tão triunfante, como o prova o sucesso da enunciação, que esse modo de inversão só pode visivelmente pertencer a uma erótica (do discurso), como se o traçado da inversão fosse o momento mesmo em que Proust goza do escrever: é, respigado aqui e ali no grande contínuo da busca, o *mais-a-gozar* da narrativa, da linguagem.

* * *

Encontrado o prazer, o sujeito não tem sossego enquanto não o repete. A inversão – como *forma* – invade toda a estrutura da *Busca*. Inaugura a própria narrativa: a primeira cena, de onde sairá, por Swann, todo o romance, articula-se sobre a inversão de um desespero (o de ter de ir dormir sem o beijo materno) em alegria (a de passar a noite na companhia da mãe); mesmo aqui as características da inversão proustiana estão inscritas: não só a mãe, finalmente (*temporalidade*), virá beijar o filho contra toda previsão (*surpresa*), mas ainda (*cúmulo*) é do mais sombrio desespero que surgirá a alegria mais esfuziante, transformando-se, inopinadamente, o Pai severo em Pai condescendente ("...diga a Françoise que lhe prepare a cama de casal e durma esta noite junto dele"). A inversão não fica limitada às mil notações de pormenor de que se deram alguns exemplos; ela estrutura o devir mesmo das principais personagens, submetidas a elevações e a quedas "exatas": do cúmulo da grandeza aristocrática, Charlus, no salão Verdurin, cai para a categoria de pequeno-burguês; Swann, comensal dos maiores príncipes, é, para as tias-avós do Narrador, uma personagem apagada e sem classe; cortesã, Odette se torna sra. Swann; a sra. Verdurin acaba sendo princesa de Guermantes, etc. Uma permutação incessante anima, revoluciona o jogo social (a obra de Proust é muito mais sociológica do que se diz: descreve com exatidão a gramática da promoção, da mobilidade das classes), a ponto de a mundanidade poder definir-se por uma forma: a inversão (das situações, das opiniões, dos valores, dos sentimentos, das linguagens).

A inversão sexual é, nesse aspecto, exemplar (mas não necessariamente fundadora), já que dá a ler num mesmo corpo a superimpressão de dois contrários absolutos, o Homem e a Mulher (contrários, como se sabe, definidos por Proust biologicamente, e não simbolicamente: características de época, certamente, pois que, para reabilitar a homossexualidade, Gide propõe histórias de pombas e de cães); a cena do marimbondo, no decorrer da qual o Narrador descobre a Mulher sob o barão de Charlus, vale teoricamente por toda leitura do jogo dos contrários; a partir daí, em toda a obra, a homossexualidade desenvolve o que se poderia chamar de sua enantiologia (ou discurso da inversão); por um lado, ela ocasiona no mundo mil situações paradoxais, contra-sensos, enganos, surpresas, cúmulos e malícias, que a *Busca* levanta escrupulosamente; e, por outro lado, como inversão exemplar, é animada por um movimento irresistível de expansão; por uma vasta curva que ocupa a obra toda, curva paciente mas infalível, a população da *Busca*, heterossexual no princípio, encontra-se no fim em posição exatamente inversa, isto é, homossexual (como Saint-Loup, o príncipe de Guermantes, etc.); há uma pandemia da inversão, da reviravolta.

A inversão é uma lei. Toda característica é chamada a inverter-se por um movimento de rotação implacável: dotado de uma linguagem aristocrática, Swann não pode, num dado momento, deixar de invertê-la em linguagem burguesa. Essa injunção é tão legal que torna inútil, diz Proust, a observação dos costumes: pode-se muito bem *deduzi-*los da lei de inversão. A leitura da inversão vale, pois, por um saber. Cuidado, entretanto: esse saber não desnuda conteúdos, ou pelo menos não pára aí: o que é notável (legal) não é a grande dama russa ser tão vulgar ou o sr. Verdurin adaptar a apresentação de Cottard a seu interlocutor, é a forma dessa leitura, a lógica de inversão que estrutura o mundo, isto é, a mundanidade; essa inversão mesma não tem sentido, não se pode pará-la, um dos termos permutados não é mais "verdadeiro" do que o outro: Cottard não é "grande" nem "pequeno"; a sua verdade, se existe uma, é uma verdade de discurso, estendida a toda a oscilação que a palavra do Outro (no caso o sr. Verdurin) fá-lo sofrer. A sintaxe clássica, que nos diria que a princesa Sherbatoff *não é senão* uma dona de casa de tolerância, é substituída por Proust por uma sintaxe concomitante: a princesa *é também* uma dona de bordel; nova sintaxe a que deveríamos chamar metafórica porque a metáfora, contrariamente ao que a retórica pensou durante muito tempo, é um trabalho de linguagem privado de qualquer vetorização: ela só vai de um termo a outro circular e infinitamente. Compreende-se então por que o *éthos* da inversão proustiana é a surpresa; é o pasmo de um *retorno*, de uma *junção*, de um *reencontro* (e de uma redução): enunciar os contrários é finalmente reuni-los na própria unidade do texto, da viagem da escritura. Nada de admirar, portanto, que a grande oposição que no início parece ritmar ao mesmo tempo os passeios de Combray e as divisões do romance (*No caminho de Swann / O caminho de*

Guermantes) seja, se não falaciosa (não estamos na ordem da verdade), pelo menos revogável: como se sabe, o Narrador descobre um dia com estupefação (a mesma que experimenta ao constatar que o barão de Charlus é uma Mulher; a princesa de Sherbatoff, uma mantenedora de lugar mal-afamado, etc.) que os dois caminhos que divergem da casa familiar reencontram-se e que o mundo de Swann e o de Guermantes, através de mil anastomoses, acabam por coincidir na pessoa de Gilberte, filha de Swann e esposa de Saint-Loup.

Há, entretanto, um momento, na *Busca*, em que a grande forma inversora já não funciona. O que será que a bloqueia? Nada menos do que a Morte. Sabe-se que todas as personagens de Proust se reencontram no volume final da obra (*O tempo recuperado*); em que estado? De forma alguma invertidas (como o teria permitido o grande lapso de tempo ao cabo do qual se encontram reunidas na recepção da princesa de Guermantes), mas, ao contrário, *prolongadas*, *imobilizadas* (mais do que envelhecidas), *preservadas*, e gostaria de poder dizer: "*perseveradas*". Nessa vida prorrogada, a inversão já não pega: à narrativa, só lhe resta terminar; ao livro, só lhe resta começar.

1971, *Paragone*

"DURANTE MUITO TEMPO, FUI DORMIR CEDO"

Alguns devem ter reconhecido a frase que dei como título a esta conferência: "Durante muito tempo, fui dormir cedo. Às vezes, mal a minha vela se apagava, os meus olhos se fechavam tão depressa, que não tinha tempo de dizer para mim mesmo: 'Estou adormecendo'. E, meia hora depois, o pensamento de que era tempo de tentar dormir me acordava...": é o início de *Em busca do tempo perdido*. Quer isso dizer que lhes proponho uma conferência "sobre" Proust? Sim e não. Será, se vocês aceitarem: Proust e eu. Que pretensão! Nietzsche ironizava a respeito do uso que os alemães faziam da conjunção "e": "Schopenhauer *e* Hartmann", pilheriava. "Proust e eu" é mais forte ainda. Gostaria de sugerir que, paradoxalmente, a pretensão cai a partir do momento em que sou eu quem fala, e não alguma testemunha; porque, ao dispor numa mesma linha Proust e eu, não significa de modo algum que me comparo com o grande escritor, mas, de um modo inteiramente diferente, que *me identifico com ele*: confusão de prática, não de valor.

Explico-me: na literatura figurativa, no romance, por exemplo, parece-me que nos identificamos mais ou menos (quero dizer em dados momentos) com uma das personagens representadas; essa projeção, creio eu, é a própria mola da literatura; mas, em certos casos marginais, a partir do momento em que o leitor é um sujeito que pretende, ele próprio, escrever uma obra, tal sujeito já não se identifica apenas com esta ou aquela personagem fictícia, mas também e principalmente com o próprio autor do livro lido, dado que ele quis escrever esse livro e nisso teve êxito; ora, Proust é o lugar privilegiado dessa identificação particular, na medida em que a *Busca* é a narrativa de um desejo de escrever: não me identifico com o autor prestigioso de uma obra momumental, mas com o operário, ora atormentado, ora exaltado, de qualquer maneira modesto, que quis empreender uma tarefa à qual conferiu, desde a origem do seu projeto, um caráter absoluto.

1

Portanto, primeiro Proust.

A *Busca* foi precedida de numerosos escritos: um livro, traduções, artigos. A grande obra só foi realmente atacada, parece, durante o verão de 1909; é, a partir de então, como se sabe, uma luta obstinada contra a morte que ameaça deixar o livro inacabado. Houve aparentemente nesse ano de 1909 (mesmo que seja vã a tentativa de querer datar com precisão o início de uma obra) um período crucial de hesitação. Proust está, de fato, no cruzamento de duas vias, de dois gêneros, dividido entre dois "caminhos", que não sabe ainda poderem juntar-se, do mesmo modo que o Narrador não sabe, durante muito tempo, até o casamento de Gilberte com Saint-Loup, que o caminho da casa de Swann toca o caminho de Guermantes: o caminho do Ensaio (da Crítica) e o caminho do Romance. Quando da morte de sua mãe, em 1905, Proust atravessa um período de acabrunhamento, mas também de agitação estéril; tem vontade de escrever, de fazer uma obra, mas qual? Ou melhor, de que forma? Proust escreve à senhora de Noailles, em dezembro de 1908: "Embora muito doente, quisera escrever sobre Sainte-Beuve [encarnação dos valores estéticos que detesta]. A coisa edificou-se em meu espírito de duas maneiras diferentes entre as quais devo optar. Ora, estou sem vontade e sem clarividência."

Farei notar que a hesitação de Proust, à qual, é normal, dá uma forma psicológica, corresponde a uma alternância estrutural: os dois "lados" entre os quais hesita são os dois termos de uma oposição posta em evidência por Jakobson, a da Metáfora e da Metonímia. A Metáfora suporta todo discurso que levanta a questão: "O que é? O que é que isso quer dizer?"; é a questão mesma do Ensaio. A Metonímia, ao contrário, levanta outra questão: "De que isto que estou enunciando pode ser seguido? O que é que o episódio que estou contando pode gerar?"; é a questão do Romance. Jakobson contava a experiência levada a efeito numa sala de aula de crianças, a quem se pedia reagir à palavra "palhoça"; uns respondiam que a palhoça era uma cabaninha (metáfora); outros, que havia pegado fogo (metonímia); Proust é um sujeito dividido como o era a pequena classe de Jakobson; sabe que cada incidente da vida pode dar azo ou a um comentário (uma interpretação), ou a uma afabulação que lhe dá ou lhe imagina um *antes* e um *depois* narrativos: interpretar é entrar no caminho da Crítica, discutir-lhe a teoria, tomando partido contra Sainte-Beuve; ligar os incidentes, as impressões, desenvolvê-los, é, ao contrário, tecer pouco a pouco uma narrativa, ainda que frouxa.

| *Leituras* |

A indecisão de Proust é profunda, na medida em que Proust não é um noviço (em 1909, tem trinta e oito anos); já escreveu, e o que escreveu (principalmente em nível de certos fragmentos) pertence muitas vezes a uma forma mista, incerta, hesitante, ao mesmo tempo romanesca e intelectual; por exemplo, para expor as suas idéias sobre Sainte-Beuve (domínio do Ensaio, da Metáfora), Proust escreve um diálogo fictício entre a mãe e ele (domínio da Narrativa, da Metonímia). Não só essa indecisão é profunda, mas talvez seja também querida: Proust admirou e gostou de escritores que verificou terem praticado, também eles, certa indecisão de gêneros: Nerval e Baudelaire.

A esse debate há que restituir o patético. Proust busca uma forma que recolha o sofrimento (acaba de passar por ele, absoluto, pela morte da mãe) e o transcenda; ora, a "inteligência" (palavra proustiana), de que Proust faz a crítica ao começar o *Contra Sainte-Beuve*, se seguirmos a tradição romântica, é uma potência que fere ou seca o afeto; Novalis apresentava a poesia como "aquilo que cura as feridas do entendimento"; o Romance também pode fazê-lo, mas não qualquer um: um romance que não seja feito segundo as idéias de Sainte-Beuve.

Ignoramos por qual determinação Proust saiu dessa hesitação, e por que (se é que existe uma causa circunstancial), depois de ter renunciado ao *Contra Sainte-Beuve* (aliás, recusado pelo *Fígaro* em agosto de 1909), lançou-se a fundo na *Busca*; mas conhecemos a forma que escolheu. É precisamente a da *Busca*: romance? Ensaio? Nenhum dos dois ou os dois ao mesmo tempo: o que chamarei *uma terceira forma*. Interroguemos por um instante este terceiro gênero.

Se encabecei estas reflexões com a primeira frase da *Busca*, é porque ela abre um episódio de umas cinqüenta páginas que, como a *mandala* tibetana, mantém reunida sob a vista toda a obra proustiana. De que fala esse episódio? Do sono. O sono proustiano tem um valor fundador: organiza a originalidade (o "típico") da *Busca* (mas essa organização, como veremos, é, na realidade, uma desorganização).

Naturalmente, há um bom e um mau sono. O bom sono é aquele que é aberto, inaugurado, permitido, consagrado pelo beijo vesperal da mãe; é o sono direito, conforme à Natureza (dormir de noite, agir de dia). O mau sono é o sono longe da mãe: o filho dorme de dia enquanto a mãe fica acordada; só se vêem no breve cruzamento entre o tempo direito e o tempo invertido: vigília para uma, deitar-se para outro; esse mau sono (sob efeito de barbitúrico), a obra toda não será demais para justificá-lo, resgatá-lo, posto que é ao preço doloroso dessa inversão que a *Busca*, noite após noite, irá escrever-se.

O que é esse bom sono (da infância)? É uma "meia-vigília". ("Tentei envolver o meu primeiro capítulo nas impressões da meia-vigília.") Embora Proust fale em dado momento das "profundezas do nosso inconsciente", esse sono nada tem de freudiano; não é onírico (há poucos sonhos verdadeiros na obra de Proust); é antes constituído pelas profundezas do consciente *como desordem*. Um paradoxo define-o bem: é um sono que pode ser escrito, porque é uma consciência de sono; todo o episódio (e, portanto, toda a obra que dele sai) mantém-se assim suspenso numa espécie de escândalo gramatical: dizer "estou dormindo" é de fato, literalmente, tão impossível quanto dizer "estou morto"; a escritura é precisamente esta atividade que trabalha a língua – as impossibilidades da língua – em proveito do discurso.

Que faz esse sono (ou essa meia-vigília)? Introduz a uma "falsa consciência", ou antes, para evitar o estereótipo, a uma consciência falsa: uma consciência desregrada, vacilante, intermitente; a carapaça lógica do Tempo é atacada; já não há crono-logia (se aceitarmos separar as duas partes da palavra): "Um homem que dorme [entendamos: esse sono proustiano, que é uma meia-vigília] mantém em círculo em torno de si o fio das horas, a ordem dos anos e dos mundos... mas *as suas fileiras podem misturar-se, romper-se* [eu sublinho]." O sono funda uma outra lógica, uma lógica da Vacilação, da Descompartimentação, e é essa nova lógica que Proust descobre no episódio da *madeleine*, ou melhor, da torrada, tal como está relatado em *Contra Sainte-Beuve* (quer dizer, antes da *Busca*): "Permaneci imóvel... quando de repente as paredes abaladas da minha memória cederam." Naturalmente, semelhante revolução lógica só podia suscitar uma reação de burrice: Humblot, funcionário da Editora Ollendorf encarregado de ler e apreciar os manuscritos, ao receber *No caminho de Swann*, declara: "Não sei se sou completamente tapado, mas não compreendo o interesse que possa haver em ler trinta páginas (*precisamente a nossa mandala*) a respeito da maneira como um Senhor se vira na cama antes de conciliar o sono." O interesse é, no entanto, capital: está em abrir as comportas do *Tempo*: abalada a crono-logia, fragmentos, intelectuais ou narrativos, vão formar uma seqüência que se subtrai à lei ancestral da Narrativa ou do Raciocínio, e essa seqüência produzirá, sem forçar, a *terceira forma*, nem Ensaio, nem Romance. A estrutura dessa obra será, falando exatamente, *rapsódica*, isto é (etimologicamente), *costurada*; é aliás uma metáfora proustiana: a obra se faz como um vestido; o texto rapsódico implica uma arte original, como é a da costureira: peças, pedaços são submetidos a cruzamentos, a arranjos, a ajustes: um vestido não é um *patchwork*, como tampouco o é a *Busca*.

Provinda do sono, a obra (*a terceira forma*) repousa num princípio provocante: a *desorganização* do Tempo (da cronologia). Ora, aí está um princípio muito moderno. Bachelard chama *ritmo* a essa força que visa a "desvencilhar a alma das falsas permanências das durações malfeitas", e essa definição se aplica muito bem à *Busca*, cujo esforço todo, suntuoso, está em subtrair o tempo rememorado à falsa permanência da biografia. Nietzsche, mais lapidarmente, diz que "é preciso reduzir a migalhas o universo, perder o respeito pelo todo", e John Cage, profetizando a obra musical, anuncia: "De qualquer modo, o todo fará uma desorganização." Essa vacilação não é uma anarquia aleatória de associações de idéias: "Vejo", diz Proust com certa amargura, "os leitores imaginarem que escrevo, fiando, em arbitrárias e fortuitas associações de idéias, a história da minha vida." Na realidade, se retomarmos a palavra de Bachelard, trata-se de um *ritmo*, e muito complexo: "sistemas de instantes" (ainda Bachelard) sucedem-se, *mas também se respondem*. Pois o que o princípio de vacilação desorganiza não é a inteligibilidade do Tempo, mas a lógica ilusória da biografia, na medida em que ela segue tradicionalmente a ordem puramente matemática dos anos.

Essa desorganização da biografia não é a sua destruição. Na obra, numerosos elementos da vida pessoal são conservados, de maneira identificável, mas esses elementos estão de certo modo *desviados*. Assinalarei dois desses desvios, na medida em que não dizem respeito a pormenores (as biografias de Proust estão cheias deles), mas a grandes opções criativas.

O primeiro desvio é o da pessoa enunciadora (no sentido gramatical da palavra "pessoa"). A obra proustiana põe em cena – ou em escritura – um "eu" (o Narrador); mas esse "eu", se assim se pode dizer, já não é exatamente um "eu" (sujeito e objeto da autobiografia tradicional): "eu" não é aquele que se lembra, se confia, se confessa; é aquele que enuncia; quem é posto em cena por esse "eu" é um "eu" de escritura, cujas ligações com o "eu" civil são incertas, deslocadas. O próprio Proust explicou-o bem: o método de Sainte-Beuve ignora "que um livro é o produto de um outro 'eu' que não aquele que manifestamos em nossos hábitos, na sociedade, nos nossos vícios". O resultado dessa dialética é que é vão perguntar se o Narrador da *Busca* é Proust (no sentido civil do patronímico): é simplesmente *outro* Proust, muitas vezes desconhecido dele próprio.

O segundo desvio é mais flagrante (mais fácil de definir); na *Busca* há certamente "narrativa" (não é um ensaio), mas essa narrativa não é a de uma vida que o Narrador tomasse no nascimento e conduzisse de ano em ano até o momento em que toma da pena para narrá-la. O que Proust conta, o que coloca em narrativa (insistimos), não é a sua vida, *é seu desejo de escrever*: o Tempo pesa sobre esse desejo, mantém-no numa cronologia; ele (os campanários de Martinville, a frase de Bergotte) enfrenta provações, desânimos (o veredicto do sr. de Norpois, o prestígio inigualável do *Diário* dos Goncourt), para finalmente triunfar, quando o Narrador, chegando à recepção de Guermantes, descobre *o que deve escrever*: o Tempo reencontrado, e da mesma feita assegura-se de que vai poder escrever: a *Busca* (entretanto, já escrita).

Como se vê, o que passa para a obra é, de fato, a vida do autor, mas uma vida *desorientada*. Painter, o biógrafo de Proust, viu bem que a *Busca* era constituída por aquilo a que chamou uma "biografia simbólica", ou ainda, "uma história simbólica da vida de Proust"; Proust entendeu (aí está o gênio) que ele não tinha de "contar" a sua vida, mas que a sua vida tinha entretanto a significação de uma obra de arte: "A vida de um homem de certo valor é uma contínua alegoria", disse Keats, citado por Painter. A posteridade dá cada vez mais razão a Proust: a sua obra já não é lida apenas como um monumento da literatura universal, mas como a expressão apaixonante de um sujeito absolutamente pessoal que retorna continuamente à sua própria vida, não como a um *curriculum vitae*, mas como a uma constelação de circunstâncias e de figuras. Cada vez mais surpreendemo-nos ao gostar não de "Proust" (nome civil de um autor fichado nas Histórias da literatura), mas de "Marcel", ser singular, a uma só vez criança e adulto, *puer senilis*, apaixonado e ajuizado, presa de manias excêntricas e lugar de uma reflexão soberana sobre o mundo, o amor, a arte, o tempo, a morte. Propus chamar esse interesse muito especial que os leitores podem ter pela vida de Marcel Proust (o álbum de fotografias da sua vida, na coleção da Pléiade, está há muito esgotado) de "marcelismo", para distingui-lo do "proustismo", que seria apenas o gosto por uma obra ou por uma maneira literária.

Se destaquei na obra-vida de Proust o tema de uma nova lógica que permite – em todo caso permitiu a Proust – abolir a contradição entre o Romance e o Ensaio, é porque este tema me concerne pessoalmente. Por quê? É o que pretendo explicar agora. Vou então falar "de mim". "De mim" deve entender-se aqui pesadamente: não é o substituto asseptizado de um leitor geral (toda substituição é uma assepsia); outro não é senão aquele que ninguém pode substituir, para o que de melhor ou de pior vier. É o *íntimo* que quer falar em mim, fazer ouvir o seu grito, em face da generalidade, da ciência.

2

Dante (mais uma vez um início célebre, mais uma vez uma referência esmagadora) começa assim a sua obra: "*Nel mezzo del ca-*

min di nostra vita..." Em 1300, Dante tinha trinta e cinco anos (viria a morrer vinte e um anos depois). Eu tenho muito mais, e o que me resta a viver nunca mais será a metade do que terei vivido. Porque o "meio da nossa vida" não é, evidentemente, um ponto aritmético; como é que, no momento em que estou falando, poderia conhecer a duração total da minha existência, a ponto de poder dividi-la em duas partes iguais? É um ponto semântico, o instante, talvez tardio, em que sobrevém na minha vida o chamado de um novo sentido, o desejo de uma mutação: mudar de vida, romper e inaugurar, submeter-me a uma iniciação, tal como Dante embrenhando-se na *selva oscura*, deixando-se conduzir por um grande iniciador, Virgílio (e para mim, pelo menos durante o tempo desta conferência, o iniciador é Proust). A idade, será preciso lembrar – mas é preciso lembrar, de tal modo cada um vive com indiferença a idade do outro –, a idade só é muito parcialmente um dado cronológico, um rosário de anos; existem classes, *casas* de idade: percorremos a vida de eclusa em eclusa; em certos pontos do percurso, há patamares, desníveis, baques; a idade não é progressiva, é mutativa: olhar para a própria idade, se esta idade é uma certa idade, não é uma faceirice que deva acarretar protestos benevolentes; é antes uma tarefa ativa: quais são as forças reais que a minha idade implica e quer mobilizar? Tal é a questão, surgida recentemente, que, parece-me, fez do momento presente o "meio do caminho da minha vida".

Por que hoje?

Chega um tempo (é um problema de consciência) em que "os dias estão contados": começa uma contagem regressiva vaga e no entanto irreversível. Sabíamos que somos mortais (todos no-lo disseram, desde que tenhamos tido ouvidos para ouvir); de repente, sentimo-nos mortais (isso não é um sentimento natural; o natural é julgar-se imortal; daí tantos acidentes por imprudência). Essa evidência, desde que é vivida, acarreta um desarranjo na paisagem: eu preciso, imperiosamente, encaixar o meu trabalho numa casa de contornos incertos, mas que sei (nova consciência) serem *finitos*: a última casa. Ou antes, por estar a casa delimitada, por já não haver "fora-da-casa", o trabalho que nela vou encaixar assume uma espécie de solenidade. Como Proust doente, ameaçado pela morte (ou assim julgando), reencontramos a palavra de São João citada, aproximadamente, em *Contra Sainte-Beuve*: "Trabalhai enquanto ainda tendes luz."

E depois também chega um tempo (o mesmo) em que tudo o que fizemos, trabalhamos, escrevemos, parece como que votado à repetição: o que, sempre até morrer, vou escrever de artigos, dar aulas, fazer conferências, sobre "assuntos" que serão os únicos a variar, tão pouco! (É o "sobre" que me aborrece). Esse sentimento é cruel; porque me remete à forclusão de todo Novo, ou ainda da Aventura (o que me "advém"); vejo o meu futuro, até à morte, como um "trem": quando tiver terminado este texto, esta conferência, outra coisa não terei a fazer senão recomeçar um outro, uma outra? Não, Sísifo não é feliz: fica alienado, não pelo esforço do trabalho nem por sua vaidade, mas por sua repetição.

Enfim, pode sobrevir um acontecimento (e não mais apenas uma consciência), que vai marcar, incisar, articular esse assoreamento progressivo do trabalho, e determinar essa mutação, essa inversão de paisagem a que chamei o "meio da vida". Rancé, cavaleiro da Fronda, dândi mundano, chegando de viagem, descobre o corpo da amante, decapitada por um acidente: retira-se e funda a Trapa. Para Proust, o "caminho da vida" foi certamente a morte da mãe (1905), mesmo que a mutação da existência, a inauguração da nova obra só tenha acontecido alguns anos mais tarde. Um luto cruel, um luto único e como que irredutível, pode constituir para mim esse "cume do particular" de que falava Proust; embora tardio, esse luto será para mim o meio da minha vida; porque o "meio da vida" talvez nada mais seja do que o momento em que se descobre que a morte é real, e já não apenas temível.

Assim caminhando, produz-se de repente esta evidência: por um lado, já não tenho tempo para experimentar diversas vidas; é necessário que eu escolha a minha última vida, a minha vida nova, "*Vita Nova*", dizia Michelet ao desposar, aos cinqüenta e um anos, uma jovem de vinte, e preparando-se para escrever novos livros de história natural; e, por outro lado, devo sair desse estado tenebroso (a teologia medieval falava de *acedia*) aonde me conduzem a usura dos trabalhos repetidos e o luto. Ora, para quem escreve, para quem escolheu escrever, não pode haver "vida nova", parece-me, que não seja a descoberta de uma nova prática de escrita. Mudar de doutrina, de teoria, de filosofia, de método, de crença, embora isso pareça espetacular, é na realidade muito banal: fazemo-lo assim como respiramos; investe-se, desinveste-se, reinveste-se: as conversões intelectuais são a própria pulsão da inteligência, a partir do momento em que fica atenta às surpresas do mundo; mas a busca, a descoberta, a prática de uma forma nova, isso, penso eu, está na medida dessa *Vita Nova*, de que expus as determinações.

É aqui, nesse meio do meu caminho, nesse cume do meu particular, que reencontrei duas leituras (para dizer a verdade, tantas vezes feitas que já não as posso datar). A primeira é a de um grande romance, como, infelizmente, já não se faz mais: *Guerra e paz*, de Tolstói. Não falo aqui de uma obra, mas de uma reviravolta; essa reviravolta tem o seu ápice, para mim, na morte do velho príncipe Bolkonski, nas últimas palavras que dirige à filha Maria, na explosão de ternura que, sob a instância da morte, dilacera esses dois entes que se amavam sem manterem jamais o discurso (o palavrório) do amor. A segunda leitura é de um episódio da *Busca* (essa obra intervém aqui a título diverso do início desta conferência: identifico-me agora com o Narrador, não com o escritor), que é a morte da avó; é uma narrativa de pureza absoluta; quero dizer que a dor aí é pura, na medida em que não é comentada (contrariamente a outros episódios da *Busca*) e em que a atrocidade da morte que vem, que vai separar para sempre, só é dita através de objetos e de incidentes indiretos: a parada no pavilhão dos Champs-Elysées, a pobre cabeça que balança aos toques do pente de Françoise.

Dessas duas leituras, da emoção que sempre reavivam em mim, tirei duas lições. Verifiquei primeiro que esses episódios, recebia-os (não encontro outra expressão) como "momentos de verdade": de repente, a literatura (porque é dela que se trata) coincide absolutamente com um dilaceramento emotivo, um "grito"; diretamente no corpo do leitor que vive, por lembrança ou previsão, a separação do ente amado, uma transcendência se coloca: que Lúcifer criou *ao mesmo tempo* o amor e a morte? O "momento de verdade" nada tem a ver com o "realismo" (aliás está ausente de todas as teorias do romance). O "momento de verdade", supondo-se que se aceite ter dele uma noção analítica, implicaria um reconhecimento do *páthos*, no sentido simples, não pejorativo, do termo, e a ciência literária, coisa estranha, mal reconhece o *páthos* como força de leitura; Nietzsche, por certo, poderia nos ajudar a fundamentar a noção, mas ainda estamos longe de uma teoria ou de uma história patética do Romance; porque seria necessário, para esboçá-la, aceitar pulverizar o "todo" do universo romanesco, não mais colocar a essência do livro na sua estrutura, mas, ao contrário, reconhecer que a obra comove, vive, germina, através de uma espécie de "arruinamento" que só deixa de pé certos momentos, os quais são, propriamente falando, os seus cumes, a leitura viva, concernida, só seguindo de certo modo uma linha de crista: os momentos de verdade são como os pontos de *mais-valia* do entrecho.

A segunda lição, deveria dizer a segunda coragem que tirei desse contato candente com o Romance, é que se deve aceitar que a obra a fazer (visto que me defino como "aquele que quer escrever") represente ativamente, *sem o dizer*, um sentimento de que eu tinha certeza, mas que tenho grande dificuldade para nomear, pois não posso sair de um círculo de palavras gastas, duvidosas à força de terem sido empregadas sem rigor. O que posso dizer, o que não posso me furtar de dizer, é que esse sentimento que deve animar a obra está do lado do amor: quê? A bondade? A generosidade? A caridade? Talvez porque Rousseau lhe tenha dado a dignidade de um "filosofema": a piedade (ou a compaixão).

Gostaria de poder desenvolver um dia esse poder do Romance – poder amante ou amoroso (alguns místicos não dissociam *Agápe* de *Éros*) –, seja ao sabor de um ensaio (falei de uma História patética da Literatura), seja ao sabor de um Romance, ficando entendido que chamo assim, por comodidade, qualquer Forma que seja nova com relação à minha prática passada, ao meu discurso passado. Essa forma, não a posso submeter antecipadamente às regras estruturais do Romance. Posso apenas lhe pedir que cumpra, a meus próprios olhos, três missões. A primeira seria me permitir *dizer* aqueles a quem amo (Sade, sim, Sade dizia que o romance consiste em pintar aqueles a quem se ama), e não dizer-lhes que os amo (o que seria um projeto propriamente lírico); espero do romance uma espécie de transcendência do egotismo, na medida em que dizer aqueles a quem se ama é testemunhar que não existiram (não sofreram, muitas vezes) "por nada": ditas, através da escritura soberana, a doença da mãe de Proust, a morte do velho príncipe Bolkonski, a dor de sua filha Maria (pessoas da própria família de Tolstói), a aflição de Madeleine Gide (em *Et nunc manet in te*) não caem no nada da História: essas vidas, esses sofrimentos são recolhidos, justificados (assim se deve entender o tema da Ressurreição na História de Michelet). A segunda missão que eu confiaria a esse Romance (fantasiado e provavelmente impossível) seria permitir-me a representação de uma ordem afetiva, plenamente, mas de forma indireta. Tenho lido um pouco por toda parte que é uma sensibilidade muito "moderna" "esconder a própria ternura" (debaixo de jogos de escritura); mas por quê? Seria ela mais "verdadeira", teria mais valor porque afetamos escondê-la? Toda uma moral, hoje, despreza e condena a expressão do *páthos* (no sentido simples que eu disse), quer em proveito do racional político, quer em proveito do pulsional, do sexual; o Romance, tal como o leio ou desejo, é precisamente essa Forma que, delegando a personagens o discurso do afeto, permite dizer abertamente este afeto: aí o patético é enunciável, pois o Romance, sendo representação e não expressão, nunca pode ser para quem o escreve um discurso da má fé. Enfim e, talvez, principalmente, o Romance (com isso sempre quero dizer aquela Forma incerta, pouco canônina na medida em que não a concebo, mas apenas a rememoro ou desejo), visto que a sua escritura é mediata (só representa as idéias, os sentimentos, por intermediários), o Romance, então, não faz pressão sobre o outro (o leitor); a sua instância é a verdade dos afetos, não a das idéias: portanto, nunca é arrogante, terrorista: conforme a tipologia nietzschiana, ele se coloca ao lado da Arte, não do Sacerdócio.

Será que tudo isso significa que vou escrever um romance? Não sei. Não sei se ainda será possível chamar "romance" à obra que desejo e que aguardo venha romper com a natureza uniformemente intelectual dos meus escritos passados (mesmo que numerosos elementos romanescos lhe alterem o rigor). Esse Romance utópico, importa-me fazer *como se* devesse escrevê-lo. E reencontro aqui, para terminar, o método. Coloco-me realmente na posição de quem *faz* alguma coisa, e não mais de quem fala *sobre* alguma coisa: não estudo um produto, endosso uma produção; elimino o discurso sobre o discurso; o mundo já não vem a mim sob a forma de um objeto, mas sob a de uma escritura, quer dizer, de uma prática: passo para outro tipo de saber (o do Amador), e é nisso que sou metódico. "Como se": não seria esta fórmula a própria expressão de um procedimento científico, como se vê em matemática? Levanto uma hipótese e exploro, descubro a riqueza do que dela decorre; postulo um romance a fazer, e desse modo posso esperar aprender mais sobre o romance do que considerando-o somente como um objeto já feito pelos outros. Talvez seja finalmente no âmago dessa subjetividade, dessa intimidade mesma de que estive falando com vocês, talvez seja no "cume do meu particular" que sou científico sem o saber, voltado confusamente para essa *Scienza Nuova* de que falava Vico: não deverá ela exprimir ao mesmo tempo o brilho e o sofrimento do mundo, aquilo que, nele, me seduz e me indigna?

>Conferência no Collège de France, 1978.
>Este texto foi objeto de uma edição não-comercial
>na série dos "Inédits du Collège de France", n.º 3, 1982.

PREFÁCIO A *TRICKS* DE RENAUD CAMUS

"Por que aceitou prefaciar este livro de Renaud Camus?

— Porque Renaud Camus é um escritor, porque o seu texto faz parte da literatura, porque ele próprio não pode dizê-lo e é preciso, então, que alguém o diga em seu lugar.

— Se este texto é literário, isso deve ser visível por si só.

— Isso se vê, ou se compreende, à primeira construção de frase, a um modo imediato de dizer 'eu', de conduzir a narrativa. Mas como este livro parece falar, e cruamente, de sexo, de homossexualidade, alguns talvez esqueçam a literatura.

— Diríamos que, para o senhor, afirmar a natureza literária de um texto é uma maneira de reabilitá-lo, de sublimá-lo, de purificá-lo, de lhe dar uma espécie de dignidade que, a lhe dar crédito, o sexo não tem?

— De modo algum: a literatura está presente para dar um suplemento de gozo, não de decência.

— Pois bem, prossiga; mas seja breve."

A homossexualidade choca menos, mas continua a interessar; ela ainda está na fase de excitação em que provoca aquilo a que poderíamos chamar proezas do discurso. Falar dela permite aos "que não são daqueles" (expressão já pinçada por Proust) mostrar-se abertos, liberais, modernos; e aos que "são", testemunhar, reivindicar, militar. Cada qual se dedica, em sentidos diferentes, a alardeá-la.

Entretanto, proclamar-se alguma coisa é sempre falar sob a instância de um Outro vingador, entrar no seu discurso, discutir com ele, pedir-lhe uma parcela de identidade: "*Você é... – Sim, eu sou...*" No fundo, pouco importa o atributo; o que a sociedade não toleraria é que eu fosse... *nada*, ou, para ser mais preciso, que esse *algo* que eu sou fosse dado abertamente como passageiro, revogável, insignificante, inessencial, numa palavra: impertinente. Diga apenas "*Eu sou*" e estará socialmente salvo.

Recusar a injunção social pode fazer-se através dessa forma de silêncio que consiste em dizer as coisas *simplesmente*. Dizer *simplesmente* faz parte de uma arte superior: a escritura. Vejam-se as produções espontâneas, os testemunhos falados, depois transcritos, de que a imprensa e as editoras se servem cada vez mais. Qualquer que seja o seu interesse "humano", algo neles soa falso (pelo menos aos meus ouvidos): talvez, paradoxalmente, um excesso de estilo (parecer "espontâneo", parecer "vivo", parecer "falado"). Produz-se, afinal, todo um desencontro: o escrito verídico parece fabulador; para que pareça verdadeiro, é necessário que se torne texto, passe pelos artifícios culturais da escritura. O testemunho se arrebata, toma a natureza, os homens, a justiça como testemunha; o texto caminha lentamente, silenciosamente, obstinadamente – e chega mais depressa. A realidade é ficção, a escritura é verdade: essa é a manha da linguagem.

Os *Tricks* de Renaud Camus são *simples*. Isso significa que eles falam a homossexualidade, mas nunca falam dela: em momento algum a invocam (a simplicidade seria isto: nunca invocar, não deixar vir à linguagem os Nomes, fonte de disputas, de arrogâncias e de morais).

A nossa época interpreta muito, mas as narrativas de Renaud Camus são neutras, não entram no jogo da Interpretação. São uma espécie de pintura uniforme, sem sombra e como que *sem segundas intenções*. E, mais uma vez, só a escritura permite essa pureza, esse amanhecer da enunciação, desconhecido da fala, que é sempre um entrecruzamento arrevesado de intenções escondidas. Não fossem o tamanho e o assunto, esses *Tricks* deveriam fazer-nos pensar em haicais; porque o haicai une um ascetismo da forma (que corta rente a vontade de interpretar) e um hedonismo tão tranqüilo que somente se pode dizer do prazer que *ele está presente* (o que é também o contrário da Interpretação).

As práticas sexuais são banais, pobres, votadas à repetição, e essa pobreza está em desproporção com o deslumbramento do prazer que provocam. Ora, como esse deslumbramento não pode ser dito (por ser da ordem do gozo), à linguagem só resta figurar, ou melhor ainda, cifrar, sem muita dificuldade, uma série de operações que, de qualquer modo, escapam-lhe. As cenas eróticas devem ser escritas com economia. A economia, aqui, é a da frase. O bom escritor é aquele que trabalha a sintaxe de modo que encadeie várias ações no mais curto espaço de linguagem (há, em Sade, toda uma arte das subordinadas); a frase tem como função, de algum modo, desengordurar a operação carnal de suas delongas e esforços, de seus ruídos e pensamentos adventícios. Sob esse aspecto, as cenas finais dos *Tricks* ficam inteiramente sob o poder da escritura.

Mas o que prefiro, nos *Tricks*, são os "preparativos": a deambulação, o alerta, os manejos, a abordagem, a conversa, a partida para o quarto, a ordem (ou a desordem) na arrumação do lugar. O realismo desloca-se: não é a cena amorosa que é realista (ou pelo menos o seu realismo não é pertinente), é a cena social. Dois rapazes que não se conhecem, mas sabem que vão tornar-se parceiros de um jogo, arriscam entre si aquele pouco de linguagem a que os obriga o trajeto que devem percorrer juntos para atingir o campo. O *trick* abandona, então, a pornografia (antes de tê-la atingido) e alcança o romance. O suspense (porque esses *Tricks*, creio eu, lêem-se com entusiasmo) incide não sobre as práticas, esperadas (é o mínimo que se pode dizer), mas sobre as personagens: quem são? Como se diferenciam umas das outras? O que me encanta nos *Tricks* é este desencontro: as cenas, seguramente, estão longe de ser pudicas, mas as falas o são: dizem à sorrelfa que o verdadeiro objeto do pudor não é a Coisa ("A Coisa, sempre a Coisa", dizia Charcot, citado por Freud), mas a pessoa. É essa *passagem* do sexo ao discurso que eu acho bem-sucedida, em *Tricks*.

Essa é uma forma de sutileza totalmente desconhecida do produto pornográfico, que joga com desejos, não com fantasias. Pois o que excita a fantasia não é apenas o sexo, é o sexo mais a "alma". É impossível explicar os amores à primeira vista, pequenos ou grandes, simples atrações ou arrebatamentos wertherianos, sem admitir que o que é buscado no outro é algo a que se chamará, na falta de melhor e à custa de uma grande ambigüidade, a pessoa. À pessoa está ligada uma espécie de *quid*, que age à maneira de uma cabeça magnética de seleção e faz com que determinada imagem, entre milhares de outras, venha ao meu encontro e me capture. Os corpos podem classificar-se em número finito de tipos ("é exatamente o meu tipo"), mas a pessoa é absolutamente individual. Os *Tricks* de Renaud Camus começam sempre pelo encontro do tipo procurado (perfeitamente codificado: poderia constar num catálogo ou numa página de anúncios classificados); mas a partir do momento em que a linguagem aparece, o tipo se transforma em pessoa e a relação torna-se inimitável, por mais banais que sejam as primeiras conversas. A pessoa se desvenda pouco a pouco, levemente, sem recurso psicológico, na roupa, no discurso, no sotaque, na decoração do quarto, naquilo a que se poderia chamar o "doméstico" do indivíduo, o que excede a sua anatomia e de que, entretanto, detém a gestão. Isso tudo vem, pouco a pouco, enriquecer ou desacelerar o desejo. O *trick* é, pois, homogêneo ao movimento amoroso: é um amor virtual, demarcado voluntariamente de parte a parte, por contrato, submissão ao código cultural que assimila a paquera ao donjuanismo.

Os *Tricks* repetem-se: o assunto marca passo. A repetição é uma forma ambígua; ora denota o insucesso, a impotência; ora pode ler-se como uma aspiração, o movimento obstinado de uma busca que não desanima: poder-se-ia muito bem dar a entender a narrativa de paquera como a metáfora de uma experiência mística (talvez mesmo isso já tenha sido feito; porque na literatura tudo existe: o problema é saber *onde*). Nem uma nem outra dessas interpretações convêm aparentemente a *Tricks*: nem alienação nem sublimação; mas assim mesmo algo como a conquista metódica de uma felicidade (bem designada, bem delimitada: descontínua). A carne não é triste (mas é toda uma arte fazê-lo entender).

Os *Tricks* de Renaud Camus têm um tom inimitável. Isso vem de a escritura conduzir, aqui, uma ética do diálogo. Essa ética é a da Benevolência, que é seguramente a virtude mais oposta à caça amorosa, e, portanto, mais rara. Enquanto ordinariamente são espécies de Harpias que presidem ao contrato erótico, deixando cada pessoa numa solidão gélida, aqui é a deusa Eunóia, a Eumênide, a Benevolente que acompanha os dois parceiros: por certo, literariamente falando, deve ser muito agradável ser "trickado" por Renaud Camus, mesmo que nem sempre os companheiros pareçam conscientes desse privilégio (mas nós, leitores, somos o terceiro ouvido desses diálogos: graças a nós esse pouco de Benevolência não foi dado em vão). Aliás, essa deusa tem o seu cortejo: a Cortesia, a Afabilidade, o Humor, o Impulso generoso, como o que se apossa do narrador (no decorrer de um *trick* americano) e o faz delirar gentilmente sobre o autor deste prefácio.

Trick é o encontro que só acontece uma vez; melhor do que uma paquera, menos do que um amor: uma intensidade, que passa, sem arrependimento. Daí, para mim, *Trick* se torna a metáfora de muitas aventuras, e que não são sexuais: encontro de um olhar, de uma idéia, de uma imagem, companheirismo efêmero e forte, que aceita um desenlace ligeiro, bondade infiel; uma maneira de não se enviscar no desejo, sem, entretanto, esquivá-lo: uma sabedoria, em suma.

© Ed. Persona, 1979.

MALOGRAMOS SEMPRE AO FALAR
DO QUE AMAMOS

Há algumas semanas, fiz uma rápida viagem a Itália. À noite, na estação de Milão, fazia um tempo frio, nevoento, espesso. Partia um trem; em cada vagão, uma tabuleta amarela mostrava as palavras: "*Milano-Lecce*". Pus-me, então, a sonhar: tomar esse trem, viajar a noite toda e encontrar-me, ao amanhecer, na luz, na doçura, na calma de uma cidade extrema. Pelo menos é o que eu imaginava e pouco importa o que é realmente Lecce, que não conheço. Parodiando Stendhal,[1] eu poderia exclamar: "Então eu vou ver essa bela Itália! Como ainda sou louco na minha idade!". Porque a bela Itália está sempre mais longe, noutra parte.

....

1. As referências à margem remetem a *Rome, Naples, Florence* (paginação da ed. J.-J. Pauvert, 1955, ou, quando seguidas da menção Pl, ed. da "Pléiade", Gallimard, 1973), *Henri Brulard* (paginação da ed. "Folio", Gallimard, 1973), *La chartreuse de Parme e De l'amour* (ed. do Livre de Poche, 1969).

A Itália de Stendhal é na realidade uma fantasia, mesmo que a tenha parcialmente realizado. (Mas será que a realizou? Direi como, para terminar.) A imagem fantasística irrompeu em sua vida, bruscamente, como uma paixão repentina. Essa paixão assumiu a imagem de uma atriz que cantava em Ivrea *O matrimônio secreto*, de Cimarosa; a tal atriz tinha um dente quebrado bem na frente, mas na verdade isso importa pouco à súbita paixão: Werther enamorou-se de Charlotte, que avistou pelo vão de uma porta a cortar fatias de pão para os irmãozinhos, e esta primeira visão, por mais trivial que fosse, o levaria à mais forte das paixões e ao suicídio. Sabe-se que a Itália foi para Stendhal objeto de uma verdadeira transferência, e, também se sabe, o que caracteriza a transferência é sua gratuidade: instaura-se sem razão aparente. A música é para Stendhal o *sintoma* do ato misterioso pelo qual inaugurou a sua transferência – o sintoma, isto é, a coisa que entrega e mascara ao mesmo tempo o irracional da paixão. Porque fixada a cena de partida, Stendhal a reproduz incessantemente, como um namorado que quer reencontrar essa coisa capital que regula tantas de nossas ações: o primeiro prazer. "Chego às sete horas da tarde, arrasado de cansaço, corro ao Scala. A minha viagem está paga, etc."; dir-se-ia um maníaco a desembarcar numa cidade proveitosa para a sua paixão e que se precipitasse na mesma noite para os lugares de prazer que já identificara antes.

Os sinais de uma verdadeira paixão são sempre um pouco incongruentes, de tal modo os objetos em que se esteia a transferência principal se tornam tênues, fúteis, inesperados. Conheci uma pessoa que amava o Japão como Stendhal amava a Itália; e eu reconhecia nele a mesma paixão por estar enamorado, entre outras coisas, dos hidrantes pintados de vermelho nas ruas de Tóquio, como Stendhal era louco pelas hastes de milho nos campos milaneses (decretados "luxuriantes"), pelo som dos oito sinos do Duomo, perfeitamente *intonate*, ou pelas costeletas empanadas que lhe lembravam Milão. Reconhece-se, nessa promoção amorosa daquilo que geralmente se toma por um pormenor insignificante, um elemento constitutivo da transferência (ou da paixão): a parcialidade. Há no amor por um país estrangeiro uma espécie de racismo às avessas: encantamo-nos com a diferença, aborrecemo-nos com o Mesmo, exaltamos o Outro; a paixão é maniqueísta: para Stendhal, do lado mau, a França, isto é, a *pátria* – porque é o lugar do Pai –, e do lado bom, a Itália, isto é, a *mátria*, o espaço onde estão reunidas "as Mulheres" (sem esquecer que foi a tia Elisabeth, irmã do avô materno, quem apontou com o dedo ao menino um país mais belo do que a Provença, do qual o lado bom da família, o dos Gagnon, é, diz ela, originário). Essa oposição é, por assim dizer, física: a Itália é o hábitat *natural*, lugar onde a Natureza é reencontrada induzida pelas Mulheres, "que escutam o gênio natural do país", ao contrário dos homens que estão "estragados pelos pedantes"; a França, pelo contrário, é o lugar que repugna "até ao asco físico". Todos nós que conhecemos a paixão de Stendhal por um país estrangeiro (isso aconteceu comigo com relação à Itália, que descobri tardiamente, por Milão, de onde desci do Simplon, no fim dos anos 50 – depois com relação ao Japão) sabemos bem a insuportável contrariedade de encontrar, por acaso, um compatriota no país adorado: "Confessarei, mesmo que a honra nacional deva repudiar-me, que um francês na Itália acha o segredo de aniquilar a minha felicidade num instante"; Stendhal é visivelmente especialista nessas inversões: mal ultrapassa Bidassa, acha encantadores os soldados e os aduaneiros espanhóis; Stendhal tem essa paixão rara, a paixão pelo outro – ou, para dizê-lo mais sutilmente: a paixão desse outro que está nele próprio.

Stendhal está, pois, enamorado da Itália: não há que se tomar essa frase por uma metáfora. É o que estou tentando mostrar. "É como amor", diz ele, "e no entanto eu não estou apaixonado por ninguém." Essa paixão não é confusa, nem sequer difusa; ela se investe, já o disse, em pormenores precisos; mas permanece *plural*. O que é amado e, se posso arriscar esse barbarismo, o que é *gozado* são coleções e concomitâncias: contrariamente ao projeto romântico do louco Amor, não é *a* Mulher que é adorável na Itália, são sempre *as* Mulheres; não é *um* prazer que a Itália oferece, é uma simultaneidade, uma superdeterminação dos prazeres; o Scala, verdadeiro lugar eidético das alegrias italianas, não é um teatro, no sentido banalmente funcional da palavra (ver o que é representado); é uma polifonia de prazeres: a própria ópera, o balé, a conversação, a informação, o amor e os sorvetes (*gelati*, *crepe* e *pezzi duri*). Esse plural amoroso, análogo afinal ao que hoje pratica o "paquerador", é visivelmente um princípio stendhaliano:

acarreta uma teoria implícita do *descontínuo irregular*, de que se pode dizer que é ao mesmo tempo estética, psicológica e metafísica; a paixão plural obriga de fato – uma vez admitida a sua excelência – a saltar de um objeto a outro, à medida que o acaso os apresenta, sem experimentar o menor sentimento de culpa com relação à desordem que essa paixão plural acarreta.

Esse procedimento é tão consciente em Stendhal que chega a encontrar na música italiana – que ela ama – um princípio de irregularidade exatamente homólogo ao do amor disperso: ao tocar, os italianos não observavam o *tempo*; o *tempo* está com os alemães; de um lado, o barulho alemão, o estrondo da música alemã, ritmado por um compasso implacável ("os primeiros tempistas do mundo"); de outro, a ópera italiana, soma de prazeres descontínuos e como que insubmissos: é o *natural*, garantido por uma civilização de mulheres.

No sistema italiano de Stendhal, a Música ocupa um lugar privilegiado porque pode vir em lugar de qualquer coisa: ela é o grau zero do sistema: conforme as necessidades do entusiasmo, ela substitui e significa as viagens, as Mulheres, as outras artes e, de um modo geral, qualquer sensação. Seu estatuto significante, entre todos precioso, é produzir efeitos sem que tenhamos de nos interrogar acerca das causas, visto serem essas causas inacessíveis. A música constitui uma espécie de *primitivo* do prazer: produz um prazer que se busca sempre reencontrar, mas nunca explicar; é pois o lugar do puro efeito, noção central da estética stendhaliana. Ora, o que é um efeito puro? É um efeito separado e como que purificado de toda razão explicativa, isto é, afinal, de toda razão *responsável*. A Itália é o país onde Stendhal, não sendo totalmente viajante (turista) nem totalmente indígena, encontra-se voluptosamente retirado da responsabilidade do *cidadão*; se Stendhal fosse cidadão italiano, morreria "envenenado de melancolia": ao passo que, sendo milanês de coração, mas não de estado civil, ele só tem que recolher os efeitos brilhantes de uma civilização por que não é responsável. Eu mesmo pude experimentar a comodidade dessa dialética arrevesada: gostei muito do Marrocos. Ali estive muitas vezes como turista, permanecendo mesmo por longos períodos de ócio; tive então a idéia de lá passar um ano como professor: desapareceu a magia; confrontado com problemas administrativos e profissionais, mergulhado no mundo ingrato das causas, das determinações, eu abandonava a Festa para reencontrar o Dever (foi sem dúvida o que aconteceu com Stendhal cônsul: Civita-Vecchia já não era mais a Itália). Creio que se deve incluir no sentimento italiano de Stendhal este estatuto frágil de inocência: a Itália milanesa (e o seu Santo dos Santos, o Scala) é literalmente um Paraíso, um lugar sem Mal, ou ainda – digamos as coisas pelo lado direito, o Soberano Bem: "Quando estou com os milaneses, quando falo milanês, esqueço que os homens são maus, e toda a parte má da minha alma adormece nesse mesmo instante."

Esse Soberano Bem, entretanto, deve dizer-se: deve enfrentar um poder que não é de forma alguma inocente, a linguagem. Isso é necessário, primeiro, porque o Bem tem uma força natural de expansão, explode sem cessar rumo à expressão, quer a qualquer preço se comunicar, fazer-se compartilhar; em seguida, porque Stendhal é escritor e para ele plenitude não há em que esteja ausente a palavra (e nisso a sua alegria italiana nada tem de místico). Ora, por mais paradoxal que isso pareça, Stendhal não sabe dizer a Itália: ou melhor, ele a diz, ele a canta, não a *representa*; o seu amor, proclama-o, mas não o pode fazer render, ou, como agora se diz (metáfora da condução automobilística), ele não pode trabalhá-lo. Disso ele sabe, sofre e queixa-se; constantemente verifica que não pode "traduzir o seu pensamento", e que explicar a diferença que a sua paixão coloca entre Milão e Paris "é o cúmulo da dificuldade". O fiasco espreita também o desejo lírico. Todos os relatos da viagem italiana estão assim tecidos de declarações de amor e de malogros de expressão. O fiasco de estilo tem nome: a insipidez; Stendhal só tem à sua disposição uma palavra vazia, "belo", "bela": "Nunca vi, em minha vida, a reunião de tão belas mulheres; a sua beleza faz baixar os olhos"; "os mais belos olhos que encontrei na vida, vi-os nessa noite; esses olhos são tão belos quanto os da senhora Tealdi e têm uma expressão mais celeste..."; e para vivificar essa ladainha, ele só tem a mais oca das figuras, o superlativo: "Os rostos de mulheres, ao contrário, apresentam muitas vezes a finura mais apaixonada, aliada à mais rara beleza", etc. Esse "etc." que acrescento, mas que sobressai da leitura, é importante, pois que entrega o segredo dessa impotência ou, talvez, a despeito das queixas de Stendhal, dessa indiferença à variação: a monotonia da viagem italiana é pura e simplesmente algébrica; a palavra, a sintaxe, em sua insipidez, remete de modo expeditivo a uma outra ordem de significantes; sugerida essa remissão, passa-se a outra coisa, quer dizer que se repete a operação: "Isso é bonito como as mais vivas sinfonias de Haydn"; "as figuras masculinas do baile dessa noite teriam dado magníficos modelos a um escultor como Danneken de Chantrey, que faz bustos". Stendhal não descreve a coisa, nem mesmo o efeito ele descreve; diz simplesmente: ali, há um efeito; estou inebriado, transportado, tocado, ofuscado, etc. Noutras palavras, a palavra chã é uma cifra, remete a um sistema de sensações; há que se ler o discurso italiano de Stendhal como um baixo cifrado. Sade usa do mesmo procedimento: descreve muito mal a beleza, de maneira chã e enfática; é porque ela não passa de um elemento de um algoritmo cujo escopo é edificar um sistema de práticas.

Quanto a Stendhal, o que quer edificar é, por assim dizer, um conjunto não-sistemático, uma corrente perpétua de sensações: essa Itália, diz ele, "que não é, a bem dizer, senão uma oportunidade de sensações". Sob o ponto de vista do discurso há, então, uma primeira evaporação da coisa: "Não tenho a pretensão de dizer o que *são* as coisas, conto a *sensação* que me deram". Será que realmente a conta? Nem isso; ele a diz, assinala-a, assere-a sem descrevê-la. Porque é aí, na sensação, que começa a dificuldade da linguagem; não é fácil traduzir uma sensação: vocês se lembram daquela cena de *Knock* em que a velha camponesa, instada pelo médico implacável a dizer o que sente, hesita e se atrapalha entre "tenho cócegas" e "tenho coceiras". Toda sensação, se lhe quisermos respeitar a vivacidade e a acuidade, induz à afasia. Ora, Stendhal tem de ir depressa, é a imposição do seu sistema: porque o que pretende anotar é a "sensação do momento"; e os momentos, vimo-lo a propósito do *tempo*, chegam irregularmente, rebeldes à medida. É então por fidelidade ao seu sistema, por fidelidade à própria natureza da sua Itália, "país de sensações", que Stendhal quer uma escrita rápida; para andar depressa, a sensação é submetida a uma estenografia elementar, a uma espécie de gramática expeditiva do discurso em que incansavelmente se combinam dois estereótipos: o belo e seu superlativo; porque nada é mais rápido do que o estereótipo, pela simples razão de que ele se confunde, infelizmente e sempre, com o espontâneo. É preciso ir além na economia do discurso italiano de Stendhal: se a sensação stendhaliana tão bem se presta a um tratamento algébrico, se o discurso que ela anima é continuamente inflamado e continuamente chão, é porque essa sensação, estranhamente, não é sensual; Stendhal, cuja filosofia é sensualista, é talvez o menos sensual dos nossos autores, razão pela qual, sem dúvida, é difícil lhe aplicar uma crítica temática. Nietzsche, por exemplo – tomo propositalmente um extremo contrário –, quando fala da Itália, é muito mais sensual do que Stendhal: sabe descrever tematicamente a comida piemontesa, a única no mundo de que gostava.

Se insisto nessa dificuldade de dizer a Itália, apesar de tantas páginas que contam os passeios de Stendhal, é que vejo aí uma espécie de suspeita levantada sobre a própria linguagem. Os dois amores de Stendhal, a Música e a Itália, são, se assim se pode dizer, espaços extralinguagem; a música o é por estatuto, pois escapa a qualquer descrição, só se deixa dizer, como se viu, por seu efeito; e a Itália junta-se ao estatuto da arte com que se confunde; não só porque a língua italiana, diz Stendhal em *De l'amour* [*Do amor*], "feita muito mais para ser cantada do que falada, só é sustentada contra a clareza francesa que a invade, pela música"; mas, também, por duas razões mais estranhas: a primeira é que, aos ouvidos de Stendhal, a conversação italiana tende continuamente para esse limite da linguagem articulada que é a exclamação: "Num serão milanês", anota Stendhal com admiração, "a conversação só se faz por exclamações. Durante três quartos de hora, contados no meu relógio, não houve uma única frase acabada"; a frase, armadura acabada da linguagem, é a inimiga (basta lembrar a antipatia de Stendhal pelo autor das mais belas frases da língua francesa, Chateaubriand). A segunda razão, que retira preciosamente a Itália da linguagem, daquilo a que eu chamaria a linguagem militante da cultura, é precisamente a sua incultura: a Itália não lê, não fala; ela exclama, canta. Aí está o seu gênio, a sua "índole", e por essa razão é que ela é adorável. Essa espécie de suspensão deliciosa da linguagem articulada, civilizada, Stendhal a encontra em tudo aquilo que para ele faz a Itália: no "lazer profundo sob um céu admirável (cito *De l'amour*)...; é a ausência da leitura dos romances e de quase toda leitura que ainda mais entrega à inspiração do momento; é a paixão da música que excita na alma um movimento tão semelhante ao do amor".

Assim, certa suspeição levantada sobre a linguagem alcança a espécie de afasia que nasce do excesso de amor: diante da Itália e das Mulheres, e da Música, Stendhal fica literalmente *desorientado*, isto é, constantemente interrompido no seu dizer. Essa interrupção é, na verdade, uma intermitência: Stendhal fala da Itália numa intermitência quase cotidiana, mas durável. Ele mesmo explica isso muito bem (como sempre): "Que partido tomar? Como pintar a louca felicidade?... Palavra, não posso continuar, o assunto ultrapassa o dizente. A minha mão já não pode escrever, deixo para amanhã. Estou como um pintor que já não tem coragem para pintar um canto do quadro. Para não estragar o resto, esboça *alla meglio* o que não pode pintar..." Essa pintura da Itália *alla meglio* que ocupa todas as narrativas da viagem italiana de Stendhal, é como uma garatuja, um rabisco, se quiserem, que diz ao mesmo tempo o amor e a impotência de dizê-lo, porque esse amor sufoca por sua vivacidade. Essa dialética do amor extremo e da expressão difícil é um pouco aquela que a criança na primeira infância conhece – ainda *infans*, desprovida da linguagem adulta – quando brinca com o que Winnicott chama de objeto transicional; o espaço que ao mesmo tempo separa e liga a mãe ao bebê é o espaço mesmo do jogo da criança e do contrajogo da mãe: é o espaço ainda informe da fantasia, da imaginação, da criação. Assim é, parece-me, a Itália de Stendhal: uma espécie de objeto transicional cujo manuseio, lúdico, produz esses *squiggles* identificados por Winnicott e que são aqui os diários de viagem.

Se nos ativéssemos a esses Dários, que dizem o amor pela Itália, mas não o comunicam (pelo menos é o julgamento da minha própria leitura), teríamos boas razões para repetir melancolicamente (ou tragicamente) que malogramos sempre ao falar do que amamos. Entretanto, vinte anos mais tarde, por uma espécie de efeito retardado que também faz parte da arrevesada lógica do amor, Stendhal escreve sobre a Itália páginas triunfais que, estas sim, abrasam o leitor que sou (mas não creio ser o único) com esse júbilo, essa irradiação que o diário íntimo dizia mas não comunicava. Essas páginas, admiráveis, são as que formam o início de *La chartreuse de Parme* [*A cartuxa de Parma*]. Há uma espécie de concordância miraculosa entre "a massa de felicidade e de prazer que irrompeu" em Milão com a chegada dos franceses e a nossa própria alegria de leitura: o efeito contado finalmente coincide com o efeito produzido. Por que essa reviravolta? Porque Stendhal, passando do Diário ao Romance, do Álbum ao Livro (para retomar uma distinção de Mallarmé), abandonou a sensação, parcela viva mas inconstruível, para abordar essa grande forma mediadora que é a Narrativa ou, ainda melhor, o Mito. Que é necessário para fazer um Mito? É preciso a ação de duas forças: primeiro, um herói, uma grande figura libertadora (é Bonaparte, que entra em Milão, penetra a Itália, como fizera Stendhal, mais humildemente, em sua descida do São Bernardo); depois, uma oposição, uma antítese, um paradigma, afinal, que ponha em cena o combate entre o Bem e o Mal e que produza, assim, o que falta ao Álbum e pertence ao livro, a saber, um sentido: de um lado, nessas primeiras páginas da *Cartuxa*, o tédio, a riqueza, a avareza, a Áustria, a Polícia, Ascânio, Grianta; do outro, a embriaguez, o heroísmo, a pobreza, a República, Fabrício, Milão. E, principalmente, de um lado, o Pai; do outro, as Mulheres. Ao entregar-se ao Mito, ao confiar-se ao livro, Stendhal recobra com glória aquilo que de certo modo havia falhado nos seus álbuns: a expressão de um efeito. Esse efeito – o efeito italiano – tem finalmente um nome, que já não é aquele, tão banal, da Beleza: é a festa. A Itália é uma festa, eis o que se comunica finalmente no preâmbulo milanês da *Cartuxa*, que Stendhal teve muita razão em manter contra as reticências de Balzac: a festa, isto é, a própria transcendência do egotismo.

Em resumo, o que se passou – o que passou – entre o Diário de viagem e a *Cartuxa* foi a escritura. A escritura, o que é? Uma potência, fruto provável de uma longa iniciação, que desfaz a imobilidade estéril do imaginário amoroso e dá à sua aventura uma generalidade simbólica. Quando jovem, nos tempos de *Rome, Naples, Florence*, Stendhal podia escrever: "... quando minto, sou como o sr. de Goury, aborreço-me"; ele ainda não sabia que existia uma mentira, a mentira romanesca, que a uma só vez seria – ó milagre – o desvio da verdade e a expressão, enfim, triunfante da sua paixão italiana[2].

RNF 64

1980, *Tel Quel*.

....
2. Destinado ao colóquio Stendhal de Milão, esse é, ao que tudo indica, o último texto escrito por Roland Barthes. A primeira página estava datilografada. No dia 25 de fevereiro de 1980, a segunda página estava na máquina de escrever. Enunciado que se pode considerar acabado? Sim, no sentido de que o manuscrito está completo. Não, nesse outro de que, quando transcrevia a máquina, Roland Barthes fazia sempre ligeiras modificações no texto; é o que fizera na primeira página, aqui. (Nota do editor francês.)

| Parte VII |

ARREDORES DA IMAGEM

ESCRITORES, INTELECTUAIS, PROFESSORES

O que vem a seguir depende da idéia de que há uma ligação fundamental entre o ensino e a fala. Essa verificação é antiqüíssima (o nosso ensino não saiu todo da Retórica?), mas pode-se hoje racioná-la diferentemente de ontem; primeiro, porque há uma crise (política) do ensino; em seguida, porque a psicanálise (lacaniana) demonstrou bem as voltas e as reviravoltas da palavra vazia; enfim, porque a oposição entre a fala e a escritura entra numa evidência de que é preciso, pouco a pouco, começar a tirar as conseqüências.

Em face do professor, que está do lado da fala, chamemos *escritor* todo operador de linguagem que está do lado da escritura; entre os dois, o intelectual: aquele que imprime e publica a sua fala. Não há praticamente incompatibilidade entre a linguagem do professor e a do intelectual (coexistem com freqüência no mesmo indivíduo); mas o escritor está sozinho, separado: a escritura começa onde a fala se torna *impossível* (pode-se entender esta expressão: como se diz de uma criança).

Duas injunções

A fala é irreversível, ou seja: não se pode *retomar* uma palavra, a não ser que se diga, precisamente, que se a retoma. No caso, rasurar é acrescentar; se quiser apagar o que acabo de enunciar, só posso fazê-lo mostrando a própria borracha (tenho de dizer: "*ou melhor...*", "*eu me exprimi mal...*"); paradoxalmente, é a fala, efêmera, que é indelével, não a escrita, monumental. A uma fala, só se pode acrescentar outra fala. O movimento corretivo e perfectivo da fala é a tartamudez, tessitura que se esgota a retomar-se, cadeia de correções aumentativas em que se vem alojar por predileção a parte inconsciente do nosso discurso (não é fortuitamente que a psicanálise está ligada à fala, não à escrita: um sonho não se escreve): a figura epônima do falante é Penélope.

E não é só: não podemos nos fazer entender (bem ou mal) se não mantivermos, ao falar, certa velocidade da enunciação. Somos como um ciclista ou um filme condenados a rodar, a rolar, se não quiserem cair ou se enroscar; o silêncio ou flutuação da palavra são-me igualmente interditados: a velocidade articulatória escraviza cada ponto da frase ao que precede e ao que se segue imediatamente (impossível fazer com que a palavra "parta" rumo a paradigmas estrangeiros, estranhos); o contexto é um dado estrutural, não da linguagem, mas da fala; ora, o contexto é, por estatuto, redutor do sentido, a palavra falada é "clara"; o banimento da polissemia (a "clareza") serve a Lei: *toda fala está do lado da Lei*.

Quem quer que se disponha a falar (em situação de ensino) deve fazer-se consciente da encenação que lhe impõe o uso da fala, sob o simples efeito de uma determinação *natural* (que faz parte da natureza física: a do fôlego articulatório). Essa encenação se desenvolve da seguinte maneira. Ou o locutor escolhe, com toda tran-

| *Arredores da imagem* |

qüilidade de consciência, o papel de Autoridade; nesse caso basta "falar bem", isto é, falar de conformidade com a Lei que está em toda fala: sem retomadas, na velocidade conveniente, ou ainda com clareza (é o que se pede de uma boa fala professoral: a clareza, a autoridade); a frase nítida é mesmo uma sentença, *sententia*, uma fala penal. Ou então o locutor fica embaraçado com toda essa Lei que sua fala vai introduzir no seu discurso; por certo que não pode alterar-lhe o fluxo (que o condena à "clareza"), mas pode *desculpar-se* por falar (por expor a Lei): usa, então, da irreversibilidade da palavra para perturbar a sua legalidade; corrige-se, emenda, tartamudeia, entra na infinitude da linguagem, sobreimprime à mensagem simples, que todos dele esperam, uma nova mensagem, que arruína a própria idéia de mensagem e, pelo cintilar mesmo das falhas, dos detritos com que acompanha a sua linha de fala, pede-nos para acreditar com ele que a linguagem não se reduz à comunicação. Por todas essas operações que aproximam a tartamudez do Texto, o orador imperfeito espera atenuar o papel ingrato que faz de todo falante uma espécie de policial. Entretanto, ao termo desse esforço para "falar mal" é-lhe ainda imposto um papel: porque o auditório (nada a ver com o leitor), preso no seu próprio imaginário, recebe esse tatear como sinais de fraqueza e lhe devolve a imagem de um mestre humano, humano demais: *liberal*.

A alternativa é sombria: funcionário correto ou artista livre, o professor não escapa nem ao teatro da fala nem à Lei que nela se representa: porque a Lei se produz *não no que ele diz, mas no que ele fala*. Para subverter a Lei (e não simplesmente evitá-la), ser-lhe-ia necessário desfazer o fluxo da voz, a velocidade das palavras, o ritmo, até a *uma outra* inteligibilidade – ou não falar; mas seria então alcançar outros papéis: quer aquele da grande inteligência silenciosa, prenhe de experiência e de mutismo, quer aquele do militante que, em nome da *práxis*, dispensa qualquer discurso fútil. Nada a fazer: a linguagem é sempre potência; falar é exercer uma vontade de poder: no espaço da fala, nenhuma inocência, nenhuma segurança.

O resumo

Estatutariamente, o discurso do professor é marcado por esta característica: de que se pode (ou de que se possa) resumi-lo (é um privilégio que partilha com o discurso dos parlamentares). Como se sabe, existe em nossas escolas um exercício que se chama *redução de texto*; essa expressão dá bem a ideologia do resumo: há, de um lado, o "pensamento", objeto da mensagem, elemento da ação, da ciência, força transitiva ou crítica, e, do outro, o "estilo", ornato que está relacionado com o luxo, com o ócio e, portanto, com o fútil; separar o pensamento do estilo é de algum modo desvencilhar o discurso de seus hábitos sacerdotais, é laicizar a mensagem (donde a conjunção burguesa do professor com o deputado); a "forma", assim se pensa, é comprimível, e essa compressão não é julgada essencialmente prejudicial: de fato, *de longe*, isto é, do nosso cabo ocidental, será que a diferença é tão grande entre uma cabeça de jivaro vivo e uma cabeça de jivaro reduzida?

É difícil, para um professor, ver as "notas" que se tomam durante a sua aula; ele não faz questão, seja discrição (nada mais pessoal do que "notas", a despeito do caráter protocolar dessa prática), seja, mais provavelmente, medo de se contemplar em estado reduzido, morto e substancial ao mesmo tempo, como um jivaro tratado por seus congêneres; não se sabe se aquilo que é tomado (retirado) do fluxo da fala são enunciados erráticos (fórmulas, frases) ou a substância de um raciocínio; nos dois casos, o que fica perdido é o suplemento, lugar em que avança o desafio da linguagem: o resumo é uma denegação de escritura.

Por conseqüência contrária, pode ser declarado "escritor" (sempre designando esta palavra uma prática, não um valor social) todo destinador cuja "mensagem" (destruindo imediatamente assim a sua natureza de mensagem) não pode ser resumida: condição que o escritor partilha com o louco, o tagarela e o matemático, mas que precisamente a escritura (a saber, determinada prática do significante) tem o encargo de especificar.

A relação docente

Como se pode assimilar o professor ao psicanalista? É exatamente o contrário que se dá: é ele o psicanalizado.

Imaginemos que eu seja professor: fico falando, sem fim, para e diante de alguém que não fala. Sou aquele que diz *eu* (pouco importam os subterfúgios do *a gente*, do *nós* ou da frase impessoal), sou aquele que, a pretexto de *expor* um saber, *proponho* um discurso, *que nunca sei como é recebido*, de modo que nunca tenho a garantia de uma imagem definitiva, mesmo ofensiva, que me *constituísse*: na *exposição*, mais bem denominada do que se pensa, não é o saber que se expõe, é o sujeito (expõe-se a penosas aventuras). O espelho é vazio: ele só me devolve a defecção da minha linguagem à medida que se desenrola. Tal como os irmãos Marx dissimulados em aviadores russos (em *Uma noite na ópera* – obra que considero alegórica de muito problema textual), estou, no início da minha exposição, disfarçado com uma grande barba postiça; mas, inundado pouco a pouco pelas ondas da minha própria fala (substituto da jarra de água com que o *Mudo*, Harpo, se desaltera avidamente, na tribuna do prefeito de Nova York), sinto a minha barba deslocar-se em farrapos diante de toda gente: mal fiz sorrir a platéia com alguma observação "fina", mal a tranqüilizei com algum estereótipo progressista, sinto toda a complacência dessas provocações; lamento a pulsão histérica, quisera recuperá-la, preferindo tarde demais um discurso austero a um discurso galante (mas, no caso contrário, a "severidade" do discurso é que me pareceria histérica); se, de fato, algum sorriso responde à minha observação ou algum assentimento à minha intimidação, imediatamente me persuado de que tais cumplicidades manifestadas provêm de imbecis ou de aduladores (descrevo aqui um processo imaginário); eu, que procuro a resposta e me deixo levar a provocá-la, basta responderem para que desconfie; e se tenho um discurso tal que esfrie ou afaste qualquer resposta, nem por isso me sinto mais *afinado* (no sentido musical); porque me será mesmo necessário me vangloriar da solidão da minha fala, dar-lhe o álibi dos discursos missionários (ciência, verdade, etc.).

Assim, de conformidade com a descrição psicanalítica (a de Lacan, de que cada falante pode verificar a perspicácia), quando o professor fala ao seu auditório, o Outro está sempre presente para vir *furar* o seu discurso; e esse seu discurso, ainda que amarrado por uma inteligência impecável, armado de "rigor" científico ou de radicalidade política, nem por isso seria menos furado: basta que eu fale, basta que a minha palavra corra, para que ela escoe. Naturalmente, embora todo professor esteja em postura de psicanalizado, nenhum auditório estudantil pode prevalecer-se da situação inversa; primeiro, porque o silêncio psicanalítico nada tem de preeminente; e, depois, porque às vezes o sujeito se destaca, não pode deter-se e vem queimar-se na fala, mesclar-se à bacanal oratória (e,

| *Arredores da imagem* |

se o sujeito se cala obstinadamente, nada faz senão falar da obstinação do seu mutismo); mas, para o professor, o auditório estudantil é mesmo assim o Outro exemplar porque *parece* não falar – e por isso mesmo, do seio da sua opacidade aparente, ele fala ainda mais forte em você: a sua palavra implícita, que é a minha, atinge-me tanto mais quanto o seu discurso não me estorva.

Tal é a cruz de toda fala pública: quer fale o professor, quer o ouvinte reivindique falar, em ambos os casos é ir diretamente para o divã; a relação docente nada mais é do que a transferência que institui; a "ciência", o "método", o "saber", a "idéia" vêm de viés; são dados *a mais*; são *sobras*.

O contrato

> *"Na maior parte do tempo, as relações entre humanos sofrem, muitas vezes até à destruição, por não ser respeitado o contrato entre eles estabelecido. A partir do momento em que dois humanos entram em relação recíproca, o seu contrato, tácito no mais das vezes, entra em vigor. Ele regula a forma das suas relações, etc."*
>
> Brecht.

Embora a demanda que se enuncia no espaço comunitário de um curso seja fundamentalmente intransitiva, como se deve em qualquer situação transferencial, nem por isso é menos superdeterminada e abriga-se por trás de outras demandas, aparentemente transitivas; essas demandas formam as condições de um contrato implícito entre o docente e o discente. Esse contrato é "imaginário", em nada contradiz a determinação econômica que leva o estudante a buscar uma carreira e o professor a honrar um emprego.

Eis aqui, desordenadamente (pois não há, na ordem do imaginário, móvel fundamentador), o que o docente pede ao discente: 1) reconhecê-lo num "papel", seja ele qual for: de autoridade, de benevolência, de contestação, de saber, etc. (todo visitante de que não se vê qual a *imagem* que solicita de você torna-se inquietante); 2) difundi-lo, estendê-lo, levar ao longe as suas idéias, o seu estilo; 3) deixar-se seduzir, prestar-se a um relacionamento amoroso (concedamos todas as sublimações, todas as distâncias, todos os respeitos conformes à realidade social e à vaidade pressentida desse relacionamento); 4) enfim, permitir-lhe honrar o contrato que ele próprio estabeleceu com o empregador, isto é, com a sociedade: o discente é a peça de uma prática (retribuída), o objeto de um ofício, a matéria de uma produção (ainda que delicada de definir).

De seu lado, eis aqui, desordenadamente, o que o discente pede ao docente: 1) conduzi-lo a uma boa integração profissional; 2) preencher os papéis tradicionalmente afetos ao professor (autoridade científica, transmissão de um capital de saber, etc.); 3) entregar os segredos de uma técnica (de pesquisa, de exame, etc.); 4) sob o estandarte desse santo leigo, o Método, ser um iniciador de asceses, um *guru*; 5) representar um "movimento de idéias", uma Escola, uma Causa, e dela ser o porta-voz; 6) admiti-lo a ele, discente, na cumplicidade de uma linguagem particular; 7) para aqueles que têm a fantasia da tese (prática tímida de escritura, a um só tempo desfigurada e protegida por sua finalidade institucional), garantir a realidade dessa fantasia; 8) pede-se finalmente ao professor que seja um distribuidor de serviços: assina matrículas, atestados, etc.

Isso é simplesmente uma Tópica, uma reserva de escolhas que não são necessariamente atualizadas ao mesmo tempo num indivíduo. No entanto, é no nível da totalidade contratual que opera o *conforto* de uma relação docente: o "bom" professor, o "bom" aluno são aqueles que aceitam filosoficamente o plural das suas determinações, talvez por saberem que a verdade de um relacionamento de fala está *noutra parte*.

A pesquisa

O que é uma "pesquisa"? Para saber, seria preciso ter uma idéia do que seja um "resultado". O que é que se encontra? O que é que se quer encontrar? *O que é que está faltando?* Em que campo axiomático o fato destacado, o sentido evidenciado, a descoberta estatística serão colocados? Sem dúvida isso depende, em cada caso, da ciência solicitada. Mas, a partir do momento em que uma pesquisa diz respeito ao texto (e o texto vai muito além da obra), a própria pesquisa se torna texto, produção: todo "resultado" lhe é literalmente *im-pertinente*. A "pesquisa" é então o nome prudente que, sob a imposição de certas condições sociais, damos ao trabalho de escritura: a pesquisa está do lado da escritura, é uma aventura do significante, um excesso da troca; é impossível manter a equação: um "resultado" *por* uma "pesquisa". Eis por que a fala a que se deve submeter uma pesquisa (ensinando-a), além da sua função parenética ("*Escreva*"), tem como especialidade trazer a "pesquisa" à sua condição epistemológica: ela não deve, busque o que buscar, esquecer a sua condição de linguagem – e é isso que lhe torna finalmente inevitável encontrar a escritura. Na escritura, a enunciação frustra o enunciado sob o efeito da linguagem que o produz: isso define bastante bem o elemento crítico, progressivo, insatisfeito, produtor, que o próprio uso comum reconhece à "pesquisa". É esse o papel histórico da pesquisa: ensinar ao cientista que ele *fala* (mas se ele o soubesse, *escreveria* – e toda a idéia de ciência, toda a cientificidade ficaria assim mudada).

A destruição dos estereótipos

Alguém me escreve que "um grupo de estudantes revolucionários está preparando a destruição do mito estruturalista". Encanta-me a expressão por sua consistência estereotípica; a destruição do mito começa, desde o enunciado dos seus agentes putativos, pelo mais belo dos mitos: o "grupo dos estudantes revolucionários" é tão forte quanto "as viúvas de guerra" ou os "ex-combatentes".

Geralmente, o estereótipo é triste, porque é constituído por uma necrose da linguagem, uma prótese que vem tapar um buraco de escritura; mas ao mesmo tempo não pode deixar de suscitar uma imensa gargalhada: leva-se a sério; julga-se mais perto da verdade porque indiferente à sua natureza de linguagem: é ao mesmo tempo desgastado e grave.

Pôr o estereótipo a distância não é uma tarefa política, pois a própria linguagem política é feita de estereótipos; mas é uma tarefa crítica, isto é, visa a pôr em crise a linguagem. Em primeiro lugar, isso permite isolar esse grão de ideologia que está em todo discurso político e atacá-lo como um ácido capaz de dissolver as gorduras da linguagem "natural" (isto é, da linguagem que finge ignorar que é linguagem). Em seguida, é desprender-se da razão mecanicista que faz da linguagem a simples resposta a estímulos de situação ou de ação; é opor a produção da linguagem à sua simples e falaciosa utilização. Em seguida, ainda, é sacudir o discurso do Outro e constituir, em suma, uma operação permanente de pré-análise. Finalmente, o seguinte: o estereótipo é, no fundo, um oportunismo: conformamo-nos à linguagem reinante, ou antes, àquilo que, na linguagem, parece *reger* (uma situação, um direito, um combate, uma instituição, um movimento, uma ciência, uma teoria, etc.); falar por estereótipos é colocar-se do lado da força da linguagem; esse oportunismo deve ser (hoje) recusado.

Mas não se poderia "ultrapassar" o estereótipo, em vez de "destruí-lo"? Isso é um voto irrealista; os operadores de linguagem outra atividade não têm em seu poder que não seja esvaziar o que está cheio; a linguagem não é dialética: só permite uma marcha a dois tempos.

A cadeia dos discursos

É porque a linguagem não é dialética (só permitindo o terceiro termo como pura cláusula, asserção retórica, voto piedoso) que o discurso (a discursividade), no seu impulso histórico, se desloca *aos solavancos*. Todo discurso novo só pode surgir como o *paradoxo* que toma às avessas (e muitas vezes combate) a *dóxa* circundante ou precedente; ele só pode nascer como diferença, distinção, destacando-se *contra* o que se lhe cola. Por exemplo, a teoria chomskiana edifica-se *contra* o behaviorismo bloomfieldiano; depois, uma vez liquidado o behaviorismo lingüístico por Chomsky, é *contra* o mentalismo (ou o antropologismo) chomskiano que uma nova semiótica se busca, enquanto o próprio Chomsky, para encontrar aliados, é obrigado a *saltar* por sobre os seus predecessores imediatos e remontar até à *Gramática* de Port-Royal. Mas seria sem dúvida num dos maiores pensadores da dialética, Marx, que seria mais interessante verificar a natureza não-dialética da linguagem: o seu discurso é quase inteiramente *paradoxal*, sendo aqui Proudhon a *dóxa*, ali um outro, etc. Esse duplo movimento de desligamento e de retomada chega não a um círculo, mas, segundo a bela e grande imagem de Vico, a uma espiral, e é nesse *deporte* da circularidade (da forma paradoxal) que se vêm articular as determinações históricas. Deve-se então procurar sempre a que *dóxa* se opõe um autor (pode ser, às vezes, uma *dóxa* muito minoritária, reinante num grupo restrito). Um ensino poderá igualmente ser avaliado em termos de paradoxo, se se edificar, todavia, sobre esta convicção: de que um sistema que reclama por correções, translações, aberturas e denegações é mais útil do que uma ausência informulada de sistema; evita-se então, por sorte, a imobilidade do balbucio, alcança-se a cadeia histórica dos discursos, o *progresso* (*progressus*) da discursividade.

O método

Alguns falam do método gulosamente, exigentemente; no trabalho, o que desejam é o método; este nunca lhes parece suficientemente rigoroso, formal. O método torna-se uma Lei; mas, como essa Lei é privada de todo efeito que lhe seja heterogêneo (ninguém pode dizer o que seja, em "ciências humanas", um "resultado"), ela fica infinitamente frustrada; colocando-se como uma pura metalinguagem, participa da vaidade de toda metalinguagem. Assim, é constante que um trabalho que proclama continuamente a sua vontade de método seja finalmente estéril: tudo passou para o método, nada mais resta para a escritura; o pesquisador fica repetindo que o seu texto será metodológico, mas esse texto nunca chega: nada mais seguro, para matar uma pesquisa e fazê-la juntar-se ao grande lixo dos trabalhos abandonados, nada mais seguro do que o Método.

O perigo do Método (de uma fixação ao Método) vem do seguinte: o trabalho de pesquisa deve atender a duas demandas; a primeira é uma demanda de responsabilidade: é necessário que o trabalho aumente a lucidez, chegue a desmascarar as implicações de um procedimento, os álibis de uma linguagem, constitua afinal uma *crítica* (lembremos mais uma vez que *criticar* quer dizer: pôr em crise); o Método é aqui inevitável, insubstituível, não pelos seus "resultados", mas precisamente – ou pelo contrário – porque realiza o mais alto grau de consciência de uma linguagem *que não esquece a si mesma*; mas a segunda demanda é de ordem muito diversa: é da ordem da escritura, espaço de dispersão do desejo, onde dispensa é dada à Lei; é preciso, então, *em dado momento*, voltar-se contra o Método, ou pelo menos tratá-lo sem privilégio fundador, como uma das vozes do plural: como uma *vista*, em suma, um espetáculo, encaixado no texto; o texto, que é, afinal de contas, o único resultado "verdadeiro" de qualquer pesquisa.

As questões

Questionar é desejar saber uma coisa. Entretanto, em muitos debates intelectuais, as perguntas que se seguem à exposição do conferencista não são de modo algum a expressão de uma falta, mas a asserção de uma plenitude. A pretexto de perguntar, monto uma agressão contra o orador; *questionar* retoma então o sentido policial: *questionar* é interpelar. Entretanto, aquele que é interpelado deve fingir responder à letra da pergunta, não ao seu ardil. Estabelece-se então um jogo: embora cada um saiba quais são as intenções do outro, o jogo obriga a responder ao conteúdo, não ao ardil. Se, em certo tom, me perguntam: *"Para que serve a lingüística?"*, significando-me com isso que ela não serve para nada, devo fingir responder ingenuamente: *"Serve para isto, para aquilo"*, e não, conformemente à verdade do diálogo: *"Qual é o motivo de você me agredir?"* O que recebo é a conotação; o que devo devolver é a denotação. No espaço de fala, a ciência e a lógica, o saber e o raciocínio, as perguntas e as respostas, as propostas e as objeções são as máscaras da relação dialética. Os nossos debates intelectuais são tão codificados quanto as disputas escolásticas; neles encontram-se sempre funções de serviço (o "sociologista", o "goldmanniano", o "telqueliano"*, etc.), mas, diferentemente da *disputatio*, em que esses papéis teriam sido cerimoniais e teriam patenteado o artifício de sua função, o nosso "comércio" intelectual dá-se sempre ares de "naturalidade": pretende trocar apenas significados, não significantes.

Em nome de quê?

Eu falo em nome de quê? De uma função? De um saber? De uma experiência? O que é que represento? Uma capacidade científica? Uma instituição? Um serviço? Na realidade, só falo em nome de uma linguagem: é porque escrevi que falo; a escritura é representada pelo seu contrário, a fala. Essa distorção quer dizer que, ao escrever *da* fala (a respeito da fala), sou condenado à seguinte aporia: denunciar o imaginário da fala através do irrealismo da escritura; assim, presentemente, não descrevo nenhuma experiência "autêntica", não fotografo nenhum ensino "real", não abro nenhum dossiê "universitário". Porque a escritura pode dizer a verdade sobre a linguagem, mas não a verdade sobre o real (buscamos atualmente saber o que é um real sem linguagem).

A estação de pé

Pode-se imaginar uma situação mais tenebrosa do que falar para (ou diante de) pessoas de pé ou visivelmente mal acomodadas?

---

* Tal adjetivo refere-se a *Tel Quel*, revista literária dirigida por Philippe Sollers e na qual originalmente foi publicado este texto. (N. do R.)

O que é que se troca aqui? Qual é o preço desse desconforto? Quanto *vale* a minha palavra? Como é que o incômodo em que se encontra o ouvinte não o levaria rapidamente a questionar-se sobre a validade do que ouve? Não é a estação de pé eminentemente *crítica*? Não é assim, noutra escala, que começa a consciência política: no *mal-estar*? A escuta me reconduz a vaidade da minha própria fala, o seu *preço*, pois, queira eu ou não, estou colocado num circuito de troca; e a escuta é também a estação daquele a quem me dirijo.

O tratamento por "tu"

Às vezes acontece, ruína de Maio, que um estudante trate o professor por "tu". Aí está um signo forte, um signo pleno, que remete ao mais psicológico dos significados: a *vontade* de contestação ou de companheirismo – o *músculo*. Visto uma moral do signo ser aqui imposta, pode-se por sua vez contestá-la e preferir-lhe uma semântica mais sutil; os signos devem ser manipulados *sobre fundo neutro*, e, em francês, o tratamento por "vous" [o senhor] é esse fundo. O tratamento por "tu" só pode escapar ao código nos casos em que constitui uma *simplificação da gramática* (quando nos dirigimos, por exemplo, a um estrangeiro que fala mal o francês); trata-se então de substituir por uma prática transitiva um procedimento simbólico: em vez de buscar significar *por quem* tomo o outro (e, portanto, por quem me tomo a mim), tento simplesmente fazer-me entender por ele. Mas esse recurso, afinal, também é sinuoso: o tratamento por "tu" liga-se a todos os procedimentos de fuga; quando um signo não me agrada, quando a significação me molesta, desloco-me para o operacional: o operacional torna-se a censura do simbólico e, portanto, símbolo do assimbolismo; muitos discursos políticos, muitos discursos científicos são marcados por esse deslocamento (a que se liga particularmente toda a lingüística da "comunicação").

Um cheiro de fala

Uma vez que se acabou de falar, começa a vertigem da imagem: exalta-se ou lamenta-se o que se disse, o modo como se disse, se *imagina* (vira-se imagem); a fala está sujeita a remanescência, ela *cheira*.

A escritura não cheira: produzida (tendo cumprido o seu processo de produção), ela *cai*, não à maneira de um suflê que baixa, mas de um meteorito que desaparece; ela vai *viajar* longe do meu corpo e, no entanto, não é um pedaço destacado dele, retido narcisicamente, como é a fala; o seu desaparecimento não é enganoso; ela passa, atravessa, é só. O tempo da fala excede o ato de fala (só um jurista podia fazer crer que as palavras desaparecem, *verba volant*). A escritura não tem passado (se a sociedade nos obriga a *gerir* o que escrevemos, só podemos fazê-lo no maior dos tédios, tédio de um falso passado). Eis por que o discurso com que comentam a nossa escritura impressiona menos vivamente do que aquele com que comentam a nossa fala (o que está em jogo é, entretanto, mais importante): o primeiro, posso *objetivamente* levar em conta, porque "eu" já não estou nela; do segundo, mesmo que seja laudatório, só posso procurar desembaraçar-me, porque outra coisa não faz senão estreitar o impasse do meu imaginário.

(Qual o motivo, então, de este texto me preocupar, de, uma vez terminado, corrigido, solto, ele permanecer ou voltar em mim no estado de dúvida e, para dizer tudo, de medo? Não está ele *escrito*, libertado pela escrita? Vejo, entretanto, que não posso *melhorá*-lo, atingi a forma exata do que queria dizer: já não é uma questão de *estilo*. Concluo que é o seu estatuto mesmo que me molesta: o que me gruda nele é precisamente que, tratando da fala, não pode, *na própria escritura*, liquidá-la totalmente. Para escrever *da* fala (a respeito da fala), sejam quais forem as distâncias da escritura, fico obrigado a *referir-me* a ilusões de experiências, de lembranças, de sentimentos advindos ao sujeito que eu sou quando falo, ao sujeito que eu era quando falava: na escrita aqui em pauta *ainda há referente*, e é ele que *cheira* às minhas próprias narinas.)

O nosso lugar

Assim como a psicanálise, com Lacan, está prolongando a tópica freudiana em topologia do sujeito (aí o inconsciente jamais está em *seu* lugar), também seria preciso substituir o espaço magistral de outrora, que era afinal um espaço religioso (a palavra na cátedra, no alto, os ouvintes, embaixo; são as *ovelhas*, o rebanho), por um espaço menos direito, menos euclidiano, em que ninguém, nem o professor nem os estudantes, jamais estivessem *em seu último lugar*. Ver-se-ia, então, que o que se deve tornar reversível não são os "papéis" sociais (de que adianta disputar a "autoridade", o "direito" de falar?), mas as regiões da fala. Onde está ela? Na locução? Na escuta? No *retorno* de uma e de outra? O problema não está em abolir a distinção das funções (o *professor*, o *aluno*: afinal, a ordem é uma garantia do prazer, ensinou-nos Sade), mas em proteger a instabilidade e, por assim dizer, a vertigem dos lugares de fala. No espaço docente, cada qual não deveria estar em seu lugar em parte alguma (garanto para mim esse deslocamento constante: se me acontecesse *encontrar o meu lugar*, já nem sequer fingiria ensinar, renunciaria).

Não tem o professor, entretanto, um lugar fixo, que é o da *retribuição*, o lugar que tem na economia, na produção? É sempre o mesmo problema, o único de que incansavelmente tratamos sempre: a origem de uma fala não a esgota; uma vez que uma fala se tenha lançado, mil aventuras lhe acontecem, a sua origem torna-se turva, nem todos os seus efeitos estão na sua causa; é esse *excedente* que interrogamos.

Duas críticas

Os erros que se podem cometer ao copiar à máquina um manuscrito são outros tantos incidentes significantes, e esses incidentes, por analogia, permitem esclarecer o procedimento que devemos ter com respeito ao sentido quando comentamos um texto.

Ou a palavra produzida pelo erro (se uma letra errada a desfigura) não significa nada, não encontra nenhum traçado textual; o código fica simplesmente cortado: cria-se uma palavra assêmica, um puro significante; por exemplo, se em lugar de escrever "oficiar", escrevo "ofiviar", que não quer dizer nada. Ou então a palavra errada (mal batida), sem ser a palavra que se queria escrever, é uma palavra que o léxico permite identificar, que quer dizer alguma coisa: se escrever "ride" em vez de "rude", a nova palavra existe na língua: a frase mantém um sentido, ainda que seja excêntrico; é a via (a voz?) do jogo de palavras, do anagrama, da metátese significante, do trocadilho; há deslizamento *no interior dos códigos*: o sentido subsiste, mas pluralizado, trucado, sem lei de conteúdo, de mensagem, de verdade.

Cada um desses dois tipos de erro figura (ou prefigura) um tipo de crítica. O primeiro tipo elimina qualquer sentido do texto tutor: o texto só deve prestar-se a uma eflorescência significante; é o seu fonismo apenas que deve ser tratado, mas não interpretado: associa-se, não se decifra; ao dar a ler "ofiviar", e não "oficiar", o erro abre-me o *direito de associação* (posso fazer explodir, como queira, "ofiviar" para "obviar", "oviário", etc.); não apenas o ouvido desse primeiro crítico percebe a crepitação do fonocaptor, mas só a este quer ouvir, e dele faz uma nova música. Para o segundo crítico, a "cabeça de leitura" não rejeita nada: ela percebe tanto o sentido (os sentidos) como as suas crepitações. O desafio (histórico) dessas duas críticas (gostaria de poder dizer que o campo da primeira é a *signifiose* e o da segunda, a *significância*) é evidentemente diferente.

A primeira tem a seu favor o direito do significante a desdobrar-se aonde quer (aonde pode?): que lei e que sentido, vindos de onde, viriam constrangê-lo? A partir do momento em que se desatou a lei filológica (monológica) e se entreabriu o texto para a pluralidade, por que parar? Por que recusar levar a polissemia até à assemia? Em nome de quê? Como todo direito radical, esse supõe uma visão utópica da liberdade: suspende-se a lei *imediatamente*, fora de toda história, desprezando qualquer dialética (no que esse estilo de reivindicação pode parecer pequeno-burguês). Entretanto, desde que se subtrai a qualquer razão tática, permanecendo, no entanto, implantada numa sociedade intelectual determinada (e alienada), a desordem do significante vira errância histérica: ao libertar a leitura de todo sentido, é finalmente a *minha* que imponho, pois, *neste* momento da História, a economia do sujeito não está ainda transformada, e a recusa do sentido (dos sentidos) inverte-se em subjetividade; considerando o melhor das coisas, pode-se dizer que essa crítica radical, definida por uma exclusão do significado (e não por sua fuga), *antecipa-se* à História, a um estado novo e inaudito, no qual a eflorescência do significante não se daria por satisfeita com nenhuma contrapartida idealista, com nenhum fechamento da pessoa. Entretanto, *criticar* (fazer crítica) é pôr em crise, e não é possível pôr em crise sem avaliar as condições da crise (os seus limites), sem levar em conta o seu momento. Assim, a segunda crítica, aquela que está ligada à divisão dos sentidos e à "trucagem" da interpretação, parece (pelo menos aos meus olhos) historicamente mais correta: numa sociedade submetida à guerra dos sentidos, e por isso mesmo adstrita a regras de comunicação que lhe determinam a eficácia, a liquidação da antiga crítica só pode progredir *dentro* do sentido (no volume dos sentidos), e não fora dele. Noutras palavras, é necessário praticar certa infiltração semântica. A crítica ideológica está realmente, hoje, condenada a operações de roubo: o significado, cuja isenção é a tarefa materialista por excelência, o significado furta-se melhor na *ilusão* do sentido do que na sua destruição.

Dois discursos

Distingamos dois discursos.

O discurso terrorista não está ligado forçosamente à asserção peremptória (ou à defesa oportunista) de uma fé, de uma verdade, de uma justiça; pode simplesmente querer realizar a adequação lúcida da enunciação à violência verdadeira da linguagem, violência nativa que se prende ao fato de nenhum enunciado poder exprimir diretamente a verdade e não ter à sua disposição outro regime que não o ato de força da palavra; assim, um discurso aparentemente terrorista deixa de sê-lo se seguirmos, ao lê-lo, a indicação que ele próprio nos oferece: a de ter de restabelecer nele o espaço em branco ou a dispersão, isto é, o inconsciente; essa leitura nem sempre é fácil; certos terrorismos acanhados, funcionando principalmente por estereótipos, operam, como qualquer discurso da consciência tranqüila, a exclusão da outra cena; numa palavra, esses terrorismos *recusam escrever-se* (detectamo-los por algo que neles não entra em jogo: esse cheiro de seriedade que o lugar-comum exala).

O discurso repressivo não se liga à violência declarada, mas à Lei. A Lei passa, então, para a linguagem como um equilíbrio: postula-se um equilíbrio entre o que é interdito e o que é permitido, entre o sentido recomendável e o sentido indigno, entre a restrição do sentido comum e a liberdade vigiada das interpretações; daí o gosto desse discurso pelos balanceamentos, pelas contrapartidas verbais, pela colocação e pela esquiva das antíteses; não ser *nem* por isso *nem* por aquilo (entretanto, se fizerem a dupla contabilidade dos *nem*, verificarão que esse locutor *imparcial, objetivo, humano*, é *por* isto, *contra* aquilo). Tal discurso repressivo é o discurso da consciência tranqüila, o discurso liberal.

O campo axiomático

"Bastará", diz Brecht, "estabelecer quais interpretações dos fatos, surgidas no seio do proletariado empenhado na luta de classes (nacional ou internacional), lhe permitem utilizar os fatos para o seu combate. É preciso fazer uma síntese a fim de criar um campo axiomático." Todo fato possui, assim, vários sentidos (uma pluralidade de "interpretações") e, entre esses sentidos, há um que é proletário (ou pelo menos que serve ao proletariado no seu combate); conectando esses diversos sentidos proletários, constrói-se uma axiomática (revolucionária). Mas quem estabelece o sentido? O próprio proletariado, pensa Brecht ("*surgidas no seio do proletariado*"). Essa visão implica que à divisão das classes corresponde fatalmente uma divisão dos sentidos, e que à luta de classes corresponde não menos fatalmente uma guerra dos sentidos: enquanto há luta de classes (nacional ou internacional), a divisão do campo axiomático é inexpiável.

A dificuldade (a despeito da desenvoltura verbal de Brecht: "*bastará*") vem de que certo número de objetos de discurso não interessam diretamente ao proletariado (nenhuma interpretação aparece a seu respeito no seio dele) e de que, entretanto, o proletariado não pode desinteressar-se deles, porque constituem, pelo menos nos Estados adiantados, que liquidaram a um só tempo a miséria e o folclore, a plenitude do *outro discurso*, em cujo seio o próprio proletariado é obrigado a viver, alimentar-se, distrair-se, etc.: esse discurso é o da cultura (é possível que na época de Marx a pressão da cultura sobre o proletariado tenha sido menos forte do que hoje: ainda não havia "cultura de massa" porque não havia "comunicação de massa"). Como atribuir um sentido de combate àquilo que não lhe diz respeito diretamente? Como poderia o proletariado determinar, *em seu seio*, uma interpretação de Zola, de Poussin, do *pop*, do *Sport-Dimanche* ou do último noticiário policial? Para "interpretar" todos esses mediadores culturais, precisa de *representantes*: aqueles que Brecht chama de "artistas" ou de "trabalhadores do intelecto" (a expressão é bem maliciosa, pelo menos em francês: o intelecto está tão perto do chapéu*), todos aqueles que têm à sua disposição a linguagem do indireto, o indireto como linguagem; numa palavra, os *oblatos*, que se dedicam à interpretação proletária dos fatos culturais.

....

* Utilizado pelos burgueses, contrapõe-se ao barrete, utilizado pelos operários. (N. da R.)

| *Arredores da imagem* |

Mas então começa, para esses procuradores do sentido proletário, um verdadeiro quebra-cabeça, pois a sua situação de classe não é a do proletariado; eles não são produtores, situação negativa que repartem com a juventude (estudantil), classe igualmente improdutiva com a qual formam geralmente uma aliança de linguagem. Daí decorre que a cultura, de que devem deslindar o sentido proletário, remete-os a si próprios, não ao proletariado: como *avaliar* a cultura? Segundo a sua origem? Ela é burguesa. Segundo a sua finalidade? Ainda burguesa. Segundo a dialética? Muito embora burguesa, ela conteria elementos progressistas; mas o que é que, *em nível de discurso*, distingue a dialética do compromisso? E além disso, com que instrumentos? Historicismo, sociologismo, positivismo, formalismo, psicanálise? Todos emburguesados. Alguns, finalmente, preferem quebrar o quebra-cabeça: dar dispensa a toda "cultura", o que obriga a destruir todo discurso.

De fato, mesmo no interior de um campo axiomático clarificado, pensa-se, pela luta de classes, as tarefas são diversas, por vezes contraditórias, e principalmente estabelecidas com base em *tempos* diferentes. O campo axiomático é feito de várias axiomáticas particulares: a crítica cultural move-se *sucessiva*, *diversa* e *simultaneamente* opondo o Novo ao Antigo, o sociologismo ao historicismo, o economismo ao formalismo, o positivismo lógico à psicanálise, depois novamente, *segundo outro enfoque*, a história monumental à sociologia empírica, o estranho (o estrangeiro) ao Novo, o formalismo ao historicismo, a psicanálise ao cientificismo, etc. Aplicado à cultura, o discurso crítico não pode ser mais que um chamalote de táticas, um tecido de elementos ora passados, ora circunstanciais (ligados a contingências de moda), ora, enfim, francamente utópicos: às necessidades táticas da guerra dos sentidos acrescenta-se o pensamento estratégico das novas condições que serão dadas ao significante quando essa guerra acabar – pertence efetivamente à crítica cultural ser *impaciente*, porque não pode conduzir-se sem desejo. São todos os discursos do marxismo, portanto, que estão presentes na sua escrita: o discurso apologético (exaltar a ciência revolucionária), o discurso apocalíptico (destruir a cultura burguesa) e o discurso escatológico (desejar, invocar a indivisão dos sentidos, concomitante à indivisão das classes).

O nosso inconsciente

O problema que levantamos é o seguinte: como fazer para que as duas grandes *epistemes* da modernidade, a saber, a dialética materialista e a dialética freudiana, se juntem, se conjuntem e produzam uma nova relação humana (não se pode excluir que um terceiro termo esteja acoitado no inter-dito dos dois primeiros)? Quer dizer: como ajudar na interação desses dois desejos: mudar a economia das relações de produção e mudar a economia do sujeito? (A psicanálise se nos mostra por enquanto como a força mais bem adaptada à segunda dessas tarefas; mas outras tópicas são imagináveis, as do Oriente, por exemplo.)

Esse trabalho de conjunto passa pela seguinte pergunta: que relação existe entre a determinação de classe e o inconsciente? Segundo que deslocamento essa determinação vem infiltrar-se entre os sujeitos? Pela "psicologia" por certo que não (como se houvesse conteúdos mentais: burgueses/proletários/intelectuais, etc.), mas evidentemente pela linguagem, pelo discurso: o Outro, que fala, que é toda fala, o Outro é social. De um lado, por mais que o proletariado esteja *separado*, é a linguagem burguesa, sob a sua forma degradada, pequeno-burguesa, que fala inconscientemente no seu discurso cultural; e de outro, por mais mudo que seja, ele fala no discurso do intelectual, não como voz canônica, fundadora, mas como inconsciente: basta ver como ele *bate* em todos os nossos discursos (a referência explícita do intelectual ao proletariado não impede de forma alguma que este tenha, nos nossos discursos, o lugar do inconsciente: o inconsciente não é a in-consciência); só o discurso burguês da burguesia é tautológico: o inconsciente do discurso burguês é certamente o Outro, mas esse Outro é um outro discurso burguês.

A escritura como valor

A avaliação precede a crítica. Não é possível pôr em crise sem avaliar. O nosso valor é a escritura. Essa referência obstinada, além de dever irritar muitas vezes, parece comportar, aos olhos de alguns, um risco: o de desenvolver certa *mística*. A observação é maliciosa porque inverte ponto por ponto o alcance que atribuímos à escritura: o de ser, neste pequeno cantão intelectual do nosso mundo ocidental, o *campo materialista por excelência*. Embora proceda do marxismo e da psicanálise, a teoria da escritura tenta deslocar, sem romper, o seu lugar de origem; por um lado, rechaça a tentação do significado, quer dizer, a surdez à linguagem, ao retorno e ao excedente dos seus efeitos; por outro, opõe-se à fala por não ser transferencial e por eludir – por certo que parcialmente, nos limites sociais estreitíssimos, particularistas, mesmo – as armadilhas do "diálogo"; existe nela o esboço de um gesto de massa; contra todos os discursos (falas, escrevenças, rituais, protocolos, simbólicas sociais), só ela, atualmente, ainda que sob forma de um luxo, faz da linguagem algo de *atópico*: sem lugar; é essa dispersão, essa insituação, que é materialista.

A fala pacífica

Uma das coisas que se pode esperar de uma reunião regular de interlocutores é simplesmente isto: *a benevolência*; que essa reunião figure um espaço de fala despojado de agressividade.

Esse despojamento não pode dar-se sem resistências. A primeira é de ordem cultural: a recusa da violência passa por uma mentira humanista, a cortesia (modo menor dessa recusa) por um valor de classe, e a receptividade por uma mistificação aparentada ao diálogo liberal. A segunda resistência é de ordem imaginária: muitos desejam uma fala conflituosa por desrecalque, tendo a retirada do confronto, dizem, alguma coisa de frustrante. A terceira resistência é de ordem política: a polêmica é uma arma essencial da luta; todo espaço de fala deve ser fracionado para que se manifestem as suas contradições, deve ser submetido a uma vigilância.

Entretanto, o que fica preservado, nessas três resistências, é finalmente a unidade do sujeito neurótico, que se *reúne* nas formas do conflito. É sabido, entretanto, que a violência está sempre presente (na linguagem), e é por isso mesmo que se pode decidir colocar-lhe os signos entre parênteses e fazer assim economia de uma retórica: a violência não tem de ser absorvida pelo código da violência.

A primeira vantagem seria a de suspender, ou pelo menos retardar, os papéis de fala: ao escutar, ao falar, ao responder, que eu nunca seja o ator de um julgamento, de uma sujeição, de uma intimidação, o procurador de uma Causa. Sem dúvida, a fala pacífica acabará por secretar o seu próprio papel, posto que, diga eu o que disser, o outro me lê sempre como uma imagem; mas no tempo que dispenderei para eludir esse papel, no trabalho de linguagem que a comunidade efetuará, semana após semana, para expulsar do seu discurso toda esticomitia, certa desapropriação da fala (próxima deste então da escritura) poderá ser atingida, ou ainda *certa generalização do sujeito*.

Talvez seja o que se encontra em determinadas experiências com drogas (na experiência com determinadas drogas). Sem que a gente mesmo fume (ainda que fosse apenas pela incapacidade brônquica de tragar a fumaça), como ficar insensível à *benevolência* geral que impregna certos locais estrangeiros onde se fuma o *kif*? Os gestos, as palavras (raras), toda a relação dos corpos (relação, no entanto, imóvel e distante) é distensa, desarmada (nada a ver, pois, com a embriaguez alcoólica, forma legal da violência no Ocidente): o espaço parece antes produzido por uma ascese sutil (às vezes se pode ler nela certa *ironia*). A reunião de fala deveria, parece-me, buscar esse *suspense* (pouco importa de quê: é uma forma que é desejada), tentar alcançar uma *arte de viver*, a maior de todas as artes, dizia Brecht (esta visão seria mais dialética do que se julga, porque obrigaria a distinguir e a avaliar os usos da violência). Enfim, nos limites mesmos do espaço docente, tal qual é dado, tratar-se-ia de trabalhar para traçar pacientemente uma forma pura, a da *flutuação* (que é a própria forma do significante); essa flutuação nada destruiria; contentar-se-ia com desorientar a Lei: as necessidades da promoção, as obrigações do ofício (que nada impede desde então de honrar escrupulosamente), os imperativos do saber, o prestígio do método, a crítica ideológica, tudo está aí, *mas a flutuar*.

1971, *Tel Quel*.

*AU SÉMINAIRE**

Trata-se de um lugar real ou de um lugar fictício? Nem um nem outro. Uma instituição é tratada pelo modo utópico: traço um espaço e o chamo – *seminário*. É bem verdade que a assembléia de que se trata dá-se uma vez por semana em Paris, isto é, *aqui e agora*; mas esses advérbios são também os da fantasia. Assim, nenhuma caução da realidade, mas também nenhuma gratuidade da historieta. Poderíamos dizer as coisas de outro modo: que o seminário (real) é para mim objeto de um (ligeiro) delírio, e que estou, literalmente, enamorado desse objeto.

Os três espaços

A nossa assembléia é pequena, não por preocupação de intimidade, mas de complexidade: é necessário que à geometria gros-

....
* "No" ou "ao seminário". (N. do T.)

seira dos grandes cursos públicos suceda uma topologia sutil das relações corporais, de que o saber seria o *pré-texto*. Três espaços estão presentes em nosso seminário.

O primeiro é institucional. A instituição fixa uma freqüência, um horário, um lugar, às vezes um curso. Impõe o reconhecimento de níveis, de uma hierarquia? De forma alguma, pelo menos aqui; noutra parte, o conhecimento é acumulativo: sabe-se *mais ou menos* o hitita, conhece-se *mais ou menos* a ciência demográfica. E o Texto? Possui-se *mais ou menos bem* a língua de um Texto? O seminário – este seminário – baseia-se muito pouco numa comunidade de ciência, antes sim numa cumplicidade de linguagem, isto é, de desejo.

Trata-se de desejar o Texto, de pôr em circulação um desejo de Texto (aceitemos o deslizamento do significante: Sade falava de um *désir de tête* – desejo de cabeça).

O segundo espaço é transferencial (esta palavra é dada sem nenhum rigor psicanalítico). Onde está a relação transferencial? Classicamente, ela se estabelece entre o diretor (do seminário) e o seu auditório. Mesmo nesse sentido, entretanto, essa relação não é segura: não digo o que sei, exponho o que faço; não estou envolto no discurso interminável do saber absoluto, não estou recolhido no silêncio terrificante do Examinador (todo professor – e está aí o vício do sistema – é virtualmente um examinador); não sou nem um sujeito sagrado (consagrado) nem um companheiro, mas apenas um regente, um operador de sessão, um regulador: aquele que dá regras, protocolos, não leis. O meu papel (caso tenha algum) é liberar a cena onde vão estabelecer-se transferências horizontais: o que importa, em tal seminário (o lugar do seu sucesso), não é a relação dos ouvintes com o diretor, mas sim a relação dos ouvintes entre si. Eis o que é preciso dizer (e que entendi à força de escutar o mal-estar das assembléias demasiado numerosas, em que cada qual se queixava de não conhecer ninguém): a famosa relação docente, não é a relação de quem ensina para quem é ensinado, mas a relação dos ensinados entre si. O espaço do seminário não é edipiano, é falansteriano, isto é, em certo sentido *romanesco* (o romanesco é distinto do romance, do qual é o estilhaçamento; na obra de Fourier, o discurso harmoniano acaba em *fragmentos* de romance: é o *Nouveau monde amoureux*); o romanesco não é nem o falso nem o sentimental; é somente o espaço de circulação dos desejos sutis, dos desejos móveis; é, no próprio artifício de uma socialidade cuja opacidade estaria milagrosamente extenuada, o entrecruzamento das relações amorosas.

O terceiro espaço é textual: quer o seminário se dê por móvel produzir um texto, escrever um livro (por montagens de escrituras); quer, ao contrário, considere que a sua própria prática – infuncional – já é um texto: o texto mais raro, aquele que não passa pela escrita. Determinada maneira de estar juntos pode efetivar a inscrição da significância: há escritores sem livros (conheço alguns), há textos que não são produtos, mas práticas; pode-se até dizer que o texto glorioso será um dia uma prática totalmente pura.

Desses três espaços, nenhum é julgado (depreciado ou louvado), nenhum prevalece sobre os vizinhos. Cada espaço é, a seu turno, o suplemento, a surpresa dos dois outros, tudo é *indireto*. (Orfeu não se volta para o seu próprio gozo; quando se volta, perde-o; se nos voltarmos para o saber, ou o método, ou a amizade, ou o teatro mesmo da nossa comunidade, todo esse plural desaparece: já não resta mais que a instituição, ou a tarefa, ou o psicodrama. O indireto é exatamente aquilo de que andamos à frente sem olhar para ele.)

A diferença

Como falanstério, o seminário tem como trabalho a *produção das diferenças*.

A diferença não é o conflito. Nos pequenos espaços intelectuais, o conflito é apenas o cenário realista, a paródia grosseira da diferença, uma fantasmagoria.

A diferença, o que é que isso quer dizer? Que cada relação, pouco a pouco (isso demanda tempo), se *originaliza*: reencontra a originalidade dos corpos tomados um a um, quebra a reprodução dos papéis, a repetição dos discursos, elude toda encenação do prestígio, da rivalidade.

A decepção

Já que essa assembléia tem certa relação com o gozo, é fatal que seja também um espaço de decepção.

A decepção vem ao termo de duas negações, das quais a segunda não destrói a primeira. Se verifico que X... (professor, regente, expositor) não me explicou *por que*, *como*, etc., essa verificação mantém-se aceitável, e como que inconseqüente: nada se desprende porque nada havia sido preso; mas se eu repetir o momento negativo, faço surgir a figura do *cúmulo*, volto-me agressivamente contra um destino agressivo; recorro então à cláusula enganosa por excelência, o "*nem sequer*", que aponta com um mesmo gesto a indignação intelectual e o fiasco sexual: "X... *nem sequer* nos disse, nos explicou, nos demonstrou, ... nos fez gozar." Quando a decepção é generalizada, há *debandada* da assembléia.

Moralidade

Decidamos falar de *erotismo* em todo lugar onde o desejo tiver um objeto. Aqui, os objetos são múltiplos, móveis, ou, ainda melhor, *passantes*, tomados num movimento de aparecimento/desaparecimento: são fragmentos de saber, sonhos de método, pedaços de frases; é a inflexão de uma voz, o jeito de uma roupa, em resumo, tudo aquilo que constitui o *enfeite* de uma comunidade. Isso difunde, circula. Tão próximo, talvez, do simples perfume da droga, esse leve eretismo descongela, desprende o saber, alivia-o de seu peso de enunciados; dele faz precisamente uma *enunciação* e funciona como a garantia textual do trabalho.

Tudo isso só é dito em função do seu não-dito usual. Partimos de tão longe que parece incongruente que um lugar de ensino tenha também como função *considerar* os corpos que aí se representam; nada mais transgressivo do que empenhar-se na leitura da *expressão corporal* de uma assembléia. Reponham o corpo no lugar de onde foi expulso e se adivinha todo um deslizamento de civilização: "Considero a moralidade grega [*não poderíamos hoje dizer: a asiática?*] a mais alta que jamais tenha existido; o que para mim o prova, é ela ter levado ao cúmulo a expressão *corporal*. Mas a moralidade em que penso é a moralidade efetiva do povo, não a dos filósofos. Com Sócrates, começa o *declínio da moral...*" Ódio de todo socratismo.

A conversação

A escritura sobrevém quando determinado efeito (contraditório) se produz: que o texto seja ao mesmo tempo um louco dispêndio e uma reserva inflexível – como se, no termo extremo da perda, restasse ainda, inesgotavelmente, alguma coisa retida em vista do texto por vir.

Talvez Mallarmé sugerisse isso quando pedia que o Livro fosse análogo a uma *conversação*. Porque, na conversação, também há uma reserva, e essa reserva é o corpo. O corpo é sempre o futuro daquilo que se diz "entre nós". Alguns décimos, como o começo de um desencaixe, separam o discurso do corpo: precisamente aqueles três décimos cuja queda define o estilo, no dizer do ator Zeami (Japão, século XIV): "Façam mover-se em dez décimos o seu espírito, façam o seu corpo mover-se em sete décimos."

A nota atordoada

Sabem a que remonta, por via etimológica, a palavra "atordoado"? Ao tordo embriagado de uva. Nenhuma inverossimilhança, então, em ser o seminário um pouco "atordoado": deportado para fora do sentido, da Lei, abandonado a alguma ligeira euforia, nascendo as idéias como que ao acaso, indiretamente, de uma escuta flexível, de uma espécie de *swing* da atenção (querem "tomar a palavra"; mas é "tomar a escuta" que inebria, desloca, subverte; é na escuta que está a falha da Lei).

No seminário, não há nada a representar, a imitar; a "nota", instrumento maciço de registro, estaria aí deslocada; anota-se apenas, num ritmo imprevisível, aquilo que atravessa a escuta, que nasce de uma escuta atordoada. A nota é destacada do saber como modelo (coisa para copiar); ela é escritura, não memória; está na produção, não na representação.

Práticas

Imaginemos – ou lembremos – três práticas de educação.

A primeira prática é o *ensino*. Um saber (anterior) é transmitido pelo discurso oral ou escrito, rolado no fluxo dos enunciados (livros, manuais, aulas).

A segunda prática é o *aprendizado*. O "mestre" (nenhuma conotação de autoridade: a referência seria antes oriental), o mestre, pois, trabalha *para si mesmo* diante do aprendiz; não fala, ou pelo menos não mantém um discurso; suas palavras são meramente dêiticas: "Aqui", diz ele, "faço *isto* para evitar *aquilo*..." Transmite-se silenciosamente uma competência, monta-se um espetáculo (o de um fazer), em que o aprendiz, atravessando a ribalta, se introduz pouco a pouco.

A terceira prática é a *maternagem*. Quando a criança aprende a andar, a mãe não discorre nem demonstra; ela não ensina o andar, não o representa (não anda diante da criança): ela sustenta, encoraja, chama (recua e chama); incita e envolve: a criança busca a mãe e a mãe deseja o caminhar da criança.

No seminário (é a sua definição), todo ensino é excluído: nenhum saber é transmitido (mas um saber pode ser criado), nenhum discurso é mantido (mas busca-se um texto) – o ensino é *frustrado*. Ou alguém trabalha, pesquisa, produz, reúne, escreve diante dos outros; ou todos se incitam, se chamam, põem em circulação o objeto a produzir, o processo a compor, que passam assim de mão em mão, suspensos ao fio do desejo, tal como o anel no jogo de passa anel.

A cadeia

Nas duas extremidades da metáfora, duas imagens da cadeia: uma, execrada, remete à cadeia de fabricação em série; a outra, voluptuosa, remete à figura sadiana, ao rosário de prazer. Na cadeia alienada, *os objetos se transformam* (um motor de automóvel), *os sujeitos se repetem*: a repetição do sujeito (o seu martelamento) é o preço da mercadoria. Na cadeia de gozo, de saber, o objeto é indiferente, mas os sujeitos passam.

Assim seria, mais ou menos, o movimento do seminário: passar de uma cadeia para a outra. Ao longo da primeira cadeia (clássica, institucional), o saber se constitui, aumenta, toma a forma de uma especialidade, isto é, de uma mercadoria, enquanto os sujeitos persistem, cada um no seu lugar (no lugar da sua origem, da sua capacidade, do seu labor); mas, ao longo da outra cadeia, o objeto (o tema, a questão), indireto, ou nulo, ou malogrado, de qualquer modo em deriva de saber, não é o prêmio de nenhuma caça, de nenhum comércio: infuncional, perverso, sempre é apenas *lançado*, jogado *a fundo perdido*; ao longo dessa dispersão progressiva, os sujeitos fazem circular os desejos (assim, no jogo de passa anel, a proposta é de passar o anel, mas a finalidade é tocarem-se as mãos).

O espaço do seminário pode ser regulado (um jogo sempre o é), não é regulamentado; ninguém aí é o contramestre dos outros, ninguém está aí para vigiar, contabilizar, juntar; cada qual, sucessivamente, pode tornar-se o mestre de cerimônia; a única marca é inicial; só há uma figura de partida, cuja função – que não é mais do que um gesto – é colocar o anel em circulação. Depois, a metáfora do passa anel deixa de ser exata; porque já não é de uma cadeia que se trata, mas de uma ordem de ramificações, de uma árvore de desejos; cadeia estendida, arrebentada, que Freud descreveu: "As cenas... não formam simples fileiras como num colar de pérolas, mas conjuntos que se ramificam à maneira das árvores genealógicas..."

O saber, a morte

No seminário estão em jogo as relações do saber e do corpo. Quando se diz que é preciso colocar em comum o saber, é também contra a morte que esta frente é desenhada. *Todos por todos*: seja o seminário esse lugar onde o passe do saber é multiplicado, onde o meu corpo não é obrigado a recomeçar a cada vez o saber que acabou de morrer num outro corpo (quando estudante, o único professor de quem gostei e a quem admirei foi o helenista Paul Mazon; quando ele morreu, eu não parava de lamentar que todo o saber da língua grega desaparecesse com ele e que outro corpo devesse recomeçar o interminável trajeto da gramática, desde a conjunção de *deiknumi*). O saber, como o gozo, morre com cada corpo. Daí a idéia vital de um saber que corre, que "se monta" através de corpos diferentes, fora dos livros; *aprenda isto por mim, eu aprenderei aquilo por você*: economia da *vez*, da recíproca, ilustrada por Sade na ordem do prazer ("Agora vítima de um momento, meu anjo lindo, e dentro em pouco perseguidora...").

Como passar a mão?

Quando o "mestre" mostra (ou demonstra) alguma coisa, não pode evitar manifestar certa superioridade (*magister*: aquele que está acima). Essa superioridade pode vir de um estatuto (o de "professor"), de uma competência técnica (por exemplo, a de um professor de piano), ou de um controle excepcional do corpo (no caso do *guru*). De todo jeito, a oportunidade de superioridade vira relação de autoridade. Como parar (derivar) esse movimento? Como esquivar a dominação?

Essa questão depende de outra: qual é, de fato, o meu lugar no nosso seminário? Professor? Técnico? Guru? Não sou nada disso. Entretanto (negá-lo seria pura demagogia), alguma coisa que não posso dominar (e que é portanto anterior) me funda em diferença. Ou antes, sou aquele cujo papel se *originaliza* primeiro (supondo-se, como foi dito, que, no seminário, espaço de diferenças, cada relação deva tender para a originalidade). A minha diferença está no seguinte (e não está em nenhuma outra coisa): *eu escrevi*. Tenho então alguma possibilidade de estar situado no campo do gozo, não no da autoridade.

No entanto, a Lei resiste, a dominação continua a pesar, a diferença arrisca-se a ser percebida, intermitentemente, como vagamente repressiva: sou aquele que fala *mais* do que os outros, sou aquele que retém, mede ou retarda a subida irreprimível da fala. O esforço pessoal para *passar a mão* (a palavra) não pode prevalecer sobre a situação estrutural que estabelece aqui uma mais-valia de discurso e aí, conseqüentemente, uma falta de gozo. Cada vez que quero entregar o seminário a outros, ele volta a mim: não posso me desgrudar de uma espécie de "presidência", sob cujo olhar a palavra se bloqueia, se embaraça ou se embala. Corramos então risco maior: escrevamos no presente, produzamos diante dos outros e por vezes com eles um livro em via de se fazer: mostremo-nos *em estado de enunciação*.

O homem dos enunciados

O Pai (continuemos a sonhar um pouco sobre esse princípio de inteligibilidade), o Pai é o Falador: aquele que emite discursos fora do fazer, isolados de toda produção; o Pai é o Homem dos enunciados. Assim, nada mais transgressivo do que surpreender o Pai em estado de enunciação; é surpreendê-lo em embriaguez, em gozo, em ereção: espetáculo intolerável (talvez *sagrado*, no sentido que Bataille dava a esta palavra), que um dos filhos precipita-se para cobrir – sem o que Noé perderia a sua paternidade.

Aquele que mostra, aquele que enuncia, aquele que mostra a enunciação não é mais o Pai.

Ensinar

Ensinar *o que só acontece uma vez*, que contradição nos termos! Ensinar não é, sempre, repetir?

Entretanto, é o que o velho Michelet acreditava ter feito: "Prestei sempre atenção para nunca ensinar aquilo que não sabia... Eu havia transmitido essas coisas como então estavam na minha paixão, novas, animadas, ardentes (e encantadoras para mim), sob o primeiro atrativo do amor."

Guelfo/Gibelino

Esse mesmo Michelet opunha o Guelfo ao Gibelino. O Guelfo é o homem da Lei, o homem do Código, o Legista, o Escriba, o Jacobino, o Francês (acrescentaremos o Intelectual?). O Gibelino é o homem do laço feudal, do juramento pelo sangue, é o homem do devotamento afetivo, o Alemão (e também Dante). Se pudéssemos prolongar essa grande simbólica para fenômenos tão pequenos, diríamos que o seminário é de espírito gibelino, não guelfo – implicando uma preeminência do corpo sobre a lei, do contrato sobre o código, do texto sobre o escrito, da enunciação sobre o enunciado.

Ou melhor: esse paradigma, que Michelet vivia diretamente, precisamos contorná-lo, sutilizá-lo; não mais opomos a inteligência seca ao coração caloroso; mas nos servimos dos aparelhos formidáveis da ciência, do método, da crítica para enunciar *suavemente, às vezes* e *nalgum lugar* (sendo essas intermitências a própria justificativa do seminário) o que se poderia chamar, em estilo insueto, as moções do desejo. Ou ainda: da mesma maneira que, para Brecht, a Razão não é mais do que o conjunto das pessoas razoáveis, para nós, gente do seminário, a investigação nunca é mais do que o conjunto das pessoas que buscam (que se buscam?).

Jardim suspenso

Na imagem do jardim suspenso (a propósito, de onde vem esse mito, essa imaginação?) é a suspensão que atrai e lisonjeia. Coletividade em paz num mundo em guerra, o nosso seminário é um lugar suspenso; ele acontece a cada semana, bem ou mal, levado pelo mundo que o cerca, mas também resistindo a ele, assumindo suavemente a imoralidade de uma fissura na totalidade que aperta por todos os lados (melhor dizer: o seminário tem a sua própria moralidade). Essa idéia seria pouco suportável se não nos déssemos um direito momentâneo à incomunicação dos procedimentos, das razões, das responsabilidades. Enfim, a seu modo, o seminário diz *não* à totalidade; realiza, por assim dizer, uma *utopia parcial* (daí a referência insistente a Fourier).

Essa suspensão, no entanto, é histórica; ela intervém em certo apocalipse da cultura. As ciências ditas humanas quase já não têm relação verdadeira com a prática social – a menos que se confundam e se percam nela (como a sociologia); e a cultura, no seu conjunto, não mais sendo sustentada pela ideologia humanista (ou repugnando cada vez mais sustentá-la), só volta à nossa vida a título de comédia: ela só é receptível, de certo modo, *em segundo grau*, não mais como valor direto, mas como valor invertido: *kitsch*, plágio, jogo, prazer, brilho de uma linguagem-farsa *em que acreditamos e não acreditamos* (é a característica da farsa), trecho de pastiche; estamos condenados à antologia, a menos que repitamos uma filosofia moral da totalidade.

Au séminaire

Au séminaire: esta expressão deve entender-se como um locativo, como um elogio (como aquele que o poeta Von Schober e o músico Schubert dirigiram "À Música"), e como uma dedicatória.

1974, *L'Arc*.

O PROCESSO QUE SE MOVE PERIODICAMENTE

O processo que se move periodicamente contra os intelectuais (desde o caso Dreyfus, que viu, creio eu, nascer a palavra e a noção) é um processo de magia: o intelectual tratado como um bruxo poderia sê-lo por uma horda de mercadores, de homens de negócio e de legistas: ele é aquele que perturba os interesses ideológicos. O antiintelectualismo é um mito histórico, ligado sem dúvida à ascensão da pequena burguesia. Poujade deu há pouco a sua forma bem crua a esse mito ("o peixe apodrece pela cabeça"). Semelhante processo pode periodicamente excitar a galeria, como todo processo de feiticeiro; o seu risco *político*, entretanto, não deve ser ignorado: é pura e simplesmente o fascismo, que sempre e por toda parte se propõe como primeiro objetivo liquidar a classe intelectual.

As tarefas do intelectual são definidas por essas resistências mesmas, lugar de onde elas partem; Brecht formulou-as diversas vezes: trata-se de decompor a ideologia burguesa (e pequeno-burguesa), de estudar as forças que fazem mover-se o mundo e de fazer progredir a teoria. Sob essas fórmulas, é preciso evidentemente colocar uma grande variedade de práticas de escritura e de linguagem (pois o intelectual se assume como um ser de linguagem, o que precisamente perturba a segurança de um mundo que opõe soberbamente as "realidades" às "palavras", como se a linguagem fosse para o homem apenas o cenário vão de interesses mais substanciais).

A situação histórica do intelectual não é confortável; não por causa dos processos derrisórios que lhes movem, mas porque é uma situação dialética: a função do intelectual é criticar a linguagem burguesa sob o reinado mesmo da burguesia; deve ser a uma só vez um analista e um utopista, figurar ao mesmo tempo as dificuldades e os desejos loucos do mundo: ele quer ser um contemporâneo histórico e filosófico do presente; o que valeria e o que se tornaria uma sociedade que renunciasse a distanciar-se? E de que outro modo olhar-se senão falando-se?

1974, *Le Monde*.

AO SAIR DO CINEMA

O sujeito que fala aqui deve reconhecer uma coisa: gosta de *sair* de uma sala de cinema. Ao encontrar-se de novo na rua iluminada e um pouco vazia (é sempre à noite e em dia de semana que vai ao cinema), e ao dirigir-se molemente para algum café, anda silenciosamente (não gosta muito de falar do filme que acabou de ver), um pouco entorpecido, encapotado, friorento, em suma, sonolento: *ele está com sono*, eis o que pensa; o seu corpo tornou-se algo sopitável, doce, tranqüilo: mole como um gato adormecido, ele se sente um tanto desarticulado, ou ainda (para uma organização moral o repouso só pode estar aí) irresponsável. Enfim, é verdade, ele está saindo de uma hipnose. E da hipnose (velha lanterna psicanalítica que a psicanálise já não parece tratar senão com condescendência[1]), o que ele percebe é o mais antigo dos poderes: a cura. Pensa então na música: não existem músicas hipnóticas? O

....
1. Ver *Ornicar?*, nº 1, p. 11.

castrado Farinelli, cuja *messa di voce* foi incrível "tanto pela duração quanto pela emissão", adormeceu a melancolia mórbida de Filipe V da Espanha cantando-lhe a mesma romança todas as noites durante catorze anos.

* * *

É assim que muitas vezes saímos do cinema. Como é que entramos nele? Salvo o caso – cada vez mais freqüente, é verdade – de uma busca cultural bem precisa (filme escolhido, querido, procurado, objeto de um verdadeiro alerta prévio), vai-se ao cinema a partir de uma ociosidade, de uma disponibilidade, de uma vacância. Tudo se passa como se, antes mesmo de entrar na sala, as condições clássicas da hipnose estivessem reunidas: vazio, desocupação, inutilidade; não é diante do filme e pelo filme que se sonha; é, sem o saber, antes mesmo de tornar-se o seu espectador. Há uma "situação de cinema", e essa situação é pré-hipnótica. Segundo uma metonímia verdadeira, o escuro da sala é prefigurado pelo "devaneio crepuscular" (prévio à hipnose, no dizer de Breuer-Freud) que precede a esse escuro e conduz o sujeito, de rua em rua, de cartaz em cartaz, a abismar-se finalmente num cubo sombrio, anônimo, indiferente, onde deve se produzir esse festival de afetos que se chama um filme.

* * *

Que quer dizer o "escuro" do cinema (nunca posso, falando de cinema, impedir-me de pensar em "sala" mais do que em "filme")? O escuro não é apenas a substância mesma do devaneio (no sentido pré-hipnóide do termo); é também a cor de um erotismo difuso; pela sua condensação humana, pela sua ausência de mundanidade (contrária ao "parecer" cultural de toda sala de teatro), pelo afundamento das posturas (quantos espectadores, no cinema, escorregam na poltrona como numa cama, com os capotes ou os pés jogados sobre o assento anterior), a sala de cinema (de tipo comum) é um lugar de disponibilidade, e é a disponibilidade (ainda mais do que a paquera), a ociosidade dos corpos, que define melhor o erotismo moderno, não o da publicidade ou dos *stripteases*, mas o da cidade grande. É nessa escuridão urbana que se trabalha a liberdade do corpo; esse trabalho invisível dos afetos possíveis procede daquilo que é um verdadeiro casulo cinematográfico; o espectador de cinema poderia retomar a divisa do bicho-da-seda: *Inclusum labor illustrat*; é porque estou fechado que trabalho e brilho com todo o meu desejo.

No escuro do cinema (escuro anônimo, povoado, numeroso: oh, que tédio, que frustração nas projeções ditas privadas!) jaz a fascinação mesma do filme (seja ele qual for). Evoquem a experiência contrária: na televisão, que também passa filmes, nenhuma fascinação; aí o escuro é abolido, o anonimato, rechaçado; o espaço é familiar, articulado (pelos móveis, pelos objetos conhecidos), montado; o erotismo – digamos melhor, para fazer entender a sua leveza, seu inacabamento –, a *erotização* do lugar é excluída: pela televisão, ficamos *condenados* à Família, de que se tornou o instrumento doméstico, como foi outrora a lareira, munida do seu caldeirão comum.

* * *

Nesse cubo opaco, uma luz: o filme, a tela? Sim, por certo. Mas também (mas principalmente?), visível e despercebido, o cone dançante que fura a escuridão, à maneira de um raio *laser*. Esse raio amoeda-se, conforme a rotação das suas partículas, em figuras cambiantes; voltamos o rosto para a *moeda* de uma vibração brilhante, cujo jato imperioso nos rasa o crânio, roça, de costas, de viés, uma cabeleira, um rosto. Como nas antigas experiências de hipnotismo, ficamos fascinados, sem o ver de frente, por esse lugar brilhante, imóvel e dançante.

* * *

Tudo se passa como se uma longa réstia de luz viesse recortar uma fechadura, e olhássemos todos, siderados, por esse buraco. O quê? Nada, nesse êxtase, vem pelo som, pela música, pelas palavras? Ordinariamente – na produção corrente –, o protocolo sonoro não pode produzir nenhuma escuta fascinante; concebido para reforçar a *verossimilhança* da história, o som não passa de um instrumento suplementar de representação; o que se quer é que ele se integre com docilidade ao objeto mimado, não o destacam em nada desse objeto; bastaria, entretanto, muito pouca coisa para descolar essa película sonora: um som deslocado ou ampliado, uma voz que tritura sua textura, bem perto, na cavidade do nosso ouvido, e a fascinação recomeça; porque ela nunca vem senão do artifício, ou ainda melhor: do *artefato* – tal como o raio dançante do projetor – que vem, por cima ou ao lado, perturbar a cena mimada pela tela, *sem no entanto desfigurar-lhe a imagem* (a *gestalt*, o sentido).

* * *

Pois tal é a faixa estreita – pelo menos para o sujeito que aqui está falando – em que se dá o jogo da sideração fílmica, da hipnose cinematográfica; é preciso que eu esteja dentro da história (a verossimilhança me requer), mas preciso também estar *noutra parte*: um imaginário ligeiramente descolado, eis o que, tal como um fetichista escrupuloso, consciente, organizado, numa palavra, *difícil*, exijo do filme e da situação em que vou buscá-lo.

* * *

A imagem fílmica (incluindo o som) é o quê? Um *engodo*. Deve-se entender essa palavra no sentido analítico. Estou fechado com a imagem como se estivesse preso na famosa relação dual que funda o Imaginário. A imagem está ali, diante de mim, para mim: coalescente (o seu significante e o seu significado bem fundidos), analógica, global, pregnante; é um engodo perfeito: precipito-me sobre ela como um animal sobre o pedaço de trapo "semelhante" que lhe estendem; e, logicamente, ela entretém no sujeito que creio ser o desconhecimento ligado ao Eu e ao Imaginário. Na sala, por mais longe que eu esteja, colo o nariz, até esmagá-lo, no espelho da tela, nesse "outro" imaginário com que me identifico narcisicamente (dizem que os espectadores que escolhem colocar-se o mais perto possível da tela são as crianças e os cinéfilos); a imagem me cativa, me captura: *colo* à representação, e é essa cola que funda a *naturalidade* (a pseudonatureza) da cena filmada (cola preparada com todos os ingredientes da "técnica"); o Real, este só conhece distâncias, o Simbólico só conhece máscaras; só a imagem (o Imaginário) é *próxima*, só a imagem é "*verdadeira*" (pode produzir a ressonância da verdade). No fundo, não terá a imagem, estatutariamente, todos os caracteres do *ideológico*? O sujeito histórico, tal como o espectador de cinema que estou imaginando, também *cola* ao discurso ideológico: experimenta-lhe a coalescência, a segurança analógica, a pregnância, a naturalidade, a "verdade": é um engodo (*nosso* engodo, pois quem lhe escapa?); o Ideológico seria, no fundo, o Imaginário de um tempo, o Cinema de uma sociedade; como o filme que sabe atrair público, ele tem até os seus fotogramas: os estereótipos com que articula o seu discurso; não é o estereótipo uma imagem fixa, uma citação a que a nossa linguagem cola? Não temos com o lugar-comum uma relação dual: narcísica e materna?

* * *

Como se descolar do espelho? Arrisquemos uma resposta que será um jogo de palavras: "decolando" (no sentido aeronáutico e drogado do termo). Certamente, é sempre possível conceber uma arte que rompa o círculo dual, a fascinação fílmica, e desligue o enviscamento, a hipnose da verossimilhança (do analógico), recorrendo de algum modo ao olhar (ou à escuta) crítico do espectador; não é disso que se trata no efeito brechtiano de distanciamento? Muitas coisas podem ajudar no despertar da hipnose (imaginária e/ou ideológica): os próprios procedimentos da arte épica, a cultura do espectador ou a sua vigilância ideológica; contrariamente à histeria clássica, o imaginário desapareceria a partir do momento em que o observássemos. Mas há outra maneira de ir ao cinema (diferente de ir armado com o discurso da contra-ideologia); deixando-se fascinar *duas vezes*, pela imagem e pelo que está em torno, como se eu tivesse dois corpos ao mesmo tempo: um corpo narcísico que olha, perdido no espelho próximo, e um corpo perverso, pronto para fetichizar não a imagem, mas precisamente o que a excede: a textura do som, a sala, a escuridão, a massa escura dos outros corpos, os raios da luz, a entrada, a saída; em resumo, para distanciar-me, "decolar", complico uma "relação" por uma "situação". Aquilo de que me sirvo para tomar distância com relação à imagem, eis, afinal de contas, o que me fascina: sou hipnotizado por uma distância; e essa distância não é crítica (intelectual); é, por assim dizer, uma distância amorosa: haveria, no próprio cinema (e tomando a palavra no seu perfil etimológico), um gozo possível da *discrição*?

1975, *Communications*.

A IMAGEM

Acontece que isso, que foi preparado há alguns dias, apressadamente, parecerá copiar o que se disse desde então e que vocês poderão reconhecer de passagem. É uma retomada de temas persistentes, postos em determinada perspectiva: a perspectiva da minha atualidade, uma vez que é inatual.

* * *

Na origem de tudo, o Medo. (De quê? Dos golpes, das humilhações?) Paródia do *Cogito*, como instante fictício em que, tudo tendo sido rasado, essa tábula rasa vai ser reocupada: "Tenho medo, logo vivo." Uma observação: segundo os costumes de hoje (seria necessária uma etologia dos intelectuais), nunca se fala do medo: ele fica excluído do discurso, e até da escritura (poderia haver uma escritura do medo?). Colocado na origem, ele tem valor de *método*; dele parte um caminho iniciático.

| *Arredores da imagem* |

* * *

Em grego, *Mákhe* quer dizer: combate, batalha – o combate singular, o duelo, a luta num concurso. Ludismo do conflito, da justa: eu detesto. Os franceses parecem gostar disso: *rugby*, "debates", mesas-redondas, apostas, sempre estúpidas, etc. Havia um sentido mais penetrante: "contradição nos termos"; isto é, armadilha lógica, *double bind*, origem de psicoses. O antônimo lógico de *Mákhe* é *Acolouthia*, a seqüência natural, conseqüência, fora de conflito; essa palavra tem ainda outro sentido a que voltaremos.

A linguagem é o campo da *Mákhe*: *pugna verborum*. Há todo um dossiê a constituir – um livro a fazer: o das contestações reguladas da linguagem; são-no sempre: na linguagem, nunca nada é selvagem, tudo é codificado, mesmo e principalmente as provas de força – Sofística, *Disputatio*, *Hain-Tenys*, debates políticos, debates intelectuais de hoje. O seu modelo – ou assunção – é a "cena", no sentido doméstico do termo.

Nesse campo fechado da linguagem, construído como um campo de futebol, há dois lugares extremos, duas metas que nunca se podem contornar: a Burrice, de um lado; o Ilegível, do outro. São dois diamantes (dois "diamantes-raios"): inembaçável transparência da Burrice; infrangível opacidade do Ilegível.

* * *

A Burrice não está ligada ao erro. Sempre triunfante (impossível de vencer), o seu triunfo tem a ver com uma força enigmática: é o *estar-presente* nu e cru, no seu esplendor. Daí um terror e uma fascinação, a do cadáver. (Cadáver de quê? Talvez da verdade: a verdade como morta.) A Burrice não sofre (Bouvard e Pécuchet: mais inteligentes, sofreram mais). Então, ela *está presente*, obtusa como a Morte. A conjuração só pode ser uma operação formal, que a toma em bloco, do exterior: "A burrice não é o meu forte" (M. Teste). Esta palavra basta *num primeiro tempo*. Mas há um escalonamento infinito das proposições: isso volta a ser imbecil.

Essa mecânica dos "tempos" (como se fala dos tempos de um motor), em matéria de linguagem, é importante. Vejam os sistemas fortes (Marxismo, Psicanálise); num primeiro momento, têm uma função (eficaz) de contraburrice: passar por eles é desimbecilizar-se; os que recusam completamente um ou outro (os que dizem não, por índole, cegueira, teimosia, ao marxismo, à psicanálise) têm, nesse recanto da recusa que está neles, uma espécie de burrice, de opacidade triste. Mas, num segundo momento, esses sistemas se tornam imbecis. Logo que a coisa pega, há burrice. Aí é que é incontornável. Tem-se vontade de ir embora: *Ciao! Basta!*

* * *

Determinado texto é dito "ilegível". Tenho uma relação de ardência com a ilegibilidade. Sofro por um texto me ser ilegível, e eu fui muitas vezes acusado de ser ilegível. Reencontro aqui o mesmo transtorno que me dá a Burrice; serei eu? Será o outro? Será o outro que é ilegível (ou burro)? Serei eu que sou tacanho, inábil, eu que não compreendo?

Diante do texto que não sei nem posso ler, fico, literalmente, "desbussolado". Produz-se em mim uma vertigem, um distúrbio dos canais labirínticos: todos os "otólitos" caem para o mesmo lado; na minha escuta (minha leitura), a massa significante do texto pende, já não é ventilada, equilibrada por um jogo cultural.

O estatuto da "ilegibilidade" é inapreensível "cientificamente" (lingüisticamente), a menos que se recorra a normas, mas tais normas são indecisas, variam gradualmente. Isso remete inexoravelmente a uma *situação de linguagem* (*language in use*); a lingüística bem sabe que precisa agora ocupar-se com isso, caso contrário perecerá; mas precisará, então, puxar para si toda a toalha do mundo, do sujeito. A ilegibilidade é uma espécie de cavalo de Tróia na fortaleza das ciências humanas.

Entretanto, pouco a pouco, em mim, afirma-se um desejo crescente de legibilidade. Tenho vontade de que os textos que recebo sejam "legíveis", tenho vontade de que os textos que escrevo sejam também eles "legíveis". Como? Por um trabalho da Frase, da Sintaxe; aceito o "tético" (ligado à Frase por Julia Kristeva a propósito da *Olofrase*), mesmo que tenha de dissimulá-lo por outros meios que não os da sintaxe. Uma frase "bem feita" (segundo um modelo clássico) é clara; simplesmente, ela pode ser puxada para certa obscuridade por certo uso da elipse: é preciso dosar as elipses; as metáforas também; uma escrita continuamente metafórica me esgota.

Vem-me uma idéia estapafúrdia (estapafúrdia à força de humanismo): "Nunca se dirá bastante quanto amor (pelo outro, pelo leitor) existe no trabalho da frase." Caridade do Tético, *Agápe* da sintaxe? Na teologia negativa, a *Agápe* é penetrada por *Éros*; logo: erotismo da Frase "legível"?

* * *

Volto às intimidações da linguagem – à linguagem como Combate, *Mákhe*. Vem-me uma metáfora: a da *ventosa*. Penso nas linguagens fortes, sistemáticas, a dos sujeitos que têm uma fé, uma certeza, uma convicção, e é para mim um enigma permanente: como pode um corpo *colar* a uma idéia – ou uma idéia a um corpo? Existem linguagens-ventosas, cujo enigma é redobrado quando um sistema de linguagem desmistificatório, crítico, que visa, em princípio, a "des-ventosar" a linguagem, torna-se ele próprio uma "cola" pela qual o sujeito militante se torna o parasita (feliz) de um tipo de discurso.

Sugeri várias vezes (a bem dizer, eu mesmo deveria fazê-lo) que se estabelecesse uma lista, um código das "figuras de sistema"; análogas às "figuras de retórica", seriam formulações de pensamento, "argumentos" se quiserem, que teriam, de um sistema para outro, a mesma função (e nisso se trataria de uma "forma"): assegurar de antemão ao sistema a *resposta* que se pode dar às suas propostas; noutras palavras, integrar no seu próprio código, na sua própria língua, as resistências a esse código, a essa língua: *explicar* essas resistências, segundo o seu próprio sistema de explicação; por exemplo, quando, aqui mesmo, François Wahl nos diz que a Psicanálise é hoje a única reserva da Metáfora (distinguindo-se assim da decadência geral do tempo presente), ele produz, parece-me, uma figura de sistema: a Psicanálise declara ser a única a honrar uma função que foi a única a postular e a descrever; o mesmo se dá, mais grosseiramente, quando a Psicanálise constitui a venalidade do ato psicanalítico em procedimento que nada tem a ver com a economia das mercadorias, mas com as obrigações imanentes ao tratamento; ou ainda quando o marxismo – pelo menos a sua vulgata – "reduz" toda oposição ao marxismo a um argumento de classe; ou enfim, para nos referirmos ao cristianismo, linguagem-sistema que foi outrora "forte", quando Pascal forra com o discurso cristão a própria resistência a esse discurso ("Não me buscarias, se já não me tivesses encontrado").

Essas figuras de sistema têm uma grande força (é o seu interesse) e é muito difícil escapar-lhes – desde que não se queira contradizer o sistema em nome de outro sistema, mas somente "suspender", fugir da vontade de dominação que tais linguagens implicam. Como suportar, limitar, afastar os poderes da linguagem? Como fugir dos "fanatismos" (dos "racismos" de linguagem)?

À velha questão, nenhuma resposta nova ainda, parece-me. A História não produziu nenhum *salto* do Discurso: no lugar onde se deu a Revolução, ela não pôde "mudar a linguagem". A recusa das intimidações de linguagem consiste, então, modestamente, em *derivar* no interior de palavras conhecidas (sem se preocupar muito com estarem fora de moda); por exemplo: a Tolerância, a Democracia, o Contrato.

A *Tolerância*: seria necessário retomar a noção, definir uma nova Tolerância, pois que existe uma nova Intolerância (seria instrutivo fazer um mapa do mundo atual em função dessas novas Intolerâncias). A *Democracia*: é uma palavra saturada de desilusões, até o nojo, por vezes até à violência; os engodos da democracia burguesa foram abundantemente desmistificados. Talvez não se deva, entretanto, jogar fora o bebê com a água da banheira. Eu gostaria de uma teoria das "camadas de aquisições" da História: a burguesia é como a terra, feita de várias camadas, umas boas, outras más; é preciso selecionar, estabelecer uma geologia diferencial. E depois, pode-se ter da Democracia uma idéia difícil: defini-la não como a realização de um gregarismo sufocante, mas como "aquilo que deveria produzir almas aristocráticas" (diz um comentarista de Spinoza). O *Contrato*: existe em torno desta palavra todo um dossiê sociopolítico, psicanalítico também; deixemo-lo de lado; definamos o Contrato *a minimo*, como um dispositivo mal ajustado (frouxo) que impede o outro (e, portanto, inversamente a mim próprio) de me ferrar nas tenazes de um termo duplo: ou ser um calhorda (se tenho de responder aos seus golpes, à sua vontade de poder), ou ser um santo (se tenho de responder à sua generosidade); no fundo, o Contrato tem esta virtude: dispensar quem quer que seja de ser um Maldito ou um Herói (Brecht: "Infeliz do país que tem necessidade de heróis").

* * *

Tudo isso implica que há, a meus olhos, uma pusilanimidade, uma insignificância dos conflitos, e até, sinto-o muitas vezes, como que um "ridículo gaulês" das vontades de conflito, um desejo pueril de que "a coisa enrosque". Essa impressão de mediocridade toma a forma de um aforisma: quem se pretende violento tem uma triste idéia da violência. Para mim, a violência real é aquela do "Tudo passa", a da ruína, do esquecimento, do monumental impossível.

A violência do apagamento é mais forte do que a da fratura; a morte é violenta: menos a que se inflige, que se quer infligir, do que a que *vem sozinha* (violência que talvez apenas quem tem certa idade possa compreender).

* * *

Combate dos sistemas de linguagem: metáfora da ventosa. Voltemos agora ao combate das Imagens ("imagem": aquilo que eu acho que o outro pensa de mim); como uma imagem de mim "pega" a ponto de me ferir? Eis uma nova metáfora: "Na frigideira, o óleo está espalhado, plano, liso, insonoro (apenas alguns vapores): espécie de *materia prima*. Joguem nela um pedacinho de batata: é como uma isca lançada a bichos que dormiam com um olho aberto e outro fechado, espreitavam. Todos se precipitam, cercam, atacam barulhentamente; é um banquete voraz. A parcela de batata é cercada – não destruída, mas endurecida, tostada, caramelizada; torna-se um objeto: uma batata frita." Assim, sobre um objeto, o bom sistema de linguagem *funciona*, afaina-se, cerca, barulha, endurece e doura. Todas as linguagens são microssistemas de ebulição, frituras. Aí está o desafio da *Mákhe* linguageira. A linguagem (dos outros) me transforma em imagem, como a batata bruta é transformada em batata frita.

* * *

Eis como eu me torno uma imagem (uma batata frita) sob a ofensiva de um sistema de linguagem totalmente menor: o parisianismo dândi e "impertinente" com relação aos *Fragmentos de um discurso amoroso*: "Delicioso ensaísta, favorito dos adolescentes inteligentes, colecionador de vanguardas, Roland Barthes desfia lembranças que não o são, no tom da mais brilhante conversação de salão, mas com um pouco de pedantismo estreito a respeito do 'arrebatamento'. Aí se encontrarão Nietzsche, Freud, Flaubert e os outros."[2] Nada a fazer, tenho de passar pela Imagem; a imagem é uma espécie de serviço militar social: não posso ficar isento; não posso ser reformado, desertar, etc. Vejo o homem doente de Imagens, doente de sua Imagem. Conhecer a própria Imagem torna-se uma busca apaixonada, esfalfante (nunca se consegue), análoga à teimosia de alguém que quer saber se tem razão de ter ciúmes ("Miséria da minha vida", diz Golaud a interrogar em vão Melisanda moribunda).

Para ser imortal (para que o corpo fosse imortal, não a alma, com que pouco se preocupava), o Tao recomendava a Abstinên-

---

1. *L'Égoïste*, nº 2, maio de 1977.

cia de Cereais. Eu espero, desejo ardentemente a Abstinência das Imagens, pois toda Imagem é má. A "boa" Imagem é sub-repticiamente má, envenenada: ou falsa, ou discutível, ou inacreditável, ou instável, ou reversível (até os elogios são para mim um ferimento). Por exemplo: toda "honraria" que lhe conferem é instituição de imagem; devo, portanto, recusá-la; mas, fazendo isso, instituo uma imagem, a de aquele-que-recusa-as-honrarias (imagem moral, estóica). Logo, não se trata de destruir as imagens, mas de descolá-las, distanciá-las. Na "Meditação" Tao, há uma operação iniciática, que é o *Wang-Ming*: perder a consciência do Nome (digo: da Imagem). A Abstinência do Nome é o único problema real desse Colóquio. Imagino o *Wang-Ming* sob a forma de duas vias possíveis, a que dou nomes gregos: *Epokhé*, a Suspensão, *Acolouthia*, o Cortejo.

* * *

A *Epokhé*, noção céptica, é a suspensão do julgamento. Eu digo: suspensão das Imagens. A suspensão não é a negação. Essa diferença era bem conhecida pela teologia negativa: "Se o inefável é aquilo que não pode ser dito, ele cessa de ser inefável pelo fato de se dizer alguma coisa a respeito nomeando-o assim." Se recuso a Imagem, produzo a imagem daquele que recusa as Imagens, santo Agostinho recomendava evitar essa aporia pelo silêncio. Seria preciso obter de si mesmo um silêncio das Imagens. Isso não significa que tal silêncio seria uma indiferença superior, a serenidade de uma dominação: a *Epokhé*, a suspensão, permanece um *páthos*: eu continuaria a ficar *comovido* (pelas imagens), mas não *atormentado*.

* * *

Eis aqui uma forma espontânea dessa *Epokhé*: sinto-me incapaz de indignar-me contra "idéias". Não há dúvida de que posso irritar-me, excitar-me – ou talvez me apavorar – com idéias "estúpidas"; as idéias "estúpidas" formam uma *dóxa*, uma opinião pública, não uma doutrina. Na *intelligentsia*, por definição, não há idéias "estúpidas"; o intelectual faz profissão de inteligência (os seus procedimentos é que por vezes são pouco inteligentes). Essa espécie de equanimidade com relação às "idéias" é compensada por uma forte sensibilidade, positiva ou negativa, para com os homens, as personalidades: Michelet opunha o espírito guelfo (mania da Lei, do Código, da Idéia, mundo dos Legistas, dos Escribas, dos Jesuítas, dos Jacobinos – eu acrescentaria: dos Militantes) ao espírito gibelino, nascido de uma atenção para o corpo, os laços de sangue, ligado a um devotamento do homem para o homem, segundo um pacto feudal. Sinto-me mais gibelino do que guelfo.

* * *

Um meio de eludir a Imagem é, talvez, corromper as linguagens, os vocabulários; a prova de que se chega a isso é suscitar a indignação, a reprovação dos puristas, dos especialistas. Cito os outros, aceitando deformá-los: faço deslizar o sentido das palavras (remeto aqui ao *Montaigne*, de Antoine Compagnon). Assim, para a semiologia, que ajudei a constituir, fui o meu próprio corruptor, passei para o lado dos Corruptores. Poder-se-ia dizer que o campo dessa Corrupção é a estética, a literatura: "catástrofe" é uma palavra técnica em matemática, em R. Thom; posso empregar mal a palavra "Catástrofe", que se torna então algo "belo". Só há História porque as palavras se corrompem.

Falei do combate das linguagens, do Combate das Imagens (*Mákhe*). Disse que a principal deriva para longe desses combates era a suspensão: *Epokhé*. Há outra perspectiva de libertação: *Acolouthia*. Em grego, *Mákhe* designa o combate em geral, mas também, num sentido técnico, que diz respeito à lógica: a contradição nos termos (reconhece-se aí a armadilha em que, combatendo pela linguagem, tenta-se prender o outro); nesse sentido, *Mákhe* tem um antônimo, *Acolouthia*: a superação da contradição (interpreto: a retirada da armadilha). Ora, *Acolouthia* tem um outro sentido: o cortejo de amigos que me acompanham, me guiam, aos quais me abandono. Gostaria de designar por essa palavra o campo raro em que as idéias se penetram de afetividade, em que os amigos, pelo cortejo com que acompanham a nossa vida, permitem-nos pensar, escrever, falar. Esses amigos: eu penso por eles, eles pensam na minha cabeça. Nessa *cor* do trabalho intelectual (ou de escritura) existe algo de socrático: Sócrates mantinha o discurso da Idéia, mas o seu método, o passo-a-passo de seu discurso, era amoroso; para falar, ele precisava da caução do amor inspirado, do assentimento de um amado cujas respostas marcavam a progressão do raciocínio. Sócrates conhecia a *Acolouthia*; mas (a isto eu resisto) mantinha nela a armadilha das contradições, a arrogância da verdade (não é de espantar que ele tenha, para terminar, "sublimado" – recusado Alcibíades).

1977, Colóquio de Cerisy-la-Salle.
Extraído de *Prétexte: Roland Barthes*,
col. 10/18. © U.G.E., 1978.

DELIBERAÇÃO

para Eric Marty

Nunca mantive um diário – ou antes, nunca soube se deveria manter um. Às vezes começo, e depois, muito depressa, largo – e, no entanto, mais tarde, recomeço. É uma vontade leviana, intermitente, sem seriedade e sem consistência doutrinal. Creio poder diagnosticar essa "doença" do diário: uma dúvida insolúvel sobre o valor daquilo que se escreve.

Essa dúvida é insidiosa: é uma dúvida-atraso. Num primeiro momento, quando escrevo a anotação (diária), experimento certo prazer: é simples, fácil. Não é preciso sofrer para encontrar *o que dizer*: o material está aí, imediatamente; é como uma mina a céu aberto; só tenho de me abaixar; não preciso transformá-lo: é matéria bruta e tem o seu preço, etc. Num segundo momento, próximo do primeiro (por exemplo, se releio hoje o que escrevi ontem), a impressão é má: a coisa não agüenta, como um alimento frágil que azeda, se corrompe, torna-se inapetitoso de um dia para outro; percebo com desânimo o artifício da "sinceridade", a mediocridade artística do "espontâneo"; pior ainda: desgosto-me e irrito-me ao verificar uma "pose" que de maneira alguma quis; em situação de diário, e precisamente porque ele não "trabalha" (não transforma pela ação de um trabalho), *eu* é um "fazedor de pose": é uma questão de efeito, não de intenção, toda a dificuldade da literatura está aí. Bem depressa, avançando na releitura, fico farto dessas frases sem verbos ("Noite de insônia. Já a terceira de enfiada, etc.") ou cujo verbo está negligentemente reduzido ("Cruzadas duas moças na praça St.-S.") – e por mais que eu tente restabelecer a decência de uma forma completa ("Cruzei, tive uma noite de insônia"), a matriz de qualquer diário, a saber, a redução do verbo, persiste no meu ouvido e me irrita como um resmungo. Num terceiro tempo, se releio as minhas páginas de diário vários meses, vários anos depois de as ter escrito, sem que a minha dúvida seja suspensa, experimento certo prazer em rememorar, graças a elas, os acontecimentos que relatam e, ainda mais, as inflexões (de luz, de atmosfera, de humor) que me fazem reviver. Em suma, até esse ponto, nenhum interesse literário (senão pelos problemas de formulação, isto é, de frases), mas uma espécie de apego narcisista (fracamente narcisista, não se deve exagerar) às *minhas* aventuras (cuja reminiscência não deixa de ser ambígua, pois que lembrar-se é também verificar e perder uma segunda vez aquilo que já não voltará). Mas, uma vez mais, será que essa benevolência final, atingida após ter atravessado uma fase de rejeição, justifica manter (sistematicamente) um diário? Será que *isso vale a pena*?

Não esboço aqui uma análise do gênero "Diário" (há livros sobre isso), mas apenas uma deliberação pessoal, destinada a permitir uma decisão prática: devo manter um diário *com vista à sua publicação*? Posso fazer do diário uma "obra"? Fico apenas com as funções que me podem aflorar ao espírito. Por exemplo, Kafka manteve um diário para "extirpar a ansiedade", ou, se preferirem, "encontrar a salvação". Tal motivo não me seria natural, ou pelo menos constante. O mesmo se dá com as finalidades que se atribuem tradicionalmente ao Diário íntimo; já não me parecem pertinentes. Ligavam-nas todas aos benefícios e aos prestígios da "sinceridade" (dizer-se, esclarecer-se, julgar-se); mas a psicanálise, a crítica sartriana da má fé, aquela outra, marxista, das ideologias, tornaram vã a confissão: a sinceridade não passa de um imaginário de segundo grau. Não, a justificação de um Diário íntimo (como obra) só poderia ser *literária*, no sentido absoluto, ainda que nostálgico, da palavra. Vejo aqui quatro motivos.

O primeiro é oferecer um texto colorido com uma individualidade de escritura, com um "estilo" (teríamos dito outrora), com um idioleto peculiar ao autor (teríamos dito há pouco); chamamos a esse motivo: poético. O segundo é espalhar em poeira, dia a dia, as marcas de uma época, confundidos todos os valores, da informação maior ao pormenor de costumes; não tenho eu intenso prazer em ler no Diário de Tolstói a vida de um senhor russo do século XIX? Chamemos a esse motivo: histórico. O terceiro é constituir o autor em objeto de desejo: de um escritor que me interessa, posso gostar de conhecer a intimidade, a distribuição cotidiana do seu tempo, dos seus gostos, dos seus humores, dos seus escrúpulos; posso chegar até a preferir a sua pessoa à sua obra, lançar-me avidamente sobre o seu Diário e desleixar os seus livros. Posso então, fazendo-me o autor do prazer que outros souberam me dar, tentar por minha vez seduzir, por esse torniquete que faz passar do escritor à pessoa, e vice-versa; ou, mais gravemente, provar que "valho mais do que aquilo que escrevo" (nos meus livros):

a escrita do Diário erige-se, então, como uma *força-mais* (Nietzsche: *Plus von Macht*), que se acredita dever suprir as deficiências da plena escritura; chamemos a esse motivo: utópico, tanto é verdade que nunca se dá cabo do Imaginário. O quarto motivo é constituir o Diário em oficina de frases: não de "belas" frases, mas de frases certas; afinar continuamente a justeza da enunciação (e não do enunciado), segundo um arroubo e uma aplicação, uma fidelidade de desígnio que muito se assemelha à paixão: "E as minhas entranhas exultarão quando os teus lábios exprimirem coisas retas" (Prov., 23,16). Chamemos a esse motivo: amoroso (talvez, até: idólatra; eu idolatro a Frase).

Apesar das minhas pobres impressões, a vontade de manter um diário é, pois, concebível. Posso admitir a possibilidade de, no próprio quadro do Diário, passar do que primeiro me parecia impróprio à literatura a uma forma que dela reúne as qualidades: individuação, marca, sedução, fetichismo da linguagem. Durante esses últimos anos, fiz três tentativas; a primeira, a mais grave por situar-se durante a doença de minha mãe, é a mais longa, talvez por corresponder um pouco ao desígnio kafkiano de extirpar a angústia pela escritura; as duas outras só diziam respeito, cada uma, a um dia; são mais experimentais, embora eu não as releia sem certa nostalgia do dia que passou (só posso dar uma delas, porque a segunda envolve outras pessoas além de mim).

1

U..., 13 de julho de 1977

A Dona***, nova faxineira, tem um neto diabético de que cuida, disseram-nos, com desvelo e competência. A visão que tem dessa doen-

ça é embaraçada: por um lado, não quer que o diabetes seja hereditário (seria um índice de má raça), e, por outro, aceita que seja fatal, afastando qualquer responsabilidade de origem. Coloca a doença como uma imagem social, e essa imagem é ardilosa. A Marca aparece como uma fonte de orgulho e de tédio: aquilo que ela foi para Jacó-Israel, desancado, desconjuntado pelo Anjo: o gozo e a vergonha de se fazer marcar.

Sombrios pensamentos, medos, angústias; vejo a morte do ente querido, fico desvairado, etc. Essa imaginação é o contrário mesmo da fé. Porque é aceitar incessantemente a fatalidade da desgraça imaginá-la incessantemente: falá-la é asseri-la (ainda o fascismo da língua). Imaginando a morte, desencorajo o milagre. O louco de Ordet *não falava, recusava a língua tagarela e peremptória da interioridade. O que é então essa impotência para a fé? Talvez um amor muito humano? O amor excluiria a fé? E vice-versa?*

A velhice e a morte de Gide (que leio nos Cahiers de la Petite Dame*) foram cercadas de testemunhas. Mas essas testemunhas, não sei o que foi feito delas; sem dúvida, na maior parte, morreram por sua vez? Há um momento em que as próprias testemunhas morrem sem testemunhas. A História é assim feita de pequenos estilhaçamentos de vida, de mortes sem rendição. Impotência do homem para os "graus", para a ciência dos graus. Inversamente, poder-se-ia relacionar com o Deus clássico a capacidade de ver a infinidade dos graus: "Deus" seria o Exponencial absoluto.*

(A morte, a verdadeira morte, é quando morre a testemunha mesma. Chateaubriand diz de sua avó e de sua tia-avó: "Talvez seja eu o único homem no mundo a saber que essas pessoas existiram": sim, mas como ele o escreveu, nós também o sabemos, desde que pelo menos leiamos ainda Chateaubriand.)

14 de julho de 1977

Um rapazinho, nervoso, excitado, como muitos garotos franceses, que logo bancam o adulto, está fantasiado de granadeiro de opereta (branco e vermelho); precederá sem dúvida a banda.

Por que a preocupação é aqui mais dura do que em Paris? Esta aldeia é um mundo tão normal, tão puro de qualquer fantasia, que os movimentos da sensibilidade parecem aqui totalmente deslocados. Sou excessivo, portanto excluído.

Parece que aprendo mais coisas sobre a França durante uma volta na aldeia do que em Paris durante semanas. Uma ilusão, talvez? A ilusão realista? O mundo rural, aldeão, provinciano, constitui o material tradicional do realismo. Ser escritor era, no século XIX, escrever em Paris sobre a província. A distância faz com que tudo signifique. Na cidade, na rua, sou bombardeado por informações – não por significações.

15 de julho de 1977

Às cinco horas da tarde, calma da casa, do campo. Moscas. Doem-me um pouco as pernas, como quando eu era criança e tinha o que chamavam de crise de crescimento – ou como se estivesse com uma gripe incubada. Tudo é pegajoso, adormecido. E como sempre, consciência aguda, agudeza do meu "marasmo" (contradição nos termos).

Visita de X...: no cômodo vizinho, ele fala interminavelmente. Não ouso fechar a porta. O que me perturba não é o barulho, é a banalidade da conversa (se pelo menos ele falasse uma língua que eu desconhecesse, e que fosse musical). Fico sempre admirado, atônito mes-

mo, com a resistência dos outros: o Outro, para mim, é o Infatigável. A energia – e principalmente a energia da linguagem – estupefaz-me: talvez seja o único momento (posta de parte a violência) em que acredito na loucura.

16 de julho de 1977

De novo, depois de dias encobertos, manhã de tempo bonito: brilho e sutileza da atmosfera, uma seda fresca e luminosa. Esse momento vazio (nenhum sentido) produz a plenitude de uma evidência: de que vale a pena viver. O giro para as compras da manhã (na mercearia, na padaria, quando a aldeia ainda está quase deserta), eu não o perderia por nada deste mundo.

Mam, está melhor hoje. Está sentada no jardim com um grande chapéu de palha. Logo que fica um pouco melhor, sente-se atraída pela casa, tomada pelo desejo de intervir; faz entrar as coisas na ordem, apagando durante o dia o aquecedor, coisa que nunca faço.

À tarde, com um belo sol esmaecido, já poente, queimei o lixo no fundo do quintal. Toda uma física a observar; armado com um longo bambu, remexo os maços de papel que se consomem lentamente; é preciso paciência; é incrível a resistência do papel. Em compensação, um saco plástico esmeralda (o próprio saco do lixo) queima rapidíssimo, sem resto: a coisa se desvanece, literalmente. Tal fenômeno poderia servir, em muitas oportunidades, de metáfora.

Pequenos fatos incríveis (lidos no Sud-Ouest ou ouvidos no rádio? Já não me lembro): no Egito, teriam decidido punir com a morte os muçulmanos que se convertessem a outra religião. Na URSS, uma cooperante francesa foi expulsa porque teria dado de presente roupas íntimas a um amiga soviética. Fazer um dicionário contemporâneo *das intolerâncias (a literatura, no caso em pauta Voltaire, não pode ser abandonada enquanto subsistir o mal de que ela deu testemunho).*

17 de julho de 1977

Dir-se-ia que a manhã de domingo aumenta o bom tempo. Duas intensidades heteróclitas reforçam-se uma à outra.

Não me aborrece cozinhar. Gosto das operações. Tenho prazer em observar as formas cambiantes da comida que se vai fazendo (colorações, espessamentos, contrações, cristalizações, polarizações, etc.). Essa observação tem algo de um pouco vicioso. Em contrapartida, o que não sei fazer, o que erro, são as doses e os tempos: ponho óleo demais porque tenho medo que fique queimado; deixo tempo demais no fogo porque tenho medo que não fique bastante cozido. Enfim, tenho medo porque não sei (quanto, quanto tempo). Daí a segurança de um código (espécie de sobrevalorização do saber): gosto mais de cozinhar arroz do que batatas, porque sei que são necessários dezessete minutos. Esse número me encanta, na medida em que é preciso (a ponto de ser extravagante); redondo, ele me pareceria falseado e, por prudência, iria aumentá-lo.

18 de julho de 1977

Aniversário da mam. Só lhe posso oferecer um botão de rosa do jardim; pelo menos é o primeiro e único desde que estamos aqui. À noite, Myr. vem jantar e prepara a comida: sopa e uma omelete com pimentões; traz champanha e doces de amêndoas de Peyrehorade. A sra. L. mandou flores do seu jardim por uma das filhas.

Humores, *no sentido estrito, schumanniano: seqüência descontínua de arrebatamentos contraditórios; vagas de angústia, imaginações do pior e euforias intempestivas. Esta manhã, no seio da Preocupação, uma mostra* [isolat] *de felicidade: o tempo (muito bonito, levíssimo), a música (de Haydn), o café, o charuto, uma boa pena, os barulhos caseiros (o sujeito como caprichoso: sua descontinuidade espanta, esgota).*

19 de julho de 1977

De manhã, cedo, voltando de ir buscar o leite, entro na igreja, para ver. Ela foi reformada segundo o new-look *conciliar: é exatamente como um templo protestante (só as galerias de madeira marcam uma tradição basca); nenhuma imagem, o altar tornou-se uma simples mesa. Nenhum círio, evidentemente: é pena, não?*

Pelas seis horas da tarde, estou meio adormecido na minha cama. A janela se escancara sobre o fim mais claro de um dia cinza. Experimento então uma euforia de flutuação: tudo é líquido, arejado, bebível (bebo o ar, o tempo, o jardim). E, como estou lendo Suzuki, parece-me bastante próximo do estado que o Zen chama de sabi*; ou ainda (como estou lendo também Blanchot) da "fluidez pesada" de que fala a respeito de Proust.*

21 de julho de 1977

Estão refogando toucinho, cebolas, tomilho, etc. A coisa crepita, o cheiro é maravilhoso. Ora, esse cheiro não é o da comida como será trazida à mesa. Há um cheiro do que se come e há um cheiro do que se prepara (observação para a "ciência dos Cambiantes", ou "diaforalogia").

22 de julho de 1977

Há alguns anos, um projeto único parece explorar a minha estupidez, ou, ainda melhor, dizê-la, fazer dela objeto dos meus livros. Assim, eu disse a estupidez "egotista" e a estupidez amorosa. Falta uma terceira estupidez, que um dia será preciso dizer: a estupidez política. O que penso politicamente dos acontecimentos (e não cesso de pensar alguma coisa a respeito deles), no dia-a-dia, é estúpido. É essa estupidez que seria preciso agora enunciar no terceiro livro desta pequena trilogia; uma espécie de Diário político. *Seria preciso uma enorme coragem, mas talvez isso exorcizasse essa mistura de tédio, de medo e de indignação que constitui para mim o Político (ou antes, a Política).*

Eu *é mais difícil de escrever do que de ler.*

Ontem, no Casino, *supermercado de Anglet, com E.M., ficamos fascinados com esse exemplo babilônico da Mercadoria. É verdadeiramente o Bezerro de Ouro: amontoamento de "riquezas" (a bom preço), ajuntamento de espécies (classificadas por gêneros), arca de Noé das coisas (dos tamancos suecos às berinjelas), empilhamento predador dos carrinhos. De repente, temos a certeza de que as pessoas compram qualquer coisa (coisa que eu mesmo faço); cada carrinho, enquanto estaciona diante do guichê de saída, é o mapa impudico das manias, pulsões, perversões, errâncias e cabeçadas do portador; evidência, diante de um carrinho que passa soberbamente à nossa frente como uma caleça, de que não havia nenhuma necessidade de comprar a* pizza *em celofane que nele está instalada.*

Eu gostaria de ler (será que existe?) uma História das lojas. O que acontecia antes do Bonheur des dames*?*

5 de agosto de 1977

Continuando Guerra e paz, *tenho uma emoção violenta ao ler a morte do velho Bolkonski, as suas últimas palavras de ternura à sua filha ("Minha querida, minha amiga"), os escrúpulos da princesa para não perturbá-lo na noite anterior, quando na verdade ele a chamava, o sentimento de culpa de Maria por ter desejado, um instante, que o seu pai morresse, contando que com isso ela encontraria a liberdade. E tudo isso, essa ternura, essa punção, em meio ao mais grosseiro dos solavancos, a chegada ameaçadora dos franceses, a necessidade de partir, etc.*

A literatura tem sobre mim um efeito de verdade muito mais violento do que a religião. Quero dizer com isso que ela é como *a religião. E no entanto, na* Quinzaine, *Lacassin declara peremptoriamente: "A literatura já não existe senão nos manuais." Eis-me aí negado, em nome de... da História em quadrinhos.*

13 de agosto de 1977

Esta manhã, cerca de oito horas, o tempo está magnífico. Dá-me vontade de experimentar a bicicleta de Myr. para ir à padaria. Não tenho andado de bicicleta desde quando era criança. O meu corpo acha essa operação muito estranha, dificílima, e sinto medo (de subir, de descer). Digo tudo isso à padeira – e saindo da padaria, ao querer subir na bicicleta, naturalmente, eu caio. Ora, por instinto, deixo-me ir excessivamente *à queda, com as duas pernas para o ar, na postura mais ridícula que existe. E então compreendo que é este ridículo que me salva (de um mal maior):* acompanhei *a minha queda, e com isso ofereci-me em espetáculo, tornei-me ridículo; mas, também com isso, diminuí-lhe o efeito.*

De repente, tornou-se-me indiferente não ser moderno.
(...e como um cego cujo dedo vai tateando o texto da vida e reconhece, aqui e ali, "o que já foi dito".)

2

Paris, 25 de abril de 1979

Noite vã.
Ontem à noite, por volta das sete horas, debaixo de uma chuva fria de primavera ruim, peguei correndo o 58. Estranhamente, só havia velhos no ônibus. Um casal falava muito alto de uma História da Guerra (qual? já não se sabe): "Nada de sobrevoar o acontecimento", dizia o fulano com admiração, "todos os pormenores." Desci no Pont-Neuf. Como estivesse adiantado, demorei-me um pouco pelo cais da Mégisserie. Empregados de blusa azul (eu os sentia mal pagos) arrumavam brutalmente as grandes gaiolas de rodinha onde patos, pombas (sempre estúpidos, os voláteis) se espantavam e escorregavam em blocos de um lado para outro. As lojas estavam fechando. Pela porta, vi dois cachorrinhos: um, de brincadeira, atiçava o outro, que o mandava passear com um jeito humano.
Uma vez mais, deu-me vontade de ter um cachorro: eu bem que compraria aquele (uma espécie de fox) que estava irritado e o demonstrava de modo nada indiferente, e no entanto soberano. Havia também plantas, ervas em vaso. Vi-me (com desejo e horror) a comprar uma provisão antes de voltar para U., onde iria morar definitivamente, só vindo a Paris a "negócio" e para fazer compras. Tomei depois a rua dos Bourdonnais, deserta e sinistra. Um motorista perguntou-me onde ficava o BHV: coisa esquisita, ele só parecia conhecer a abrevia-

tura e nem sequer sabia onde, ou mesmo o que era o Hôtel de Ville*. Na galeria do Impasse (estropiado), fiquei decepcionado: não pelas fotografias de D.B. (são janelas, cortinas azuis fotografadas em sobretons com Polaroid), mas pelo ambiente gelado do vernissage: *W. não estava lá (provavelmente na América ainda), R. também não (ia me esquecendo: eles estão brigados). D.S., bela e imponente, disse-me: "É bonito, não é? – Sim, é bonito" (mas é pouco, não há o suficiente, acrescentei comigo mesmo). Tudo aquilo estava pobre. E, como ao envelhecer estou ficando cada vez com mais coragem de fazer o que me agrada, depois de dar uma volta rápida na sala (olhar muito tempo nada mais me traria), saí à francesa, e lancei-me numa vagabundagem pouco útil, de ônibus em ônibus e de cinema em cinema. Eu estava gelado, fiquei com medo de pegar uma bronquite (pensei nisso várias vezes). Para terminar, aqueci-me um pouco no Flore, comendo ali alguns ovos e tomando um copo de bordeaux, embora tenha sido um dia muito ruim: público insípido e arrogante; nenhum rosto por que interessar-se ou sobre o qual fantasiar, ou pelo menos fabular. O malogro lamentável da noite levou-me a tentar aplicar finalmente a reforma de vida que tenho na cabeça há muito tempo. Disso esta primeira nota é o vestígio.*

(Releitura: este trecho dava-me um prazer bastante seguro, de tal modo fazia reviver as sensações daquela noite; mas, coisa curiosa, ao relê-lo, o que melhor eu revivia era o que não estava escrito, os interstícios da anotação; o cinza da rua de Rivoli, enquanto eu estava esperando o ônibus; inútil aliás tentar descrevê-lo agora, senão vou perdê-lo ainda em proveito de outra sensação silenciada, e assim por diante, como se a ressurreição se desse sempre ao lado *da coisa dita: lugar do Fantasma, da Sombra.)*

....

* Hôtel de Ville é o "Paço Municipal", sede da administração. O *BHV, Bazar de l'Hôtel de Ville*, é uma loja de departamentos que fica nas proximidades do Paço. (N. do T.)

Por mais que releia esses dois fragmentos, nada me diz que sejam publicáveis; nada me diz tampouco que não o sejam. Eis-me aqui em face de um problema que me ultrapassa: o da "publicabilidade"; não: "É bom, é ruim?" (forma que todo autor dá à pergunta), mas: "É publicável ou não?" Não é apenas uma questão de editor. A dúvida é deslocada, desliza da qualidade do texto para a sua imagem. Levanto a questão do texto sob o ponto de vista do outro; o outro não é aqui o público, ou um público (esta questão é a do editor); o outro, tomado numa relação dual e como que pessoal, é *quem vai ler-me*. Enfim, imagino que as minhas páginas de Diário estão colocadas sob o olhar de "para quem olho", ou sob o silêncio de "para quem falo". – Não é a situação de todo texto? – Não. O texto é anônimo, ou pelo menos produzido por uma espécie de Nome de Guerra, o do autor. O diário, de forma alguma (mesmo que o seu "eu" seja um nome falso); o Diário é um "discurso" (uma espécie de palavra "writada" segundo um código particular), não um texto. A questão que me coloco: "*Devo manter um diário?*" é imediatamente dotada, na minha cabeça, de uma resposta indelicada: "*Não ligam a mínima*"; ou, mais psicanaliticamente: "*O problema é seu.*"

Só me resta analisar as razões da minha dúvida. Por que suspeito, *sob o ponto de vista da Imagem*, da escritura do Diário? Creio que é por estar essa escritura, a meus olhos, marcada, como um mal insidioso, com caracteres negativos – enganosos –, que vou tentar dizer.

O diário não corresponde a nenhuma *missão*. Não se deve rir dessa palavra. As obras da literatura, de Dante a Mallarmé, a Proust, a Sartre, sempre tiveram, para aqueles que as escreveram, uma espécie de fim, social, teológico, mítico, estético, moral, etc. O livro, "arquitetônico e premeditado", é visto como reproduzindo uma ordem do mundo, ele implica sempre, parece-me, uma filosofia monista. O Diário não pode atingir o Livro (a Obra); é apenas um Álbum, para retomar a distinção mallarmeana (a vida de Gide é que é uma "obra", não o seu Diário). O Álbum é coleção de folhas não apenas permutáveis (isso ainda não seria nada), mas principalmente *suprimíveis ao infinito*: relendo o meu Diário, posso cancelar uma anotação depois da outra, até o aniquilamento completo do Álbum, sob o pretexto de que "*não me agrada*"; assim fazem, a dois, Groucho e Chico Marx, lendo, e rasgando enquanto lêem, cada cláusula do contrato que deve ligá-los. – Mas não poderá o Diário, precisamente, ser considerado e praticado como essa forma que exprime essencialmente o inessencial do mundo, o mundo como inessencial? – Para isso, seria preciso que o assunto do Diário fosse o mundo e não eu; senão, o que é enunciado é uma espécie de egotismo que se interpõe entre o mundo e a escritura; por mais que faça, torno-me consistente, em face do mundo que não o é. Como redigir um Diário sem egotismo? Aí está justamente a questão que me impede de o escrever (porque, do egotismo, já estou um tanto farto).

Inessencial, o Diário não é tampouco necessário. Não posso investir num Diário como o faria numa obra única e monumental que me fosse ditada por um desejo louco. A escritura do Diário, regular, diária como uma função fisiológica, implica sem dúvida um prazer, um conforto, não uma paixão. É uma maniazinha de escritura cuja necessidade se perde no trajeto que vai da anotação produzida à anotação relida: "Não achei que o que escrevi até aqui fosse particularmente precioso tampouco que merecesse realmente ser posto fora" (Kafka). Como o perverso (diz-se), sujeito ao "sim, mas", sei que o meu texto é vão, mas ao mesmo tempo (por um mesmo movimento) não posso me furtar à crença de que ele existe.

Inessencial, pouco seguro, o Diário é, além do mais, inautêntico. Não pretendo dizer com isso que quem nele se exprime não é sincero. Quero dizer que a sua própria forma só pode ser tirada de uma Forma antecedente e imóvel (precisamente a do Diário íntimo), que não se pode subverter. Ao escrever meu Diário estou, por estatuto, condenado à simulação. Dupla simulação, até: porque, sendo toda emoção cópia da mesma emoção que se leu em algum lugar, relatar um humor na linguagem codificada da Lista de Humores é copiar uma cópia; mesmo que o texto fosse "original", já seria uma cópia; com maior razão se for usado: "O escritor, de seus males, dragões que acalentou, ou de uma alegria, deve instituir-se, no texto, espiritual histrião" (Mallarmé). Que paradoxo! Ao escolher a forma de escritura mais "direta", mais "espontânea", encontro-me o mais grosseiro dos histriões. (E por que não? Não há momentos "históricos" em que é preciso ser histrião? Ao praticar até o exagero uma forma desusada de escritura, não estaria eu dizendo que amo a literatura, que a amo de maneira lancinante, no momento mesmo em que ela está a perecer? Amo-a, portanto imito-a – mas, precisamente: não sem complexos.)

Tudo isso diz mais ou menos a mesma coisa: que o pior dos tormentos, quando tento redigir um Diário, é a instabilidade do meu julgamento. Instabilidade? Antes a sua curva inexoravelmente descendente. No Diário, observava Kafka, a ausência de valor de uma anotação sempre é reconhecida demasiado tarde. Como fazer daquilo que é escrito no calor do momento (e disso se gloria) um bom prato frio? É essa perda que incomoda no Diário. Mais uma vez Mallarmé (que, entretanto, não escreveu nenhum): "Ou outro palavrório, tornado tal por menos que seja exposto, de persuasivo, sonhador e verdadeiro quando confiado baixinho"; como no conto de fadas, sob o efeito de uma condenação e de um poder maléfico, as flores que saem da minha boca são transformadas em sapos. "Quando digo alguma coisa, essa coisa perde imediata e definitivamente a sua importância. Quando a anoto, também perde, mas às vezes ganha outra" (Kafka). A dificuldade própria ao Diário é que essa importância segunda, liberada pela escritura, não é segura: não é seguro que o Diário recupere a fala e lhe dê a resistência de um novo metal. Por certo a escritura é essa atividade estranha (sobre a qual até agora a psicanálise não teve pega, compreendendo-a mal) que estanca milagrosamente a hemorragia do Imaginário, de que a fala é o rio possante e derrisório. Mas, precisamente: o Diário, por mais "bem escrito" que seja, será escritura? Ele se esforça, se estufa, se empina: estou tão grande como o texto? Nanja, você nem chega perto. Daí o efeito depressivo: aceitável quando escrevo, decepcionante quando releio.

No fundo, todos esses desfalecimentos designam bastante bem certa falha do sujeito. Essa falha é de existência. O que o Diário levanta não é a questão trágica, a questão do Louco: "Quem sou?", mas a questão cômica, a questão do Pasmado: "Sou?" Um cômico, eis o que é o autor de Diário.

Noutras palavras, não tenho saída. E se não tenho saída, se não chego a discutir o que "vale" o Diário, é porque o seu estatuto literário me escorrega por entre os dedos: por um lado, sinto-o, através de sua facilidade e obsolescência, como não sendo nada mais do que o limbo do Texto, a sua forma inconstituída, inevoluída e imatura; mas, por outro lado, é mesmo assim um retalho verdadeiro desse Texto, porque dele comporta o tormento essencial. Esse tormento, creio eu, reside no seguinte: a literatura é *sem provas*. Deve-se entender com isso que não só ela não pode provar o que diz, mas tampouco que vale a pena dizê-lo. Essa dura condição (Jogo e Desespero, diz Kafka) atinge justamente o seu paroxismo no Diário. Mas também, nesse ponto, tudo se inverte, pois, da sua impotência para a prova, que o exclui do céu sereno da Lógica, o Texto tira uma *flexibilidade* que é como que a sua essência, aquilo que possui de peculiar. Kafka – cujo Diário talvez seja o único que se possa ler sem nenhuma irritação – diz maravilhosamente esta dupla postulação da literatura, a Justeza e a Inanidade: "... Eu estava examinando os votos que havia feito para a vida. O que se revelou o mais importante ou o mais cativante foi o desejo de adquirir uma maneira de ver a vida (e, o que estava ligado, de poder por escrito convencer disso os outros), na qual a vida conservasse o seu pesado movimento de queda e de subida, mas fosse reconhecida ao mesmo tempo, e com clareza não menor, por um nada, um sonho, um estado de flutuação." Sim, é isso aí o Diário ideal: a uma só vez um ritmo (queda e subida, elasticidade) e um engodo (não consigo atingir a minha imagem); um escrito, em suma, que diz a verdade do engodo e garante essa verdade pela mais formal das operações, o ritmo. Com o que teríamos sem dúvida de concluir que posso salvar o Diário com a condição única de trabalhá-lo *até à morte*, até ao ponto da fadiga extrema, como um Texto *mais ou menos* impossível: trabalho a cujo termo é bem possível que o Diário assim redigido não se pareça em nada com um Diário.

1979, *Tel Quel*.